心理学史

大芦 治 Osamu Oashi

ナカニシヤ出版

はじめに

本書について

　本書は，心理学史に登場する人物，学派，キーワードなどについてできるだけ平易にかつある程度詳しく解説しながら，それらを歴史の中に位置づけた参考書です。心理学史の専門家が独自の歴史観や一次史料に基づき歴史像を描いた専門書ではありません。

　したがって，本書はおおよそ以下のような方々を読者として想定しています。

　①心理学専攻の大学3,4年生から修士課程くらいまでの学生で，心理学史について一通り理解を深めたい人。

　②臨床心理士，公認心理師等の心理学の専門職をめざし大学院を受験するために心理学を勉強中の受験生。

　③できるだけ時間を使わず心理学史をある程度詳しく勉強しておきたいと考えている心理学史を専門にしていない博士課程在学生，研究者。

　あらかじめ申し上げておきますが，筆者も実は③のグループに属する一研究者に過ぎません。その筆者が，事情があって心理学史をある程度専門的に勉強する必要が生じたとき，わが国には，心理学史を専門にしない者が気軽に読める中級レベルの書物がほとんどないことに気づきました（ちなみに心理学史の入門書は数種の良書が出版されています）。その結果，筆者はそれなりに時間をかけて悪戦苦闘しながら心理学史を学ぶことになったのですが，そのとき学んだものが何らかの形で多くの人に役立てられればと思い，いわば勉強ノートをそのまま本にしてしまったのが本書です。ですので，本書が難しい歴史の専門書ではないことはご理解いただけると思います。

本書の使い方

　さて，本書は上記の①，②，③の読者層を対象にしていると申し上げましたが，それでもずいぶん広いと感じられるかもしれません。それもそのはずで，実は，

本書は①,②,③のような多様な読者層がそれぞれのレベルに合わせて利用できるように配慮されています。

　まず，序章ですが，心理学の歴史に関してほとんど予備知識をもたない読者に大まかな流れを知っていただくための章です。ですので，とくに①,②にあたる読者はまず目を通してください。一方，③の読者はとくに復習する目的でもなければ読む必要はありません。

　続く第1章以降ですが，見出しに★印がついている箇所があります。この見出しに★印のあるところは心理学史を学ぶうえで押さえておきたい基本的なことがらを中心に扱った箇所です。ですので，上記の①,②にあたる読者は主としてここを中心に読み進めていってください。★印のないところは飛ばしていってもとくに差し支えはありません。★印のない部分ではやや専門的な内容が取り上げられており，主として③の読者層を想定して書かれています。しかし，専門的な内容といっても，最新の歴史研究の成果に基づく知見というよりは，人物やキーワードを少し詳しく取り上げて紹介しただけですので，とくに難しい内容ではありません。初学者でも興味があれば十分理解できるでしょう。また，本書にはかなりたくさんの脚注がついています。これも③の読者を対象としたものですので，①,②の読者はとくに気にせずとばしていただいて結構です。

　それから，これは本書の特徴でもありますが，各章にはそれぞれ，その章（あるいは節）で扱った心理学者を歴史の流れに位置づけた図がつけられています。読者は，この図を見ながら各章を通読することで，それぞれの心理学者の学説が歴史の流れのどこに位置づけられるのか確認してゆくとよいでしょう。

　なお，参考書としての趣旨から，本書は必要な章だけ拾い読みしていただいてもある程度は理解できるようになっています。もちろん，全体を通して通読していただくことで心理学史に対する理解は深まると思います。

目　　次

はじめに　i

序章　心理学史入門 ―――――――――――――――――――― 1
1　心理学はいつ頃からはじまったか　1
2　実験心理学前史　2
3　臨床心理学前史　4
4　実験心理学の発展―ヴントと2つの学派　7
5　臨床心理学の発展　9
6　次章以降に向けて　10

第1章　実験心理学前史 ――――――――――――――――― 11
1　はじめに　11
2　古代，中世の哲学と心理学　11
3　近世，近代の哲学と心理学　15
4　自然科学の発展と心理学　24

第2章　近代心理学の成立 ―――――――――――――――― 29
1　はじめに　29
2　ヴントの心理学成立前史　29
3　ヴントの心理学　37
4　19世紀末から20世紀初頭のドイツの心理学者　43

第3章　アメリカにおける近代心理学 ―――――――――― 51
1　はじめに　51
2　アメリカの"旧"心理学　52
3　ウィリアム・ジェームズ　54
4　ホールとアメリカ心理学の制度化　62
5　ミュンスターバーグと応用心理学　65
6　機能主義　67
7　ティチェナーと構成主義　76
8　アメリカにおける近代心理学成立の特徴　79

第4章 行動主義の成立と展開 ——— 81

1 はじめに　81
2 進化論と比較心理学　82
3 ロシアの反射研究　89
4 行動主義とワトソン　94
5 新行動主義の時代　100
6 新行動主義の発展と広がり　114
7 行動主義をどう考えるか　120

第5章 ゲシュタルト心理学, 社会心理学 ——— 121

1 はじめに　121
2 ゲシュタルト心理学と3人の心理学者　122
3 ゲシュタルト心理学の主張　125
4 ゲシュタルト心理学の背景とその周辺　131
5 レヴィンとグループダイナミクス　136
6 社会心理学の誕生と発展　141
7 実験社会心理学の展開　144

第6章 認知心理学と認知科学 ——— 149

1 はじめに　149
2 認知心理学,認知科学成立の背景要因　151
3 心理学における認知　156
4 認知心理学の誕生　159
5 認知心理学の発展　165
6 認知心理学と認知革命　173

第7章 臨床心理学前史 ——— 175

1 はじめに　175
2 古代の精神医学　176
3 中世から近世にかけての精神医学　178
4 ピネルと近代精神医学の成立　184
5 19世紀の精神医学　186

第8章 無意識の心理学と臨床心理学 ——— 201

1 はじめに　201
2 メスメリズムと催眠療法　202

3　フロイトの精神分析　210
　　　4　アドラーとユング　221
　　　5　精神分析のその後の発展　228

第9章　臨床心理学の成立と発展 ──────────── 237
　　　1　はじめに　237
　　　2　アメリカにおける臨床心理学の誕生　237
　　　3　第二次世界大戦までの発展　244
　　　4　臨床家の職域の確立と制度化　249

第10章　臨床心理学の理論と治療技法の発展 ──────── 255
　　　1　はじめに　255
　　　2　ロジャーズの理論と心理療法　256
　　　3　行動療法の誕生と発展　265
　　　4　臨床心理学と人間性心理学　274
　　　5　心理療法のその後　280

第11章　個人差と発達の心理学 ──────────── 283
　　　1　はじめに　283
　　　2　個人差研究の成立　284
　　　3　知能の概念と測定の歴史　285
　　　4　パーソナリティ研究の歴史　299
　　　5　発達心理学の歴史　314

付録　本書で登場するヨーロッパの主な地名の所在地　333
おわりに　335
文　献　341
図・写真・画像について　367
索　引　377

ABC# 序章
心理学史入門

1 心理学はいつ頃からはじまったか

　心理学の歴史はどこまでさかのぼれるのだろうか。初学者の多くは，心理学が研究対象とする人の心は誰にでもあるものだから，心理学という学問はおよそ人類が学問というものをはじめた当初からあったはずだと，考えるかもしれない。しかし，実は，心理学が学問として形をなすようになったのは，それほど古いことではない。

　これについては，心理学でもいわゆる実験心理学と臨床心理学に分けて考えてみる必要がある。まず，実験心理学のほうからみてみよう。ふつう心理学がはじまったのは1879年とされている。これは，ドイツのライプチヒ大学の哲学教授であったヴント（Wilhelm Max Wundt; 1832-1920）が設けた心理学の実験室が大学で公式に認められた年だ。この年をもって大学で心理学という学問が正式な形で受け入れられたということになっている。

　一方，臨床心理学がいつはじまったかであるが，こちらについてはその成立を象徴するようなできごとや年号は必ずしも定まっていない。ただ，今日の臨床心理学の成立に大きな影響を与えたフロイト（Sigmund Freud; 1856-1939）が，その理論をある程度つくり上げ，また，その心理療法を軌道に乗せつつあったのが19世紀の終わり頃であり，ほぼその頃を臨床心理学の成立時期と見なすことは可能であろう。

　こうしてみると，最初にも述べたように，心理学という学問は，実験心理学，臨床心理学ともだいたい19世紀の最後の四半世紀（つまり，1875年頃から1900年頃まで）に成立したと考えられるのである。

　では，19世紀の終わり頃に今日のような形で心理学が成立する以前は，人間の心はどのような形で研究されていたのだろうか。次に，これについても同様

に実験心理学と臨床心理学の別にみてみよう。

2 実験心理学前史

　まずは実験心理学からはじめよう。1879年にヴントによって正式に心理学実験室が開設される以前，心理学に相当する学問は哲学の中に含まれていたととりあえずは考えてよい。つまり，心とは何か，心はどのような働きをしているのかというようなことについて考えていたのは，心理学者ではなく哲学者であったのである。

　哲学の歴史は古く，紀元前4-5世紀頃のギリシャ時代までさかのぼれる。たとえば，ギリシャの三大哲学者の一人として知られるプラトン（Platon; 427-347 B.C.）は心を魂と呼び，それを3つに分類している。また，プラトンの後継者アリストテレス（Aristotelēs; 384-322 B.C.）は，『デ・アニマ（De Anima）』という書を著したが，これは歴史上もっとも古い心理学書といわれている。

　こうして，哲学者によってはじめられた人間の心についての考察は，キリ

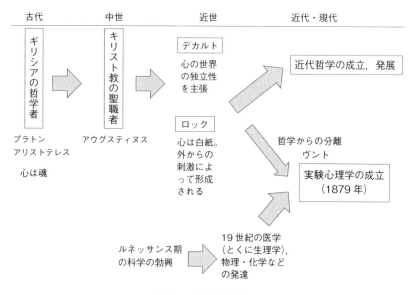

図 序-1　実験心理学前史

スト教が中心となった中世でもアウグスティヌス（Aurelius Augustinus; 354-430）などのキリスト教の聖職者たちによって受け継がれ，近世，近代の哲学者に続いてゆく。

近世になるとデカルト（René Descartes; 1596-1650）は物質的世界，身体的な世界の存在を疑ってもそれを疑い考えている自分の意識の世界だけは疑うことができないとして，心，つまり，意識の世界の独立性を唱えた。この考えは「我思う故に我あり」という彼の言葉で知られている。一方，ほぼ同時代のイギリスの哲学者ロック（John Locke; 1632-1704）は，人間の心は生まれたときは白紙の状態（タブラ-ラサ）にあり，目や耳といった感覚器官を通して入ってくる刺激が組み合わさり連合することによって観念が生まれてくると考えたが，この考え方は後の発達心理学の基本的な考え方の1つとなった。さらに，18世紀のドイツの哲学者カント（Immanuel Kant; 1724-1804）は，人間には空間や時間といった外界を認識するための基本的な能力があらかじめ（先験的に）備わっていることを指摘し，人間の意識や認識に対する理論的な理解はさらに進められることになった。

こうした哲学の進歩はその後も続くわけだが，そのかたわらで18世紀から19世紀にかけて物理学，化学，医学，生理学などの自然科学，つまり，実験的な手法を用いた科学が急速に進歩する。また，それと同時に電気，ガス，鉄道，

図 序-2　実験室でのヴント
中央で横向きに着席しているのがヴント。

あるいは医薬品などといった今日われわれがふつうに使っている科学技術の成果が人々の身の回りに登場してくるのもこの時代である。

そのようななかにあって，それまで哲学者たちが主として思索によって探求していた人間の心とは何か，意識とは何か，心はどのような働きをしているのかといった問題を，他の自然科学のように実験的な手法を用いて明らかにしようという流れが，一部の生理学者や哲学者たちの間で生まれてくる。そうして，心理学という新しい学問が哲学から分かれ生まれたのである。その新しい流れをつくった代表格がヴントであり，彼がライプチヒ大学公認の心理学実験室を設置した1879年がふつう心理学の誕生年とされるのである。

3 臨床心理学前史

さて，今度は臨床心理学の成立までの流れを簡単にみてゆこう。

今日，臨床心理学がその中心的な役割を果たしている心の病や不適応による悩みや問題を抱える人たちを援助し，治療することは，もともと医学の領域で

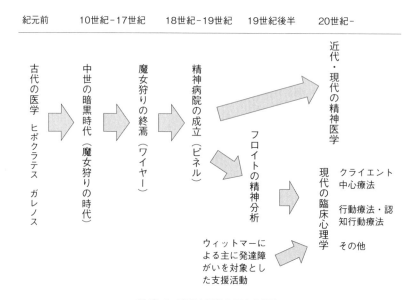

図 序-3　臨床心理学の歴史の概略

行われていた。

　医学の歴史も，哲学同様，その起源をさかのぼるとギリシャ時代にたどり着く。哲学の創始者ソクラテス（Socrates; ca.470-399 B.C.）とほぼ同時代のギリシャには医学の祖，ヒポクラテス（Hippocrates; ca.460-ca.375 B.C.）がいた。ヒポクラテスは，客観的な観察，理解を大切にした最初の医師の一人であった。彼は，心の病に対しても客観的な理解を示したことで知られる。てんかんといわれる疾患は，脳の神経細胞の放電の異常が起こり一時的に意識がなくなってしまうというような病気だが，この病気は，当時，ギリシャでは「神聖病」と考えられていた。ヒポクラテスはこのてんかんについて「（この病気は）私の考えでは他の諸々の病気以上に神業によるものでもなく神聖であるものでもなく，自然的原因をもっているのである」（邦訳，p.38）と断定した。

　このように心の病を客観的に観察し，治療法を考えてゆこうとする姿勢はギリシャ・ローマ時代にすでに一部の医師の間で芽生えていたが，これがそのまま近代の医学に継承されることはなかった。やがて，キリスト教のカトリック教会がすべてを支配する中世に突入すると，心の病に対し客観的な態度で医学的な治療を行うこと自体が廃れてしまう。心の病はその症状に由来する奇異な振る舞いなどから，病気というよりむしろ，キリスト教が考える神に対峙する悪魔の仕業とされるようになったのだ。しかも，当初はこれを悪魔払いなどによって治療しようとする動きもあったが，14-15世紀くらいになると患者を魔女（あるいは悪魔）と断定し宗教裁判にかけて有罪とし処刑するという魔女狩りが盛んに行われるようになった。もちろん，このような時代でも，魔女や悪魔といわれる者の多くは心の病の患者であり患者は教会ではなく医師の手に委ねられるべきである，と主張した医師ワイヤー（Johann Weyer; 1515-1588）などの例もあったが，魔女狩りの嵐は17世紀末頃まで続いた。

　心の病に罹った者がまともな医学的な治療を受けられるような時代が来るのは，だいたい18世紀末から19世紀のはじめにかけてである。フランスのパリのサルペトリエール病院では院長のピネル（Philippe Pinel; 1745-1826）がそれまで多くの精神病院で患者に取り付けていた手錠や足かせを外し，人間的な配慮をもって扱うことで，症状が大幅に改善することを示したといわれる。

　今日，統合失調症などの患者は，向精神薬といわれる薬物の投与で症状のか

なりの部分を治療することができるようになった。しかし，そうした薬物がなかった当時は治療といってもこれといったものがないのが実情であった。そうしたなかで，心の病の中でも主として不安やストレスに由来する疾患の治療法として注目されるようになったのが催眠術である。催眠術はもともとドイツ生まれの医師メスメル（Franz Anton Mesmer; 1734-1815）の考え出した動物磁気という奇妙な理論に基づいて発展したものだが，19世紀の中頃になるとヨーロッパの各国で催眠術によって患者の緊張をときほぐし，リラックスさせることで治療効果があることが認められるようになってきた。

臨床心理学の事実上の祖であるフロイト（Sigmund Freud; 1856-1939）も，もとはこの催眠術によって患者を治療することに取り組んでいた医師であった。ただ，フロイトは催眠術による治療に飽きたらず，独自の心理療法を開

図序-4　フロイト

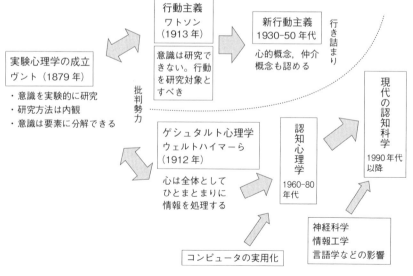

図序-5　実験心理学の歴史の概略

発しそれを精神分析と名づけ，さらに，精神分析は医師資格のない心理学の専門家でも行えると主張した。

　また，臨床心理学の誕生には実験心理学からの影響も無視できない。フロイトよりおよそ10歳年下のアメリカ人ウィットマー（Lightner Witmer; 1867-1956）は，ドイツに留学し実験心理学の祖ヴントの許で研究し博士号を取得したが，その後，心理学の実生活への応用に関心をもち，1896年にペンシルヴェニア大学に心理クリニックを開設した。ここで彼は，現在でいう発達障がいの児童などを対象に臨床活動を行ったとされる。このウィットマーの影響を受けた心理学者たちの流れも，医師でない心理学者による臨床活動の発展に大きく寄与した。

　このような2つの流れが合流するなかで心理学の専門家によるカウンセリングや心理療法が広く行われるようになり，これが今日の臨床心理学の中心となっていった。

4 実験心理学の発展―ヴントと2つの学派

　19世紀の終わり頃成立したヴントの心理学の1つめの特徴は，意識を実験的に研究するという点にあった。ただ，意識を実験的に研究するといっても意識そのものに直接触れることはできないから，被験者（subject）が実験という統制された条件の許で刺激が与えられたとき自分の意識がどう変化したかを観察して口頭で報告する内観という方法がとられた。そしてそのようなやり方で心を研究した結果明らかになったのは，人間の意識は要素という基本的な単位にまで分解され，複雑な心の働きもそれらの要素の組み合わせによってできているということであった。これがヴントの心理学の2つめの特徴である。

　詳しくは後の章に譲るが，ヴントが1879年に実験室をつくり本格的に研究をはじめてからほどなくすると，ヴントのいたドイツや急速に心理学が発展しつつあったアメリカでは，ヴントの心理学に対する批判が盛んに行われるようになる。そのなかでアメリカとドイツで起こった2つの学派がその後の心理学の歴史を大きく形づくることになった。

　まず，そのうち1つめはアメリカで起こった行動主義である。アメリカ人，

ワトソン（John Broadus Watson; 1878-1958）によって1913年に唱えられた行動主義は，ヴントやその影響を受けた心理学が意識を内観によって観察するという方法をとっていたことに反対する．意識はその個人だけにしか観察できないもので，それを内観という方法によって口頭で報告してもらうことは，あまり客観性がない．心理学が実験を行い科学を標榜するならば，誰もが観察可能で客観的な行動のみを研究対象とすべきだ，というのが行動主義の主張である．パヴロフ（Ivan Petrovich Pavlov; 1848-1936）やソーンダイク（Edward Lee Thorndike; 1874-1949）によってはじめられた動物の条件づけの研究が心理学の中心に躍り出てくるのも，この行動主義によるところが大きい．行動主義は，当初，行動のみを研究対象とし，心的な概念を一切認めないという立場をとるが，やがて，1930年代頃になると，行動を研究対象としつつも理論構成上必要ならばそこから導かれる心的な概念や仲介的な仮説概念も積極的に認めてゆこうという新行動主義へと発展してゆく．しかし，相変わらず動物の条件づけ研究を中心に進められていた新行動主義は，人の心的な過程を明らかにしようという心理学の本来の目的からみれば，やはり十分とはいえない面があった．そのため，おおよそ1960年代頃を境に行動主義，新行動主義は実験心理学の中心的な地位を急速に失ってゆく．
　一方，ヴントの心理学のもう1つの特徴，すなわち，人間の意識は要素という基本的な単位にまで分解され，複雑な心の働きもそれらの要素の組み合わせによってできている，という立場に対立するものとして位置づけられるのが，次に紹介するゲシュタルト心理学である．ゲシュタルト心理学は，ヴントのいたドイツでウェルトハイマー（Max Wertheimer; 1880-1943）ら3人の若い心理学者によって1912年頃からはじめられた．ゲシュタルト心理学では，意識は全体としてひとまとまりでとらえられるべきものであり，また，目や耳から入力された刺激も意識の積極的な働きにより大づかみに処理されているという主張が行われた．ウェルトハイマーらはその後アメリカに移住し1930年代以降ゲシュタルト心理学の中心はアメリカに移るが，当時のアメリカの心理学界は行動主義全盛の時代だった．そのためゲシュタルト心理学がその中心になることはなかった．
　ところが，1950年代から60年代になると心理学が本来研究対象とすべき意

識を研究しない行動主義の心理学に陰りがみえてきた。そして，人間の意識が入力された刺激を積極的に処理しているというゲシュタルト心理学の発想が見直されるようになった。また，ちょうどその頃，コンピュータの普及に伴い心理学の実験でもそれらが利用されはじめてきた。そのようななかにあって，人間の心をコンピュータのような情報処理装置として見立てて，それを手がかりに意識の過程を研究してゆこうとする認知心理学が登場した。認知心理学は，ほどなく，行き詰まりつつあった行動主義に代わり，1970年代から1980年代の実験心理学の中心となった。その後，認知心理学は教育，言語学，情報工学，産業など多方面で応用的な研究を展開し，また，神経科学の発展の影響も受け，1990年代以降は心理学の枠組みを越えた認知科学といわれる一大領域を形成するに至っている。

5　臨床心理学の発展

　フロイトの精神分析とウィットマーによる発達障がいの治療，支援という異なる2つの流れからはじまった臨床心理学であるが，アメリカでは，1930年代頃からこれらが渾然としながら臨床心理学という1つの領域を形成しつつあった。そのなかで1940年代に入ると，それまでもっぱらフロイトの理論に頼っていた心理療法で独自の理論が生まれる。ロジャーズ（Carl Ransom Rogers; 1902-1987）のクライエント中心療法である。ロジャーズは，治療者が患者に対して指示を与える，説得する，解釈を与えるといったそれまでのやり方に反対し，治療者が徹底した聞き役に回ることを主張した。これは，人は誰でも自ら前向きに成長してゆこうとするエネルギーをもっているというロジャーズの人間観に由来するもので，治療者は一時的に停滞した状態にある患者を少しばかり助けるだけに過ぎないという考えに基づいている。人間が原始的で破壊的な無意識のエネルギーに絶えず押しつぶされそうになりながら生きているという前提に立つフロイトの考え方とは対照的であった。このようなロジャーズの考え方はマズロー（Abraham Harold Maslow; 1908-1970）の自己実現の概念などとも共通するもので，ロジャーズ，マズローなどの理論をまとめて人間性心理学ということもある。

さらに少し後になると，今度は実験心理学の理論を臨床心理学に役立てようというグループが出現する。前述のように1930年代，1940年代は行動主義の全盛期であった。行動主義の心理学がとくに関心を寄せていたのは人や動物が新しい行動を学習する仕組みであったが，この考えを応用したのが行動療法である。臨床心理学が治療対象とする心が病んだ状態も，実は不適切な行動が学習されたものに過ぎない，それならば，新たに適切な行動を学習し直すような手続きを踏めば治療はできる，というのが行動療法の基本的な発想だった。行動療法はその後，認知行動療法として進化を遂げ，現在では臨床心理学全体の中でも最大の学派の1つになっている。

6 次章以降に向けて

さて，この章では心理学の歴史を実験心理学，臨床心理学のそれぞれに分けて大まかにさらってみた。次章以降では，これにより詳しく肉付けをしてゆく。ただ，それらの詳細が，本章で紹介した大きな流れの中のどこに位置づけられるかは見失わないでいてほしい。そのためにも，本章の図（序-1, 3, 5）はとにかく頭の中にたたき込んでおくことが必要だろう。

なお，次章以降の構成を簡単に説明しておくと，本書はこの序章で紹介したように実験心理学の歴史（第1章から第6章）と臨床心理学の歴史（第7章から第10章）の2つの大きな部分に分けられている。ただ，そうした構成にするとどうしても扱いきれない分野が出てくる。そのため，最後の第11章は，いわば実験心理学と臨床心理学の中間領域にあたりいずれにも含めにくい分野，すなわち，知能，人格に関する心理学，発達心理学などの歴史を扱う部分にあてた。

では，さっそく詳しい話に移ろう。

第1章
実験心理学前史

1 はじめに★

　序章でも述べたように，実験心理学がひとつの学問として成立するのは19世紀の後半以降である。本章では，それ以前に人間の心について論じる役割を担ってきた哲学の中から心理学とかかわりの深い話題について取り上げ，さらに心理学の成立に影響を与えた近代科学の発展について触れる。

2 古代，中世の哲学と心理学

(1) プラトン以前★

　心理学（psychology）の語源はギリシャ語のプシュケー（ψυχή: psyche）である。この語は，ふつう，霊魂（魂：たましい）などと訳されるが，その語源は息，風などの意味をもつ[注1]。ただ，初期のギリシャの哲学者はプシュケーをさまざまに考えていた。たとえば，紀元前6世紀のアナクシメネス（Anaximenes; 585-ca.525 B.C.）は「空気からできているわれわれの霊魂が……」というような断片を残しているようだが（今田，1962），これはプシュケーの語源を連想させる。一方，デモクリトス（Democritus; 460-ca.370 B.C.）はプシュケーを「一種の火」であると述べているなど，考え方はさまざまだった。さらに，アナクサゴラス（Anaxagoras; 500-ca.428 B.C.）のように，プシュケーを物質的なものではなく「動かすもの」と定義する例もあった[注2]。

　注1）なお，心理学という語は，クロアチアのマルリッチ（Marko Marulić; 1450-1524）が16世紀初頭ごろに用いたのがはじめてではないかといわれている（Krstic, 1964）。以前は，ゲッケル（Rudolf Göckel, 1547-1628）が1590年に著した著書のタイトルが最初の使用例とされていた。
　注2）アリストテレス『デ・アニマ』の中にある記述。

(2) プラトン★

　古代ギリシャでプシュケーについて，はじめてまとまった記述を残したのはプラトン（Platon; 427-347 B.C.）である注3)。プラトンはイデア説でも知られるように，物質的な世界や身体を超えたところにイデアの世界があり，真実，道徳などはそこに属するものと考えていた。プシュケーもイデアの世界に由来する不死のもので，人が生きている間は身体という有限な存在の中に閉じ込められているが，死ぬと肉体を離れイデアの世界に戻るとされた。また，正しい認識とは，肉体という制約を極力排除しイデアの世界を想起することと考えられた。このように〈プシュケーの属する心的，非物質的，不死の世界〉と〈肉体的，物質的な死によって終わる世界〉を分離する考え方は二元論（心身二元論：dualism）と呼ばれる。プラトンはこれをピタゴラス（Pythagoras; ca.590-ca.510 B.C.）や神秘主義的な思想から受け継いだ（Greenwood, 2009; Peters, 1953）。

　一方で，プラトンは，プシュケーを理性，気概（勇気，野心などのこと），欲望の三部分に分け，理性は神によってつくられたもので頭の中に，気概は胸に，欲望は横隔膜より下にあるとした注4)。この3つのうち理性は不死のもの，気概と欲望は死すべきものとされ，ここにも二元論的構造がみられる。

(3) アリストテレス★

　アリストテレス（Aristotelēs; 384-322 B.C.）は史上はじめてプシュケーに関する体系的な著書『デ・アニマ（*De Anima*（ラテン語）：*Peri Psyches*（ギリシャ語））』を残した注5)。

　プラトンが非物質的なイデアを重視し，物質的，身体的な世界はそれに対す

　注3) プラトンのプシュケーに関する記述のうちプシュケーの不死に関するものは『パイドン』で，プシュケーの三分説は『国家』で主に扱われている。また，『ティマイオス』でも論じられている。これらは岩波文庫やプラトン全集（岩波書店刊）に翻訳がある。

　注4) 3つのプシュケーのうち理性のみを不死とする見解は，詳細に検証するとプラトンの著作の中でも相互に矛盾があり，哲学研究者の間では異論もあるようだ。詳しくは山内（1970）の論考などを参照。

　注5)『デ・アニマ』は原語のラテン語訳であるが，しばしば，この名称で紹介されることが多い。なお，『デ・アニマ』にもいくつかの翻訳があるが，筆者は桑子敏雄（訳）（1999）『アリストテレス　心とは何か』（講談社学術文庫）を参照した。

2 古代，中世の哲学と心理学　13

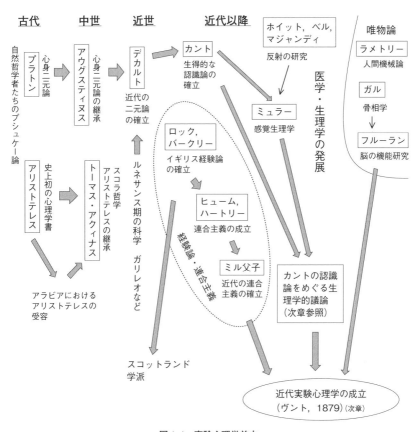

図 1-1　実験心理学前史

るものとして描いたのに対し，アリストテレスは，プシュケーと身体は本来一体のものであるとし，師プラトンとは異なるプシュケー観を示した[注6]。アリストテレスは，人に限らずすべての実体を「質料（素材）（hyle（ギリシャ語）：matter（英語））」と「形相（eidos（ギリシャ語）：form（英語））」という用語で説明する。たとえば，家の質料は木材やセメントであり，その構造が形相である。人や生物についていえば，その身体が質料であり，プシュケーが形相で

注6）高橋（1999）は，ラッセル（Bertrand Arthur William Russell; 1872-1970）の所説を引用し，アリストテレスがプラトンや後のキリスト教徒のような個人の不死を信じておらず非個人的な意味における人間の不死性だけしか信じていなかったのではないかと指摘している。

ある。身体の一部を例に挙げて、目は質料で視力がプシュケーとも述べている。また、プシュケーはさまざまな生物に応じて3つの層があると考えられている。1つめは植物的機能で栄養をとり成長し生殖する機能、2つめは感覚、欲望、運動などの動物的機能、そして、人のみにある理性的機能である。したがって、プシュケーとは今日われわれが考えるような意味での心ではなく、ある生物体という質料を生物たらしめている形相ということになる。このようなアリストテレスの立場からは、形相が肉体を離れてイデアの世界に戻るというようなプラトン的な発想は生まれてこない。

つまり、アリストテレスの考え方はプラトンのような心身二元論とは根本的に異なったものなのである。しかし、それは物質還元論でもない。彼にとって実在するのは物質的な身体だけであるが、そこには生理的な面と精神的な面という2つの側面があるのである（Leahey, 1980, 邦訳, p.61）。

アリストテレスは、この『デ・アニマ』のほか記憶と想起、睡眠、夢などの個々の心理的な機能についての小論をいくつか残している。

(4) 古代末期から中世の心理学★

ギリシャの古代文明の流れを受け継いだ古代ローマはローマ帝国となるが、やがて弱体化し4世紀には東西に分裂する。また、その頃よりキリスト教が広まっていった。5世紀に西ローマ帝国が滅亡すると、キリスト教会を中心とした中世社会が成立する。

アウグスティヌス（Aurelius Augustinus; 354-430）はこのような古代末期のキリスト教哲学者である。アウグスティヌスはキリスト教の教義とプラトンの哲学を融合させたとされる。つまり、彼もプシュケーと身体をそれぞれ別の次元と考える二元論の立場をとった。アウグスティヌスによれば、人の体は土の塵からつくられたもので死すべきもの、プシュケーは神の息として人の中に吹き込まれたもので不死のものとされた[注7]。アウグスティヌスは方法面では内省（つまり内観）を重視した。そして、プシュケーは自分自身を内観することに

注7）物質的な肉体に神の息が吹き込まれるという考え方自体はプラトンに由来するというよりヘブライ的なものであり、これが聖パウロなどを経由してアウグスティヌスにももたらされたようだ（Peters, 1953, p.181）。

よって知ることができるものであるとされた。これは内観によって自分の意識の存在を証明できるということであり，後にデカルトの「われ思う故に我あり」という言葉につながる。ただ，彼の内省はプシュケーそのものを知るためのものではなく，自分のプシュケーを通して神の啓示を知るためのものであった。

およそ6-7世紀から11-12世紀頃までのヨーロッパは，一般には，暗黒時代といわれ，文化的，学問的にはカトリック教会の教義のみに支配された不毛な時代が続いた。そうした中でギリシャの古典はヨーロッパではなくイスラム教世界に受け継がれることとなった。イスラム教世界ではアラビアの医師アヴィセンナ（Avicenna; 980-1037）が，アリストテレスをもとに独自のプシュケー論を展開したことはよく知られている。12世紀以降キリスト教世界とイスラム教世界との接点が増加し，ギリシャの古典がヨーロッパに逆輸入され，アリストテレスの哲学とキリスト教の教義を統合しようとする流れ，すなわち，スコラ哲学が生まれた。スコラ哲学者の中でもっともよく知られているのはトーマス・アクィナス（Thomas Aquinas; 1225-1274）である。彼のプシュケーに関する理論はアリストテレスのプシュケー論を大筋認めるものであった。しかし，自然主義的なアリストテレスの哲学とカトリック教会の教義が矛盾しないことを示すために彼が注いだ努力は，彼は意図していなかったにせよ，結果的に，すべての現象を神学的に説明しようとする中世的な世界観の崩壊を促したとも考えられている[注8]。

3 近世，近代の哲学と心理学

(1) ルネサンスと科学の発達★

14世紀頃はじまったルネサンスは，それまでのスコラ哲学に代わり自由な学

注8）たとえば，アクィナスのプシュケーに関する考えの大筋はアリストテレスの理論と一致するが，いくつか相違点もあるという（Leahey, 1980）。また，今田（1962）はアリストテレスとアクィナスとの比較の中で次のような点を指摘している。アリストテレスはあらゆるものを可能態と現実態という概念で説明したが，その中で人の感覚を可能態としそれを扱う理性を現実態と考えその関係を説明していた。これに対し，アクィナスは，物質的な世界に属する感覚と精神的世界に属する理性は基本的に別次元と考えていたため，両者を橋渡しをすることができず，これが後の「デカルトに残されたところの，精神と物質との間の深い裂け目を生じ」させることになったという（p.68）。

問を促し，自然科学の発展につながった。コペルニクス（Nicolaus Copernicus; 1473-1543）によって唱えられた地動説は，ケプラー（Johannes Kepler; 1571-1630）によって数学的に洗練された理論になった。また，地動説は同時代のガリレオ（Galileo Galilei; 1564-1642）にも支持され，ガリレオはカトリック教会から異端として有罪判決を受けた。そのガリレオは，天文学と同時に物理学の研究でも知られ，ピサの斜塔から異なる大小の2つの球を落とし両者が同時に着地することなどから，落下の速度は質量に関係なく落下に要した時間に比例して速まる法則性を見出した。物質的な世界を数学的な法則によって説明することは天文学的な対象だけではなく，人々の身の周りの出来事に対しても行われるようになったのだ。一方，医学では，イタリアのヴェサリウス（Andreas Vesalius; 1514-1564）が人体の解剖を積極的に行い，ローマ時代のガレノス（Galēnos）以来信じられていた人体の構造図を書き換えた。そして，イギリスのハーヴェイ（William Harvey; 1578-1657）は，動脈と静脈とがそれぞれ独立した別系統で左右に分かれた心臓の壁の小さな穴を通して血液が行き来しているとしたローマ時代以来の説を否定し，心臓が筋肉でポンプの役割を果たし動脈と静脈を通して全身および肺に血液を循環させていることを突き止めた。

　こうした当時の物理学，医学の知見の影響下にあったのが，近世以降，近代の哲学の枠組みを確立したとされるデカルトである。

(2) デカルト★

　デカルト（René Descartes; 1596-1650）は「われ思う故に我あり」といった[注9]。これは，絶対に確実な知識を求めてあらゆることを疑ったデカルトが，最後に疑いをもちながらも考えている自分の思考だけは存在することを確認したということである。ふつうに暮らす人にとって，目の前に物が存在するのは自明である。しかし，デカルトにいわせれば，たとえば，われわれが夢の中で目の前に存在しないものを実際にあるかのように体験することがあるように，物の知覚というものもそれほど確実ではなく，十分に疑う余地がある。それよりももっと確かなのが，考えている自分があるという意識だというのである。ところ

注9）この有名な言葉は，『方法序説』の中にある。方法序説は岩波文庫などで簡単に読むことができる。

で，目の前にある机には縦，横，高さといった「延長」がある。デカルトによれば，物質的な世界はそのような幾何学的に表現できるような延長（空間を占めている性質）のある世界，ということになる。これは数学や物理学にも関心が深く，物体の運動を数学的な式にあてはめて説明したガリレオの研究にも触れていたデカルトにして考えついたことでもある。一方，人が考えている心的世界は延長のない異質の世界である。だから，心の世界と物の世界は完全に別のものと考えられる。デカルトは，当然，肉体も物質的な世界に属すると考えていたから，心身二元論の伝統はこうして近世に入っても受け継がれている。

　デカルトの二元論の特徴として，人間の肉体や動物を機械と考えたということが挙げられる。この背景には，当時の解剖学，とくに，ハーヴェイの血液の循環説の影響を受けていたデカルトが精巧な人体の仕組みと機械の類似性を思いついたということもある。また，この二元論によって中世以来漠然と受け継がれていた身体という素材（ヒューレ）に形相（エイドス）としてのプシュケーが不可分一体になっているというアリストテレスの考えが，ほぼ完全に放棄されている。

　ところで，デカルトの二元論では心的世界と物質的世界は無関係の世界とされたにもかかわらず，われわれは心で外の延長のある世界を認識することができる。なぜ，そのようなことが可能なのだろうか。デカルトによれば，それは人は生まれながらにして神，我，物，数，持続，延長，運動というような物理学や幾何学の基本概念に相当する内在観念をもっているからだという。だから，人は外の世界を見ているつもりでも，実際は，そうではなく心の中にある内在観念を見ているのだ。ただ，多くの場合，われわれの認識と外の世界は無関係ではなく実質的に一致しているように見えるが，これは，内在観念のひとつでもある神が，人が考え認識することと外の世界がおおむね一致しているようにしてくれるからである，というのだ。

　こうしてデカルトは心と身体を無関係と断じた。しかしながら，われわれは実際に意図的に自分の体を動かすことができるし，身体に受ける苦痛などの感覚を受け取ることができる。デカルトは，こうした現象を当時の解剖学的な知識を使い説明した。彼によれば神経は細い管になっていて中を動物精気（esprits animaux）という気体が通っており，これが筋肉を動かしたり，逆に

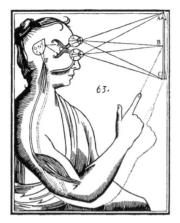

図1-2 デカルトの『情念論』にある図
目で見た矢を指で追いかけるに際して松果体が介在していることが描かれている。

感覚器からの刺激を中枢に伝えたりしているという。人間の脳の中の空洞（脳室）はこの動物精気で満たされている。この動物精気によって体が動かされる仕組みは自動的で物の世界の出来事だが，脳室の中に突き出した松果体と呼ばれる部位が心の世界との接点になっているという。心が何かを意図するとこの松果体が動かされそれが動物精気の流れを変え筋肉に伝えられることで運動が起こる。逆に感覚器からの刺激は動物精気の流れの変化となり松果体に伝えられ，心の世界で感じられる。

このようにデカルトは科学的な視点をもちはじめているが，当時の科学的知識は十分ではないうえに，二元論の限界を神の概念で切り抜けようとするなど，まだ中世的な思弁から抜けきれない。しかし，デカルトが人の心に生まれつき備わった内在観念があると主張したことは，心理学史上特筆すべき点といってよいであろう。これによってデカルトはヨーロッパ大陸の心理学の基調をなす生得説の祖と位置づけられ，次のイギリスの心理学者たちの経験説，環境説と対置されることになった。

(3) 経験論と連合主義★

デカルトは心を生得的なものと見なしたとされるが，これに対し心の起源を環境の側に求める立場をとったのがイギリスの哲学者たちである。ロック（J. Locke）は人の心は生まれた時点では白紙（タブラ - ラサ：*tabula rasa*）であり，外界からの刺激の経験によって観念が生み出され，それらが組み合わさり心の複雑な働きもつくられると考えた。この考え方は経験論といわれ，イギリスの哲学の流れをつくる。経験論では，何より観念という要素が結びつくプロセス（すなわち，連合）が重要になってくる。その連合の原理はハートリー（David Hartley; 1705-1757）によって具体化され，さらに19世紀に入るとジェームズ・ミル（James Mill; 1773-1836），ジョン・スチュアート・ミル（John Stuart

Mill; 1806-1873）親子によって理論的に完成される。この連合を中心に据えた哲学の流れを連合主義という。心を要素に分解しその組み合わせを重視する連合主義は，ジョン・スチュアート・ミルの死とほぼ時を同じくして登場するヴントの実験心理学にも影響を与えたとされる。

(4) ロック，バークリー

ロック（John Locke; 1632-1704）の立場は経験論といわれるが，実は，ロック自身は経験（experience）という用語は用いず観念（idea）という語に含めている（Warren, 1921, 邦訳, p.18）。人は白紙の心をもって生まれてくるが，ここに感覚（sensation）と反省（reflection）によって観念が形成される。このうち感覚とは外界の事物から刺激として入力されるものだが，反省は知覚，意思などの心の作用と考えられている[注10]。感覚と反省によってまずつくられる観念は簡単観念（simple idea）と呼ばれ，快と苦，喜びと不安などといったものがあるという。この簡単観念が組み合わさり，関係づけられ，抽象化されることで複雑観念（complex idea）ができ上がる。

ロックに続く経験論者は，聖職者でもあったバークリー（George Berkeley; 1685-1753）である。バークリーは「存在することは知覚することである」という言葉で有名だが，これは彼が心的世界のみの存在を認める一元論の立場をとっていたからである。一方で彼は聖職者として外的世界の実在は神が保証しているという立場をとっていた。また彼は，『感覚新論』において網膜像が2次元であるにもかかわらずわれわれの視覚が奥行きをもった3次元として知覚されるのは，経験によって学習されたものであると考えたことはよく知られている。

(5) ヒュームとハートリー

経験論が本格的な連合主義に発展するのは次に紹介するヒューム（David Hume; 1711-1776）においてである。彼は実験的な自然科学の影響を受け，人の心もそうした客観的な観察によって研究されるべきと考えた。彼は，心には印象（impression）と観念（idea）の2つの要素があると考えた。心はこ

注10）ワレン（Warren, 1921）は，ロックの反省の概念は生得観念に代わる一種の生得的な能力といえるもので，厳密な意味で経験主義とはいえないとしている（邦訳, p.128）。

れらの2種の要素の組み合わせと考えられるが，その組み合わせの原理が連合（association）とされ，その連合の原則として類似（resemblance），接近（contiguity），因果関係（cause and effect）の3つが考えられた。彼の説は，外的世界の存在を知りえないものとする点ではバークリーの流れを汲むが，バークリーのような神の概念はもち出していない。また，心も印象や観念のような要素の組み合わせに過ぎないとしている。こうした外的世界と心的世界のいずれにも確固たるものを認めない立場から，ヒュームは懐疑論者ともいわれる。

　ハートリー（David Hartley; 1705-1757）は当時の科学に広く通じており，とくに連合主義に生理学的な説明を与えることで，その発展に寄与した。彼は，まず，人を身体と精神に二分した。精神は感覚器官を通して与えられる感覚（sensation）と観念（idea）に分けられた。そして，この感覚が観念となったものが精神の基本要素であるとされ，この連合の仕組みが考えられた。たとえば，A，B，Cという感覚が繰り返し近接して与えられることでこれらは連合するが，このときこれらに対応するa，b，cという観念も連合される。だから，連合が成立した後にAという感覚で印象づけることでa以外のb，cという観念も呼び起こすことができるという。ハートリーはこの精神内における連合の仕組みと対応する生理学的な仕組みを仮定している。感覚器官に与えられた刺激は振動（vibration）として神経を伝わり脳に達し感覚を引き起こす。そして，この振動は脳の中に弱まって残るが，これを微振動（vibratuncles）という。さらに，この微振動が観念にも作用していると考えた。なお，ハートリーは連合は行動についても起こるとした。

(6) スコットランド学派

　ヒュームは外的世界と心的世界のいずれにも確実性は認められないとする極端な懐疑主義に陥ったが，彼の出身地スコットランドではこれに反発する流れが起こった。リード（Thomas Reid; 1710-1796）は，われわれの目の前に物が見えているのであればそれはあるのであり疑っても仕方ない，という立場をとった。このような常識（common sense）を中心に据えた理論はスコットランド学派と呼ばれ，弟子のスチュワート（Dugald Stewart; 1753-1828），ブラウン（Thomas Brown; 1778-1820）と続く。彼らは連合主義的な立場をとらなか

ったが, スチュワートの門下であったジェームズ・ミル（後述）はスコットランド学派から離れ連合主義者となった。

スコットランド学派は（今日では無名の）学者を多く輩出し, その一部はアメリカに渡り大学で教職に就いた。彼らは, 道徳哲学（moral philosophy）や心の哲学（mental philosophy）と呼ばれる授業などを担当し, その中で心理学的ともいえるテーマを扱っていた。こうしたスコットランド学派に由来する心理学は, アメリカでは19世紀末にドイツから近代心理学が導入されるまで続いた。

(7) ミル親子とベイン

連合主義はミル親子に至って, 一応, 完成をみる。父親ジェームズ・ミル（James Mill; 1773-1836）はスコットランド出身で, 東インド会社に勤務しながら歴史, 経済などを中心に執筆に従事した。彼は, やはり精神を感覚と観念からなるものとし, 観念の連合によってその働きを説明しようとした。彼は, たとえば, 連合は鮮明（vivid）で頻度が高い（frequent）ほど起こりやすい, といったいくつかの基本的な原理を仮定し, それらをあてはめれば複雑な心的過程のほとんどすべてが説明可能と考えた。その理論は機械的で, 意志のような能動的な働きは考えられていないとされる[注11]。

ジェームズ・ミルの長子ジョン・スチュアート・ミル（John Stuart Mill; 1806-1873）は, 父と同様に東インド会社に勤務しながら執筆活動を続け, 政治活動なども行った。彼の連合に関する学説は, 父親のそれをほぼ受け継いでいる。しかし, 父親は複数の観念が連合することによって生まれる複合観念を単に物理的, 機械的な結合と考えていたが, 彼は, 複数の観念が結合することで元の観念にない新たな性質をもった観念が生まれるとした。そして, それを化学において複数の薬品が混ざることに

図1-3　J. S. ミル

注11）ミルの連合の特徴は今田（1962）の記述がわかりやすい。

図1-4 ベイン

よって元の薬品とは異なった新しい成分が生まれるような現象になぞらえ，心的化学（mental chemistry）と名づけた[注12]。

ベイン（Alexander Bain; 1818-1903）は，ジョン・スチュアート・ミルなどとも交流をもち連合主義者の系譜に連ねられるが，生理学的な知見にも通じており，それらを取り入れた著書は広く読まれた。また，彼は心理学の専門雑誌（現在でも哲学の学術雑誌として存続している）『マインド（Mind）』を創刊した。ベインは，イギリスにおいて連合主義の哲学から心理学が独立する過渡期を代表する人物といえる。

(8) カントの認識論★

一般に近代の認識論はカント（Immanuel Kant; 1724-1804）によって完成されたとされる。デカルトは，心的世界と物質的世界を完全に分けた二元論者であった。両者は別世界の出来事であり心は物質的世界を知りえない。そのためデカルトは，心の中にあらかじめ何らかの観念があると仮定せざるをえなくなった。一方，ロックに始まる経験論はすべては外界から取り入れられるという立場をとった。しかし，外界から取り入れられるのは感覚のみであり，それだけでは確固たる認識が成立することを十分説明できない。それがヒュームのような懐疑論を生んだ。そこで，カントはこの両者を統合させた。すなわち，人は外的世界そのものを知りえないが，人は世界を認識するために必要な時間，空間を直観的に理解する感性の働きと，そうして認識した事象を理解するために必要な基本的なカテゴリーを先験的に（a priori）もっているとした。そして，目や耳を通して入ってくる外的世界からの感覚をこのような枠組みの中に投げ込むことで，認識が可能になるという。カントがいいたかったのは，デカ

注12）実験心理学史の基本書として長らく影響力をもち続けたボーリングの著書（Boring, 1950）では，ミルの心的化学とヴントの創造的総合（第2章参照）とはさして変わりのないものとされ（p.336），ヴントが連合主義の影響下にあったことが強調されているが，後述のように今日では，ヴントの創造的総合はもっと意志的な現象と考えられている。

ルトの主張のように認識に必要な観念が心の中にあるのではなく，認識とはそれに必要な機能があらかじめ働くことによって成立するものであり，また，人はそうした機能の助けを借りなくてはそもそも外界を認識することすらできない，ということだった。カントの先験的という言葉は，厳密には，生得的という意味ではない。しかし，この考え方を単純化して考えると，心の認識の基本的な機能がもともと人に備わっているという考えにもつながる。そのため，カントは心理学史では心を生得的と見なす立場に位置づけられる。

(9) カントの実験心理学に対する影響

よく知られているように，カントは，心理学は数学やニュートンの物理学のように先験的な認識の基礎となるような概念を用いて検証することが難しいこと，内観によって心を観察することが心の働きに影響を与えないことは不可能であるという理由から，心理学は科学として成立不可能としていた[注13]。しかし，カントの心理学に対する否定的な見解にもかかわらず，カントの認識論が近代の実験心理学にあたえた影響は大きかった。

カントが空間や時間を先験的なものと見なしたことを受けて，19世紀以降急速に発達した感覚生理学では，とくに空間の認知に必要な機能が人の中に生得的に備わっていることを生理学的，実験的に究明することに力が注がれた。ミュラー（Johannes Peter Müller; 1801-1858）の特殊神経エネルギー説（後述）は，その代表的なものだった。一方，ヘルムホルツ（Hermann Ludwig Ferdinand von Helmholtz; 1821-1894）の無意識的推論（後述）は認識，知覚の機能が経験によって獲得されたことを示す例とされ，カントの認識論に対立する連合主義よりの立場としてしばしば紹介される。このほか，ヘルムホルツと対立する生理学的な理論を提唱していたヘリング（Ewald Hering; 1834-1918），物理学者であり心理学者でもあるマッハ（Ernst Waldfried Joseph Wenzel Mach; 1838-1916），そして，その影響を受けたゲシュタルト心理学なども，広い意味で生得

注13) ふつう，心理学史の概論書（たとえば，Hothersall, 2004）などでは，このような説明によりカントが科学的な心理学の成立に否定的であったことが述べられている。しかし，城戸（1968）の記述を読むと，そもそもカントの時代の心理学の枠組みそのものが今日とは異なり，こうした単純な説明だけで片付けられないようにも思える。

説的立場をとるものであり、カントの影響下にあったといってよいだろう。このようにカントの認識論は、感覚生理学や物理学を通して、近代の実験心理学の中に深く根付くことになるのである[注14]。

4 自然科学の発展と心理学

(1) 骨相学と感覚生理学*

前述のようにガリレオ（G. Galilei）やケプラー（J. Kepler）、そして、ニュートン（Isaac Newton; 1642-1727）などによってその基礎がつくられた自然科学は、人間を物質的な存在としてとらえ研究対象とする流れをつくった。人間や動物の身体を機械と見なすデカルトもその流れに属するが、ここでは少し時代は下って、18世紀末から19世紀の科学の中で心理学の成立ととくに関係が深い骨相学と感覚生理学の発達について少しだけみてゆきたい。

ドイツで生まれオーストリアで活躍した解剖学者ガル（Franz Joseph Gall; 1758-1828）は、人間の能力や性格は大脳の特定の部位と関係しており、ある能力がとくに発達しているとその場所の頭蓋が盛り上がっていると考えた。だから、人の頭蓋をよく観察することで、その人の能力や性格が診断できるという。こうした一連の研究は骨相学（phrenology）と呼ばれる。もちろん、今日ではこのような考え方は否定されているが、そもそも心の座が脳そのものにあるという事実さえ研究者の間で十分に確定していなかった（川喜田, 1977）当時に

図1-5　ガル

注14）ボーリング（Boring, 1950）は、ヴントは連合主義の影響下にあるとして、ヴントがカントから受けた影響をかなり小さくみている。実際、彼の『実験心理学史』の初版（Boring, 1929）ではカントを扱った見出しすら設けられておらず、1950年の第2版でも簡単にしか触れられていない。しかし、ヴントの『生理学的心理学綱要』（Wundt, 1874）にカントの引用が比較的多くあること、東北大学のいわゆるヴント文庫にカントの注釈書が多く現存し、一方でイギリスの経験論、連合主義などの関連書が少ないという指摘（高橋, 1999, p.172）などを考えると、ヴントの実験心理学の成立にカントが与えた影響にも検討する余地が残されているかもしれない。

あって，人の心理的な機能と脳の特定の部位を関連づけようとした発想（大脳の機能局在論）は画期的なことであった。このように骨相学には，心の働きを脳という物質的な世界に還元しようという唯物論（materialism）の考え方がみえる。

しかし，心の働きが脳という物質的な世界のできごとにすべて還元することができるのならば，そもそも，心的世界という独自の世界を考える必要はなかったはずだし，心理学という学問も成立しなかったはずだ。しかし，実際には心理学は成立した。それは，ヨーロッパでは伝統的に心身二元論が強く，心と物を分けて考える傾向があったからだろう。

19世紀に入ると，医学なかでも感覚生理学の発達が急速になる。感覚生理学は，視覚聴覚などの五感とそれに対応する神経の生理学的仕組み，および，知覚の仕組みなどを研究する学問である。この時代を代表する感覚生理学者にヨハネス・ミュラーがいる。

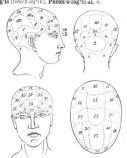

図1-6　骨相学で用いた脳の図

脳の部位が区分けされ番号が付されている。下には，それぞれの番号の部位に関連する能力などが記されている。

ヨハネス・ミュラー（Johannes Peter Müller; 1801-1858）は，ベルリン大学の教授でドイツの生理学の全盛期を築いた。その成果は1833年から刊行された『人体生理学ハンドブック（*Handbuch der Physiologie des Menschen für Vorlesungen*）』で知られる。ミュラーは多くの弟子をもったが，なかでもヘルムホルツ（H. L. F. von Helmholtz 後述），電気生理学の父とされるデュ・ボア＝レイモン（Emil Du Bois-Reymond; 1818-1896），ウィーン大学の生理学者でフロイトの師にもあたるブリュッケ（Ernst Wilhelm Ritter von Brücke; 1819-1892）の3人は有名である。

図1-7　ミュラー

ヨハネス・ミュラーは，近代生理学を築いた一人とされるが，その一方で，生物には生命をもたない非生物とは異なる統一的な力が働いておりそれが生命現象を維持しているという生気論（vitalism）の立場をとった。

ふつう，ヨハネス・ミュラーは心理学史においては特殊神経エネルギー説（doctrine of specific energy of nerves）で知られる。これは，目や耳といった感覚器はその感覚特有のエネルギーを発生させるようになっているという考え方である。つまり，例を挙げれば，光が明るく感じられるのは明るいからではなく目という感覚器が興奮したからだと考えるのである。この特殊神経エネルギー説は，カントの認識論を生理学的に証明しようとしたものと考えられる。特殊神経エネルギー説が主張しているのは，われわれは外的世界そのものをそのまま知覚しているのではなく，それぞれの感覚器に固有の機能がありその機能を通すことによってしか認識が成立しないということである。たとえば，ミュラーは網膜は何か刺激が与えられると，網膜が空間的な広がりを直接感知するような仕組みになっていると考えていた。これは，人は外的世界，すなわち，物自体を知ることはできないが，外的世界からの刺激を普遍的な空間や時間を知覚する生得的な心的枠組みの中に入れることによって認識しているというカントの考えに対応している。つまり，ミュラーはカントが考える生得的な認識の枠組みを網膜のような感覚器の生理的過程に対応させ考えていた（高橋, 1999, pp.175-176）のだ。こうした広い意味でのカントの認識論をめぐる感覚生理学的な研究としては，ロッツェ（Rudolf Hermann Lotze; 1817-1881）の局所徴験やヘルムホルツの無意識的推論（後述）などがある。そして，これらは実験心理学の成立に直接的な影響を与えることになる[注15]。

このように心身二元論的な発想の強いヨーロッパでは，自然科学の発達の影響を受けながらも心理学が還元論的な唯物論の中に解消されることなく，むしろ，ミュラーのような自然科学者が心的世界に自然科学的裏付けを与える役に回り，心理学の成立を促した。

注15）川喜田（1977）によれば，ヨハネス・ミュラーは「生理学者ならざる心理学者なし」という言葉を残しているという。また，川喜田は「生理学者ミュラーが，哲学者がしばしば切り捨てて顧みないところ，一方では科学者が盲点のままに残して案じているところに問題の所在を意識し，科学的なアプローチを試みることによって，近代的な心理学の一面を開拓した功績は大きく評価しなければなるまい（p.686）」と述べている。

(2) 唯物論と二元論

心身二元論はヨーロッパを流れる基本的思想であったが，そこには宗教的な背景があった。つまり，キリスト教の信仰の成立には自由意志をもった精神が不可欠で，すべて物質的な世界の法則で決定論的に規定されてしまう唯物論を唱えることは当局による検挙のおそれもあり，避ける必要があったのである（Greenwood, 2009, p.140）。だから，ガル（F. J. Gall）の骨相学もその唯物論的な発想のせいで，カトリック関係者によって禁止された。ただ，唯物論的な立場は，さまざまな形で現れ影響力を保ちつづけた。

唯物論はフランスで盛んだった。デカルトは，人や動物の身体は心的世界とは対立する物の世界に属すると見なし，動物や人間の身体は精巧な機械のようなものだと述べた。その一方で彼は心的世界を認め，神の役割も重視した。これに対して，ラ・メトリー（Julien Offray de La Mettrie; 1709-1751）は，「人間は機械である」と唱えた。彼は，人間の複雑な行動や心的過程も，動物が餌をとる行動も同様に訓練によって獲得されると考えていた。その思想は行動主義を思わせる。そして，ラ・メトリーも宗教的な見地から激しい批判を受けたが，その批判はキリスト教各派と科学者との連携によって行われた（Shiraev, 2011, p.103）。

さらに時代が下ると，より科学的な方法により脳の機能を明らかにしようという人物が現れる。比較解剖学者であったフルーラン（Marie-Jean-Pierre Flourens; 1794-1867）は，ハトやイヌの脳の特定箇所を切除する方法を用いてガルによる脳の部位と能力や性格との対応が適切でないことを明らかにしている。彼は，大脳皮質は，意志，記憶，判断，知覚などの機能の座ではあるが，全体として働くものだとした。また，同時に，小脳が運動の調整機能を担うこと，延髄に呼吸中枢があることなど中枢神経系の基本的な役割を明らかにしている。フルーランの研究成果はヴント（W. M. Wundt）の著作でもしばしば引用されており，19世紀末までには心の働きを脳に還元する唯物論は緩やかな形で心身二元論の中に融合していった。

これとは異なる流れで心理学史上無視できないのが反射の研究である。

スコットランドの内科医ホイット（Robert Whytt; 1714-1766）は，カエルを使った実験で，非随意的な運動は脊髄レベルで処理され無意識的であるが，随

意的な運動は脳レベルに達するために意志，理性を介した意識的なものであることを指摘した。

　ベル（Charles Bell; 1774-1842）は，1811年に脊髄の神経には感覚器からの刺激を受けるものと，筋肉につながり運動を起こすものがあり，前者が脊髄の後根（背側），後者が前根（腹側）に位置することを突き止めた。その後，フランスのマジャンディ（Fraçois Magendie; 1783-1855）が同じ結果を報告した。これが，今日，ベル＝マジャンディの法則といわれ，反射のメカニズムを明らかにしたものとして知られている。この反射の概念は後にヨハネス・ミュラー（J. P. Müller）によって受け継がれ，さらにその影響を受けたロシアの生理学者たちの中心的テーマとなり，パヴロフ（I. P. Pavlov 第4章3節参照）の古典的条件づけ研究を生んだ。

　反射の研究は心身二元論に対しても大きな問題を投げかけた。それは，脊髄レベルで処理される反射を無意識的なものと考えたからだ。旧来の心身二元論でいう心的な世界とは意識を，これに対する物質的な世界とは身体をさしていた。身体はデカルトが機械と考えたように心的な特性をもつものではない。一方，反射の研究では意識と無意識という2つの心的世界を対比させ二元論をとらえていた。だから，反射の研究によって，二元論のうちの一方にあたるものが純粋な物質的なものをさすのか，無意識のような意識から排除されたものをさすのかが曖昧になってしまったのである。

　結果的に実験心理学は，二元論を心的世界と物的世界と見なす旧来の立場を引き継ぎ，意識の心理学を確立することになる。しかし，そこから漏れてしまった無意識の世界を組み込んだ心理学が，やがて精神分析として20世紀の心理学の1つの大きな柱になってゆくのである[注16)]。

　注16) このように実験心理学が成立するまでの過程において無意識をはじめ近縁概念が排除されていったことに注目したのがリード（Reed, 1997）である。彼は，実験心理学がその研究対象としたマインド（mind）に対し，排除された側を魂（soul）と呼び，その中にマインドより実り多い人間理解の手がかりが含まれていたことを示唆している。

第2章
近代心理学の成立

1 はじめに*

　前章においてみたように，人の心についての探究は長い間，哲学者たちの手によって行われてきた。しかし，18世紀末から19世紀にかけて骨相学（今日では似非科学に過ぎないが）や感覚生理学といった自然科学の発達の影響をうけて，科学的な方法を用いて人の心に迫る研究が次第に行われるようになってきた。

　本章では，こうした流れを受けてヴント（W. M. Wundt）によって近代の実験心理学が築かれ，さらに，ドイツ語圏で心理学が諸科学の一部門として確立されるまでのできごとを扱う。

　まずは，ヴントの実験心理学の成立に直接的な影響を与えた哲学者や自然科学者たちからみてゆきたい。

2 ヴントの心理学成立前史

(1) ロッツェの局所徴験

　ロッツェ（Rudolph Hermann Lotze; 1817-1881）は，医学と哲学を学んだ後，ヘルバルト（Johann Friedrich Herbart; 1776-1841）（後述）の後任としてゲッチンゲン大学の教授となった。『医学的心理学（*Medicinische Psychologie oder Physiologie der Seele*）』（Lotze, 1852）の著者としても知られるが，局所徴験（Lokalzeichen（独語）：local sign（英語））の概念を提起し空間知覚の経験説を唱えた点でも心理学史上見逃せない。

　局所徴験とは網膜や皮膚に与えられる刺激から生ずる位置や方向の感覚に関する概念で，位置や方向といった空間的性質は眼球運動や筋運動などが経験的

30　第2章　近代心理学の成立

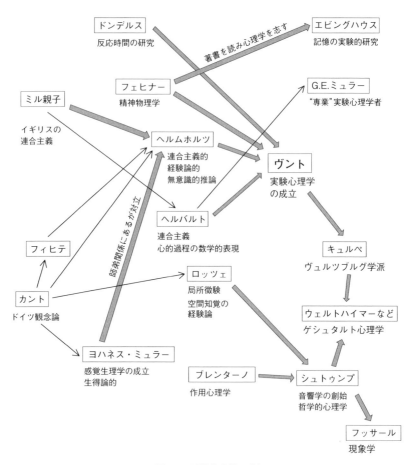

図 2-1　近代心理学の成立

に複合されることによって形成されるというものである^{注1)}。この局所徴験の概念は，前章で触れたカント（I. Kant）の認識論をめぐる議論に感覚生理学的な角度から迫った試みの1つと考えられる。局所徴験の概念は人の認識のしく

注1）ここで紹介した局所徴験の概念は大倉（1999），牧野（1981）などの記述による。なお，ボーリングは，たとえば，皮膚に同一の刺激を与えた場合でも身体の部位によって筋肉や血管やその他細胞の状態などが異なりそこから生ずる強度のパターンは異なるが，その強度のパターンを局所徴験というと述べている（Boring, 1950, p.268）。

みが経験的に獲得されたものとみる見解を含んでいるが，こうした見解は次に紹介するヘルムホルツの無意識的推論と共通するものをもっている。これら感覚生理学的な角度から哲学の認識論に迫ろうとした一連の研究があったからこそ，感覚生理学に還元されない意識を実験的に扱う学としての心理学が成立するのである。

(2) ヘルムホルツ★

3原色説やエネルギー保存の法則の提唱者として知られるヘルムホルツ（Hermann Ludwig Ferdinand von Helmholtz; 1821-1894）は，専門が細分化していなかった19世紀において生理学，物理学などの領域で多大な業績を残した科学者であるが，心理学の成立にも大きな影響を与えた。

ヘルムホルツ注2)は，はじめ軍医学校に進み軍医となるが，ベルリンのヨハネス・ミュラーの門下として研究も続けた。しかし，ミュラーの生命現象の生気論には批判的な立場をとり，同じ門下

図2-2 ヘルムホルツ

の生理学者ブリュッケ（Ernst Wilhelm Ritter von Brücke; 1819-1892），デュ・ボア＝レイモン（Emil du Bois-Reymond; 1818-1896），そして，ミュラーの門下ではなかったが親しくしていたルードウィッヒ（Carl Friedrich Wilhelm Ludwig; 1816-1895）とともに生命現象のすべてを化学的な現象として解き明かそう，と誓い合ったというエピソードはよく知られている。

その後，ケーニヒスベルク大学の教授となり，ここでは神経伝達速度の研究で成果を残した。彼はカエルの足の神経を刺激してから筋肉が動くまでのごく短い時間を計測し，それまでもっと早いと考えられていた神経の伝導速度を1秒間におよそ30メートルと試算した。さらに，彼は人を被験者にして，足に刺

注2) ヘルムホルツの伝記は，ケーニヒスベルガー（Königsberger, 1902/1903）によるものが有名である。英訳もあり，現在でも復刻版が入手可能である。戦時中に邦訳も試みられたが1943年に前半が出版されたままで終わっているようだ。短い伝記としてはアドラーによるもの（Adler, 2000）がある。

激が与えられたらキーを押す訓練をしたうえで，さまざまな位置を刺激した時の反応時間の差を利用して，人の神経伝達速度の測定も試みた。1858 年にはハイデルベルク大学の教授となり，研究の中心は感覚生理学に移る。後述のようにここで助手を務めたのがヴント（W. M. Wundt）であり，彼はヘルムホルツから大きな影響を受けたとされる。1871 年にベルリン大学教授に就任し以降は主に物理学者として活躍した。

彼の心理学に対する影響はいくつかの方面にわたり，上述の神経伝導速度の研究もその 1 つであるが，もっとも大きな影響を与えたのは知覚の無意識的推論（unconscious inference）といわれるメカニズムであろう。たとえば，われわれは目で見た対象を 3 次元の奥行きのある像として知覚しているが，実際は網膜上には 2 次元の像が写されているはずである。にもかかわらず奥行きを感じることができるのはなぜだろうか。ヘルムホルツは，これはわれわれが経験を通してそうした場面に奥行きがあることを学習しているからであるという[注3]。学習した成果が瞬時に無意識的に働き，網膜上には平面としてしか見えない像を奥行きのある 3 次元の像として認識するようになるのだ。こうした学習を重視するヘルムホルツの立場は，前述のロッツェの局所徴験の考え方と同じ流れの中にあり，経験説に位置づけられる。実は，これは，師であるヨハネス・ミュラーの特殊神経エネルギー説が，カントの認識論に感覚生理学的な裏付けを与えるために 3 次元空間の認識の成立を感覚器固有の生得的特性に帰したことに対する反論となっている。そして，ヘルムホルツがこのような経験主義的な立場をとっていたことは，彼がイギリスの連合主義に強い共感をもっていたからだと説明される（Boring, 1950, pp.312-313）[注4]。

(3) ドンデルスと反応時間の研究 ★

前述のようにヘルムホルツは，反応時間を利用することで神経伝達速度を

注3）大村（1996）によれば，ヘルムホルツ自身は無意識的推論の説明で奥行き知覚を例として取り上げていることはほとんどないという。

注4）ヘルムホルツをイギリス連合主義の系譜に位置づけるボーリングの見解はおおむね正しいのかもしれないが，ターナー（Turner, 1977）は彼をイギリス流の経験主義者として位置づけながらもドイツ観念論哲学（とくにフィヒテ）の影響も無視できないと考えており，まだ，検討の余地もあるように思える。

測定することができた。ただ，そこでは刺激と反応の間に挟まれているものは神経という一本の線のみであり，生理学的な意味以上はもっていない。これに対して，オランダの生理学者，眼科医であったドンデルス（Franciscus Cornelis Donders; 1818-1889）は，この手続きを心理学的な実験に用いることを考案した[注5]。たとえば，目の前の赤いランプが点灯したらキーを押すように指示されたときの反応時間と，目の前に赤と青のランプを提示してそれらのいずれか一方が点灯した場合の

図2-3　ドンデルス

みキーを押すように指示されたときの反応時間では，後者のほうが長い。そして，この両者の反応時間の差は赤と青の2つのランプを弁別するための時間と考えられる。このような実験を繰り返すことによって，意識内でどのような処理が行われているかを推定することができる。ヴントの実験心理学でも，このドンデルスの考案した方法は強力な方法論の1つとなった。

（4）ヘルバルト

　実験心理学の創始者ヴントは，その自伝（Wundt, 1921）の中で，1858年にヘルバルトの著書『科学としての心理学（*Psychologie als Wissenschaft*）』（1824）を読むために時間を費やしたことを述べている。生理学者だったヴントが心理学に深く関心をもつようになったのはちょうどその頃である。

　ヘルバルト（Johann Friedrich Herbart; 1776-1841）ははじめカント（I. Kant）やフィヒテ（Johann Gottlieb Fichte; 1762-1814）の哲学に馴染んだが，ペスタロッチ（Johann Heinrich Pestalozzi; 1746-1827）

図2-4　ヘルバルト

　注5）ドンデルスはヘルムホルツのように幅広い領域で多彩な才能を示した科学者で，心理学史では反応時間の実験に関して取り上げられるが，医学史においては眼科医として目の調節機能を研究し近視，遠視などの概念を確立した一人とされる（川喜田, 1977）。ドンデルスの短い伝記はデューク・エルダーによるもの（Duke-Elder, 1959）がある。

の教育実践活動に触れて関心は教育学へ傾いた。彼は，ケーニヒスベルク大学，ゲッチンゲン大学で教授を務め，現在では近代の教育学の祖の一人とされる。その教育学を定義するに際し，彼は，教育の目標は倫理学に，教育の方法は心理学に求められるべきと主張したことはよく知られている。

ヘルバルトの心理学は一種の力動論をなしている。たとえば，意識上に複数の矛盾しあう観念が浮かびあがろうとするとき，一方の観念は抑制され無意識に追いやられるが，もう一方の観念は意識上にとどまるというような力動論的な説明をする。こうした考え方は後のフロイト（S. Freud）の説明との類似性を感じさせる。ヘルバルトは，ここで一方の観念が意識上に浮かびあがる理由として，そのときの統一的意識に近いものが選択されるプロセスを考えており，それを統覚（apperception）と呼んだ。この統覚の概念はドイツの哲学者ライプニッツ（Gottfried Wilhelm Leibniz; 1646-1716）に由来するもので，ヘルバルトを経由し，ヴントにも受け継がれてゆく[注6]。

ヘルバルトは，このような複数の観念の相互の力関係を説明するにあたって，数式を使って表現した。ただ，それは実験や臨床的な観察によって得られたデータの表現としてではなく，言語によって論理展開をする代わりに数式で表現するためのものであった。彼は，このように数式を用いることを根拠に心理学は科学であると主張したが，その一方で，心理学が実験的な方法を用いることは認めていなかった。それどころか同じ数学的な表現を用いて実験を行う物理学に対し，実験を行わないところに形而上学としての心理学の特徴があると考えていた。

(5) フェヒナーと精神物理学＊

ヘルムホルツと並んでヴントの実験心理学の成立にもっとも直接的な

注6) 一般にはあまり強調されることはないが，ヘルバルトからヴントに受け継がれたものとして他に連合（association）の概念がある。ヘルバルトの連合の概念についてここで説明はしないが（詳細は Warren, 1921 などを参照），たとえば，ブルメンソール（Blumenthal, 1975, 1997）はヴントの連合主義をこのヘルバルトとの関連から論じている。実際に，ヴントの『生理学的心理学綱要（*Grundzüge der physiologischen Psychologie*）』（Wundt, 1874）をみても，イギリスの連合主義者の文献からよりもヘルバルトからの引用が比較的多い。通常，ヴントの連合主義，要素主義はイギリス由来のものとされるが，これもボーリングによってつくられたヴント像に由来するものかもしれない。

影響を与えたのが，フェヒナーの精神物理学 (psychophysics) である。

フェヒナー (Gustav Theodor Fechner; 1801-1887) は，ライプチヒ大学で医学を学んだもののやがて物理学に転じ，1834 年に物理学の教授になった。その後，彼は太陽の光を長時間にわたって観察する実験が原因で失明の危機に見舞われるが，3 年間の療養生活ののちに奇跡的に回復した。フェヒナーは自然科学者であると同時に，心身二元論に反対し物質的な世界をも精神的原理によって説明する神秘主義的な一元論を提唱する哲学者であり，また，詩人でもあった[注7]。

図 2-5　フェヒナー

彼は，1850 年 10 月 22 日の朝，床の中で「意識が脳の中の事象と必然的に関連しているのならば，意識の世界と物質的な世界の相関関係を明らかにすることで，それらを一体化し，二元論に対抗することができる」という着想を得たという (Boring, 1961)。この着想に基づき多くの実験計画が構想され，彼は再び実験に没頭する生活に戻った。そして，その成果をまとめたものが 1860 年の『精神物理学原論 (*Elemente der Psychophysik*)』(Fechner, 1860) である。

フェヒナーがその精神物理学の中心に置いたのは，今日心理学で丁度可知差異 (just noticeable difference) と呼ばれるものに関連した研究だった。たとえば，100 グラムと 150 グラムの重りを持たされた時ほとんどの人はそれを弁別できるが，1 キログラム，と 1 キロ 50 グラム，さらには，10 キログラムと 10 キロ 50 グラムの重りを比較するとなると，その差はいずれも 50 グラムでありながら弁別は次第に困難になる。これは，重りの基本的な重さを M，区別できる差となる重さを dM とすると，M と dM の比は常に一定だからである。そう

注7) ボーリングはこのようなフェヒナーの哲学について簡単に紹介した後「これ以上深入りする必要はない (Boring, 1950, p.279)」と断じている。しかし，先ほども紹介したリード (Reed, 1997) は，フェヒナーのこうした面にこそ，近代の自然科学的な心理学者が切り捨ててしまった魂 (soul) の学としての心理学の可能性をみている。

でなければ弁別は難しい。以上を数式としてあらわすと，

$$一定 = \frac{dM}{M} \quad (式1)$$

となる。これにそれぞれの刺激に固有の定数をつけて，

$$dS = k\frac{dM}{M} \quad (式2)$$

とし，さらに，この式を，

$$\frac{dS}{dM} = \frac{k}{M} \quad (式3)$$

と書き換え，この微分方程式を解くと，

$$S = k\log_e M + c \quad (式4)$$

となる。このうち c は微分定数，e は自然対数の底となる。なお，この式のうち（式2）に相当する部分まではフェヒナー以前に同じライプチヒ大学の生理学者，ウェーバー（Ernst Heinrich Weber; 1795-1878）がすでに述べているので，今日ではこれをウェーバー・フェヒナーの法則と呼んでいる。

　フェヒナーはその一元論的な哲学の中で，心的世界と物的世界は質的には異なるものの量的には同一次元のものと考えていた（Greenwood, 2009, p.230）。だから，彼は，心的な世界をこのような数式で説明することで，心的世界と物的世界が同じ論理で扱うことが可能なことを示したかったのである。しかし，実際には彼の研究はそのような哲学とは関係なく，カントによって否定的にとらえられた心的な科学の成立の可能性を示したものと受け止められた。そして，ヴントの心理学の成立の足固めをする役割を引き受けた。

3 ヴントの心理学

　序章でも述べたように，ふつう実験心理学は1879年にドイツのライプチヒ大学において成立したとされる。この時ライプチヒ大学の心理学教授であったのがヴントである。ここでは，ヴントの生涯と彼の心理学の体系について紹介したい。

(1) ヴントの生涯[注8] ★

図2-6　ヴント

　ヴント（Wilhelm Max Wundt; 1832-1920）は，ドイツ南部の小さな町で牧師の子として生まれた。はじめ医師をめざしハイデルベルク大学で学び，1856年医学の学位を得た。ごく短い期間，病院で臨床助手として務めるが，生理学の研究者に転じた。その後，ハイデルベルク大学でヘルムホルツの実験助手となる。また，その間，故郷のバーデン州の議員も務めている。1858年から1862年にかけて『感覚知覚論への寄与（*Beiträge zur Theorie der Sinneswahrnehmung*）』（Wundt, 1862）を著した頃から心理学への関心が芽生え，1874年には実験心理学の基本書として知られる『生理学的心理学要綱（*Grundzüge der physiologischen Psychologie*）』（Wundt, 1874）を出版。同年，スイスのチューリッヒ大学の帰納哲学の教授となるが，翌年，ライプチヒ大学の自然哲学担当の教授として招聘された。以来，その没年までライプチヒにとどまった。ヴントは1879年にライプチヒ大学に心理学の実験室を開設したといわれ，一般的にはそれが実験心理学成立の年とされているが，実際は，心理学の実験室自体はそれ以前に設けられており，大学の正式のカリキュラムとして「心理学演習」が加えられたのが1879年というのが事実のようである（高橋，1999）。彼はその後も実験室を充実させ，多く

　注8）ヴントの伝記的な記述はたいていの心理学史の概説書に詳しく紹介されているのでそれらを参照すればよいであろう。自伝（Wundt, 1921）は邦訳もされており，関心があれば目を通してみてもよい。

の弟子を受け入れた。そして，心理学および哲学に関する膨大な著作を執筆し，死の3年前の1917年に引退した。

(2) ヴントの実験心理学★

ヴントは，心理学は経験の科学だという。ただ，心理学が扱う経験はその中でも直接経験（mittelbare Erfahrung（独語））であるという。たとえば，通常，自然科学では研究データは温度計，速度計のような計器を通して収集される。また，計器を使わなくても，たとえば，「赤いチューリップの花が咲いている」というような観察結果を得るのは，「チューリップは赤い」という概念的な道具があり，それを規準にしながら経験しているからである。このような場合，いずれも経験は間接的である。一方，直接経験というのは，計器や概念的な道具を介さず，先入観を排した経験である。上の例でいえば，赤い何物かが意識上に経験されるとでもいうような純粋な感覚である。

そのような意識上の直接経験は基本的には本人しか知りえないから，それをデータとしてかたちのあるものにするためには何らかの方法が必要になる。その方法が内観（introspection（英語）：Selbstbeobachtung（独語））である。ところで，今日でも心理学の実験の被験者は実験時に感じたことを自由に報告することを求められることがあり，これをふつう内観という。しかし，ヴントの考える内観はこれとは少し違う。内観は先入観を排し間接経験でなく純粋な直接経験を感じ取り報告するための方法であり，内観を適切に行うためには被

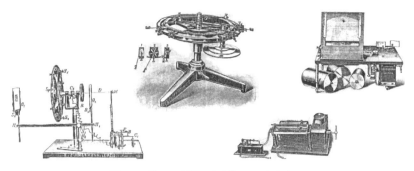

図2-7　ヴントの活躍した時代の心理学実験装置

これらは，ヴントのいたライプチヒで心理学の実験装置製造業をはじめたツィンメルマン（Zimmermann, E.）が1903年に出した装置のカタログにあるもの。

験者は一定の訓練を受ける必要があるとされた。しかも，ヴントが実際に被験者に求めた内観は自由な感想のようなものではなく，刺激の強さ，持続時間といったような量的な判断を求めるものが中心であったといわれる（Shultz & Shultz, 2008）。

　このようにヴントはできるだけ厳格な方法を用いることに努めたが，そのもう１つの柱が実験であった。すなわち，心理学が研究対象とする経験は，さまざまな刺激が入り乱れている日常的な経験ではなく，外からの刺激が遮断された実験室という環境の中で，限られた刺激を与えられ引き起こされる必要があったのだ。この実験の手続きは主として当時発展しつつあった感覚生理学（第１章４節参照）の手法を真似たものが多かった。ヴントの心理学は生理学的心理学（physiological psychology（英語）：physiologische Psychologie（独語））といわれるが，これは今日の生理心理学とは異なり，感覚生理学の実験方法を利用していたことに由来する。

(3) 要素主義と主意主義★

　こうした実験とその内観を通して，ヴントがめざしていたことは，意識過程を分析しその要素を発見すること，複数の要素が結びつく原因やその法則を明らかにすることだった（Boring, 1950, p.333）。そして，要素は外から来る刺激に直接由来するような感覚（sensation（英語）：Empfindung（独語））と主観的な経験に由来する簡単感情（feeling（英語）：einfache Gefühl（独語））の２つのカテゴリーに大別された。このようなヴントの心理学の特徴は要素主義（elementalism）と呼ばれる。こうしたヴントの考え方は，通常，第１章で紹介したイギリスの経験論，連合主義の影響によるものといわれている。そのため，ヴントはヘルムホルツなどと並んで心の起源を経験主義的なものと考えていたとされてきた（Boring, 1950, p.337）[注9]。

　注9）以上のヴントについての記述はボーリングによっている。このようなヴント像は，ふつうボーリングが師にあたるティチェナーから受け継いだものといわれている。ヴントの忠実な弟子でありヴント以上に要素主義を徹底させたことで知られるティチェナー（第３章７節参照）は，自身がイギリス人であり，そのため，ヴントの中にイギリス的な連合主義者としての一面をみたのかもしれない。そして，そのヴント像は意識的か無意識的かボーリングのヴント像を形成する大きな要因となったのである。

ところで，このようなヴントの立場は，厳格な実験による方法論とあいまって，ヴントが人の心を狭いものとしてとらえ，その働きも控えめなものと考えていたような印象を与えるかもしれない。確かにかつてヴント像はそのようなものとして描かれることが多かったが，今日では必ずしもそれは正しいとはいえないとされている（Blumenthal, 1975, 2001; Danziger, 2001 など）。ふつう，ヴントの心理学は要素主義として知られるが，ヴント自身は自らの心理学を主意主義（voluntarism）と呼ぶことを好んだという（King, Viney, & Woody 2009）。この主意主義の基礎をなすのが意思（volition）の概念である。この意思は心的な行為の自発性とでもいうべきもので，哲学でいう自由意志（free will）とは異なる。ヴントはこの意思の働きを非常に重視した。前述のように，ヴントは意識を構成する心的な要素とそれらが結びつくプロセスに関心をもっていたが，この結びつきのプロセスは，複数の薬品を混ぜ合わせたとき化学反応が自然に発生するような自動的なものではないという。ヴントは，このようなプロセスで人は意思の力によって取り上げるべき要素には注意を向け，切り捨てるべき要素からは注意をそらすような注意の分配をするとした。こうした主体的な注意の選択のプロセスはやはり統覚（apperception）と呼ばれた。また，そのようにして注意を向けられた複数の要素が統合されることで1つの全体としての知覚が成立するともいっている。たとえば，BOOK という4文字が並んでいたとき4つの文字という要素が結びつくことでわれわれの意識の中では「本」という1つの意味ある概念が思い浮かぶが，このとき BOOK という4つのローマ字を組み合わせただけでは存在しない新たな意味が生まれるという。ヴントはこのような情報が結びつくことによって新たな意味が生じるプロセスを，創造的総合（creative synthesis）と呼んでいる。この創造的総合も化学反応が自動的に起こり別の物質が発生するようなものではなく，自発的な意思の力が基礎となっていると考えられていた。
　このようにヴントの心理学には要素主義という心を分析的，静的にとらえる面と主意主義という心の積極的な働きに目を向ける2つの側面があったといえるだろう。

(4) 感情の3次元説★

ヴントの研究室で行われた実験的な研究の多くは感覚，知覚などの領域のものが多かったが，幅の広い関心をもっていた彼は，感情についても成果を残している。ヴントは，感情は快と不快，緊張と弛緩，興奮と鎮静の3次元から説明できるとした。これは，現在でも感情の3次元説としてしばしば取り上げられている。感情状態は，要素が結びつく際の統覚の働きにも影響を与えるものとして重視されたのである。

(5) 民族心理学★

前述のようにヴントは実験や内観をかなり限定的に用いていたため，その扱える範囲は感覚，知覚などの一部の領域にとどまっていた。彼は，実験的方法は，思考，判断，学習，言語，発達などの高次の領域の心的過程には適さないと考えていたのだ。こうした高次の領域の心的な過程は，知らず知らずのうちに個人を超えた文化の影響を受けるという意味で無意識的なものであり，ヴント流の内観を中心におく実験では扱いにくかったのである。

そのため，彼は，思考，判断，学習，言語，発達などといった心的な働きは，それらを実験によって直接研究するのではなく，その働きによって生み出された文化的な所産を経験することで間接的に研究するしかないと考えた。そこで，実験心理学と並ぶヴントの心理学のもう一方の柱として提唱されたのが民族心理学（folk psychology（英語）：Völkerpsychologie（独語））である。ヴントは著書『民族心理学（*Völkerpsychologie: Eine Untersuchung der Entwicklungsgesetze von Sprache, Mythus und Sitte*）』[注10]の中で言語や芸術の神話などの問題を広く扱っているが，その内容をあえてまとめれば，今日でいう発達心理学的な視点が軸となっているという（高橋，1999）。これは，彼の関心がいわゆる文化の比較研究ではなく，人の心的なプロセスの基本的な理解にあったからだろう。

今日，ヴントは実験心理学の祖と考えられている。しかし，その一方で，現

注10）ヴントの『民族心理学』は10巻に及ぶ大著だが，簡略版でもある『民族心理要論 *Elemente der Völkerpsychologie: Grundlinien einer psychologischen Entwicklungsgeschichte der Menschheit*』（Wundt, 1912）は現在でも英訳版が簡単に入手できる。

在では実験的な方法がふつうに適用されている思考，学習，発達などの領域を，実験によらない方法で体系づけようとしていたのである。そうした面も含めて考えると，ヴントがつくり上げようとしていた心理学の体系が，今日のわれわれが考えるそれとはずいぶん違うものであったことがわかる。ヴントのこのような側面について留意しておく必要がある。

(6) ヴントの影響とその周辺★

　ヴントは，多くの弟子を受け入れ，その弟子はヴントの企画した実験的研究に従事した。その中では，ヴュルツブルグ学派を形成したキュルペ (O. Külpe) がよく知られている。また，ドイツのみならず，アメリカ，イギリスなどの英語圏からの留学生も多かった。アメリカ心理学の黎明期に活躍したティチェナー (E. B. Titchener)，キャッテル (J. M. Cattell)，ホール (G. S. Hall)，ウィットマー (L. Witmer)（いずれも後述）などはヴントの許で学んだ。

　一方，ヴントと直接師弟関係をもたない同時代の心理学者もいた。人間の意識を，対象に対する作用としてとらえることを主張しウィーン大学の教授を務めたブレンターノ (F. C. H. H. Brentano)，ゲッチンゲン大学を拠点に記憶や視覚の実験的研究で知られた G. E. ミュラー (G. E. Müller)（いずれも後述）などがそれらの代表といえるだろう。

(7) ヴントをめぐる感覚生理学と認識論

　一般に，心理学は，18世紀以降急激に発展した自然科学，なかでも，感覚生理学の影響を受けることで，近代以前に人間精神を扱っていた哲学から分かれ成立したと言われてきた。そして，その成立過程で大きな役割を果たしたのがヴントであるとされてきた。しかし，彼の経歴をみる限り，彼はもともと医学を学び，哲学に転向したのはかなり後になってからであることがわかる。高橋 (1999) は，ヴントが医学から哲学に転向した1860年代から1870年代は，哲学の歴史の中ではヘーゲル (Georg Wilhelm Friedrich Hegel; 1770-1831) の没後，新カント学派が登場する直前の時代で哲学史的には空白期にあたり，自然科学者（とくに感覚生理学の研究者）たちがその空白期の谷間を埋めようと当時広く浸透していたカントの認識論の周辺で研究活動を行っていたのではない

かと指摘している（pp.172-173）。ヴントに影響を及ぼしたヘルムホルツ，そして，その師のヨハネス・ミュラーらの感覚心理学的な研究がいずれもカントの認識論に対する自然科学的な取り組みであったことはすでに述べたとおりである。ヴントはこのような当時の自然科学者の流れを汲む生理学者の1人として哲学的な課題に取り組み，そこからさらに心理学を1つの学問として分離，独立させていったといえるのではないだろうか。このような点でも心理学が哲学から分かれて成立したという言説は再検討の余地があると思われる。

4 19世紀末から20世紀初頭のドイツの心理学者

ここでは，ヴントが実験心理学を創始したとされる1880年頃から20世紀初頭までの，主にドイツを中心に活躍した心理学者の事跡を紹介する。

(1) G. E. ミュラーとエビングハウス^{注11)}★

G. E. ミュラー（Georg Elias Müller; 1850-1934）はヴントより18歳年下である。ライプチヒ大学で哲学，歴史学を学んでいるが，当時はヴントの着任前で直接教えを受けることはなかった。その後，ベルリン，ゲッチンゲンの各大学でも学び，師でもある哲学者ロッツェ（本章2節参照）の後任としてゲッチンゲン大学の教授となり，心理学実験室を創設した。ヴントは実験心理学の祖とされるが，民族心理学のような実験的方法によらない心理学や哲学関係の著作も数多く残していた。これに対し，ミュラーの業績は精神物理学，知覚，記憶などの分野を中心に多岐にわたるものの，そのほとんどが実験心理学的なものである。そういう意味ではミュラーは最初の"専業"実験心理学者といえる。

エビングハウス（Hermann Ebbinghaus; 1850-1909）は，G. E. ミュラーと同じ年にドイツのボン近郊の町で生まれた。ボン大学で哲学，歴史など

図2-8　エビングハウス

注11) G. E. ミュラーの伝記はスプルングら（Sprung & Sprung, 2000b）によるものがある。

を学び，フランス，イギリスなどを遊学して過ごした。その間にフェヒナーの『精神物理学原論』を読んだことがきっかけで心理学に興味をもち，独学で心理学を修めた[注12)]。その成果が，今日でもよく知られている無意味綴りを用いた記憶研究である。

1880年，ベルリン大学の私講師となり1885年には『記憶について（*Über das Gedächtnis*)』(Ebbinghaus, 1885) を著している。しかし，その後は記憶研究から遠ざかった。彼の業績のうち記憶に関するもの以外では子どもの知能測定や心理学の教科書などが評価されている。エビングハウスはブレスラウ，ハレなどの大学で教授を務めた。

ここで紹介した2人のうちG. E. ミュラーはヘルバルト（J. F. Herbart）の流れを汲む連合主義者とされる（Greenwood, 2009, p.316; Behrens, 1997）。また，エビングハウスの記憶の研究が連合主義的なことも明らかであり，両者は広い意味でヴントの要素主義の系列に属する心理学者と考えてよいであろう[注13)]。

(2) ブレンターノの作用心理学[注14)] ★

ヴントより6歳年下のブレンターノ（Franz Clemens Honoratus Hermann Brentano; 1838-1917）は，はじめベルリン大学の哲学者トレンデレンブルグ（Friedrich Adolf Trendelenburg; 1802-1872）の許でアリストテレスの哲学を学んだ。その後，カトリック教会の神父の資格を得たものの，ヴュルツブルグ大学で教職に就き哲学を講義した。そのときの弟子にシュトゥンプ（Carl Stumpf; 1848-1936）（後述）がいる。しかし，カトリック教会との確執からヴュルツブルグ大学を辞し，その後1874年に彼の心理学に関する主著『経験的立場から見た心理学（*Psychologie vom empirischen Standpunkt*)』(Brentano,

---

注12) エビングハウスがフェヒナーの『精神物理学原論』をパリの古書店で偶然見つけたというエピソードは有名で，今日でもそれを記した心理学史の概論書をみるが，これはボーリングの記述（Boring, 1950, p.387）によるもののようだ。現在ではエビングハウスはロンドンでフェヒナーの著書を購入したのが事実であることが明らかにされている（梅本, 1994, p.114; Watson & Evans, 1991, p.313）。

注13) ボーリングはエビングハウスをそのイギリス遊学の経験を根拠に，イギリス流の連合主義者と見なしている（Boring, 1950, p.387）。

注14) 作用心理学は act psychology の邦訳として定着しているので，本書でもこの語を用いることにする。

1874）を著した。まもなくウィーン大学の哲学教授に就任するが，自身の結婚をめぐる問題で辞任している。晩年は，イタリアのフィレンツェさらにはチューリッヒで過ごした。

ヴントの実験心理学では視覚や聴覚を通して入力された感覚を要素と考え，その要素が結びつく連合や統覚の働きを研究することに中心が置かれている。つまり，研究対象は意識の内容ということになる。これに対し，ブレンターノは意識の内容を取り出して研究することはできないという立場をとる。たとえば，赤い花を見たとき，ヴントならば赤いという感覚が意識の中に浮かんでいることに注目しそれを研究対象とするであろう。しかし，ブレンターノはそもそも赤いという感覚を意識するということ自体が赤い花を見るという行為（作用：act）によってはじめて生ずるものであり，まず，その見るという作用を研究すべきという立場をとる。ところが，ブレンターノはその作用そのものを取り出して研究することもまた不可能と考える。なぜなら，たとえば，物理学など自然科学の対象となる"物"は物それ自体で自己完結的に存在するが，心理学の研究対象である作用は何らかの外的な対象に対する意図（intention）があってはじめて規定されるものだからである。すなわち，赤い花は見るという作用があって赤い花になっているのだが，一方で，その作用そのものは花を見ようという意図があって成立すると考えるのである。

図2-9　ブレンターノ

つまり，ブレンターノにとって，心理学の研究対象としての作用は心的なプロセスの理解に必要不可欠ではじめから概念的に存在する枠組みのようなものなのであり，その枠組みだけを取り出すことは意味がないとされたのである。これは，カントが，われわれの認識が空間や時間という先験的な枠組みがあることによってはじめて成立しうる，と主張したこととも通じるものがある。前述のように，ふつう，カントは心を生得的なものと考えていたとされる。そして，このようなブレンターノとカントの親近性から，ブレンターノをドイツ哲学の流れを汲む生得説の立場をとる者として位置づけ，前述のようにイギリス経験論の影響を受け経験説の立場をとるヘルムホルツやヴントに対峙させる見

方もある（Boring, 1950）注15)。ちなみに，後述のゲシュタルト心理学（第5章参照）は心理学史の中でも生得説に位置づけられるが，これも初期のゲシュタルト心理学者がシュトゥンプやマイノング（Alexius von Meinong; 1853-1920）を通してブレンターノと孫弟子の関係にあることから理解できるであろう。

なお，ブレンターノの心理学は経験主義的などといわれるが，これはいわゆる実験による実証という意味ではなく，このような作用としての行為に対する独自の考察をさしていっているものである。ブレンターノは，実験心理学を完全に否定しないまでも否定的な見方をしていたとされる。ここにも，心理学が実験的な自然科学として成立することに疑問をもっていたカントの意見と通じるところが垣間見られる注16)。

(3) シュトゥンプ

シュトゥンプ（Carl Stumpf; 1848-1936）注17)は，幼少期から音楽の才能を現した。出身地から近いヴュルツブルグ大学で音楽を学ぶが，やがて哲学に転じそこで出会ったブレンターノから大きな影響を受けた。ゲッチンゲン大学のロッツェの許で博士号を取得後，1894年にベルリン大学の哲学教授に就任した。彼の実験的な業績の多くは音響，音楽に関するものである。その一方で彼は幅広い学識を有し，多くの弟子を育てた。ゲシュタルト心理学の推進者となるケーラー（W. Köhler），コフ

図2-10　シュトゥンプ

注15）ヴントを英米の連合主義，経験論の側に置き，ブレンターノを大陸合理論，生得説として位置づけ対峙させる図式はボーリングの心理学史を流れる大きなテーマになっている。ただ，この対立図式は注9で述べたようにボーリングが師ティチェナーから受け継いだヴント像をもとにつくり上げたストーリーに過ぎなかったようだ。実際に，近年の心理学史の概論書にはこのような対立図式を描くものはほとんどない。おそらく，これはこのボーリング史観に対する反動の現れと考えられる。とはいえ，19世紀末の心理学諸学派を整理するときボーリングのこの対立図式が今もって他のどの見方よりすっきりしたものであることは確かであり，本書でもあえてこれを紹介することにした。

注16）ここではブレンターノの心理学とカントの関係をやや強調し過ぎたようだ。ブレンターノは元来アリストテレスの研究者として出発しており，その行為心理学もアリストテレスの影響から考えることもできるかのかしれないが，これは著者の能力を超えるところである。

注17）シュトゥンプの伝記はスプルングら（Sprung & Sprung, 2000a）によるものがある。

カ (K. Koffka) (いずれも後述), また, 現象学の創始者フッサール (Edmund Gustav Albrecht Husserl; 1859-1938) もシュトゥンプの門下生である。彼は, 本質的には哲学者だが, 哲学的関心をもった心理学者でもあり, さらに生まれながらの音楽家として, 生来の関心を心理学という仕事にもち込んだのであった (Boring, 1950, p.371)。

(4) キュルペとヴュルツブルグ学派★

キュルペ (Oswald Külpe; 1862-1915) はラトビア生まれのドイツ人で, ライプチヒ大学でヴントの心理学と出会った。その後ゲッチンゲン大学のG. E. ミュラーの許でも学び, 1894年, ヴュルツブルグ大学の教授となり, そこでアッハ (Narziß Kaspar Ach; 1871-1946) やカール・ビューラー (Karl Bühler; 1879-1963) といった共同研究者とともに独自の学風をもつヴュルツブルグ学派を形成した。キュルペは1909年にボン大学, さらに1913年にはミュンヘン大学に移るが, ほどなく急逝した。

前述のようにヴントの心理学では心の働きの多くは, ばらばらに分解された要素同士が結びつくこと (連合) によって起こると考えられていた。たとえば, 同じ外見, 大きさで重さの異なる2つの物体を比較させ, どちらが重いかを判断させる際では, 意識の中に2つの心象 (つまり要素) が生じこの2つが意識の中で並べられて (つまり, 連合されて) 比較され判断されるようなプロセスが生じるはずである。ヴュルツブルグ学派の心理学者たちはこのような実験を多数行い, 被験者にそのときの意識の状態を報告してもらった。しかし, 実際にはヴントが主張するような要素が意識に浮かぶことはなく, いきなり判断することが可能だった。これはヴントの心理学の要素主義, 連合主義を否定するものである[注18]。さらに, キュルペらはそれまでヴントが内観を単純な刺激

注18) ボーリングは, 実験を主体とした内容 (content) の心理学の代表者ヴントと実験になじまない作用 (act) の心理学の代表者ブレンターノとを対比させ, 実験によって作用を研究した (具体的には決定傾向の研究などがそれにあたる) キュルペはその中間よりややブレンターノよりの存在として描いている。しかし, 前述のようにヴントは実際には連合主義的な考え方をとりながらもその枠にははまりきれない意思 (volition) の働きを重視していた。また, ヴントのヴュルツブルグ学派批判の対象は主としてその実験方法や内観の方法にあり, 決定傾向についてはむしろ賛成していたともいわれ (Greenwood, 2009, pp.324-325), こうしたことも考えるとボーリングの二分法は単純過ぎるように思える。

の判断など比較的限定的に使用していたことから踏み出し，実験中に起こったことを後に回想して報告してもらうやりかたで，ヴントが実験の対象としていなかった思考にまで研究を広げた。そして，前述の実験のように要素としての心像を用いずに思考が行われる例を多数見出し，それを無心象思考（imageless thought）と呼んだ。

　無心象思考は，意識の中での要素の操作（つまり，連合）なくして行われるものであり，それを可能にする何らかの力が必要である。その1つとして考えられたのが，主としてアッハによって研究された決定傾向（determining tendency）である。たとえば目の前にある2つの数字を加算するように指示され一定の試行数以上これを行った後に，今度は急に減算するように指示を変えるとなかなか頭が切り替えられないが，これははじめに加算していたことにより構えができたためと考えられる。このような構えを決定傾向というのだが，これはわれわれが直接経験している意識の領域外から及ぼす力の作用と考えられる。また，決定傾向はヴントの心理学が重視するような要素同士が連合しようとする力よりも強力であることも実験によって確認された。以上のようなキュルペらの考え方は，意識の内容を取り出して分析することを批判し，心理的な現象を，対象に対する意図を含んだ作用（act）としてとらえることを主張したブレンターノの考え方に近いとする見方もある（Boring, 1950）。

(5) ヴントだけが巨人といえるのか

　心理学史の概論書では，ふつう，19世紀末から20世紀初頭のドイツには，心理学の創始者としてのヴントという巨人と周囲にそれに対抗するいくつかの小学派が点在していたという図式が描かれる。しかし，こうしてこの時代の諸学派を改めて概観してみると，そうした図式は必ずしも当時の状況を正しくとらえていないようにも思える。実際のところは，異なる背景をもつさまざまな学派がそれぞれ同時多発的に心理学を創始したのであり，ヴントもその中の1つに過ぎないと考えたほうが事実に近いのではないだろうか。では，なぜそれらの中でヴントだけが有名になったのであろうか。その理由は，おそらくヴントが他の心理学者に比して多くの学生を受け入れたこと，そして，その中に少なからずアメリカ人がおり，彼らが帰国後アメリカの心理学の建設の中心を担っ

たことにあるのではないだろうか。さらに，ドイツの心理学はその後急速に衰退し1930年代にアメリカ心理学がその中心となると，アメリカに多くの門下生のいたヴントだけがますます心理学の創始者としての知名度を高めていったのかもしれない[注19]。近年，多くの心理学史家によってヴント像の再検討が行われているが，こうした側面からの検討もその一部を占めている。

注19) 今日では，多くの心理学史家は，ヴントを中心に置き心理学の成立を描くスタイルはヴントの孫弟子にあたるボーリングによってつくられたものだと考えるようになった。それはおそらく正しいのであろう。しかし，その一方でボーリングはヴントに対して必ずしも高い評価を与えておらず，むしろ，同時代のブレンターノの思想がのちの心理学に与えた影響を強調していることも，また忘れてはならない。ボーリングの歴史観はその一面的なものの見方が批判の対象となっているが，実は，そうした批判自体がボーリングの一面をとらえて批判しているようにもみえなくもない。

第3章
アメリカにおける近代心理学

1 はじめに★

　前章でも述べたように，ヴントはドイツ以外からも多くの弟子を受け入れた。その中にはアメリカやイギリスなど英語圏からの留学生も多かった。彼らはヴントの許で博士号を取得しアメリカに戻り（あるいは移住し），アメリカの大学で心理学の研究室を開いた。こうした言い方をすると，アメリカの初期の心理学はいかにもヴントの心理学をそのまま移植したものであったかのように聞こえる。しかし，このような見方は，必ずしも，正しいとはいえない。実際，アメリカの初期の心理学は，ドイツのそれとは一味も二味も違うものだった。また，年代的に見てもアメリカの近代心理学の歴史は1870年代にまでさかのぼれる。実は，ドイツの心理学の歴史とさしてかわらない過去をもっていたのである。

　一般にはアメリカ人によるアメリカの心理学というと，1910年代にドイツの意識の心理学に対抗して登場したとされる行動主義（第4章）がまっさきに思い浮かべられる。しかし，行動主義以前にもアメリカにはドイツの心理学とは異なるアメリカならではの心理学があり，それを支える個性豊かな心理学者たちがいたのである。

　その主な顔触れとしては，アメリカの近代心理学の生みの親でありプラグマティズムを提唱した哲学者としても知られるウィリアム・ジェームズ（W. James），アメリカの心理学会の創立者ホール（G. S. Hall），応用心理学の開拓者ミュンスターバーグ（H. Münsterberg），行動主義に先立つ機能主義の心理学者の面々，そして，アメリカにおけるヴントの正当な後継者としての地位を守り続けたティチェナー（E. B. Titchener）などがいる。これらの心理学者は，ティチェナーを除けば，みな広い意味で心理学を実生活に関連づけようとする

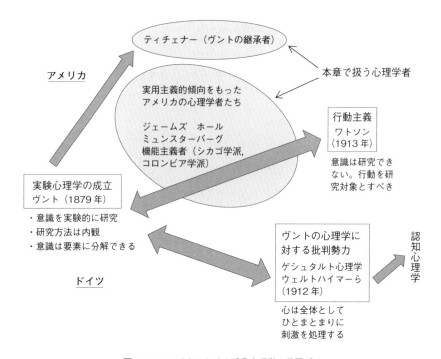

図 3-1　アメリカにおける近代心理学の位置づけ

実用主義的な関心をもっており，そこにドイツの心理学とは異なるアメリカの心理学の特徴がすでに現れている。この章では，これらの心理学者の活躍を追いながら行動主義以前のアメリカ心理学についてみてゆくことにする。

2 アメリカの"旧"心理学

　実は，アメリカの心理学自体は1870年代よりさらに100年以上前までさかのぼることができる。一般に，19世紀半ば以前のアメリカの大学は小規模で，プロテスタント各派の牧師の養成を主たる目的としていた。そこでは第1章で紹介したリード（J. Reid），スチュワート（D. Stewart），ブラウン（T. Brown）などのスコットランド学派の哲学の流れを汲む哲学教師が，道徳哲学（moral philosophy）や心の哲学（mental philosophy）といった講義を担当して

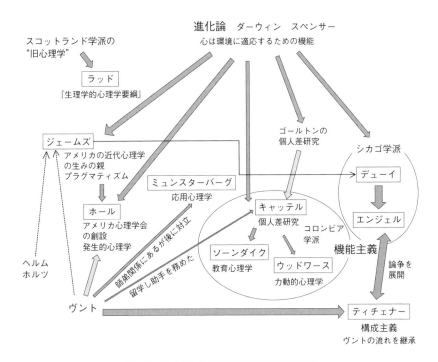

図 3-2　アメリカにおける近代心理学の各学派

いた[注1)]。道徳哲学とは倫理と行為に関する哲学、心の哲学とは心的要素やプロセスが行為に与える影響を扱うものであったようだ (Pickren & Rutherford, 2010)。1870年代にドイツから輸入された実験心理学は当時のアメリカでは"新"心理学 (new psychology) と呼ばれていたが、それは、こうした道徳哲学や心の哲学が新心理学に対する"旧"心理学と見なされていたからである。ふつう心理学史では、旧心理学は哲学的なもので、ドイツからもたらされた新心理学、つまり、実験心理学との間には直接的なつながりはないと考えられており、取り上げられることもほとんどない。しかしスコットランド学派には、科学的な態度や方法を利用することで心はより真実の知識に近づけるという思想

注1) 西周 (1829-1897) がわが国で初めて心理学という用語を用いたことはよく知られているが、これは西が、1857年に刊行されたヘーヴン (Joseph Haven; 1816-1874) の著書『*Mental Philosophy* (心の哲学)』の書名を心理学と訳したことによる。

があった。そして，実は，そうした思想が，新心理学を受け入れる下地になっていたという見方もある（Greenwood, 2009）。

　これを裏付けるような人物としてラッド（George Trumbull Ladd; 1842-1921）の名前が挙げられる。彼は，エール大学の心理学実験室の創立者でアメリカ心理学会の第2代会長でもあったが，実は，はじめは神学校を卒業しボードウィン・カレッジで道徳哲学と心の哲学を担当する教授職に就いていた。そして，そこで心的な過程と生理学との関係に関心をもち，のちに新心理学に転向したのであった（Boring, 1950, p.524）。彼が新心理学に転向後に著した著書『生理学的心理学綱要（*Elements of Physiological Psychology*）』（Ladd, 1888）は，大学の教科書としてベストセラーとなった。

3 ウィリアム・ジェームズ

(1) ジェームズの生涯[注2]★

　アメリカの近代心理学の黎明期を代表する人物として，まず，取り上げられなくてはならないのがジェームズである。ジェームズ（William James; 1842-1910）は，ニューヨークで裕福な家庭の長男として生まれた。1歳下の弟ヘンリー・ジェームズ（Henry James; 1843-1916）は著名な小説家である。ジェームズ家はアイルランド系であったが，祖父の代に実業家として成功し莫大な財産を残した。父（Henry James, Sr.）は，遺産を受け継ぎ定職にはつかず宗教や哲学に関心をもち時折執筆をするなどしていた。このような家庭環境もありジェームズは，子ども時代はしばしば父母に伴われヨーロッパを旅行し各地に長期滞在した。このため決まった学校に通うことはなく家庭教師について学んだ。ジェームズははじめ画家となることを志すがやがてそれをあきらめ，ハーヴァード大学に入学し化学を専攻し，後に医学に転じた。医学部に入った翌

　注2）ジェームズの伝記的な記述はたいていの心理学史の概論書に詳しく紹介されているが，日本語で読めるものとしては今田（1957），藤波（2009）によるものがある。アメリカでも多くの伝記が出版されているが，筆者が入手し参照したものは，ロス（Ross, 1991）とリチャードソン（Richardson, 2007）によるものである。
　なお，ジェームズの経歴の詳細については文献によって多少の不一致が見られるが，ここでは主にリチャードソンの著書の年譜をもとに，他の文献からの情報も適宜加えて記述した。

年，ジェームズは反進化論者として知られるアガシ（J. L. R. Agassiz 後述）教授の率いるブラジル探検隊に加わっている。ジェームズは若い頃から，しばしば憂うつや体調不良に悩まされた。そのため医学部を卒業しても医業につくことはなく過ごしていた。ジェームズは 1867 年頃から心理学に関心をもつようになった。ただ，ジェームズの心理学とのかかわり合いは，当初から気まぐれな面をもっていた。たとえば，彼は心理学を学びはじめた頃，ドイツのヘルムホルツ（H. von Helmholtz）とヴント（W. M. Wundt）がその専門家であること，また，彼らに教えを乞いたいことなどを書き記している。そして，1868 年，実際にヘルムホルツやヴントのいたハイデルベルクを訪れているが，1 週間滞在しただけで彼らに教えを受けることはなかった。1872 年，ハーヴァード大学で解剖学，生理学の講義を担当するようになり，1876 年からは生理学的心理学の講義も開講している。また，1875 年には大学から 300 ドルの資金を得て心理学の実験室を設けている（これは，ヴントがライプチヒに実験室を開設したとされる 1879 年より 4 年ほど早い）。1880 年には哲学担当助教に就任し，1885 年に哲学担当の教授となった。1889 年には心理学の教授となり，翌 1890 年には執筆に 10 年以上を費やした『心理学原理（*The Principles of Psychology*）』（James, 1890）を出版するが，関心は哲学に移り，1897 年には再び哲学教授となった。ジェームズは 1899 年には心臓病を患い一時は大学を辞することも考えるが，1907 年，65 歳で引退するまでハーヴァード大学教授の地位にあった。

図 3-3　ジェームズ

　以上のように，ジェームズはアメリカ心理学の生みの親として位置づけられるが，心理学者として活躍したのは 1875 年頃から 1890 年頃までの 15 年ほどに過ぎない。ジェームズは自らの心理学を体系化することもなく，また，実験室の創始者でありながら自ら実験的研究を行うことも好まなかった。心理学実験室の運営は，ドイツから招いたミュンスターバーグ（H. Münsterberg 後述）に任せることも多かったといわれる。ジェームズと心理学とのかかわりは，このように他の心理学者には見られない独特なものだった。ただ，その一方で，

ジェームズの著作には彼自身の体験と思索を通して得られた独自の思想が彼ならではの文体で語られており，そこに抗しがたい魅力があった。主著『心理学原理』（およびその短縮版）を通してジェームズがアメリカの心理学に与えた影響は計り知れないものがある。

（2）ジェームズの心理学：その1―進化論と自由意志★

　体系という形をとっていないジェームズの心理学の全体をかいつまんで紹介するのは容易なことではないが，ここでは，いくつかのキーワードを手がかりにみてゆくことにする。

　ジェームズは『心理学原理』の冒頭で，心理学を自然科学の1つとして扱う，と宣言している。これは，ジェームズの立場が，ドイツに起源をもつ生理学的心理学の流れを汲む実験的な科学としての心理学であることを示している。しかし，彼は一貫して実験科学としての心理学の立場を堅持しようとした訳ではない。彼は，むしろ，実験的な方法を使ってできるところまで人間を明らかにしたうえ，それだけでは説明しきれない，あるいは，そうした研究が進むことによってはじめてみえてくる人間の意識の独自性というものに注目した。

　それをよく示しているのが進化論と自由意志という2つのキーワードである。ジェームズが学生だった当時，ハーヴァード大学には，ダーウィンの進化論を支持するワイマン（Jeffries Wyman; 1814-1874）やグレイ（Asa Gray; 1810-1888）と，それに反対し神による創造を基本に進化を考えるアガシ（Jean Louis Rodolphe Agassiz; 1807-1873）が在籍し激しい火花を散らしていた。医学を専攻していたジェームズがこれらに触れなかったはずはなく，前述のように彼は進化論を否定するために企画されたアガシの南米の探検隊にも参加している。ただ，彼自身はアガシの説よりもむしろ進化論を支持する考えに傾いていた。一方，この時代はダーウィン（C. R. Darwin）のみならずさまざまな者から進化論が提起され，科学，哲学，宗教，そして，一般社会にまで影響を及ぼしていた。そうしたなかで，とくに産業革命によって資本主義が発展する途上にあったアメリカ社会に絶大な影響を与えたのがイギリスのスペンサー（Herbert Spencer; 1820-1903）の社会進化論であった。社会進化論は，進化論に見られる自然淘汰による適者生存という考えを人間社会に適用したものである。社会

進化論では，まず何よりも自由放任経済を重視する。そうすることで能力の高い者は厳しい競争に勝ち抜き繁栄してゆく一方，能力の低い者は適応できず滅びてゆく。その繰り返しでより能力の高い者が生き残り，結果的に人類が進化してゆくというのである。スペンサーは生物の環境への適応ということを重視した。人や動物といった生活体は，環境からの物理的刺激に対応しながら自らを適応させている。しかし，環境からの物理的刺激は必ずしも一義的なものではなく，とくに，進化の進んだ人においては，環境からの刺激をどのように認識するかによってそれに対する対応の仕方も変わってくる。たとえば，外からの痛み刺激が与えられた場合，それが偶然の事故によってもたらされたものなのか，あるいは，誰かが自分のことを思って意図的に罰として与えたものなのか，どちらと考えるかで対応の仕方はまるで変わってくる。スペンサーは，このように環境と生活体の間に介在し，環境を知覚，理解するものとして心というものが進化してきたと考えた。スペンサーはこうした見解をその著『心理学原理（*The Principles of Psychology*）』（Spencer, 1855）として著している。心理学の講義をはじめた当初，ジェームズはスペンサーの『心理学原理』を教科書として心理学の講義を行っていた。

　しかし，ジェームズは若い頃から自分が大学で学んだ自然科学が人間を因果関係によって機械的に説明しようとする立場，すなわち，決定論に立っていることに疑問を抱いていた。そのため，彼はスペンサーに惹かれながらも，その一方で，スペンサーの心理学が他の自然科学同様に決定論的な立場に立っている点に不満を覚え，スペンサーが心を環境からの刺激に対応するだけの受動的な存在としてしかみていないと批判するようになった。

　1870年，ジェームズはそれまでも彼を時おり襲っていたうつ状態に陥っていた。このとき彼を救ったのがフランスの哲学者ルヌヴィーエ（Charles Bernard Renouvier; 1815-1903）の人間の自由意志の存在を認める記述だった。そしてこの体験がうつ状態から立ち直る大きなきっかけになったばかりでなく，決定論的な自然科学に満足できなかった彼のその後の思想形成に決定的な影響を与えることになった。

　やがて，ジェームズは，スペンサーの心理学を批判する立場から，生物としての人間はかなりの部分が自然科学的な因果関係によって決定されてはいるも

のの，一方で人間には意志を自由に働かせ自ら行動を選択する余地がまだかなり残されていることを主張しはじめた。そして，それを根拠に意識の自発性，独立性を強調するようになった。

　ところで，ジェームズが意識の自発性，独立性を強調するようになるまでの途上で彼に影響を与えたもう一人の人物がいた。それはチャールズ・ダーウィン（C. R. Darwin）であった。

　ダーウィンの進化論では，生物が環境に適応する過程で淘汰が起こり生き延びた者のみが種として存続するという自然選択説が強調されているが，その自然選択説の前提として種内でさまざまな変異（いわゆる突然変異）が起こるとされている。ジェームズが注目したのは，この変異である。スペンサー的な考えでは意識は環境からの要求に対応するため受動的に思考している。しかし，ジェームズは，新しい思考は環境からの要求によって機械的に起こるのではなく，自発的な心的変異として心の中にわき上がるものであると主張した。意識は，生物学的な脳の随伴的現象として考える限り受動的なものに過ぎない。ただ，意識というものが進化のプロセスで淘汰されなかったのにはそれなりの理由があるはずだ。単に環境からの圧力によって受動的に機能していただけでは，人間は生き残ることができなかったはずである。ジェームズは，そこに目をつけた。彼はその理由を意識が外的環境に影響されない自発的な思考をすることができ，それが生存に有利に働いているからであると考えた。そして彼はそこに人間に自由な意志が存在する可能性を見出したのだ。実際のところはダーウィン自身はどちらかといえば決定論的な立場に立ち，意志の自由を認める立場ではなかった。しかし，ジェームズはこのようにダーウィンを読み換えることで，進化論を基礎とした自然科学的な心理学の枠組みに意識の自発性，意志の自由を認めるという考えを紡ぎ出したのだ[注3]。

　注3）ジェームズの自由意志説がダーウィンの解釈を通して確立されたという見方はリチャーズ（Richards, 1987）によっている。なお，本書の記述はこのリチャーズの説を紹介した藤波（2009）によるところが大きい。ただ，藤波自身は，このリチャーズの見解には批判的である。藤波によればアメリカ文化にはもともと個人の重要性を強調する特徴があり，また，ジェームズ自身も心の能動性を重視する傾向をもっていたという。そして，そうした傾向をもっていたジェームズが採用したのがルヌヴィーエに由来する主観的方法，そこに由来する自由意志を認める立場であり，それらは科学的心理学の範囲外の一個人の好みのようなものだという（p.130, p.131）。

このように自然科学的な決定論と伝統的な自由意志論との中間的な位置に軸足を置き，そこに意識の独自性を認めたジェームズの心理学は，やはり彼ならではのものであった。

(3) ジェームズの心理学：その2―プラグマティズム★

ここまでみてきたようにジェームズは自然科学と人文科学の中間的な立場に身を置いたが，それは彼の思想が折衷的だったということを意味するものではない。このようなジェームズの立場は，むしろ，彼の哲学そのものでもあった。ジェームズは1890年以降，心理学から離れ哲学者として活躍するが，その時代の代表的な業績としてプラグマティズムの思想を広めたことがまず挙げられる。ジェームズは心理学の講義をはじめる以前，1870年代のはじめごろ，当時，形而上学クラブと呼んでいた仲間内の勉強会に参加していた。そのメンバーの中にハーヴァード大学の先輩であり後に在野の哲学者，論理学者として活躍するパース（Charles Sanders Peirce; 1839-1914）がいた。プラグマティズムは当初このパースによって唱えられたものだが[注4]，パースはこれを発表することはなかった。そして，20年以上経って哲学者として活躍し始めたジェームズが，これを再び取り上げた。プラグマティズムとは，ある対象に関するわれわれの考えが正しいかどうかは，その対象がどのような結果をもたらすかを考えてみてそれが有効かどうか判断すればよい，という考えに基本におく哲学上の立場である（James, 1907）。

プラグマティズムに従えば以下のような一見矛盾する考えも両立が可能になる。たとえば，神の観念は，唯物論的な立場からみれば，世界はすべて物質的な働きによって説明されるものであるから不要である。そして，そのような唯物論的な世界観が近代的な科学を発展させわれわれに貢献してきた。そういう意味で唯物論的な見方は正しいといえる。しかし，その一方で，神の観念は，それを信じる者にとっては神がもたらす理想や秩序を保証する。だから，人生

注4）プラグマティズム（pragmatism）は，パースによってはじめて唱えられたものであるが，パースのプラグマティズムは論理学上の概念についてのみ適用されるものであったという。ジェームズが，そこに実生活にかかわる観念までも含めて作り換えたのである（魚津, 2006）。なお，プラグマティズムの大略を知るにはこの魚津（2006）の著書は参考になる。

の中でさまざまな不幸に見舞われても，理想や秩序を信じることで，それを一時的なものとして受け止めることができるのだ。神の観念は自然科学的な明晰さで世界を説明するには最適ではないかもしれないが，それを信じることによって有効で正しい結果をもたらしてくれる。つまり，プラグマティズムはこの時代対立していた科学と反科学という2つの立場を調停し，両立しうる哲学でもあったのである[注5]。

このようにプラグマティズムという思想を通してみると，ジェームズが自然科学的な決定論を受け入れながら，自由意志の存在も肯定しそれを支える意識の独自性を強調していた理由も理解できるであろう。すなわち，自由意志が存在するということは，それを信じる人間の精神生活にとって有効な結果をもたらしてくれるという点から正しいといえる。一方で，自然科学的な決定論は，それによってより多くの現象が説明でき，また，そこからもたらされる科学技術によってわれわれの生活が豊かになるという有益な結果をもたらしてくれるという点から正しいのである。

このジェームズの，意識がその働きによって生活体に有効な結果をもたらしているという考えは，後にその影響を受けたデューイ（J. Dewey）やエンジェル（J. R. Angell）（いずれも後述）がつくり上げる機能主義—意識を人が環境に適応するための機能と見なす立場—につながってゆく[注6]。

(4) ジェームズの心理学：その3—意識の流れ★

ジェームズの心理学の特徴としてしばしば紹介されるのがこの「意識の流れ」の概念である[注7]。ヴントの心理学やそれに影響を与えたとされるイギリスの連合主義の心理学では意識はいったん要素に分解され，それらが組み合わされたり，結びつけられる仕組みを研究しゆくことで心理学が構築されていた。

注5）以上はおおむね魚津（2006）の記述を参考にしている。

注6）本書では，後述のように機能主義をシカゴ学派とコロンビア学派を中心にとらえるが，アメリカの心理学史の概説書の中には，ジェームズや次に紹介するホールなども含め機能主義としてひとくくりにしているものも目立つ（たとえば，Lawson, Graham, & Baker, 2007; Shultz & Shultz, 2008 など）。

注7）意識の流れという用語は1892年の『心理学原理』の短縮版（Briefer Course）の中で使われた言葉である。1890年の『心理学原理』では，思考の流れ（stream of thought）という用語が主として用いられている。

これは，意識というひと固まりの安定した何ものかが存在し，それを1つの実体としてとらえ研究できるという前提に立っているからである。しかし，ジェームズにいわせればそのような実体としてとらえられるものは，実は意識上に現れている対象に過ぎず，意識そのものではないという。もっと日常的に考えてみればわかることだが，意識というものは固定的なものではなく，絶えず変化し，流れているものであり，一度過ぎ去った意識の状態は二度と同じ状態として再現されることはない。だから，意識は川を流れる水のようなものなのである。また，ジェームズは，川には流れの速い部分と遅い部分があるように，意識にも注意が向けられじっくりと熟視されている「実質的」状態と素早く流れてゆく「推移的」状態があると考えていた。

　ジェームズにとって，意識とは人が環境に適応するために絶えず変化してゆくものであった。意識をある一時点で写真のような静止画像に収め，それを細かく分解して検討する必要はなかったのである。また，ジェームズの重視する意識の独自性は，意識の流れに絶えず選択的に注意を向けることで以前とは違う実質的状態と推移的状態がつくり出されるなかに見出されるものだったのである。

(5) ジェームズの心理学：その4—情動のジェームズ・ランゲ説★

　現在でも，情動，感情の研究史の中で必ず紹介されるのがこのジェームズ・ランゲ説である。ジェームズは，刺激の心理的な知覚が情動という心的状態を喚起し，それがさらに身体的な反応を惹き起すとされる一般的な情動の考え方を否定した。そして，身体的な反応は刺激を知覚した直後に起こって，その反応に対して抱く感じが情動であると主張した。「悲しいから泣くのではなく，泣くから悲しいのである」という言葉はこの具体例としてよく知られている。このジェームズの主張は同時代のデンマークの生理学者ランゲ（Carl Lange; 1834-1900）の説と類似していることから，ジェームズ・ランゲ説と呼ばれている[注8]。この説は後にホメオスタシス学説で知られるキャノン（W. B. Cannon）

注8）藤波（2009）によれば，ジェームズの理論が刺激に対する身体的な変化をすべて含めていたのに対し，ランゲの理論は自律系の反応のみに着目していた点で多少異なるという。ただし，ジェームズ・ランゲ説という言い方はジェームズ自身の著作にもみられるという。

によって反論されることから，両者は情動研究の歴史を語るうえでしばしばセットで紹介されてきた（宇津木，2007）。しかし，ジェームズのこの説自体その根拠が曖昧であり（宇津木，2007），また，意識の独自性や自由意志といったジェームズの基本的な思想の中でこの学説がどのように位置づけられるのかなど，必ずしも十分に明らかになっていない面もある。

4 ホールとアメリカ心理学の制度化

(1) ホールの生涯[注9] ★

　ジェームズの哲学的な深さに対し，広く浅く，かつ，実践的な学風をもつのがホールである。また，心理学の教育プログラムの整備，学会の創設，雑誌の創刊などアメリカ心理学の制度的な側面の基礎固めをしたのも彼である。

　ホール（Granville Stanley Hall; 1844-1924）はマサチューセッツ州の農村に生まれ，はじめ牧師になるために神学校に入学するが，哲学への関心が深まりドイツに留学し哲学を学んだ。帰国後オハイオ州のカレッジで英語や哲学を教えるが，その頃ヴント（W. M. Wundt）の『生理学的心理学要綱』を読み心理学への関心が高まり，ドイツへの再度の留学を考えた。ただ，経済的な事情からそれをとりやめハーヴァード大学の大学院で哲学と心理学を学ぶことにし，そこで2歳年上のジェームズの教えを受けた。1878年ハーヴァード大学で哲学の博士号を得るが，これはハーヴァードの哲学科における初の博士号であると同時にアメリカで授与された実験心理学領域のはじめての博士号だったとされる（Hothersall, 2004）。その後，ドイツに渡りベルリンとライプチヒに滞在し，ヴントの教えを受けた最初のアメリカ人となった。帰国後，定職がないまま教育学に関する講演などをしていたが，やがて創設されて間もないジョンズ・ホプキンス大学

図3-4　ホール

注9）ホールの伝記的な記述もたいていの心理学史の概論書をみればわかる。ほかに比較的入手の容易な文献としてはブリングマンら（Bringmann, Bringmann, & Early, 1992）やホワイト（White, 1992）などによるものがある。

の講師として招かれ，心理学の実験室を創設した。そこで，後に哲学者，教育学者として著名になるデューイや後述のキャッテル（J. M. Cattell）らを教えた。1887年には現在も続く心理学専門雑誌『*American Journal of Psychology*』を創刊する。1888年には新設される予定のクラーク大学に学長として就任することを要請され，翌年，着任した。また，アメリカ心理学会（American Psychological Association: APA）の設立には中心となって活躍し，1892年，ペンシルヴェニア大学で第1回大会が開かれた際には会長に就任している[注10]。

　ホールの功績はそうした制度面での活動だけではなかった。彼は，30年以上にわたって心理学の教授として多くの門下生を育てた。その中には知能検査の開発で知られるターマン（L. M. Terman）や発達心理学者ゲゼル（A. Gesell）（ともに第11章参照）などもいる。彼は晩年まで現役で活躍し，1924年には二度目のアメリカ心理学会会長に就任したが，その在任中に亡くなった。

(2) ホールの心理学 ★

　ホールは，ドイツの生理学的心理学の流れを汲む空間知覚の研究で博士論文を著しているが，その後の研究は教育，発達を中心とした領域に移行していった。彼はジェームズと同様に進化論の影響を強く受け，進化論を基礎に自分の心理学をつくろうとした。彼は，実験心理学が物理学や生理学を基礎とするのに対し，進化論的な生物学を基礎とするのが発生的心理学（genetic psychology）で，それは発達的なアプローチが中心となると考えた（Greenwood, 2009）[注11]。当時，ドイツの生物学者ヘッケル（Ernst Heinrich Philipp August Haeckel; 1834-1919）の唱えた発生反復説—個体発生は系統発生を繰り返すという主張—は，はじまって間もない発達心理学的な研究の理論的な支柱となっていたが（第11章5節），ホールはその中でもヘッケルの理論にもっとも忠実な立場をとっていた。

　ただ，実際に彼が行った方法は質問紙法が中心だった。彼は質問紙法を用い

　注10）この時のアメリカ心理学会の会員数は31人，大会での発表数は6件（Fernberger, 1943）とも9件（Dennis & Boring 1952）ともいわれる。アメリカ心理学会の設立と初期の発展の経緯は，フェルンベルガー（Fernberger, 1932）による概説でまとめられている。

　注11）ホールは発生的心理学に関する雑誌として1891年に『*The Pedagogical Seminary*』を創刊した。これは後に『*Journal of Genetic Psychology*』と改名されて現在に至っている。

て，児童に動物や身の回りにある生活用品についての知識を尋ねることもあれば，怒り，道徳的判断，自己概念などといった心理学的な概念を研究することもあった。質問紙法は，きわめて広いホールの関心を研究として形にするために役立ったが，彼の質問紙法による研究は結果の解釈や理論的な考察にいささか深みを欠く面もあった。ただ，今日，心理学のあらゆる分野で広く用いられている質問紙法の原型がホールによってつくられたことは確かであり，その功績は大きいといってよいだろう。

　ホールはまた，教育に対しても積極的に発言し，科学的な児童理解のために発達心理学的研究を推進する児童研究運動（Child Study Movement）の中心的な存在となった。青年研究でも1904年に出版した『青年期（*Adolescence: Its Psychology and its Relations to Physiology, Anthropology, Sociology, Sex, Crime, Religion and Education*）』（Hall, 1904）は青年心理学研究のはじまりとされ，その中で青年期を疾風怒涛（Sturm und Drang）の時代と呼んだことは有名である。

　ホールは青年研究との関連の中で性の問題にも取り組み，フロイト（S. Freud）の精神分析にも関心をもっていた。当時，精神分析はヨーロッパのアカデミズムから認知されていなかったが，ホールは1909年にクラーク大学の20周年記念としてフロイトと当時その門弟だったユング（C. G. Jung）らを招いたことはよく知られている。このときフロイトやユングが行った講義はアメリカに精神分析が広まるきっかけをつくったといわれている。

　彼はこのほか宗教にも関心をもち，キリストに関する心理学の著書を残している。晩年になっても発達研究は進められ，1922年には『老年期（*Senescence: The Last Half of Life*）』（Hall, 1922）を著している。

　彼の研究は，進化論をベースにした発達心理学に軸足が置かれていた。しかし，彼の関心は基礎研究よりもむしろ，広い意味で現実社会に適応するための心の発達に向けられていた。そこには，機能主義（後述）やジェームズやデューイらによって唱えられたプラグマティズムの思想に通じるアメリカ的なものがあったといえるだろう[注12]。

　　注12）最近では，心理学におけるプラグマティズムはそもそもジェームズ以前にホールが創始していたのではないかという見解もある（Leary, 2009）。

5 ミュンスターバーグと応用心理学

(1) ミュンスターバーグの生涯

ミュンスターバーグ（Hugo Münsterberg; 1863-1916）は，ダンツィッヒ（現在のポーランドのグダニスク）生まれのユダヤ系ドイツ人で，ライプチヒ大学のヴント（W. M. Wundt）の許で博士号を取得したのち，ハイデルベルクでは医学の学位も得ている。彼はヴントの許で学んだが，意志が意識の要素からではなく筋などの身体感覚から生ずるという説を主張しヴントと対立した。しかし，この見解は情動のジェームズ・ランゲ説と通じるものがあり，ジェームズの関心を惹くことになった。前述のようにハー

図3-5 ミュンスターバーグ

ヴァード大学の実験室の主宰者でありながら自身はあまり実験を好まなかったジェームズは，実験の指導に当たるスタッフとしてミュンスターバーグを招いた。1892年ミュンスターバーグは3年契約でハーヴァード大学に着任し，任期後一度ドイツに帰るが1897年再びハーヴァードから教授として招かれ，そのまま死去するまでその地位にとどまった。着任後，ミュンスターバーグの関心は応用心理学な方面に向かった。その範囲は心理療法，法心理学，産業心理学など多方面にわたる。また，一般向けの著書を出版し，頻繁に新聞に寄稿するなどし，心理学がアメリカ社会に浸透する過程でも大きな役割を果たした。その一方で，彼は，ドイツ文化に対する強い愛着をもち，アメリカにおけるドイツ文化のスポークスマン的な役割も果たしていた。しかし，第一次世界大戦がはじまるとアメリカでは反ドイツ的感情が高まり，ミュンスターバーグはその親ドイツ的な言動から批判の的となり，ドイツのスパイ疑惑なども取り沙汰された。そうした非難のさなかに53歳で急死した[注13]。

注13）ミュンスターバーグは，その親ドイツ的な言動が災いしてアメリカでは彼の死後その名声は急速に衰えた。それを物語るようにボーリングの『実験心理学史』でもミュンスターバーグの扱いは，1929年の初版，1950年の改訂版ともに小さい。しかし，1970年代以降，彼の業績に対する評価は再び高まったようでランディ（Landy, 1992），モスコヴィツ（Moskowitz, 1977），スピルマンら（Spilman & Spilman, 1993）などの評伝が発表されている。

(2) ミュンスターバーグの心理学

前述のように彼の心理学に対する貢献は心理学の応用にある[注14]。彼は，同じ時代のティチェナー（E. B. Titchener）の構成主義に対し「それは厳密なものであるが役に立たない」と批判的な立場をとった（Landy, 1992）。ただ，彼自身は自分を実験心理学者と見なしていた（Hothersall, 2004）。彼は，実験的方法を用いた心理学の応用に関心があったのである。その応用領域は心理療法，法心理学，産業心理学などの各方面にわたり，とくに法心理学，産業心理学ではその領域の開拓者とされている。

心理療法では，ミュンスターバーグはフロイト（S. Freud）の精神分析に批判的な立場をとっていた。彼は心理療法は人格全体に影響を及ぼすべきではなく症状の軽減に特化すべきと主張した。ミュンスターバーグはその心理療法において催眠なども用いていたが，基本的なやり方は指示的なものだったといわれている。

法心理学における業績は現在でも評価が高い。われわれの知覚や記憶があまり正確でなく，事件の目撃証言が後の暗示によって変化することや，容疑者は自白を強要されると，無実にもかかわらず自分がその犯罪にかかわったつもりになってしまう場合があることなど，今日でも取り上げられる話題についてすでに言及している。

産業心理学領域でも後の世代に影響を与える業績を残した。電話交換手の職務内容を分析し，電話交換手に必要な記憶，注意力など心理的な特性を抽出しそれらを測定するための検査を作成したことや，労働者を多数面接して単調な作業でも退屈せずに効率的に作業に従事している労働者の心理を分析したことなどは有名である。

注14） ミュンスターバーグは応用心理学者として著名だが，哲学者としての側面もあり著書も残しているほかアメリカ哲学会会長も歴任している。その哲学はフィヒテ（J. G. Fichte）のドイツ観念論の流れを汲むもので，プラグマティズムや実証主義には批判的な立場をとった（Moskowitz, 1977）。また，一方で，彼は，新カント派の西南ドイツ学派の影響を受け，心理学を因果論的心理学（causal psychology）と目的論的心理学（purposive psychology）に分けるという試みも行っている。これらの哲学的な立場と彼の応用心理学的な姿勢との間には矛盾する面があることも否めない。しかしながら，ミュンスターバーグの心理学は，19世紀末から20世紀初頭にかけてのアメリカ心理学の基調にあったプラグマティズム，そして，その派生形でもある機能主義と同じ流れの中にあったと言ってよいだろう。

彼は，この他にも教育心理学や，当時，大衆の娯楽として普及しつつあった映画に関する心理学などの著書を残している。

このようにミュンスターバーグの応用心理学的研究は，学問的な知見を実生活に活用することに重きを置くアメリカ的な気質とあいまって，アメリカ心理学の発展の一翼を担った。

6 機能主義

(1) 機能主義とは★

ここまでみてきたようにアメリカの"新"心理学はその初期の段階から，ヴント（W. M. Wundt）の心理学とは異なる発想をもっていた。誤解を恐れず一言で言ってしまえば，ヴントの追究したのは"心とは何か"ということであろう。だから，心とは何かという問いに答えが得られれば，その目的は達せられたことになる。それに対し，アメリカの心理学では，そもそもの心の理解は何かに"役に立つ"ということとセットになっていた。ここで紹介する機能主義も，そうした流れを汲むものである。

機能主義という言葉は，心理学をヴント流の"心とは何か"という問いの解明のみに限定させることを主張していたティチェナー（E. B. Titchener 後述）が自らの心理学を構成的心理学（structural psychology）と呼び，それに対する心理学を機能的心理学（functional psychology）と名付けたことにはじまる（Titchener, 1898; Boring, 1950, p.555）。このティチェナーの区分を踏まえ機能的心理学，つまり，機能主義の立場から自らの理論的な立場を鮮明にしたのが次に紹介するエンジェル（J. R. Angell）である。ふつう，機能主義はこのエンジェルやその師である哲学者デューイが中心となったシカゴ学派とニューヨークのコロンビア大学を中心としたコロンビア学派の2つに分けられるので，本書でもそれに従ってみてゆきたい。

(2) デューイとシカゴ学派のはじまり★

まず，デューイの話からはじめよう。

シカゴ大学は1890年にロックフェラー財閥によって設立された当時とし

図 3-6　デューイ

ては新しい大学で，東海岸の伝統的な大学に対抗するため巨額の資金を投入し教授陣が招かれた。その中に 1894 年に着任した哲学者デューイ（John Dewey; 1859-1952）がいた。デューイはふつうは哲学者として扱われているが，ジョンズ・ホプキンス大学時代はホールに心理学を学び，1887 年には心理学の教科書（Dewey, 1887）を出版している（これはジェームズの『心理学原理』より 3 年前のことである）。この時点ではデューイは哲学者であると同時に心理学者でもあった。彼は，1896 年に『心理学における反射弧概念（*The Reflex Arc Concept in Psychology*）』（Dewey, 1896）を発表した。この論文の中ではおおよそ以下のようなことが取り上げられた[注15]。反射弧とは，人や動物において外界から刺激が入力されるとそれが求心性神経を通り中枢にたどりつき，そこから遠心性神経を経て反応が引き起こされる経路のことをいう。このような反射弧の概念は，19 世紀の生理学においてほぼ確立されていた。しかし，デューイは，こうした反射弧の概念を批判した。反射弧の始発点とされる刺激が入力される時でさえ，たとえば，目は対象となる刺激に向かって眼球を動かしさらに視覚に入ってきた刺激像を見てより適切な方向に眼球を動かすように調整を行っており，受動的に刺激を受けているだけではないというのである。また，反射弧の終点である反応においても，反応からもたらされる結果は即時にフィードバックされ調整が働いている。つまり，反射弧というものは刺激の入力から反応の出力に至る単純な一本の経路ではないのである。反射弧には，さまざまな段階でフィードバックループをもち目的に向かって働く調整機能があり，さらにそれらが組み合わさりより大きな機構を形成し，その機構が一体となって目的に向かって機能していると考えるほうが適切だというのである[注16]。

　この中で，重要なのは目的という概念である。なぜなら，人や動物は単に機

　注 15) デューイの 1896 年の論文は心理学史における重要文献の 1 つとされ入手も容易だが，今日のわれわれには理解しやすいものではない。日本語で概略を知るには石原（1965）の論文が役に立つ。本書でもこの石原の記述を参考にした。

械的に働いているのではなく，何らかの目的をもって機能しているからである。この目的とは何かは，進化論から大きな影響を受けていた（Boring, 1950, p.553）とされるデューイにとって念頭にあったのは環境へ適応することだったと考えてよいだろう[注17]。ここに心の働きは何らかの目的に役に立つという機能主義の考え方が垣間みえる。

(3) エンジェルとシカゴ学派の機能主義★

エンジェル（James Rowland Angell; 1869-1949）は，ヴァーモント州に生まれた。父はミシガン大学の学長などを歴任し，母方の祖父もブラウン大学学長などを務めている。ミシガン大学でデューイの教えを受け，さらにハーヴァード大学でジェームズに学んだ後ドイツに渡った。ヴントの指導を受けることを希望したが研究室に余裕がないとの理由で受け入れられず，ライプチヒの隣町のハレの大学で学位論文に取り組んだ。しかし，博士論文の完成前に

図 3-7　エンジェル

ミネソタ大学の哲学の講師に就任するために帰国することになった。さらに，1894 年には，デューイとともにシカゴ大学に移籍した。博士論文は結局完成することはなかった。

当時，構成主義者ティチェナー（後述）とボールドウィン（J. M. Baldwin; 1861-1934 第 11 章 5 節参照）との間で反射をめぐる論争があったが，エンジェルもこの論争に加わり両者を折衷する見解を発表した（Angell, Moore & Jegi,

---

注16）デューイはここで反射弧概念の批判を通して，いわゆる刺激 - 反応の単純な連合や人間を機械のように考える立場をも批判している。しかし，その一方で，十数年後に機能主義から生まれてきた行動主義では，この単純な刺激 - 反応の関係を重視する機械論がその基本的なモデルとして採用されることになった。機能主義を通してデューイからも何らかの影響を受けたはずの行動主義がこのデューイの主張から学んでいないのは不思議なことのようにも思える（Greenwood, 2009, p.418）。

注17）デューイの進化論に対する立場は必ずしも単純ではなくさまざまな問題を含んでいる（Greenwood, 2009, p.418）が，本書ではこれ以上立ち入らない。また，そもそもデューイの心理学はドイツ観念論のヘーゲル（G. W. F. Hegel）からの影響が大きく，彼の心理学もその影響を含めて理解すべきという意見もある（Backe, 2001）。

1896)。このなかでエンジェルは，前述のデューイの反射弧の概念に対する機能主義的な解釈を利用して論を展開した。これを受けてティチェナーは，自らの立場，つまり，構成的心理学に対し，エンジェルらを機能的心理学と呼び，その違いを論じた。それによれば，構成的心理学が，心は何であるか（Is），を明らかにするものであるのに対し，機能的心理学は，心は何のためにあるか（Is-for），を明らかにしようとしているとされた（Titchner, 1898, 1899）[注18]。こうしたやり取りを受けて，エンジェルは自らの機能主義者としての立場を次第に鮮明にしてゆく。彼は，1906年アメリカ心理学会の会長に就任し，その会長講演において機能主義の理論的立場を明確に打ち出した（Angell, 1907）。ここでエンジェルは，①機能主義心理学では，ヴントやティチェナーのように心的要素を扱うのではなく，心的操作（operation）を研究対象にしている。つまり，心が何か（what）を明らかにするのよりも，心が何のために（why），どのように（how）働くかに関心がある。②機能主義は，意識の基本的な役割（utility）に関心がある。心は生活体と外的な環境との仲介者としての役割を果たしているが，それによって生活体は環境により適応することができるのである。③機能主義では，研究対象を意識に限定せずに，行動や無意識といった心と身体にかかわるすべてを扱う，といったことを主張した[注19]。

　機能主義は，しばしば，心は何のためにあるか，ということを問題にしたといわれるが，これは心の働きの目的は何か，と言い換えることができる。そして，エンジェルがその目的を生活体が環境に適応することだと考えていたことはいうまでもないだろう。その環境への適応という目的の背後に，環境に適応できた生物だけが自然淘汰されずに生き残るという進化論があったことも明らかであろう（Angell, 1909）。進化論は，また，人とそれ以外の動物との間の境界線を取り払い連続的なものとみる視点ももたらす。このため，機能主義の心理学では動物実験が盛んに行われることになった。こうした学風は，エ

注18）ふつう構成主義と機能主義は対立するものとして描かれるが，ティチェナーは構成主義と機能主義は，生物学における生物分類学（taxonomy）と生理学（physiology）に対応するもので，両者は両立しうるものと考えていた。しかし，機能主義者は自らの存在意義を問うために論敵を必要としていた。そして，構成主義がちょうどその論敵としての役割を演じることになったのである（Boring, 1950, p.556）。

注19）以上の要約はおおむねボーリングの記述（Boring, 1950, p.557）による。

ンジェルの後継者としてシカゴ大学の心理学研究室を率いることになるカー（Harvey A. Carr; 1873-1954）や行動主義の提唱者ワトソン（J. B. Watson）などに受け継がれてゆく。

(4) コロンビア学派とは★

　エンジェルを中心にしたシカゴ学派と並んで，機能主義のもう1つの大きな柱となったのがコロンビア学派である。実は，シカゴ学派にはエンジェルという強力な理論的な支柱があったのに対し，コロンビア学派にはそうした学派を構成するような理論的な枠組みはないし，そもそも，この学派に属する心理学者たちは自分たちを機能主義の一派とみなしていた訳でもなかった。コロンビア学派とは，心理学の目的を意識の記述という狭い範囲に押し込めず，広い意味で生活体が環境に適応する仕組みを明らかにすることに関連していれば個々の研究の目的，方法は問わないという機能主義の懐の広さに共感した心理学者たちが，コロンビア大学を拠点に活躍していたという歴史的事実をさしているだけなのである[注20]。ふつう，この学派に属する代表的な心理学者としてキャッテルとその弟子でもあったソーンダイク（E. L. Thorndike）とウッドワース（R. S. Woodworth）が挙げられるが，このうちキャッテルについてはコロンビア学派に含めないことも多い。なお，デューイものちにシカゴ大学からコロンビア大学に移籍するが，その頃デューイはすでに哲学者に転じており心理学とはかかわりをもつことはなかったため，デューイをコロンビア学派に分類することはない。

(5) キャッテル★

　キャッテル（James McKeen Cattell; 1860-1944）は心理学史に登場する人物

注20）シカゴ学派に比して学派としての統一性のないコロンビア学派であるが，近年の心理学史の概論書の中には，機能主義としてエンジェルを中心としたシカゴ学派のみを扱いコロンビア学派という名称自体を紹介していないものもある（たとえば，Greenwood, 2009; Shiraev, 2011 など）。また，ウッドワースとソーンダイクをコロンビア学派として扱いつつも，彼らは機能主義に共感していただけで正確には機能主義学派とは言えないと述べているものもある（Hothersall, 2004）。そもそも，コロンビア学派とシカゴ学派を機能主義の二大学派として並置したのは，ボーリングの実験心理学史の第2版（Boring, 1950）がはじめてのようである。したがって，これも一種のボーリング史観というべきものなのかもしれない。

図3-8　キャッテル

の中でも異彩を放った存在である。ペンシルヴェニア州に生まれた彼は，父が学長を務めていたラファイエット・カレッジを1880年に卒業し，ゲッチンゲン，パリなどで2年間学び帰国するが，当時は哲学に関心があったようである。その後心理学に興味をもち，ライプチヒでヴント（W. M. Wundt）の許で学んだ。アメリカ人気質を体現したような外交的なキャッテルは，ライプチヒでは自らヴントの助手となることを申し出て実際に就任した。ヴントが助手を置いたのはこの時がはじめてだったという。キャッテルはライプチヒでは主に反応時間の研究などに従事していたが，実は，彼が関心をもっていたのは個人差の問題だった。ヴントはこれとは逆に個人差を超えた一般的な傾向を見出すことに関心があったわけだが，にもかかわらずキャッテルはヴントの助手をうまく務め上げたという。1886年に博士号を得たのちイギリスに渡り，個人差研究の第一人者，ゴールトン（F. Galton 第11章3節参照）と接する機会を得て，さらに個人差研究に対する興味が深まった（今田, 1962）。1888年に帰国しペンシルヴェニア大学の心理学教授になったが，そこでは個人差に対する関心からさまざまな心理テストの開発に取り組んだ。そして1891年コロンビア大学の教授となった。コロンビア大学でも学生の知能の測定などの研究を行っていたが，キャッテルの活動の中心は，次第に雑誌の編集活動に移っていった。今日でももっとも権威のある心理学の学術誌とされる『*Psychological Review*』は，彼がボールドウィン（J. M. Baldwin 第11章5節参照）とともに創刊したものである。しかし，彼はアメリカが第一次世界大戦に参戦することに反対する活動を行ったことが原因となり，1917年にコロンビア大学の教授を解任されるという不幸にも見舞われた。そうしたこともあったせいか，彼は雑誌編集や心理テストを販売する会社の設立，運営といった事業にさらにのめり込んでいくことになった。その後の彼の事業は心理学のみならず科学全般に範囲を広げ，科学者の人名録を発行したり，雑誌『サイエンス』の編集者として活躍するなど，アメリカの科学ジャーナリズムの草分け的存在となった。

キャッテルの心理学者としての関心は一貫して個人差にあった。個人差，すなわち，能力の差は適応力の差を生みだすものであり，そこにキャッテルの思想と機能主義とを結びつけるものがあった訳だが，前述のように彼自身は必ずしも機能主義者と呼ばれてはいなかった。ただ，キャッテルのアカデミズムの枠を飛び出した型にはまらない自由な活動スタイルが，コロンビア学派と呼ばれることになる機能主義的な心理学者のグループの形成に一役買ったことは確かである。

(6) ウッドワース

ウッドワース（Robert Sessions Woodworth; 1869-1962）は，ニューイングランドの古い家系に生まれた。ハーヴァード大学のジェームズの許で心理学を学ぶが，この時学生仲間として知り合ったのが次に紹介するソーンダイクとジェームズ・ランゲ説（本章3節参照）を批判したことで知られる生理学者キャノン（Walter Bradford Cannon; 1871-1945）だった。彼らとは終生交流が続いた。卒業後，しばらく実験助手などをしていたが，コロンビア大学の

図3-9　ウッドワース

キャッテルより誘いを受けコロンビア大学に移り，キャッテルの指導を受け博士論文を完成させた。その後，生理学に関心をもちイギリスの生理学者シェリントン（Sir Charles Scott Sherrington; 1857-1952）の許に留学した。帰国後，コロンビア大学に着任し引退するまで留まった。

ウッドワースの初期の研究の中でよく知られているものとして，ソーンダイクと共同で行った学習の転移に関する研究がある（Thorndike & Woodworth, 1901）。当時の学校ではラテン語などの古典語や数学の学習は基礎的な学力となり，それが他の実用的な教科内容の学習にも転移すると考えられていた（このような考えは形式陶冶と呼ばれる）。ウッドワースとソーンダイクは，長方形のような図形の面積を計算する学習をすることが他の同じような課題を学習するに際して正の転移を起こすかどうかを検討したが，結果は否定的であった。この結果はさまざまな議論を呼ぶが，折しもアメリカの大学は古典中心からよ

り実学中心のカリキュラムに移行してゆく時期にあたっていた。そうした意味でこの結果は時流にも適っており，ほどなく受け入れられていった（Lawson, Graham, & Baker, 2007）。

　ウッドワースのその後の研究は，生理学的な知識を背景として，動機づけの役割を強調する方向に向かった。彼は，人や動物といった生活体が単に環境からの刺激に対して反応するのではなく，生存や適応のために必要な動機をもっており，その動機によって行動が動機づけられていることに関心をもっていたのである。このように心的な機能や行動が生じるプロセスにおいて動機づけを強調する立場は，力動的心理学（dynamic psychology; Woodworth, 1918）といわれる。

　ウッドワースは，この他にも戦争神経症の評価のための質問紙を開発したり，実験心理学の基本的なテキストを執筆するなど幅広く活躍した。1939年に彼の弟子たちが彼の論文の中から重要な25編の論文をまとめて一冊の著書として出版したが，その著書は異常心理学，個人差心理学，筋運動，教育心理学などの領域から構成されていたという。こうした点からもわかるように，彼の研究は実験心理学に軸足を置きつつ生活体の適応にかかわる機能を広く問題にしていた。ボーリングは，ウッドワースは自らを力動的心理学者と見なしていたようだがウッドワースは第一に機能主義者で次に力動心理学者と呼ぶにふさわしい，と述べている（Boring, 1950, p.565）。

　なお，ウッドワースが自ら呼んだ力動的心理学という用語は，フロイトの精神分析やゲシュタルト心理学の流れを汲むレヴィン（K. Lewin）（第5章5節参照）の理論をさしていうこともある。これらのうちフロイトの理論は心的なエネルギーによって病理現象を説明し，レヴィンの理論は場の均衡，不均衡から生じる動機づけを重視している。つまり，いずれも動機づけをその説明原理の中心に置いており，ウッドワースの理論とも通じるところがある。今日，動機づけ心理学は行動主義的な動因の概念を背後にもちつつも，ゲシュタルト心理学，認知心理学，精神分析などの多様な理論を取り込んでいる。これはウッドワースによって提起された動機づけの概念がそうした多様な理論的立場を包含できるような幅の広さをもっていたからであろう。

(7) ソーンダイク★

　ソーンダイク（Edward Lee Thorndike; 1874-1949）[注21] は，マサチューセッツ州で牧師の家庭に生まれた。ウェスリアン大学の学生だった頃ジェームズの『心理学原理』を読んで心理学に関心をもち，ハーヴァードでジェームズの教えを受けた。はじめはテレパシーによる読心術の研究などをしていたといわれるが，後にヒヨコを用いた学習実験をはじめた。その後，キャッテルの招きに応じ親友ウッドワースとともにコロンビア大学に移り，1898年に博士号を得た。この博士論文の研究として行われたのが，有名な猫を用いた問題箱（puzzle box）による学習の研究である。その後，コロンビア大学のティーチャーズ・カレッジ（教員養成の専門部門）で講師となり教授に昇進し終生そこにとどまった。

図 3-10　ソーンダイク

　有名な問題箱の実験は，今日ではオペラント条件づけの先駆をなす実験として位置づけられている。この中で，ある行動に対して満足を得る状況がもたらされればその状況と行動との結合は強まり，逆に不快な状況をもたらすような場合は行動との結合は弱まるという効果の法則（law of effect）が唱えられた。この結合を重視する理論はふつう結合主義（connectionism）と呼ばれる。結合主義は連合主義の流れを汲むものでもあるが，連合主義は観念同士の結合を基本とするのに対し，ソーンダイクの結合主義の場合は行動と状況の結合を問題にしている点で異なる。

　ボーリング（Boring, 1950）は，ソーンダイクが観念同士の結合を念頭に置いていないところにこそ，彼の研究が機能主義的といえる根拠が見出せると指摘している（p.563）。つまり，ヴントやイギリスの連合主義者にとって，関心の重点は意識の働きにあったので，ソーンダイクのように人や動物が環境に適応するプロセスを中心に据え，意識の働きをその一部として扱うことなど思い

　注21）ソーンダイクの伝記的な記述はアメリカの多くの心理学史の概説書で扱われているので容易にあたることはできる。その多くはジョンシック（Joncich, 1968）による詳細な伝記がもとになっていると思われる。

もよらないことだったのだ。一方，機能主義者は適応するプロセスのほうにより関心が深かった。だから，連合が意識内でおこるという考えにこだわりがなかったし，さらに，意識を介さずに現象を説明するほうがより明快ならば，それを捨てることにも躊躇がなかったのである。

ソーンダイクは，その後，前述のようにウッドワースとともに人の学習の転移の研究などを行った。また，ティーチャーズ・カレッジにおける教育心理学の講義をもとにした著書『教育心理学（*Educational Psychology*）』は，長らく教育心理学の基本テキストとなった。くわえて彼は，知能，適性などの測定の研究なども手がけており，今日，教育心理学の基本的な柱となっている学習，評価・測定の各領域が確立されるにあたって大きな影響を与えた。

それ以外にも，タバコ会社の従業員採用試験の開発に携わったり，また，教科書，新聞，聖書など一般に読まれている文字媒体における単語の出現頻度を調査しそれをもとに学習用の辞書を作成することなども行っている（Hothersall, 2004）。こうしたソーンダイクの一連の活動には心理的現象を数量的にとらえ，それを，実生活に役立てようという姿勢をもちつづけた師，キャッテルの影響がみえる。

ソーンダイクは，このように理論的な研究，応用的な研究のいずれにおいても，心理学の効用を念頭においていた。彼自身は自分を機能主義者とは呼んでいなかったが，こうして見る限りソーンダイクは広い意味で機能主義の心理学者といえるだろう。

彼は，行動主義の時代も後半にさしかかった1940年代の末まで生き延びた。彼の死は機能主義の終焉でもあった（Hothersall, 2004）。

7 ティチェナーと構成主義

(1) 孤立した存在★

ここまでみてきたようにアメリカの心理学は，その初期の段階からドイツのヴント（W. M. Wundt）とは異なり広義の応用的な色彩をもっていた。その中にあって，応用的な心理学を認めず，ヴントの心理学を継承したのがティチェナーである。ジェームズより25歳ほど若いティチェナーが活躍した時代のアメリカ

心理学は機能主義から行動主義への移行期にあたり，アメリカでのヴントの影響力はかなり弱まりつつあった。そうした時代にあって自らをヴントの学風の継承者と位置づけていた彼は，同時代の心理学者からは一世代前の心理学の遺物のようにみられていた。また，ティチェナーは心理学者の活動の場として次第に影響力を増していたアメリカ心理学会からも一定の距離を置き，孤立した存在であった。

(2) ティチェナーの生涯★

ティチェナー（Edward Bradford Titchener; 1867-1927）[注22]はイングランド南部の生まれのイギリス人で，そのキャリアのほとんどをアメリカで送ったが，生涯イギリスの市民権を放棄することはなかった。はじめオックスフォード大学で哲学を学ぶが，ヴントの著書を読み心理学に関心をもちライプチヒに留学した。そこで講師をしていたキュルペ（O. Külpe 第2章参照）と出会い親交を結び，後にキュルペの著書の英訳もしている。1892年にヴントの指導の許，博士号を取得している。その後，イギリスに戻り心理学の

図3-11 ティチェナー

教授職を望んだが得られず，アメリカのコーネル大学に職を得て終生とどまることになった。彼がライプチヒで学んだのは2年ほどであったが，彼がヴントから受けた影響は大きかった。コーネル大学での授業のスタイルもヴントそっくりで，彼をドイツ人だと思う人もいたという。

(3) ティチェナーの心理学★

心理学史では，ふつう，ティチェナーはヴントのもっとも忠実な弟子とされている。これは，ティチェナーの心理学が，内観によって意識を観察し要素を見出すこと，その心的要素が連合する法則を見出すという狭い意味でのヴントの実験心理学の領域に限定されており，当時のアメリカの心理学の主流になっ

注22）ティチェナーの伝記はボーリング（Boring, 1927）による死亡記事がよくまとまっている。

ていた機能主義とは距離を置いていたからである。

　しかし，ティチェナーの心理学はいくつかの点でヴントとは異なっていた。たとえば，内観についてみると，ティチェナーもヴントと同様に内観を行うためには一定の訓練が必要であると考えていた。ただ，ヴントが内観を量的なものをその場で判断することに限定していたのに対し，ティチェナーは質的な面を重視し回想による内観も認めるなど，むしろヴュルツブルグ学派のキュルペの内観に近い立場をとっていた。また，ヴントが自らの心理学を主意主義と呼び要素の連合において積極的な意思の働きを重視していたのに対し，ティチェナーは連合をより単純で，いくぶん，消極的なものと考えており，その点でも異なっていた。ティチェナーの心理学はふつう構成主義（structuralism）と呼ばれる。この構成という言葉からはティチェナーが心的要素の連合について積極的に関心をもっていたことが想像されるが，これは必ずしも彼の心理学の特徴を反映していない。むしろ，ティチェナーは構成主義という言葉を，心を"構成する"要素を明らかにするという意味で用いていた[注23]。ティチェナーの個別の要素に対する関心は非常に強かった。彼は，ヴントの説を踏まえつつ，心的要素には感覚（sensation），イメージ（image），感情（feeling）の3種のカテゴリーを考えていたが，このうち感覚に相当するものだけでも44,435種類あるとされた（Titchener, 1896）。さらに，感情に関しては，ティチェナーはヴントの感情の3次元説を批判するなど，必ずしも師に忠実ではなかった。

　また，ヴントは実験的な方法が適さない高次の心的過程は，その所産である文化的な現象を研究することで明らかにすべきという立場から民族心理学を提唱していたが，ティチェナーはそれに対しても否定的であったといわれる。前述（本章6節参照）のように，ティチェナーは，生物学にその構造を明らかにする形態学と機能を明らかにする生理学があることになぞらえ，心理学も心は何であるか（what）を明らかにする構成主義と，心が何故（why），どのよう

　注23）ティチェナーは，「実験心理学の目的は精神の構造を分析することである。すなわち，絡み合った意識のなかから要素的なプロセスを解きほぐすことあり，（比ゆ的な言い方が許されるのなら）形成された意識の状態から，その構成要素を個別に取り上げることである」と述べている（Titchener, 1898）。なお，機能主義とほぼ同義で用いられる機能的心理学（functiobnal psychology）という用語は，ティチェナーがエンジェルらと論争を展開していた1898年に，ジェームズから借用したものだという（Boring, 1950, p.555）。

に（how）に働くかを研究する機能主義があるとしていた。そして，機能主義的なアプローチは現段階では時期尚早であるとし，機能主義者と対立した。ティチェナーはこのように心的な働きの研究を否定していたため，当然，その働きに着目しそれを実生活に役立てようとするような応用心理学も認めなかった。

このような保守的な学風ばかりが強調されるティチェナーだが，別の側面ももっていた。たとえば，ティチェナーは心理学の実験法を体系的にまとめた著書を出版しているが，これはアメリカにおける実験心理学の授業の標準的なマニュアルとして広く用いられた。

しかし，ティチェナーの心理学観はアメリカの心理学の向かおうとしている方向とはかけ離れていた。彼の死後，構成主義はほどなく消滅し，その心理学も歴史的な関心以上のものではなくなった。

8 アメリカにおける近代心理学成立の特徴[*]

本章では，アメリカの近代心理学の成立期に活躍した主な心理学者についてみてきた。一人ひとりは強い個性をもってはいるものの，最後に紹介したティチェナーを例外とすれば，彼らはみな，①実用主義的であり，②進化論的な適応の問題に関心を有しているという点で通じるものがあったことがわかる。

このうち，まず，①実用主義について考えてみる。ミュンスターバーグやキャッテルが行ったような応用的研究が実用主義と呼べることはいうまでもないが，哲学的な思索を中心にしていたジェームズでさえ，思考や観念の正否をそれに基づく行為の結果の有効性から判断するというプラグマティズムをその思想の中心にしており，そこから彼の心理学が実用主義的な傾向をもっていたことがわかる。こうした実用主義的傾向の背景についてはさまざまな点から言及されている。その1つめとして，"新"心理学，すなわち，ドイツ由来の実験心理学が導入される以前にアメリカの大学で教えられていたスコットランド学派に起源をもつ"旧"心理学の中にヴントの心理学とは異なる意識の機能やその有効性を重視する流れがあったという指摘がある（Pickren & Rutherford, 2010; Jones & Elcok, 2001）。ふつう"新"心理学と"旧"心理学との間には断絶があったとされるが，実際は，アメリカの"新"心理学は心の機能を扱って

いた"旧"心理学が，ドイツから輸入した実験的な方法を取り入れ装いを変えたものに過ぎないというのである。また，こうしたアメリカの知的風土の根底を流れるものとして，真実を追求するより実利性を追求する反知性主義（anti-intellectualism）と呼べるべきものがあり，これがプラグマティズムに代表されるようなアメリカの哲学を生みだしたという見方もある（Hofstadter, 1963）。実用主義的な心理学の誕生もそのような反知性主義の流れの中に位置づけられると思われる。もう1つ，アメリカの心理学の実用主義の背景として，取り上げておかなければならないことがある。それはアメリカにおける骨相学の普及である。第1章4節で述べたように骨相学はオーストリアで主に活躍したガル（F. J. Gall）によって創始されたものだが，それが広く受容されたのは英語圏においてであった。アメリカでは1820年代ごろから骨相学が普及し，骨相学の専門家が人々の骨相から能力，適性，性格などを診断し，それをもとに職業ガイダンスや結婚相談，子育て相談などを広く行っていた（Pickren & Rutherford, 2010）。もちろん，骨相学自体は似非科学に過ぎないが，心的機能に関する専門的な知見を実生活に役立てるという考え方は，科学的な心理学の知見を実生活と関連づけようとする流れをより受け入れやすくする下地をつくっていたのだ。

　つぎに，アメリカの初期の心理学者たちに共通する特徴の2つめ②進化論的な適応の問題について簡単に言及しておく。進化論からの影響は図3-2からも明らかだが，ここでいう進化論は必ずしもダーウィンの進化論に限定されるものではない。むしろ，スペンサーの社会進化論（第4章2節参照）なども含めた広義の進化論に共通する，環境に適応できたものだけが生き残ることができる，という適者生存の思想についてである。こうした発想が，心を環境に適応するための機能と考える思想や，その機能の一側面としての学習能力の研究，あるいは，知的能力の個人差の研究などの発展に大きくかかわっていたことは明らかであろう。一方で，進化論と心理学とのかかわりは，ネズミやイヌなどの動物を用いた実験から得られた心理学的，行動的な知見を人間の心的機能の役割にどう関連づけてゆくかという問題ともつながる。そして，これが次章で扱う行動主義の登場につながってゆくのである。

第4章
行動主義の成立と展開

1 はじめに★

　第3章で概観したように，アメリカにおける近代心理学の主流派は，広い意味で，実用的，応用的な志向をもっていた。また，それらの多くが何らかの意味で進化論の影響下にあった。進化論は動物と人との間の垣根を取り払うものであり，動物を対象とした比較心理学の研究の重要性を増すことになった。ただ，動物を研究対象にすると，今度は，それまでの心理学において当然のもの

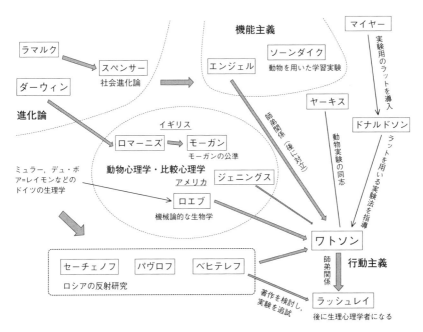

図4-1　ワトソンの行動主義が成立するまでの流れ

と考えられてきた意識を直接研究することが難しいという問題に突き当たった。動物を対象にする場合，その行動から意識を推測することしかできなかったのだ。しかし，実用主義的な心理学は，意識の本質を追究するよりも，意識を含めた人の心的な側面の理解が実生活にとって有用かどうかが最大の関心事であった。だから，意識そのものの理解は必ずしも求めていなかった。こうした状況の中で，心理学の研究対象を意識より可視的でとらえやすい行動に求める流れが生まれてきた。それが行動主義である。行動主義はやがてロシア発祥の条件反射の研究なども取り込みながらアメリカの心理学界を席巻し，ドイツ由来の意識の心理学に対抗する一大潮流となった。

　本章では，まず，行動主義成立以前の進化論から比較心理学に至る変遷とロシアの条件反射の研究などについて簡単に紹介したあと，行動主義の提唱者ワトソン（J. B. Watson）の生涯とその心理学についてみてゆく。さらに，ワトソン以降の行動主義の発展（それらはしばしば新行動主義といわれる）を追ってゆきたい。

2 進化論と比較心理学

(1) ダーウィン以前の進化論[注1]

　一般にダーウィン（C. R. Darwin）は進化論の提唱者とされるが，進化論はダーウィンによって初めて提唱された訳ではない。すでに，18世紀には啓蒙主義の影響を受けた進化論がさまざまな形で登場していた。このうち，学習によって獲得された形質が子孫に遺伝されるという考えを提出したラマルク（Jean-Baptiste Pierre Antoine de Monet, Chevalier de Lamarck; 1744-1829）はその後も長く影響力をもった。また，19世紀に入り地質学，古生物学などが発達し地層や化石などから得られる地質学的な知見も次第に増えていった。地質学的な発見は，生物種の起源を地球環境の激変によって説明する立場と，連続的な地球の変化に伴い種も少しずつ変化してきたとする2つの立場の対立を生みだした。そして，この2つに神の創造を主張する神学的な立場が加わり，三つ巴

注1）以下に述べるダーウィン以前の進化論に関する記述はボウラー（Bowler, 1984）によっている。

の議論が展開された。ただ，1850年代頃には生物が連続的に少しずつ変化していったという見方が優勢になりつつあった。

　その一方で，進化論的な考え方は，生物の進化だけではなく，人種差，民族差，個人差などを説明し正当化する論理としても利用されるようになった。スペンサー（H. Spencer）の社会進化論は，そのもっとも代表的な例といえる[注2)]。彼によれば人種，民族，個人はそれぞれのレベルで絶えず競争を繰り返しており，その中で競争に勝ち，また，環境に適応できる能力をもった人種，民族，個人だけが生き残りさらに能力を進化させてゆくのだという。そのため，貧者や能力に劣る者は自然に任せ滅ぶべきであり，国家はあらゆる統制を排し自由放任の経済活動を推進し，そこで競争が行われるべきことを主張した。このスペンサーの思想は，当時，英米で誕生しつつあった巨大資本家の経済活動を正当化するものであり，彼らによって受け入れられ，ことにアメリカにおいてもてはやされた。人を環境への適応という観点からとらえる機能主義者をはじめ，20世紀に初頭に活躍したアメリカの心理学者たちの多くがその影響下にあったことはすでに前章で述べたとおりである。

(2) ダーウィンの進化論と心理学 ★

　ダーウィン（Charles Robert Darwin; 1809-1882）は，1831年から5年にわたりイギリス海軍の調査船ビーグル号に乗り込む機会を得たが，このなかで南米各地や有名なガラパゴス諸島などで生物を観察することとなり，その経験が進化論を考えるもととなった。ダーウィンは帰国後1830年代の末にはすでに進化論を大筋でつくり上げていたとされるが，実際にそれを発表したのは『種の起源（On the Origin of Species）』を出版した1859年になってからであった。

　ダーウィンは，自らの観察結果から生物は環境によって少しずつ変化してゆくことに気づいたが，この変化が変異によるものと考えた。変異自体はランダ

　注2) スペンサーの社会進化論は社会的ダーウィニズムと呼ばれることもあるが，スペンサーは学習によって獲得された能力の遺伝を信じていたようでむしろラマルクの進化論に近いとされる。また，スペンサーの自由放任経済と競争の推進はダーウィンの自然淘汰の考えに近いものとされることも多いが，ボウラーによれば，それはビクトリア朝時代に美徳とされた「自助」の信念の現れであるという。それによれば，自由放任経済の目的は競争によって不適格者を淘汰することではなく，すべての人々に対して自分の努力で前進するように促すことにあった（Bowler, 1984, 邦訳, p.465）。

図4-2 ダーウィン

ムなものに過ぎないが，この変異の中には生存に有利な特徴をもつ場合もある。そして，有利な特徴をもつ個体同士が偶然に出会い次の世代が生まれることで，有利な特徴が固定化されてゆく。家畜の品種改良をする育種家はすでに当時もこのような有利な特徴をもった個体同士を掛け合わせることで，より有利な家畜を繁殖させることを行っていた。ただ，自然環境の中では必ずしも有利な個体同士で繁殖が行われるとは限らない。この問題点を補うために援用されたのが，マルサス (Thomas Robert Malthus; 1766-1834) の人口論である。それは，人口はふつう等比数列的に増加するのに対し，食糧の増産は等差数列的にしか増えてゆかず，そこに食糧不足による貧困が発生し，さまざまな形で人口の調整が起こるという考え方である。ダーウィンは，変異の生じた個体のうち有利な特徴をもったものだけが限られた食糧にありつき生き残ることができるとし，それを自然選択と呼んだ。生物の進化はこの変異と自然選択の繰り返しによるもので，それが，一定の環境に置かれた一定の集団内で起こることで種も誕生すると考えた。

(3) ダーウィンの心理学★

ダーウィンは，『種の起源』では人間の進化についてあまり言及していないが，後に出版した『人間の進化と性淘汰 (*The Descent of Man, and Selection in Relation to Sex*)』(Darwin, 1871) では，人間と高等な哺乳類の脳も含めた身体構造の類似から，ヒトが動物から進化したものであること主張した。また，高等な哺乳類にも勇気，親切，妬み，恥などといった感情がみられるとし，人間の心的能力 (mental faculties) との違いは本質的なものではなく量的な違いに過ぎないと述べた。

ダーウィンは，翌年1872年に『人及び動物の表情について (*The Expression of the Emotions in Man and Animals*)』(Darwin, 1872) を出版した。この中で彼は，世界各地から報告してもらった喜怒哀楽などの人の表情や身振りが文化や民族が異なるにもかかわらずほぼ同じであることを確かめ，これらが遺伝的

なものであること，そして，表情や身振りによる感情の表出は現在でこそ生存，適応にとってあまり価値をもたないことが多いが，これらはかつて必要に応じて進化してきたものであることなどを述べた。たとえば，人も動物と同じように怒ったときに歯を剥き出しにするのは，人の祖先がかつて敵に戦いをしかけ，かみつくなどしていたことを示しているのだという。また，イヌは敵意を示すときは高い姿勢で毛を逆立て尾を立てるが，親愛の情を示すときは前足を出してからだを低くし尾を振るように，反対の情動には反対の行為の表出が伴うとも考えた。さらに，怒りなどの情動は，直接，筋肉や呼吸などに作用するので敵から自分を防御するために適応的であるが，その結果，身震いするといったような反応が生じる。そして，これらも一種の感情反応であるとした。こうしたダーウィンの見解は，現在の感情研究にも直接的な影響を与えている。

この他，ダーウィンは自分の長男の成長記録をもとに進化論的な視点からの考察を加えた著作なども残している。

しかし，ダーウィンの心理学に対する影響はこれら個別の研究よりも，むしろ，進化論という思考の枠組みそのものにあったのではないかと思われる。シュルツ（Shultz & Shultz, 2012）は，今日の心理学におけるダーウィンの影響はおおよそ以下の4つの方向で認められるとしている。①比較心理学を基礎とした動物心理学をつくり上げたこと，②意識の構造よりも機能を強調すること，③さまざまなフィールドからデータを収集することを受け入れていること，④個人差の記述と測定に関心をもっていること，である。こうしてみるとその影響が現代心理学の広範囲に及んでいることがわかる。

(4) ロマーニズとモーガンの比較心理学[注3]★

はじめ生理学を学んでいたロマーニズ（George John Romanes; 1848-1894）は，晩年のダーウィンに見出され，個人的にも接触する機会を得た。ダーウィンは，ロマーニズに動物行動の観察記録を集めたノートを譲り渡した。ロマーニズはこの資料に加え，自らも，膨大な量の動物行動に関する観察報告を収集

注3) ロマーニズの生涯については夫人の編集した書簡集（Romanes, 1896/2011）に詳しい記述があるが，多くの心理学史の概論書からはほとんど情報は得られなかった。なお，夫人によると彼は実はカナダ生まれであったそうだ。

図 4-3　ロマーニズ

した。ロマーニズの研究は，動物や昆虫が知的と思われる何らかの行動を示したエピソードを集め，そうしたエピソードの背後にある動物の精神的な機能の存在を特定してゆこうとするもので，この方法は逸話法（anecdotal method）と呼ばれる。また，動物の精神的機能をもとに進化の樹形図などを作成しているが，彼の進化に対する考え方は偶然による変異を重視するダーウィンよりも，むしろ，知性の進歩と進化を同一のものと考える点でスペンサーに近かった（Boakes, 1984）。くわえて，ロマーニズは動物の精神的な機能を語るとき人の精神的機能との類似点を強調し，動物を過度に擬人化する傾向も強かった。たとえば，ネコが試行錯誤によってドアの掛け金をはずす逸話から，ロマーニズは，ネコが機械のメカニズムを理解し推理する能力があると推測していた。

　ロマーニズは比較心理学（comparative psychology）の創始者とされているが，擬人化によって動物の精神機能を過大評価した彼の研究は，次に紹介するモーガンによって批判を受けることになった。

　モーガン（Conwy Lloyd Morgan; 1852-1936）は，はじめ鉱山技師になるため学んでいたが，ダーウィンの強力な擁護者として知られる生物学者ハックスリー（Thomas Henry Huxley; 1825-1895）の教えを受け，比較心理学に関心が移っていった。ロマーニズとの交流もあったが，ロマーニズが動物の知的行動を過度に擬人化していたことに対しては批判的であった。彼は，主著『比較心理学入門（*An Introduction to Comparative Psychology*）』（Morgan, 1903）の中で，「ある行動の結果が，低い段階の心的能力によって説明可能な場合，それをより高度な心的能力によるものと解釈してはならない（p.53）」と述べているが，これはモーガンの公準（Morgan's canon）と呼ばれ，その後も動物を対象にした心理学研究を行ううえでの基本的な原則として定着した。たとえば，彼は上記のロマーニズのドアの掛け金をはずすネコとよく似たエピソードを報告している。自分の飼っていたイヌが門の柵のすき間に頭を入れて上げることで掛け金がはずれて外に出られるまでのプロセスを観察し，イヌが掛け金の仕組みを

理解して行動したのではなく，試行錯誤によって単純な行動を積み重ねるようにして学習しただけに過ぎないと考えた（Boakes, 1984; 邦訳, pp.79-80）。こうしたモーガンの動物行動の解釈は，彼がロマーニズとは異なり偶然による変異を重視していたダーウィンの進化論を理解していたからだとされる。

このように比較心理学はイギリスにおいてはじまった。この観察を主に用いる比較心理学の伝統は，その後もヨーロッパで継承されていった。ローレンツ（Konrad Zacharias Lorenz; 1903-1989）らによる比較行動学（ethology; 第11章5節参照）もそうした系譜に位置づけることができる。

(5) 比較心理学のアメリカへの導入

観察主体のヨーロッパの比較心理学に対し，アメリカの比較心理学は動物を統制された人工的な環境の中で研究する実験的方法を採用し発展していった。

モーガンはイギリスにあって機械論的な比較心理学，動物心理学を確立したが，これとは別にアメリカで動物の行動を機械的に解釈する見方を広めたのがロエブである。

ロエブ（Jacques Loeb; 1859-1924）は，ドイツ生まれのユダヤ人で，ドイツ，フランスの大学で医学，生物学などを学びアメリカに渡りシカゴ大学の教授となった。ロエブの研究の中でもっともよく知られているのが向性（tropism）（または，走性（taxis））の研究である。昆虫などの比較的単純な生物は光の方向に向かって移動する特徴をもっている。ロエブはこのような仕組みを機械的に説明することを試み，向性はその生物の一方の側に光があたることで内部に生化学的に不均衡な状態が生じ，それに伴うエネルギーによって移動するものであるとした。また，彼は意識の有無は連合的記憶（associative memory）によって決まると主張し，意識がないのは比較的下等とされている動物のみと考えた。ほかに，アメリカ生まれでジョンズ・ホプキンス大学の教授となりワトソンの行動主義にも影響を与えた生物学者，ジェニングス（Herbert Spencer Jennings; 1868-1947）もゾウリムシなどの動物の観察を通して，比較心理

図4-4　ロエブ

学的な研究を進めた。

　また，19世紀末には後の行動主義の心理学を支えることになる実験用のラットがアメリカに導入された。ラットは，スイス生まれでアメリカの精神医学に大きな足跡を残したマイヤー（Adolf Meyer; 1866-1950）（第9章2節参照）が，アメリカにもち込んだとされている（Boakes, 1984, 邦訳, p.313）。はじめシカゴ大学の神経学者ドナルドソン（Henry Herbert Donaldson; 1857-1938）にラットの使用をすすめたマイヤーは，つづいて，ホール（G. S. Hall）のいたクラーク大学にもラットを紹介した。そして，大学院生であったスモール（Willard Stanton Small; 1870-1943）がいくつかの実験を行っている。このうち，イギリスのハンプトン・コート宮殿の生け垣の迷路とそっくりの迷路を作り，中心に餌を置きラットに迷路の道順を学習させた実験は，その後も数多く行われるラットの迷路実験のはじまりとされている（Small, 1901）。ただ，クラーク大学におけるラットを用いた実験はその後途絶えてしまい，本格的なラットを用いた実験はのちにシカゴ大学のワトソン（J. B. Watson）によってはじめられた。

　第一次世界大戦中に兵士のために知能検査を作成したことで有名なヤーキス（Robert Mearns Yerkes; 1876-1956）（第11章3節参照）は，はじめ，ハーヴァード大学で生物学や哲学を学びクラゲの神経系の研究で博士号を取得した。そして，1902年にハーヴァード大学の講師として比較心理学の研究室を任されて，そこでさまざまな動物を用いた研究を開始した。その成果の中では，動物の学習課題の成績は動機づけの強さが中くらいのときもっともすぐれ，逆U字関数を描くというヤーキス・ドッドソンの法則（Yerkes & Dodson, 1908）が，今日でもよく知られている。また，彼はワトソンとも共同研究を行っている[注4]。

　これとは別にソーンダイク（Edward Lee Thorndike; 1874-1949）は1897年頃から問題箱を用いたネコの実験を開始しているが，サルを被験体にした実験なども一時的に手がけていたようだ（Thorndike, 1936）。

　このように1900年頃から動物を被験体にした比較心理学研究が増加し，心理学においてはじめて博士号を取得した女性として知られるウォシュバーン

　注4）ヤーキスの伝記はいくつかあるが，カーマイケル（Carmichel, 1956）やヒルガード（Hilgard, 1965）によるものなどが比較的入手しやすい。しかし，初期の比較心理学的な研究についての記述は必ずしも多くはない。

(Margaret Floy Washburn; 1871-1939) による『動物の心 (*Animal Mind: A Text-book of Comparative Psychology*)』(Washburn, 1908/1917) のような比較心理学を扱った著書も出版されるようになった。

3 ロシアの反射研究

(1) ロシアの事情★

近代化の進んでいなかったロシアでは19世紀半ばになっても心理学はもちろん医学においても西欧諸国に遅れをとっていたが，その中に少しずつではあるがドイツやフランスに留学し生理学を学ぶ者も出てきた。ドイツでは生理学者ヨハネス・ミュラー (J. P. Müller) によって反射の概念が確立されつつあり（第1章4節参照），この影響を受けて反射の研究を推し進めたのがセーチェノフ (I. M. Sechenov)，パヴロフ (I. P. Pavlov)，ベヒテレフ (V. M. Bekhterev) である。このうちパヴロフは心理学に対し否定的であり，一方，ベヒテレフは自ら客観心理学を提唱するなど，彼らの間で心理学に対する態度は必ずしも一致していなかった。ただ，反射を研究することであらゆる行動を機械的に説明しようという姿勢をとる点では共通していた。したがって，3人をひとくくりにするならば心理学というより，むしろ，反射研究と呼んだほうが適切だろう[注5]。反射研究は，西欧諸国の主流派の身体と意識を分けて考える二元論的心理学に対し，一元論的な唯物論的な立場をとっていた。そういう意味で，彼らの研究は意識を排除するワトソンの行動主義と通じるところがあった。彼らの研究の中でもとくに著名なのが，パヴロフの古典的条件づけに関する研究である。ロシアの反射研究の流れは，このパヴロフの研究を通して行動主義の成立に影響を与えた。

(2) セーチェノフ

モスクワで医学を学んでいたセーチェノフ (Ivan Mikhaylovich Sechenov;

注5) 反射研究を反射学 (reflexology) と呼ぶこともあるようだが，この用語は主としてベヒテレフの研究について用いるようだ (Boring, 1950, p.638)。したがって，ここでは反射研究という語を用いる。

図 4-5　セーチェノフ

1829-1905）は，1850年代の半ばドイツに留学しヨハネス・ミュラー（J. P. Müller），デュ・ボア = レイモン（E. du Bois-Reymond），ルードウィッヒ（C. F. W. Ludwig）などと接する機会をもった。そうしたなかで，セーチェノフが関心をもったのは制止と呼ばれる現象だった。たとえば，脳を切除したカエルの脊髄反射は切除しないカエルのそれより活発になるが，当時，これは，大脳が脊髄反射を抑制しているからだとされた。この現象を制止（inhibition）という。制止は1840年代にライプチヒ大学の生理学者ウェーバー（E. H. Weber 第2章2節参照）が報告し，ボン大学の教授などを務めたフリュガー（Eduard Friedrich Wilhelm Pflüger; 1829-1910）がこれを受けて研究をつづけた。セーチェノフは，フリュガーの研究の追試を行うなどし，この制止を熱心に研究した（Boakes, 1984; 邦訳, pp.224-226）。

　人は，怒りや激しい痛みをこらえたりすることがあるが，こうした行動も制止であり，それはその場において適応的なものとされている。一般に子どもは制止することが難しく発達するにつれて制止が可能になってくる。セーチェノフは，1863年，反射の制止のメカニズムを理解することによって精神機能の仕組みが明らかになるという立場から『脳の反射（Рефлексы головного мозга（ロシア語）: Reflex of the Brain（英語））』を著した。

(3) パヴロフ[注6]★

　パヴロフ（Ivan Petrovich Pavlov; 1849-1936）はモスクワの東南200キロほどのリャザンの聖職者の家に生まれたが，聖職者にはなることなくセント・ペテルブルグに出て自然科学を学んだ。パヴロフの主な関心は生理学で，卒業後は血液循環などの研究に従事した。また，その頃，ドイツに学び生理学における神経系の役割を強調したことで知られるボトキン（Sergey Petrovich Botkin;

　注6）パヴロフの生涯を知るにはいくつかの伝記がある。その中では弟子でもあるバブキンによるもの（Babkin, 1949）が有名である。他にも数種の伝記があり，なかには邦訳されたものなどもあるが，旧ソ連時代の伝記はやや政治的な偏向を感じさせる。

1832-1889）の知遇を得て，若くしてボトキンの研究所の生理学研究室主任に抜擢された。その後，医学の学位も取得し，セント・ペテルブルグの軍医学校の薬理学（のちに生理学）教授，実験医学研究所の生理学部長に就任し，長くそれらの任にあった。

パヴロフは厳格で規則正しい生活を送り，時間の無駄を嫌い，死の直前まで現役で研究を続けた。世事には疎く，妻は家計のやり繰りに苦労したという。家族の生活資金を実験動物のためにすべて使ってしまい妻を困らせたといった類のエピソードは数多く伝えられている。

図4-6　パヴロフ

パヴロフの研究の視座はほぼ一貫していた。それは，内臓の反応が求心性神経によって脳に伝えられ脳が遠心性の神経を通し内臓をコントロールするという考え方で，広い意味で反射といえるものであった。当初は，心臓や循環器を対象にしていたが，後に，消化器に関心が移った。そして，一連の消化器に関する研究で，1904年にノーベル賞（生理学・医学）を受賞している。

イヌの胃の中に餌を入れると，その餌の種類，量に応じて，適切な量，濃度の胃液が分泌される。パヴロフは，当初，これは胃に何らかの感覚器が存在しその情報が脳に送られ分泌をコントロールしているのではないかと考えていた。しかし，食道に外科手術が施され食べ物が胃に入らないようにされたイヌでも同様の反応が生じることに気づいたパヴロフは，それ以外の可能性を考慮せざるを得なくなった。同じような現象は唾液についても検討されたが，やがて，こうした唾液や胃液の分泌は，餌に直接触れずに見るだけでも生じることが確認された。これには，明らかに餌が食べられるだろうという期待，つまり，心的な過程が含まれていた。1902年頃までには，このような精神的な過程を含む反射は精神的反射（psychic reflex）と呼ばれるようになった[注7]。

さらに，餌を見せるのではなく，メトロノームの音のような任意の刺激でも，精神的反射は生じることが確認された。これがいわゆる古典的条件づけである。

注7）精神的反射に関する一連の研究がはじまったのは1897年頃とされる。また，一連の研究は必ずしもすべてパヴロフ自身の考えで進められた訳ではなく，学生の発案によるものもあったようである（Boakes, 1984）。

当初，パヴロフの関心は，唾液や胃液の制御のメカニズムにあったことはいうまでもない。しかし，精神的反射が脳の中に新たに形成された反射とみられることから，こうした反射を手がかりに動物や人間の多様な行動を脳の働きから説明できるのではないかと考え，やがて，その研究に軸足を移すことになった。精神的反射は，餌によって唾液が分泌されるような生得的で無条件に起こる反射に対し，それまで無関係であった刺激が時間的な近接という一定の条件のもとに形成されることから条件反射と呼ばれることとなった[注8]。

　パヴロフの反射の研究は，単なる反射の形成過程の分析に留まらず，実験神経症のような精神病理学的な現象や個人差などにも及んだ[注9]。また，パヴロフは，イヌ以外の被験体にも手を広げ，晩年はチンパンジーの問題解決などの研究にも取り組んでいたようだ（Hothersall, 2004）。

　しかし，パヴロフはこのような心理学的なテーマを多く手がけながらも，自身は生理学の枠組みから離れようとする気はなく，アメリカの動物心理学からも距離を置き，また，新しい心理学を構築することにも乗り気ではなかったといわれる（Kimble, 1961, p.21）。ただ，人間の行動理解の基礎に条件反射を置くパヴロフの考えは，刺激 - 反応の連合を重視するソーンダイクの結合主義と本質的には同じものであり，パヴロフ自身もそれを認めていた（Pavlov, 1927）。

(4) ベヒテレフの心理学

　ベヒテレフ（Vladimir Mikhailovich Bekhterev; 1857-1927）もパヴロフとほぼ同時代人で，同じセント・ペテルブルグの軍医学校の精神医学の教授を務めた。やはり西欧に留学経験をもち，生理学者のデュ・ボア＝レイモンのほか，ヴント，シャルコー（J.-M. Charcot 第8章参照）などからも学んでいる。終生，生理学者としての立場を堅持したパヴロフに対し，ベヒテレフはその経歴からもわかるように，むしろ独自の心理学の建設に積極的であった。また，実験データを積み上げることを大切にしたパヴロフに対し，ベヒテレフは精神病理学

　注8）条件反射は本来英語では conditional reflex（条件付きの反射）と訳されるべきものであったが，英語圏にパヴロフが紹介された初期の文献（Pavlov, 1906）で conditioned reflex（条件づけられた反射）と誤訳され，それが定着してしまったとされる（Boakes, 1984; Bolles,1993）。
　注9）条件反射に関する一連の研究や精神病理学的な研究については，軍医学校での講義をまとめた著書（Pavlov, 1927）の邦訳でその大筋を知ることができる。

や脳の機能などについて思弁的に多くを語った。実際に二人は互いに対し批判的であった。

　ベヒテレフは，内観に頼っていた当時の心理学を批判し，客観的な方法による心理学の必要性を唱え，反射の研究をその中心に置いた。この点では彼もやはりセーチェノフや敵対するパヴロフとも同じ流れに属していた。パヴロフは唾液の反応の条件づけを中心に研究を進めていたが，ベヒテレフは電気ショックによって足を曲げる反応の条件づけを好んだ。

図4-7　ベヒテレフ

これは，イヌに光（あるいは音）を提示し，その数秒後に電気ショックを与えることで痛みから足を曲げさせるもので，この手続きを何度か試みると光（あるいは音）の提示のみで足を曲げるようになる。ベヒテレフはこうした条件づけを連合反射（association reflex）と呼んだが，この言葉は条件反射ほど広まることはなかった。

(5) 条件づけ研究のアメリカへの伝播[注10] ★

　パヴロフは1906年，ロンドンで条件反射に関する講演を行った。そして，これが英語で読めるパヴロフの最初の論文（Pavlov, 1906）になった。さらに，1909年ヤーキス（R. M. Yerkes）らによってパヴロフの条件反射の手続きを紹介した論文が出されたが，必ずしも，すぐに影響があらわれなかったという。その後パヴロフの弟子の一人が子どもを対象にした条件づけの研究を発表しているが，あるアメリカ人がこれに目をつけた。当時，クラーク大学で博士号の取得をめざしていたマティア（Florence Enda Mateer; 1887-1961）である。彼女は，1916年の博士論文の中で子どもにアイマスクをしてから，口に食べ物を入れる手続きを繰り返すと，やがてアイマスクをしはじめるだけで噛んだり，飲み込んだりする反応が生じることを報告しているという[注11]。

　注10）以下の記述は主として南（1976），キンブル（Kimble, 1961）などの記述による。
　注11）実はマティアの研究以前にもペンシルヴェニア大学のツィトマイヤー（Edwin Burket Twitmyer; 1873-1943）が1902年に膝をハンマーで叩いて起こる反射と中性刺激を対提示する実験を独自に行っており，これがアメリカにおける条件づけ研究の初めての事例だといわれている（大芦，2015）。

一方，ワトソンは，行動主義宣言（1913年，次節）を行った後，1914年から1915年にかけてのセミナーで前述のベヒテレフの著書のフランス語訳を精読している。さらに，ワトソンの弟子のラッシュレイ（Karl Spencer Lashley; 1890-1958 後述）によって，ベヒテレフの実験のいくつかが追試された。また，ワトソンは同じ年のアメリカ心理学会の会長講演において条件づけを取り上げた。1921年には心理学の概論書でも条件づけが取り上げられ（Smith & Guthrie, 1921），この頃から広く定着していった。やがて行動主義の時代の本格的な訪れとともに条件づけは心理学の中心的なテーマの1つとなってゆく。

4 行動主義とワトソン

(1) ワトソン以前

一般に，行動主義は1913年のワトソンの行動主義宣言によってはじまったとされる。しかし，1913年以前からすでにワトソン以外の心理学者によって行動主義の到来を予想させるような発言は行われていた。イギリスの心理学者で1920年代以降アメリカに活動の拠点を移したマックドゥーガル（William McDougall; 1871-1938）は，すでに1905年に心理学を行動の科学（science of conduct）と述べている（南，1976）。また，ピルスバリー（Walter Bowers Pillsbury; 1872-1960）はそのテキスト（Pillsbury, 1911）の冒頭で，心理学は心（mind）や経験の科学ではなく行動（behavior）の科学であるべき，と述べている。また，ワトソンの師でもあったエンジェル（J. R. Angell）もすでに1910年のアメリカ心理学会で心理学が行動の科学となると発言し，それをもとに1913年に『Psychological Review』誌に論文（Angell, 1913）を発表しているが，この同じ巻にワトソンの行動主義宣言も掲載されている。

(2) ワトソンの生涯[注12] ★

ワトソン（John Broadus Watson; 1878-1958）は，アメリカ南部サウスカロライナ州の農村の貧しい家に生まれた。当時，サウスカロライナは自由と個人

注12）ワトソンの詳しい伝記はコーエン（Cohen, 1979）やバックリー（Buckley, 1989）によるものがある。自伝（Watson, 1936）もあるが，ごく簡単なもので，あまり参考になるとはいえない。

主義が重んじられる無法地帯で，ワトソン自身も発砲事件などを起こして警察に拘束されたことがあるという（南，1976）。16歳で地元のファーマン大学に入学し哲学，心理学などを学んだ。その後，シカゴ大学の大学院に進み，エンジェル（第3章6節参照），神経学者のドナルドソン（前述）の指導を受けた。当時シカゴ大学にいたロエブ（前述）とも親しくなったが，エンジェルは未熟な学生がロエブの影響を受けることをあまり快くは思わなかったという（Watson, 1936）。

図4-8 ワトソン

ドナルドソンは，マイヤー（前述）のすすめでシカゴ大学に実験用のラットを導入していた。ドナルドソンの指導下にあったワトソンの博士論文もラットを用いたもので，ラットの発達に伴う神経線維の有髄化と学習能力の変化に関するものだった。1908年，ジョンズ・ホプキンス大学のボールドウィン（J. M. Baldwin; 1861-1934）（第11章5節参照）から同大学に招かれた。ワトソンはそこでジェニングス（前述）に出会って影響を受けている。この頃から行動主義者としての立場を明確にするようになった。ほどなくボールドウィンがスキャンダルで辞任するとワトソンは若くしてジョンズ・ホプキンス大学の心理学部門の責任者となり，心理学の世界からも注目される存在になった。その後，コロンビア大学で行動主義に関する連続講義を行い，それをもとにした論文を1913年の『*Psychological Review*』誌に"行動主義者が見た心理学（Psychology as the Bahaviorist View it）"のタイトルで公刊した（Watson, 1913）。この論文はしばしば行動主義宣言といわれ，これをもって心理学史上，行動主義の時代がはじまったとされる。その後，ワトソンは前述のマイヤーの紹介で精神病院の臨床活動にかかわり，精神病理を行動主義的な視点から理解する試みなどを行った。また，これと関連し子どもの情動の条件づけの問題にも関心をもち，次第に研究の対象を動物から乳幼児に移した。しかし，1920年，今度は助手で大学院生であったロザリー・レイナー（Rosalie Rayner; 1898-1935; 後にワトソンと結婚）との関係をめぐってワトソン自身がスキャンダルの渦中の人となり，大学を去ることになった。辞職後，ワトソンは広告代理店で職を得て市場調査などに従事し成果を上げ，副社長にまで昇進している。ワトソンは大

学を辞職した後も，一般向けの雑誌などのメディアを通じて，彼の心理学に対する考えを積極的に広めた。彼の主著として今日でも知られている『行動主義 (Behaviorism)』(1925) もこの時代に書かれている。また，大学を辞職し再婚した妻ロザリーとの共著として出版した一般向けの育児書は，ポピュラーなものになった。しかし，彼の大衆を意識した誇張や攻撃的な言動をよく思わない心理学者も多かったようだ。晩年は次第に心理学から遠ざかり，1930年頃を境にワトソンと心理学とのつながりはほぼ終わった (Boakes, 1984; 邦訳, p.506)。死の前年，ワトソンは，心理学に対する功績によりアメリカ心理学会より表彰された。彼は授賞式に出席することになっていたが，現地のホテルまで訪れながら直前に出席を取りやめたという。

(3) 行動主義宣言★

「行動主義者の見た心理学は，自然科学のなかの純粋で客観的な実験的領域の1つであり，その理論的な目的は行動を予測し，コントロールすることにある」という文章ではじまるこの論文は，まず，ヴント以来実験心理学の主要な方法であった内観の批判からはじめられる。内観によって得られるデータは，意識や経験そのものではなく，意識や経験は内観を通して間接的にしか知ることができない。意識や経験は主観的なもので（あえていえば本人以外には）直接的には知りえないものなのである。このような間接的にしかとらえることができないものを科学の対象にしていること自体に問題があるという。これは，当時，内観によって意識中の要素を見出すことを心理学の目的と考えていたティチェナーの構成主義に対する批判である。ただ，ワトソンの批判の矛先は構成主義だけに留まらなかった。ワトソンは意識を環境への適応機能とみるエンジェルの機能主義さえ，結局は内観に頼る部分が大きいとして批判した[注13]。

注13) 実は，ワトソンが1913年の論文で最大の攻撃目標にしたのは，構成主義ではなかった。ワトソンが攻撃していたのは，むしろ機能主義であり，機能主義が環境に適応する行動の機能に着目する一方，意識にも目を向ける平行論 (parallelism) をとっていたことに対する批判であった (Watson, 1913, pp.165-166)。こうした点に着目した高橋 (1975) は，ワトソンの行動主義は「(Titchenerを含む) ヨーロッパの伝統的心理学に対する批判ではなく，これとは全く異なる問題意識のもとに成立していたアメリカの伝統的な機能主義の心理学を母体として，その中にひそむ曖昧なものや余剰なものを切り捨て，精算してゆく形で形成されてくるのである (p.57)」と述べている。

一方，比較心理学では動物の行動を研究することが行われてきた。しかし，動物実験に従事してきたワトソンは「動物心理学は人間の心理学に対してどのような意味があるのか」と問われ答えに窮することが多かったという。当時の比較心理学では，ロエブ（Loeb, 1918）の連合的記憶（associative memory）の概念のように適当な基準を設けてそれをもとに意識の進化のレベルを仮定していた。これに対し，ワトソンは，そもそも意識を仮定してもしなくてもその動物の実験から得られる事実には何ら変わりはなく，それを意識と関連づけること自体に無理がある，と考えていた。

　では，心理学はどのように研究されるべきなのであろうか。比較心理学的な研究に従事していたワトソンは，統制された実験方法で行動を研究するという比較心理学の方法をそのまま人にも適用し，それに徹すべきであると主張する。内観は方法として捨て去り，意識，経験といった生活体の内部の概念も取り上げない。客観的で観察可能な行動のみを統制のとれた実験などの方法によって研究するのである。生活体は外部から何らかの刺激を入力すると，それに対して反応する。行動とはその反応のことである。だから，どのような刺激を入れればどのような反応が出てくるかを確実におさえてゆけば，行動を予測しコントロールすることもできるというのである。心理学は，これまで医療や教育や法律といった応用的場面であまり役に立ってこなかったが，このようにして行動の予測，コントロールが可能になれば，そうした実用的な価値も出てくる。そうすれば，心理学は，意識をめぐって意味のない論争を繰り返すことなく，十分に意味のある学問になるというのである。

(4) 行動主義宣言の背景 ★

　ワトソンがこのような主張をするに至る背景にはどのようなものがあったのだろうか。おそらく，それは，アメリカの心理学自体がもつ実用主義や反知性主義（第3章8節参照）と深くかかわっている。

　ワトソンは，行動主義宣言の中で心理学の応用的利用を意識していた。これは，前章でも述べたように，真実を追求するより実利性を追求するアメリカ特有の実用主義，反知性主義とみることができる。心理学に実用的な価値を求める者にとって必要なのは，意識の本質が何であるかより，人の心的な側面の理

解によって他者の行動を予測，コントロールできるかなのである。

(5) ワトソンの個人的背景と行動主義

こうしたアメリカの心理学の底流をなす実用主義，反知性主義に加え，ワトソン自身の個人的要因も，彼が行動主義を唱える背景になっていた。

ワトソンは，自己アピールがうまく，くわえて，そのためには師であるエンジェルをも批判に曝すことさえいとわなかったが，そのような彼の性格も行動主義のような大胆な主張ができた理由の1つであったと思われる。

また，ワトソンの研究者としての経歴からも，彼が行動主義を唱えることになった背景はうかがえる。ワトソンの初期の研究をみると，その大部分がラットが学習する際の手がかりとなる視覚，聴覚，嗅覚などの感覚を特定する研究であり，他にもカモメの一種であるアジサシでも同様の研究を行っていた。これらは動物の行動を手がかりに意識過程を推測する心理学的な実験とはかなり趣を異にするもので，動物の感覚能力を調べるための研究である。ワトソンは共同研究者のヤーキスに，自分は心理学者ではなく生理学者なのではないかという問いを投げかけたり，また，自分が『*Psychological Review*』誌の編集者になったときには，人にしか関心のない心理学者たちに比較心理学に目を向けさせるためにこの雑誌を利用したい，などと語ったりしており（O'Donnell, 1985），自分がいわゆる心理学者と異なることを自覚していたようだ。一方で，生物学的な方法に基盤を置きながら，ワトソンは人と動物との心的な機能を進化の連続線上に位置づけることには必ずしも賛成していなかった（Watson, 1914）。このような独特の立場が，進化論的な基盤をもつ比較心理学とは異なり，実験という生物学的な方法のみを手がかりに，科学的な心理学を構築することを主張した行動主義を生みだしたと思われる。

(6) ワトソンの心理学：その1—習慣，言語，思考をめぐって★

ワトソンは，行動主義を宣言した翌年には『行動：比較心理学入門（*Behavior: An Introduction to Comparative Psychology*）』（Watson, 1914）を出版している。この著書ではまず動物や人間の基本的本能を論じ，そのうえで，すべての行動が本能を基礎にして学習によって形成された習慣であるという彼の立場を打ち

出した[注14]。生物学的な立場から出発した彼は，すべての習慣は外的刺激に由来し，多くは中枢よりも末梢の器官で形成されたものと考えた。したがって，言語についても，心的なプロセスは考えず，喉という末梢の器官で形成された習慣と考えた。そして，思考は喉を震わせていた音声が小さくなって内潜的になったものに過ぎないとした。彼は，もし，何らかの病気などで喉の機能が失われたとすると，他の身体機能に異常がなくても，思考が難しくなるだろう，と述べている（Watson, 1914, p.327）。

また，このような末梢における習慣の形成を基本に考えたワトソンは，ソーンダイクに対して批判的な立場をとった。ソーンダイクは行動に伴う快，不快が後の行動を決定すること（いわゆる効果の法則 第3章6節参照）を考えているが，ワトソンは快・不快という基準をもち込むこと自体が意識的な概念を用いて説明することになるとしてそれを否定しているのである（Watson, 1914, p.256）。ワトソンが学習の原理として考えていたのは，刺激と反応が近接しているということだけである。たとえば，ある外的な刺激によって脳のどこかの神経が活動しているとき，それと同時に脳の別の部分が活動しそれが反応を引き起こしていたとする。すると，この同時に活動した脳の2か所の部位の神経経路が強められ，習慣が形成されるというのである。

(7) ワトソンの心理学：その2―本能，発達，情動，乳幼児研究について ★

ワトソンは，次第に人の行動を決定する要因として本能や遺伝的な要因を限定的に考えるようになり，外的刺激によって形成される習慣の役割を重視する環境主義的な立場をとるようになっていった。1925年の『行動主義 (*Behaviorism*)』の中で「わたしに，体格のよい健康な1ダースの赤ん坊と，彼らが育つためにわたし自身が自由にできる環境を与えて欲しい。そうすれば，そのうちの1人を訓練して，その子の祖先の才能，能力，趣味，職業，人種がどうだろうと，わたしが選んだどんな専門家にでもしてみせよう―医師，法律家，芸術家，大商人，そして，乞食や泥棒さえも」と述べた彼の言葉は今日でもよく知られているが，これはそうした彼の態度を反映している。

注14）ワトソンの習慣の形成，学習に関する考えの概略はボウルズ（Bolles, 1979）の記述がわかりやすい。

また，ワトソンは，精神病や恐怖症といったいわゆる心の病についても，外的刺激によって形成されるものと考えるようになった[注15]。そのためにはじめたのが，情動の発達の研究である[注16]。彼は多くの乳幼児を観察し，その生得的な反射などについて報告している。その結果，生後1か月くらいまでの乳児には恐れ，怒り，愛の単純な3つの反応しかないが，それらが条件づけなどによって，さまざまな場面に結び付けられ，また，複数の感情が組み合わさることで複雑な感情状態や恐怖症などの症状が形成されると考えた。

　こうした研究の一環として助手で後に妻となるロザリー・レイナーと共同で行ったのが，生後8か月の男児アルバートの恐怖の条件づけの実験である。アルバートははじめネズミなどの小動物を怖がる様子はなかったが，彼がこれに触れるのとほぼ同時に耳元で不快な大音量（無条件刺激）が鳴らされたことでネズミが条件刺激となり，やがて，ネズミを見ただけでも恐怖反応（条件反応）を示すようになった（Watoson & Rayner, 1920）[注17]。

　しかし，前述のようにこの研究が行われた直後，ワトソンは大学を辞職し研究の第一線から退いたため，この研究はそれ以上発展することはなかった。

　なお，レイナーの友人でもあったジョーンズ（Mary Cover Jones; 1897-1987）が，後に，条件づけられた恐怖を除去するための研究をはじめ，これは行動療法に関する研究の先駆となった（Jones, 1924a）。

5　新行動主義の時代

(1) 行動主義の受容[注18] ★

　行動主義は，ワトソン自身の強烈な個性も手伝って，さまざまな批判にさ

注15）ワトソンは恐怖症などの心の病が反射によって説明できることをベヒテレフの著書によって知ったようである。実際に，1915年にベヒテレフの著書に触れた翌年，精神病理学的な現象を条件づけによって説明しようと試みた小論（Watson, 1916b）を発表している。

注16）ボークス（Boakes, 1984）によれば，ワトソンが乳幼児研究をはじめたきっかけはつぎのようなものである。彼ははじめ精神病院の成人の患者を対象にした研究に関心があったが，ワトソンの極端な環境主義的な考え方がマイヤーの不興を買ったため，乳幼児研究に対象を移したようだ（邦訳，pp.485-488）。

注17）この実験で被験者となったアルバートのその後については，長い間不明とされていた。しかし，近年，その詳細が明らかになった（Beck, Levinson, & Irons, 2009）。

5　新行動主義の時代　101

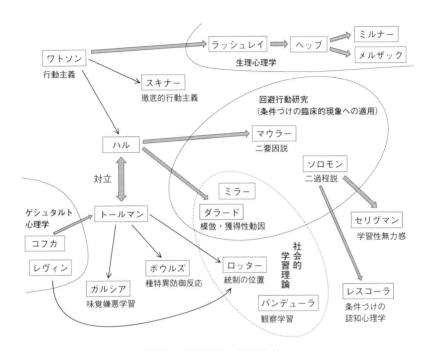

図 4-9　行動主義から新行動主義へ

らされた。とはいえ，時代は確実に行動主義的な心理学に向かって流れていた。研究者たちの中には，行動主義とワトソニズム（ワトソンの行動主義）をあえて区別し，ワトソンは批判しても，行動主義自体は受け入れざるを得ないとみなす雰囲気もあったようだ（O'Donnell, 1985, p.207）。そして，1920年代になると行動主義は次第に浸透し，あたかもアメリカのすべての心理学が行動主義的

注18）多くの心理学史の概説書では，ワトソンの行動主義を扱った直後に新行動主義が取り上げられ，行動主義の受容過程の具体的な記述がない。オドンネル（O'Donnell, 1985）は，ワトソンの行動主義を受け入れていったのは古い時代の心理学を守る著名なリーダー格の心理学者ではなく，リーダー格の心理学者の弟子クラスのあまり名前の知られていない者が多かったという。そうした表舞台に現れないワトソンの支持者が静かな多数派（silent majority）となり，行動主義を浸透させていったのである（p.208）。行動主義の受容過程に関する具体的な記述が多くないのも，このような比較的無名の心理学者を通した浸透プロセスが紹介される機会が少ないからかもしれない。一方，ワトソンの行動主義宣言が出されたのが1913年で，新行動主義の代表者の一人トールマンがカリフォルニア大学バークレー校に着任し，一連の目的的行動主義の実験をはじめたのが1918年であることを考えると，実は，オリジナルな行動主義の時代はごく短い期間であり，行動主義の浸透過程はむしろ新行動主義の発展と一体になって進んでいったとみられなくもない。

になってしまったかの観があったという（Boring, 1950, p.645）。

　つまり，行動主義の受容は，ワトソニズムそのものを受け入れることによって行われたのではない。当時の心理学者たちが，できるだけ客観的で科学的な研究方法を求めるなかで，内観によって意識や経験を扱う心理学から実験や観察を通し行動を扱う心理学へと軸足を移してゆく方法論の変容こそが，行動主義の受容であったのである。したがって，1920年代になると，行動主義的な方法論をとりながら，ワトソンとは異なる理論的な立場をとる心理学者が登場するようになったのもある意味必然であった。こうした変化は1930年代に入るとよりはっきりとしたものとなり，行動主義の新たな流れとなった[注19]。その新たな流れをふつう新行動主義（neobehaviorism）と呼ぶ。

(2) 操作主義と論理実証主義★

　後述のように新行動主義は1つの学派といえるものではなく，その流れに属する心理学者の立場もさまざまであった。彼らが新行動主義の名の許にひとくくりにされるには，主として動物実験を基礎にした方法と構成概念の定義の仕方に共通の地盤があったからである。その構成概念の定義の仕方の基礎となる考え方が操作主義である。

　操作主義（operationism）とは，科学において扱われる構成概念は実験における手続きのような具体的な操作によって定義されるものでなければならない，とする考え方である。この操作主義はアメリカのノーベル賞受賞者でもある物理学者ブリッジマン（Percy Bridgman; 1882-1961）が1927年に述べたことに由来するとされ，その後スティーヴンス（Stanley Smith Stevens; 1906-1973）

注19) ワトソンの行動主義が新行動主義に変化していった時期，背景について多くの心理学史の概説書には明確な記述がないが，南（1976）の見解は参考になると思われるので，以下に紹介しておく。南は，新行動主義の社会的な背景について，「ワトソンを中心とする古典的行動主義は，ほぼ1920年代でその生命を終わった。それが，29年の経済恐慌でとどめを刺されたというように，機械的に断定するわけではないが，アメリカの一般情勢からいって，ワトソン的なオプティミズムのムードがあの恐慌で粉砕され，それについてワトソニズムもしだいに凋落したとみることは，こじつけにならないと思う (p.100)」と述べ，世界恐慌などの1930年代の社会情勢との関係を示唆している。また，心理学内部の事情としてナチスの台頭によるドイツの研究者の流入（心理学においてはとくにゲシュタルト心理学）の影響，さらに，アメリカで実験技術が高度に発展し，「その実験データの豊富な蓄積から無数に派生してくる個々の問題の理論的整理，統合という内的欲求によって理論化の方向 (p.103)」が強力に推し進められたことを挙げている。

の論文（Stevens, 1935, 1939）などによって心理学の世界に広まった。ただ，操作主義的な考え方自体はこれ以前からもあったことが知られている。第一次世界大戦前後からアメリカでは知能検査が発達しさまざまな場面で用いられていたが，それにかかわりスティーヴンスの師であったボーリング（Boring, 1923）は，知能の定義とは知能検査で測定されたものに他ならないと主張し，知能という心理学的な概念が検査手続きという操作によって定義されることを主張した。ブリッジマンの操作主義が心理学の中で受け入れられるようになったのも，心理学内部でもこのような考え方が徐々に生まれつつあったからであろう[注20]。

ところで，操作主義は，時に，哲学において曖昧さ冗長さを排して明晰に定義された概念だけを科学の対象とすべき，と主張したウィーン学団の論理実証主義（logical positivism）と通じるものがあるといわれる。これは，ボーリングが論理実証主義と操作主義との関係を示唆するような記述をした（Boring, 1950, pp.654-655）ことによるものと思われる。しかし，実際のところ，論理実証主義とブリッジマンの操作主義との間に直接的な関係はないようだ（Leahey, 1980, 邦訳, p.438）。おそらく，論理実証主義，操作主義，新行動主義のいずれにも共通する時代精神のようなものがあり，そのため，新行動主義や操作主義を論じる際，論理実証主義を引き合いに出すことが一般化しているのではないだろうか。

(3) 条件づけ研究の系譜

ワトソンは，その徹底した環境主義的な立場から，すべての行動は外的刺激によって学習されたものという立場をとった。そのため，行動主義の影響をうけた研究者たちの間で，学習，つまり，条件づけ研究の重要性が増していったのは必然的なことであった。

ところで，条件づけ（conditioning）という用語であるが，これはパヴロフが用いた用語ではない。前述のように1906年にパヴロフがはじめて英語で紹介されたが，このとき使われた用語は条件反射（conditioned reflex）であった。この用語はその後も引き続き用いられ，ワトソンが1915年にアメリカ心理学

注20) 実は，ブリッジマン自身は，必ずしも，自分を操作主義の提唱者と考えていた訳ではなかったようだ（南, 1976, p.104）。

会で会長講演を行ったときも条件反射の語が用いられていた（Watson, 1916a）。条件づけという用語はすでに1924年頃から用いられているが[注21]，当時は必ずしも今日いう条件づけの定義にあてはまらないような使用例もみられる。条件づけという用語が今日の用法と近い定義で使用されるようになるのは1930年頃からである（たとえば，Guthrie, 1930）。また，条件づけを古典的条件づけ，オペラント条件づけの2つのタイプに分類することは1935年にスキナー（後述）がタイプⅠ（のちのオペラント条件づけ），タイプⅡ（パヴロフの条件づけ）に分類したことにはじまる（Skinner, 1935）。その後，1940年にヒルガード（Ernest Ropiequet Hilgard; 1904-2001）らがパヴロフの条件づけを古典的（classical）条件づけ，ソーンダイクによってはじめられスキナーがタイプⅠとした条件づけを道具的（instrumental）条件づけと呼び（Kimble, 1961），この頃から条件づけを2つのタイプに分けることが定着した。現在では，パヴロフの条件づけには古典的条件づけ，道具的条件づけについては主にスキナー派の研究者によって用いられてきたオペラント条件づけ[注22]を当てることが一般的だ。

(4) 条件づけと学習理論★

　行動主義の心理学における中心的テーマは条件づけの研究であった。ワトソンの男児アルバートの実験などはその初期のものであるが，条件づけの研究は，ワトソンが心理学の世界から去った後も，行動主義，新行動主義の流れを汲む研究者たちに引き継がれた。では，なぜ，ロシア由来の条件づけの研究がこのようにアメリカで浸透していったのであろうか。その理由は，やはりアメリカの心理学の底流にある実用主義に求められるだろう。前述のようにワトソンは行動主義の目的は，行動の予測とコントロールにあるとしている。行動をコン

　注21）筆者が調べた限り，ワトソンの恐怖の条件づけ研究を受けてその除去を行ったジョーンズ（M. C. Jones）が1924年にNational Educational Associationで「Conditioning and Reconditioning: An Experimental Study in Child Behavior」というタイトルで発表したもの（Jones, 1924b）が，条件づけ（conditioning）の使用例として確認できるが，詳細はよくわからない。
　注22）オペラント（operant）という言葉は，スキナー（Skinner, 1938）が著書で用いた造語といわれている。ただ，この著書の中にはオペラント条件づけ（operant conditioning）という用語は見当たらない。筆者が調べた限り，オペラント条件づけという用語がはじめて用いられたのはスキナーの盟友ケラー（Fred Simmons Keller; 1899-1996）の1950年の著書（Keller & Schoenfeld, 1950）においてであったと思われる。

トロールすることは，必要な行動を学習させることであり，そこに条件づけの研究の必要性が生じるのである。また，広い意味での進化論の影響下にあったアメリカの心理学では，自然淘汰から生き残るために適応的な行動を学習するプロセスとして条件づけに関心がもたれたこともあろう[注23]。こうして条件づけは1930年代から1950年代にかけての新行動主義における最重要課題として研究され続けることになった。新行動主義に属する心理学者たちは，巧妙な動物実験を行い，その結果をもとに条件づけに関する洗練された理論体系をつくり上げた。こうした理論体系はふつう学習理論（theory of learning）と呼ばれる。学習理論はトールマン，ハル，ガスリーによるものが代表的なものとされる。この中でもとくにトールマンとハルは1930年代から40年代にかけて学習理論の二大陣営として，それぞれの主張を展開した[注24]。

(5) トールマンの目的的行動主義 ★

トールマン（Edward Chace Tolman; 1886-1959）[注25]はマサチューセッツ州のボストン近郊の裕福な家で生まれ，はじめ，マサチューセッツ工科大学で電子工学を学んだが，のちに，ハーヴァード大学の大学院に進んで哲学と心理学を学んだ。哲学にも関心があったが適性がないことに気づき心理学を専攻することにしたという。彼は，シュトゥンプ（C. Stumpf 第2章参照）の門下であったラングフェルト（Herbert Sidney Langfeld; 1879-1958）の指導を受けた。在学中にドイツに留学しゲシュ

図4-10　トールマン

注23）ダーウィニズムでは，進化は変異によるものでありその結果として適応的な行動が可能な個体が生き残ると考えられている。したがって，アメリカの心理学が進化論の影響下にあったとはいえ，条件づけによる行動の変化を適応のプロセスと考えることは，かならずしも，ダーウィニズムと整合性がない。これについて，ミルズ（Mills, 1998, p.7）は，条件づけの研究者たちの考え方は，むしろ，獲得された行動の遺伝を考えるラマルキズムに近いとした。そして，それを一種の偽装されたネオ・ラマルキズムと呼んでいる。

注24）ガスリー（Edwin Ray Guthrie; 1886-1959）の理論については本書では扱わないが，彼自身の論文（Guthrie, 1930）のほか，バウアーとヒルガード（Bower & Hilgard, 1981）やボウルズ（Bolles, 1979）の著書に設けられた章で大略を知ることができる。

注25）トールマンの伝記的記述は主として自伝（Tolman, 1952）によった。

タルト心理学者コフカ（K. Koffka 第5章2節参照）の許で過ごした。1915年に博士号を取得した後，1918年にカリフォルニア大学バークレー校に赴任し，キャリアの大部分をそこで送った。

ワトソンは，習慣は末梢でつくられるものと考えていた。たとえば動物が迷路を左右に曲がりながら餌のあるゴールにたどり着く場合を例に考えてみる。まず，動物がしばらく直進するとその反応（R_1）によって筋感覚や周囲の環境から刺激（S_1）がもたらされる。そして，その刺激（S_1）が動物が右に曲がるという反応（R_2）を引き起こし，右に曲がることに伴う刺激（S_2）がその後左に曲がるという反応（R_3）を引き起こし……という具合に微細な1つひとつの行動によって生じる刺激と反応が組み合わされることで，餌のあるゴールにたどり着くという一連の行動が学習されると考えていた。

これに対し，トールマンはその初期の研究で，上記の迷路学習のような場面での動物の行動を観察していると，むしろ行動全体が餌という目的をめざしているようにみえることを指摘した（Tolman, 1920）。行動は細かい刺激と反応の関係の積み重ねで固定的にでき上がっているのではなく，状況に応じて変化する従順さ（docility）をもっていると考えた。トールマンはワトソンが扱ったような末梢的な行動をモレキュラー（molecular: 微視的）行動と呼び，それに対し状況に応じて柔軟に変化しながらも大きな目的に向かって行われる一連の行動をモラー（molar: 巨視的）行動と呼んだ（Tolman, 1932）。そして後者，すなわち，巨視的な行動を記述し説明することの重要性を唱えた。このような彼の立場は目的的（purposive）な行動主義と呼ばれる。

トールマンの考えを実証した研究として有名なのが図4-11に示したようなラットの迷路学習の実験である（Tolman, Ritchie, & Kalish, 1946）。この実験では，場所学習条件と反応学習条件の2つの群が設けられた。ラットはどちらの群も S_1 もしくは S_2 の2つのスタート地点から出発したが，前者では餌は必ず F_1 に置かれ，一方，後者では餌は S_1 から出発したときは F_1 に S_2 から出発したときは F_2 に置かれた。2条件の違いは前者は迷路の全体を把握する学習が必要だが，後者は単に右折する反応だけを学習すればよい。結果であるが，場所学習条件の方が成績が良かった。つまり，ネズミは単純な反応よりもむしろ迷路の全体を把握していたのである[注26]。

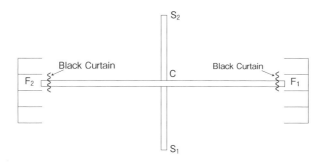

図 4-11　トールマンの実験で用いられた迷路

　トールマンは，学習は末梢での刺激 - 反応の連合によって起こるのではなく，むしろ，学習する場面全体を中枢で知覚することによるものと考えた。それは，ワトソンが強力に排除した意識過程を復活させようとしたともいえる。こうした考えかたには，彼が学生時代に接したゲシュタルト心理学からの影響がみられる。また，トールマンはそうした知覚や意識過程を認知（cognition）や期待（expectation）と呼んでいるが（Tolman, 1932），それは，後の認知心理学の出現を予見させるものとなっている。

　学習における認知を重視したトールマンは，学習が行動と刺激（餌）との連合によって起こるという考え方にも疑問を投げかけている。有名な潜在学習の実験がそれである（Tolman & Honzik, 1930）。迷路を用いたこの実験ではラットが3つの群に分けられ，毎日1試行ずつ2週間にわたり迷路学習が訓練された。最初の群ではラットがゴールに置かれた餌をめざす通常の訓練が行われた。2番目の群ではラットは最初の10日は餌なしで11日目からゴールに餌が置かれた。3つめは統制群である。この実験では，ラットがゴールにたどり着くまでに誤った道に迷い込んだ数（エラー数）が測定されたが，最初の群のラットは毎日少しずつエラー数を減らしていった。一方，11日目から餌が導入された2番目の群は餌の導入とともに急速に成績を上げ，ほどなく，はじめから餌を

　注26）レストル（Restle, 1957）は，この実験におけるトールマンらの主張を場所（place）説，迷路学習も単純な刺激 - 反応の連合の積み重ねと考える立場を反応（response）説と呼んで，それぞれの説の立場に立つ研究を整理している。この場所説と反応説の対立はトールマンとそれに対立するパヴロフ，ワトソンの流れを汲む研究者たちの立場の違いを示す典型的な例となっている。

与えられていた群と同等の水準に達するようになった。この結果から，トールマンは，ラットは報酬が与えられなくても潜在的な学習を行っており，餌はその結果を顕在化させる役目しか果たしていないと考えた。

このような立場をとったトールマンは，次に述べるハルと比べても，行動主義全盛の時代においてやや異彩を放つ存在であったが，その思想は後の認知心理学の時代にその底流となって生き残った[注27]。

(6) ハルの体系的な行動理論 ★

ハル（Clark Leonard Hull; 1884-1952）は，トールマンとは対照的に，貧しい農家の生まれである。主にミシガン州で育ち，小学校教師や鉱山技師などをしながら生活費を稼いだ。ポリオに罹り足に障がいが残ったことから進路について考え直し心理学を志した。その後，ミシガン大学で学び，さらにウィスコンシン大学の大学院に入学した。彼の心理学者としての出発は早くはなかったが，概念形成や催眠などの研究によって次第に頭角を現し，ウィスコンシン大学の教授となった。1929年，エール大学の人間関係研究所の心理学教授に招かれてから，本格的に学習理論の研究をはじめた[注28]。これは学習理論家

図 4-12 ハル

としては2歳年下のトールマンより10年近く遅い出発であった。エール大学で門下生だったミラー（N. E. Miller），マウラー（O. H. Mowrer）（いずれも後述）などは後に新行動主義の発展を支えることになった。

ハルはウィスコンシン大学時代にゲシュタルト心理学に関心をもち，コフカ（K. Koffka 第5章2節参照）を一時的にウィスコンシンに招いたこともある。しかし，コフカの話が行動主義批判に終始したことに失望

注27）トールマンの理論は，用語が複雑なうえに体系化されていない面もあり理解しにくい。トールマンの理論の概略は，門下生でもあるボウルズ（Bolles, 1979）の記述が簡潔でまとまっている。しかし，そのボウルズさえもトールマンは「折衷的な理論家で」，「方々からアイデアを集めた」が「うまく系統的に結合させようとはしなかった」と述べ，さらに「何年もの間に彼の強調点は代わり，独自の行動の見方を記述するのに用いた言葉は，しばしば劇的に変化した」（邦訳，p.95）とも言っている。

注28）以上の記述は主としてハル自身による短い自伝（Hull, 1952a）をもとにした。

し，ワトソンの行動主義をより精緻化する方向に向かうことになったという。また，1927年から1928年頃パヴロフの著書に接し，その条件反射の概念からも大きな影響を受けた。

　このようなハルの態度は，彼の心理学に反映されることになった。その立場は，刺激と反応との単純な連合によってあらゆる行動を説明しようとする機械論である。ワトソンは心的な概念を批判することに力点を置いていたが，ハルは，それを踏まえ，心的な概念を排し，数式を用いることで機械論的な行動の理論を体系的に組み立てようとした。彼の研究は，1943年に出版された『行動の原理（*Principles of Behavior*）』(Hull, 1943) にその大筋がまとめられている。彼は，まず，いくつかの定量的に定義された公準（postulate）を数式の形で仮定し，その公準を実験によって検証し，その結果と照らし合わせ，必要に応じ公準を変更しながら精緻化された公準の体系をつくってゆくというやり方で論を進めた。そのため，『行動の原理』は多くの数式が並べられ，一見すると物理学の力学の教科書のような体裁をしていた。また，ハルはそうした数式を用いた公準の体系の中にいくつかの仮説的な構成概念をもち込んだ。彼は，刺激や反応のような観察可能なものでなくても，論理的に整合性があれば新たな構成概念をもち込むことを認めたのである。これは仲介変数と呼ばれる。ハルが仮定した仲介変数のうちもっとも有名で彼の理論の中核をなすのが動因（drive: D）と習慣強度（habit strength: H）の2つである。動因とは，動物を何らかの行動に動機づける要因となるものである。ハルは，迷路学習において事前に絶食させられた時間が長いネズミほど飢えが激しいため餌に対する動機づけが強く，また，電気ショックからの回避学習では，強い電気ショックを与えるほど逃げようとする動機づけが強くなることに気づいた。そして，このような実験的な操作によって定義される行動に対する動機づけを動因（drive: D）と呼んだ。また，動因が同じレベルの場合，その行動を以前に多く学習した経験のあるネズミほど，その行動を消去するための抵抗が大きかった。この過去の学習経験の量を習慣強度（habit strength: H）と名づけた。ハルは，この動因と習慣強度を掛け合わせたものが，ある行動を惹き起こす潜在的な強さであるとし，これを反応ポテンシャル（reaction potential: E）と呼んだ。

　さらに，これに疲労やその他の行動を弱める抑制要因（式中の I_R, $_sI_R$, $_sO_R$）

を加味したのが下の公式であり，この式がハルの理論の中心になった．

$$E = D \times H - I_R - {}_sI_R - {}_sO_R$$

　ハルは，後半生のキャリアの大部分をこの公準の検証と改変に費やした．その最終の形は彼の死後間もない 1952 年に出された『行動の体系（A Behavior System）』（Hull, 1952b）に示された．

　トールマンのような思弁的な側面をもたず，公準を理論的に導くこととそれを実験的に検証することだけからなるハルの体系は，当時の心理学者たちに心理学が他の自然科学と同様に厳密な科学として発展しつつあることを確信させた．しかし，ハルの公準の中に示された動因や習慣強度の概念は，他の自然科学的な概念とは異なり絶対的な尺度がある訳ではなく，あくまで相対的なものに過ぎなかった．したがって，数学的に厳密になろうとすればするほどその矛盾に直面せざるをえなかった．やがて，彼の関係者でさえ「その数量的なこまごまとしたことは非常に恣意的であり，重要性は少なく，面白くなく，ハルの理論化のうち後まで残らないものと考えるようになった（Bower & Hilgard, 1981; 邦訳, 上巻 p.126)」．新行動主義の最盛期だった 1950 年頃ハルはもっとも影響力をもった存在だったが，死後はさまざまな批判にさらされ，その名声は急速に衰えた[注29]．

(7) スキナーの徹底的行動主義 ★

　1960 年代になるとハルやトールマンの理論は時代遅れと見なされるようになってきた．それに対し，彼らよりおよそ 20 歳若いスキナーは，行動に関する理論をつくること自体を拒否する立場をとった．厳格な方法論と徹底した行動の記述のみに特化した彼の行動主義はいたってシンプルなもので，ハルやトールマンのような仲介変数や認知的な概念を仮定することもなかった．そうしたスキナーの立場は他の理論的立場から批判を受けにくく，そのことが逆に功を奏した．スキナーは行動主義がすたれて久しい今日に至るまで絶えず一定の影

注29) ハルの数量化された概念に対する批判についてはコットン（Cotton, 1955）の論文を参照．

響力を維持し続けている。

スキナー（Burrhus Frederic Skinner; 1904-1990）はペンシルヴェニア州の田舎町サスケハナで生まれた。父は弁護士だった。高校卒業まで地元で過ごし，ハミルトン・カレッジで英文学を専攻した。作家を志望しニューヨークなどで自由に過ごすが，結局，作家になることはあきらめた。スキナー自身によると「語るほど重要なものをなにももっていなかったから」(Skinner, 1966) だという。その後，ロエブやパヴロフ，ワトソンなどの著作を通して心理学に関心をもちハーヴァード大学に入学するが，特定の心理学者の影響を受けることはなく独自の考えを固めていったようだ。ミネソタ大学，インディアナ大学に務めたのちハーヴァード大学教授となった[注30]。

図4-13　スキナー

スキナーの行動主義者としての立ち位置は，ハルやトールマン，さらには，行動主義の創始者ワトソンと比較してみることで理解されるだろう。ハルやトールマンは，行動主義の流れに属しながら仲介変数や認知的な概念を仮定しそれらを組み込んだ理論を組み立てたため，刺激の操作を通して得られる反応，つまり，データと理論から予測される結果との間にズレが生じてしまった。そして，そのために最終的には理論の妥当性が問われることになってしまった。スキナーはこうした点を批判し，そもそも行動主義の原則に立てば仲介変数などという観察不可能な内的（あるいは心的）概念をもち込むこと自体が不要なことだとした。このようなスキナーの考え方はワトソンの提唱したオリジナルな行動主義に近い。ただ，ワトソンは，意識などの内的な概念を用いて行動を説明することは拒否したが，刺激と反応との連合の背後に生物学的なプロセス，つまり，神経系の働きを組み込もうとする姿勢は残していた。

しかし，スキナーはそうした神経系の働きさえも（少なくとも心理学という学問の中では）取り上げる必要はないという。刺激と反応の間に神経系の働き

注30）以上の記述はスキナー自身の伝記 (Skinner, 1966) をもとにした。なお，現在日本語で読めるスキナーの伝記的記述としてはオドノヒューとファーガソン (O'Donohue & Ferguson, 2001) の著書の第2章が一番簡単だろう。その脚注にも自伝を含めいくつかのスキナーの伝記が紹介されている。なお，この著書はスキナーの心理学についての比較的よくまとまった紹介書となっている。

のような完全に解明されていない説明を組み入れることは，結局，仲介変数を仮定することと変わりないと考えたのであろう。

　スキナーは，ある行動が起こったこととその時（時間的には少し前か同時か少し後のいずれでもよい）に起こった外部の環境の変化との間には必ず何らかの関数関係があり，心理学者はその関数関係を記述することに徹するべきだと主張した。もちろん，そうした関数関係は実際にははっきりしないことがしばしばある。しかし，そこで動因や動機や認知などといった内的な状態を仲介変数として挟むことで問題を解決しようとしてはいけないという。たとえば，餌をめざして動物が迷路を走った場面において，心理学者がはっきりといえることは，餌の提示という環境の変化と動物が走るという行動の生起との間に関係があったということだけである。餌をめざして走った理由は動物の内部で何らかの欲求が高まっていたとか，餌を食べることで動因が低減されるだろう，というような説明は一切必要ないというのである。

　関数関係がはっきりしないのは，研究者が行動とそれに関係する環境の変化をよく観察していないからであり，もっと徹底的に観察することで関数関係を高めるような環境の変化を特定できるはずだという。内的な仲介変数は確かに便利な概念だが，これを使い過ぎるとよくわからない点はすべてその仲介変数というブラックボックスに押し込めてしまうことができる。スキナーは心理学の目的は行動の予測とコントロールにあるというワトソン流の考えを固持したが，そうした心理学観に立てば，わからない点を仲介変数に委ねてしまうのではなく，観察を徹底しできる限り行動を予測しコントロールすることができるような外的な刺激を探してゆくべきだというのである[注31]。このようなスキナーの立場は徹底的行動主義（radical behaviorism）と呼ばれる。

　ところで，日常的な環境はさまざまな刺激であふれていて，何が人や動物の行動に影響を与えているのかなかなかわかりにくい。そこで多様な外部環境を

　注31）ただ，スキナーは内的な状態の存在そのものを否定していたかというとそうとはいえない。一般的に認知心理学と対極に位置する徹底的行動主義では認知（cognition）の存在そのものを認めないと考えられがちだが，スキナーは認知の存在を認めむしろ積極的に研究すべきという考えだったようだ。ただ，スキナーは，認知はある刺激の操作によって起こる従属変数（つまり結果）であって行動を説明する原因（独立変数）にならないと考えていただけだという（O'Donohue & Ferguson, 2001, 第6章）。

できるだけ統制した環境をつくり，その中で研究者が自ら特定の刺激のみを変化させることで被験体の行動にどのような変化が生ずるかを確認してゆくことが必要となる。それが実験である。今日，ラットやハトの実験で用いられるスキナー・ボックスは，その名のとおりスキナーが考案したものであるが，箱の中にはふつうレバーやキー，そして，給餌窓があるのみで，動物にとって刺激が統制されたミニ環境となっている。このようなミニ環境の中で，餌をあたえる回数や間隔などを変化させ，それに伴う行動の変化を特定してゆくのである。こうした一連の実験的研究を実験的行動分析（experimental behavior analysis）という。

　スキナーはこのような方法によって徹底して行動を観察するなかで，動物の行動にはパヴロフの実験で用いられた唾液反応のような特定の刺激によって起こされるレスポンデント行動（主に自律系の反応）と，必ずしも特定の刺激がある訳ではない状態で自発的に起こるオペラント行動との2つのタイプがあることを見出した。一般に行動主義は，生活体にある刺激が入力された際にどのような反応が起こるかという「刺激‐反応」の関係を明らかにすることを主たる目的にしていると説明される。しかし，スキナーに言わせれば古典的条件づけで学習されるようなレスポンデント行動はこの「刺激‐反応」の関係が成り立つものの，オペラント行動の場合は，むしろ，はじめから行動は自発している。だから，「刺激‐反応」の関係は成り立たず，刺激は自発的なオペラント行動を後から制御するものと考えられるという。このようなことからスキナーは，パヴロフ型の古典的条件づけとソーンダイクの流れを汲むオペラント（道具的）条件づけは異なる原理によるもので，条件づけによって学習される行動にはレスポンデント行動とオペラント行動という2つのタイプが明確に存在すると主張したのだ（Skinner, 1938）。実は，スキナー以前の多くの研究者は条件づけによって学習される行動はみな同じものと考えていたのである。

　スキナーの活躍の幅は意外に広い。言語についても，学習による言語習得説を主張し（Skinner, 1957），これを生得的な言語習得装置の存在を仮定するチョムスキー（A. N. Chomsky）が批判したこと（第6章5節参照）は，よく知られている。

　また，行動の予測とコントロールに徹したスキナーのスタイルは，理論的な

説明よりもまず行動の変化が起こることこそが必要な教育や医療の現場からの要求にマッチしやすい側面ももっていた。行動療法（behavior therapy）におけるスキナーの影響（第10章3節参照）は今日に至るまで衰えることはないし，また，ティーチングマシンを用いたプログラム学習など，その考え方は随所で生き続けている。こうした応用的な研究を，前述の実験的行動分析に対し，応用行動分析（applied behavior analysis）という。

スキナーの考え方は時にその偏狭さが指摘されることもあるが，応用面での適用可能性から，現在でもその考えを支持する者は少なくない。新行動主義の時代は1960年代でおおむね終わりを告げるが，スキナーはその後も現役を通し1990年に死去する直前まで活躍した。こうしたこともスキナーの影響力が長く続く1つの要因になったのかもしれない。

6 新行動主義の発展と広がり

(1) 新行動主義の変容★

ハルやトールマンの主たる関心は，学習を軸に人や動物の行動を説明する包括的な理論をつくり上げることにあったといってよいだろう。一方，その後継者に位置づけられる研究者たちは，むしろ，それらの理論のある特定の部分に着目し，そこから研究を広げ，さらには，応用的研究（とくに異常心理学や臨床心理学）との接点を探ろうとしていった。そういった研究は1960年代に多く報告されたが，その後もしばらく研究は続けられた。ここでは，そうした流れを汲む研究の中で代表的なものをいくつか取り上げ簡単に紹介してゆく。

(2) 社会的学習理論★

ハルがいたエール大学の人間関係研究所の研究員として在籍していたニール・ミラー（Neal Elgar Miller; 1909-2002）とダラード（John Dollard; 1900-1980）は，1941年にそれまであまり取り上げられることのなかった動物の模倣についての研究を発表した（Miller & Dollard, 1941）。この実験では，まず，はじめのラットをT字型の迷路で餌を目標に学習するように訓練したのち，別のラットを同じ迷路ではじめのラットと一緒に入れると，はじめのラットが学

習したよりもずっと早く学習することを見出した。この実験ではラットはいずれも空腹という動因をもっている。しかし，後で迷路学習を開始したラットははじめのラットの行動が手がかりになっており，それが学習を促進している。たとえば，二人の兄弟がお腹をすかせている（つまり，動因が高い状態にある）とき父親がキャンディーを買って帰宅するのを待っていた場合を考える。兄は父親が玄関の扉をあける音を手がかりにして玄関に走ってゆくが，弟は兄が走ってゆくのを見てそれを手がかりにして一緒についてゆく。このようなことはふつうにあることだが，上記の実験からこれと同じことが動物についてもあてはまり，また同時にそれが動因の概念を中心に置くハルの理論とも整合するというのである[注32]。この実験は模倣（imitation）の実験として知られている。

行動主義的な研究はパヴロフやワトソンの研究以来，一貫して動物や人の単体での行動の変化に注目してきたが，この研究は他の個体との関係を取り上げている点で行動主義的な研究の幅を広げるものであり，ミラーらはこれを社会的学習（social learning）と呼んだ。

ミラーの関心は，この後，後述のように回避行動を手がかりに異常心理学的な方向に向かうが，学習のプロセスに他の個体との関係という視点を取り入れた社会的学習の考え方は，その後も研究者たちを刺激し続けた。

(3) ロッターとバンデューラ★

ロッター（Julian Bernard Rotter; 1916-2014）は活動の軸足を臨床心理学に置いていたが，学習理論にも関心をもち，1954 年に『社会的学習と臨床心理学（*Social Leaning and Clinical Psychology*）』（Rotter, 1954）という著書を出版している。ロッターは個人のパーソナリティを基本的な単位と考え，そのパーソナリティと関係する行動が動物実験からつくられた学習理論を用いることで理解可能だとした。ただ，それが人の場合，複雑に相互作用を起こしており社会的なものとなっていることから，自らの理論を社会的学習理論と称した。さらに，ゲシュタルト心理学者レヴィン（K. Lewin 第 5 章 5 節参照）の教えを受

注32）この模倣について取り上げた著書はハルの『行動の原理』（1943）に 2 年ほど先立つ 1941 年に出版されている。つまり，ミラーらがハルの理論をもとに研究をはじめたというより，ハルはミラーなどとの共同研究を通して自分の理論体系をつくり上げていったというべきなのであろう。

け，また，トールマンの著作などからの影響も受けた彼は，行動が生起する要因としてハルの理論のような動因よりも，むしろ，目標に対する認知的な期待（expectancy）を重視した。この期待は過去経験によって形成されるものとされ，強化に対する低い期待を形成している者は外的統制型，強化子を得るにあたって自分自身の力に期待をおいている者は内的統制型といわれる。これは統制の位置（ローカス・オブ・コントロール locus of control）としてよく知られているもので，この概念に基づき期待の高低を測定する一種のパーソナリティ検査（Rotter, 1966）は広く用いられている。

1960年代になるとバンデューラ（Albert Bandura; 1925-）によって，別の社会的学習理論が出されている。バンデューラは，東欧からの移民の子としてカナダで生まれた。アイオワ大学で博士号を取得したのちスタンフォード大学に着任し，教授となった[注33]。彼は，大学院時代にはハルの高弟の一人であったスペンス（Kenneth Wartinbee Spence; 1907-1967）の，そしてスタンフォードに着任してからはシアーズ（Robert Richardson Sears）の影響を受けた。バンデューラは1963年に『社会的学習とパーソナリティ発達（*Social Learning and Personality Development*）』（Bandura & Walters, 1963）という著書を出しているが，その中で有名な観察学習（observational learning）の実験が紹介された。観察学習では，前述のミラー（N. E. Miller）とダラード（J. Dollard）の模倣とは異なり本人は観察しモデルに強化子が与えられているのを見ているのみだが，それでも学習が成立することが強調された。つまり，観察されたモデルの行動が認知的に処理され，保持されることこそが学習であると考えたのである。ミラーらの理論の中にあった動因の概念はここでは重視されなくなっている。バンデューラは，その後も独自の社会的学習理論を発展させ，行動と人と環境の三者を対等に考え，その相互関係によって行動や認知を理解する相互決定主義を唱えている（Bandura, 1977）。さらに，後になると認知心理学の発展に伴い，次第に認知的な説明を追加し，自らの理論を社会的認知理論（social cognitive theory）と称するようになった（Bandura, 1986）。

注33）バンデューラには短い自伝（Bandura, 2007）がある。

(4) 回避行動に関する研究とその広がり

　たとえば，ラットに電気ショックを与え，それに対して何らかの反応をすれば電気ショックが止められるような実験場面を考えてみよう。このとき，2つの実験群を設けたとする。1つめは電気ショックがくる直前にブザー音などが提示される群，もう1つはそのようなブザー音などを提示しない群である。この場合，1つめの群では，電気ショックを与えることをやめてしまってもブザー音さえ鳴らせばラットはいつまでも反応をし続ける。このような反応を回避（avoidance）行動という。ところで，これとよく似た電気ショックを用いた恐怖の古典的条件づけの場合，電気ショックを与えなければほどなく反応は消去されるはずだが，この実験では消去されない。このため回避行動がなかなか消去されないことをどのように説明するかは，研究者たちの関心事となった。

　この回避行動の研究者として知られたのがマウラー（Orval Hobart Mowrer; 1907-1982）である。彼は，1930年代にエール大学に研究員として在籍し，人間関係研究所の教授だったハルの共同研究者となった。マウラー（Mowrer, 1939）は，回避行動は電気ショックという危険な事態に先立って与えられるブザー音によって不安が生じ，その不安が動因となり回避行動が生起し，動因の低減が行われると考えた。この過程の前半は古典的条件づけ，後半はオペラント条件づけと同じであり，回避行動はこの2つの条件づけの組み合わせによって成立しているとされ，2要因説（two factor theory）と呼ばれた。この2要因説をめぐっては議論が展開され類似の学説も出されたが，その中ではソロモン（Richard Lester Solomon; 1918-1995）の2過程説（two process theory）がよく知られている。さらに，マウラーは，電気ショックという危険な事態がなくなってもいつまでもそこから逃れようと反応しつづける回避行動を強迫性障がいなどと類似したものと考えた。また，前述のニール・ミラーはこの古典的条件づけによって獲得された不安がさまざまな新たな行動を学習する動因となることに着目し，これを獲得性動因と呼んだ（Miller, 1948）。くわえて，フロイト（S. Freud）の許に滞在した経験をもつミラーは，回避行動とフロイトの理論との近似性を指摘するなどした（Dollard & Miller, 1950）。

　マウラーやミラーはのちに回避行動の研究から距離を置くようになってゆくが，前述のソロモンは回避行動を中心に古典的条件づけとオペラント条件づけ

との関係に関心をもち続けた。ソロモンは長くペンシルヴェニア大学に在籍したが，その門下生のセリグマン（Martin Elias. Peter. Seligman; 1942-）は，動物を恐怖の古典的条件づけに長時間さらしつづけると動機づけが低下してしまい後続のオペラント条件づけの学習自体が不可能になってしまうことに気づき，これを学習性無力感（learned helplessness; Seligman & Maier, 1967）として概念化したことはよく知られている。学習性無力感はのちに抑うつの実験的な理論として行動療法，認知行動療法にも多大な影響を与えた。また，同じくソロモンの門下生のレスコーラ（Robert Rescorla; 1940-2020）は，古典的条件づけが生起するための条件刺激と無条件刺激との関係が単なる接近によるものではなく，確率的なものであることを指摘し（Rescorla, 1968），そこから動物における認知的な学習理論を展開した。

一方，回避行動などの嫌悪刺激を用いた条件づけ研究は，行動主義の心理学の暗黙の前提でもあった動物の学習実験から得られた成果が人にも適用できるという考えを改めさせる結果ももたらした。ガルシア（John Garcia; 1917-2012）による味覚嫌悪学習（taste aversion learning; Garcia, Ervin, & Koelling, 1966）やボウルズ（Robert C. Bolles; 1928-1994）による種特異防御反応（SSDR: Species-specific defense reactions; Bolles, 1970）はそうした傾向を代表するものとして知られている（ガルシアとボウルズはともにカリフォルニア大学バークレー校に在籍し，そこにいたトールマンから大きな影響を受けたとされる）。こうした研究は，動物の学習実験を中心にパラダイムを組み立てていた新行動主義の時代の終焉を招くことになった。

(5) 行動主義と生理心理学

最後に，行動主義から発展した流れの中で生理心理学について少しだけ触れておこう。

脳と意識や行動との関係は骨相学のようなものも含め行動主義以前から関心がもたれていたが，行動主義的な動物実験の手法によって脳と行動との関係を検討し始めたのはラッシュレイ（Karl Spencer Lashley; 1890-1958）である[注34]。ラッシュレイははじめ動物学を学んでいたが，ジョンズ・ホプキンス大学の大学院時代ワトソンと出会い，その影響を受けて行動主義的な動物実験をはじめ

た。当初，ワトソンとの共同研究にも従事していたが，もともと動物学出身であったラッシュレイの関心は次第に脳と行動との関係に移っていった。やがてラッシュレイはハーヴァード大学の教授に就任し，1940年代から1950年代にかけて生理心理学の第一人者と見なされるようになった。彼は，大脳皮質のさまざまな場所を切除したラットに迷路課題を与えその学習能力を検討した。ラッシュレイは，大脳の機能局在論的立場から学習に関連している部位を特定しようとしていたが，実際は大脳のどこの部分を切除したかはほとんど関係なく，ただ，切除した量が多いほど学習能力が低下するという結果が見出されただけだった。今日，この結果はラットは迷路を学習する場合，視覚や触覚，嗅覚などさまざまな手がかりを用いるが，脳の切除する部位が多くなるほどこれらが多面的に損なわれていったためと考えられている。また，現在では記憶と直接関係のある部位は大脳の皮質下の部分であるとされているが，ラッシュレイはこれらの部位を切除する実験を行っていなかった（Squire & Kandel, 1999）。もっとも，この当時は神経科学の知見が今日ほど集積されていなかったので，これもやむを得ない面もあった。

　行動を生理学的な現象に還元して理解する流れは，ラッシュレイの門下生であったカナダ人，ヘッブ（Donald Olding Hebb; 1904-1985）に受けつがれた。ヘッブは学習をニューロンのレベルでモデル化することを試み，細胞集成体（cell assembly）の概念を提出したことで知られる。ヘッブはカナダのマギル大学に長年在籍し生理心理学，神経心理学の発展に尽くした。ペーター・ミルナー（Peter Milner; ラットが脳のいわゆる快中枢を刺激するためにレバー押しをする実験で知られる）やブレンダ・ミルナー（Brenda Milner; 健忘症の神経心理学的研究が著名），メルザック（Ronald Melzack; 痛みの生理心理学的研究で知られる）といった研究者はヘッブの門下生である。

　注34）ラッシュレイの生涯やその研究をめぐる経緯はワイドマン（Weidman, 1999）の著書が詳しい。そこには，心理学界から遠ざかりつつあった晩年のワトソンとの個人的な交流も描かれており興味深い。

7 行動主義をどう考えるか

　この章のはじめにも述べたようにワトソンの行動主義は，行動の予測とコントロールということをその基本的な目標に置いていた。それは，アメリカ的な実用主義に由来するものでもあった。しかし，その後の発展は，必ずしも，実用主義一辺倒ではなく，新行動主義の流れに属する研究者たちの多くは，個体が学習を通して環境に適応してゆくプロセスをむしろ理論化してゆくことに興味の中心を置いていたし，また，学習のプロセスの背後にある生理学的なメカニズムの解明に手を伸ばしていった者もいる。新行動主義者の中には臨床心理学的なテーマに関心をもつ者も多いが，ここでも治療に徹するよりも，むしろ，異常のメカニズムの理解，理論化に多くの力点が置かれた。

　このように，行動主義の流れを汲む研究は，結果的には，環境に適応する機能としての人間の心理，行動の理解に大きく貢献することになった。たとえば行動療法のような行動主義に派生するさまざまなテーマは現在でも心理学の多くの領域で残っているし，客観性，実証性を重視するその研究スタイルは，行動主義自体は退潮した現在においても，多くの実験的な心理学研究者がごく当たり前のこととして受け入れていることでもある。

　認知心理学が全盛の時代を迎えて久しいが，認知心理学の古典的なパラダイムである情報処理心理学も，実はその基本において新行動主義的なパラダイムと変わらないという指摘もある（Leahey, 1980）。そうした点も含めて考えると行動主義をどう評価すべきかについては，結論をあせらないほうがよいのかもしれない。

第5章
ゲシュタルト心理学, 社会心理学

1 はじめに★

　第4章では，20世紀前半から中盤にかけて心理学の世界を支配した行動主義とその発展についてみてきた。行動主義は，広い意味ではヴント（W. M. Wundt）の心理学に対する批判勢力であったが，基本的にはアメリカ独自の心理学をつくり上げるプロセスの中で形成されたものである。一方，行動主義の誕生とほぼ同じ頃ヴントのいたドイツでは，ヴントの心理学にもっと直接的に反論した批判勢力が生まれた。それが，本章で取り上げるゲシュタルト心理学

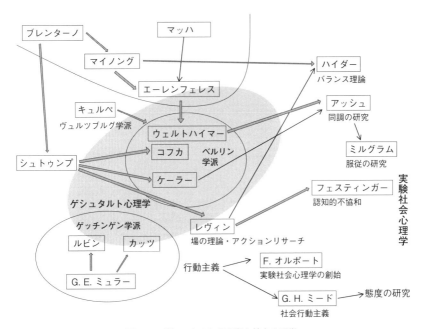

図 5-1　ゲシュタルト心理学と社会心理学

である。ゲシュタルト（Gestalt）はドイツ語でおおよそ〈形態〉を意味するが，通常，英語でも原語のまま表記される[注1]。ゲシュタルト心理学はドイツで誕生したが，後にその活動拠点はドイツからアメリカに移動した。さらに，ゲシュタルト心理学から派生した対人行動に関する研究は，実験社会心理学の基礎をつくることとなった。本章では，これら一連の社会心理学の系譜に連なる研究者たちについても触れてみたい。

また，ゲシュタルト心理学は，行動主義の衰退後登場した認知心理学の誕生にも影響を与えたとされる。

2 ゲシュタルト心理学と3人の心理学者

(1) ウェルトハイマー[注2]★

ゲシュタルト心理学は強い団結で結ばれた3人の心理学者によってつくられ，その後も彼らの手によって発展させられた。そのゲシュタルト心理学誕生のきっかけをつくったのがウェルトハイマーであり，以下のようなエピソードと一緒に紹介されるのが通例となっている。

ウェルトハイマー（Max Wertheimer; 1880-1943）はプラハ生まれのユダヤ系ドイツ人である。はじめプラハ大学で法律，哲学などを学んだが，エーレンフェルス（Christian von Ehrenfels; 1859-1932）の授業を受けてから心理学に関心が移った。ウェルトハイマーはベルリン大学でしばらく学んだ後に，1904年にヴュルツブルグ大学のキュルペ（O. Külpe 第2章参照）の許で博士号を取得した。裕福な家に生まれた彼は，その後も各地の大学に滞在しながら自由に研究を続けていた。ウェルトハイマーは，1910年の夏，バ

図5-2　ウェルトハイマー

注1）ゲシュタルト心理学の創始者ウェルトハイマーの次男でコロラド大学の心理学，心理学史の教授を務めたマイケル・ウェルトハイマーも，ゲシュタルトというドイツ語に適切に対応する英語は見つけられないと述べている（Wertheimer, 2012, p.175）。

注2）ウェルトハイマーについては，比較的新しい詳細な伝記がある（King & Wertheimer, 2005）。日本語による伝記としては三宅（1991; 1993）によるもの，鈴木（1992）によるものなどがある。

カンスのためにウィーンからドイツのライン地方に向かっていたが，その列車の中で，突然，物体の運動の知覚に関して新しい考えがひらめいたという。そして，そのままフランクフルトで途中下車し，玩具店でゾエトロープ（Zoetrope）と呼ばれる絵の描かれた環が回転することで動画のように見える玩具（図

図5-3 ゾエトロープ

5-3）を買い求め，ホテルの部屋でそれを繰り返し操作しながら考えた。それからほどなく，彼は，ベルリン時代の知人でフランクフルト大学の教授として着任していたシューマン（Friedrich Schumann; 1863-1940）の許を訪ね実験室を借りて研究に着手した。そこには，ベルリン大学で博士号を取得しフランクフルトの大学の助手となっていた2人の若い心理学者がいた。それが，後述するケーラーとコフカである。2人ははじめウェルトハイマーの実験の目的も知らないまま被験者として協力することになった[注3]。

　ここで行われた一連の研究の成果は運動の知覚に関するもので1912年に発表され，この研究をもってゲシュタルト心理学がはじまったとされる。

　ウェルトハイマーは，第一次世界大戦中は軍に徴用され軍人の適性検査や音から敵艦を探知する装置の開発などに従事した。その後，ベルリン大学で講師，員外教授となり，同じ頃ベルリン大学の教授となったケーラーとともにゲシュタルト心理学を支えた。1929年にフランクフルト大学に教授として戻るが，ユダヤ系だった彼はナチスの台頭によりアメリカ亡命を余儀なくされ，1933年ニューヨークで欧州からの亡命者を多く受け入れていたNew School for Sociall Researchの教授となった。

　ウェルトハイマーはゲシュタルト心理学の出発点となった知覚の実験が有名なことから厳密な実験家と思われがちだが，その人となりは情熱的で着想豊かな自由人であり，関心領域も知覚よりもむしろ思考や創造性，芸術などの領域にあったようである。

注3）2人がはじめ実験の目的を知らなかったというエピソードはコフカ（Koffka, 1935）の記述がもとになっているようだ。

(2) コフカ[注4] ★

ウェルトハイマーに実験に駆り出されたことがきっかけになり，その後，この学派の発展に尽力したのが，コフカと次に紹介するケーラーである。

図5-4 コフカ

コフカ（Kurt Koffka; 1886-1941）は，ベルリンで法律家の家系に生まれた。母親はプロテスタントに改宗したユダヤ系だった（Ash, 1995, p.108）。知的な雰囲気の中で育ち，ベルリン大学に入学後は英語や哲学，心理学などを学び，イギリス留学なども経験している。シュトゥンプ（C. Stumpf）の許で博士号を得たのち1910年にフランクフルト大学で助手となり，そこでウェルトハイマーと出会うが，翌年，フランクフルトから近いギーセン大学に移った。1922年に『Psychological Bulletin』誌にゲシュタルト心理学を紹介した論文を発表してから，次第にアメリカでも知られるようになり，いくつかのアメリカの大学で客員教授として招かれるようになる。1927年にスミスカレッジで教授となり，以降そこにとどまった。

コフカは落ち着いた紳士で，ウェルトハイマーやケーラーに比べるとその存在は地味だが，英語に堪能で，3人の中で一番早くアメリカに定住した彼がアメリカでゲシュタルト心理学を広めるきっかけをつくった功績は，評価されるべきであろう。英語による大著『ゲシュタルト心理学の原理（*Principles of Gestalt Psychology*）』（Koffka, 1935）は，ゲシュタルト理論の基本書の一冊とされている。

(3) ケーラー[注5] ★

ケーラー（Wolfgang Köhler; 1887-1967）は現在のエストニア生まれのドイツ人で，幼少期にドイツ本国に帰国し，チュービンゲン，ボン，ベルリンの各大学で心理学，哲学，自然科学などを学び，1909年にやはりシュトゥンプの

注4）コフカの伝記的記述は鈴木（1983）によった。

注5）ケーラーのややまとまった伝記的記述としては『*American Journal of Psychology*』の死亡記事（Asch, 1968）によるものしか見つけることができなかった。日本語で読めるものとしては，鈴木（1993）がケーラーの経歴，業績などを簡単にまとめている。アッシュ（Asch, 1995）の著書にもケーラーの生涯に関する記述は多くみられる。

許で博士号を取得している。コフカと同じくフランクフルト大学で助手となりウェルトハイマーと出会うが，その後，1913年に北大西洋のカナリア諸島テネリフェ島の霊長類の研究施設に赴任した。間もなく第一次世界大戦が勃発し，終戦までそこにとどまることになった。1922年，ベルリン大学の教授に就任するが，そこにはウェルトハイマーやレヴィン（K. Lewin 後述）がいた。ほどなくゲシュタルト心理学はベルリン大学を拠点に全盛期を迎えるが，ナチスの台頭とともにユダ

図5-5 ケーラー

ヤ系のウェルトハイマーやレヴィンは大学を去ることになった。ケーラーはユダヤ系ではなかったが，ナチスに対しては毅然とした態度を通した。1935年にベルリン大学を辞して，アメリカに渡りスワスモア大学の教授となり，引退するまでその地位にあった。

ケーラーは鋭い論客として知られ，また，ウェルトハイマー，コフカにくらべかなり後まで活躍したことも手伝って，その影響力は大きかった。1929年に英語で出版された『ゲシュタルト心理学（*Gestalt Psychology*）』（Köhler, 1929）は，構成主義や行動主義を批判しながらゲシュタルト心理学の立場をはっきりと述べた基本書として知られた。彼の関心の中心は知覚，学習などにあり，ウェルトハイマーの知覚の理論をさらに一歩進めて，ゲシュタルト心理学が主張するような対象のまとまりある知覚は心理的な現象であると同時にそれに対応する生理学的な現象があるとし，心理物理同型説を唱えたことで知られる。また，チンパンジーを対象にした学習実験をまとめた著書は，行動主義的に対するゲシュタルト心理学の学習研究の成果を示したものとして知られる。

3 ゲシュタルト心理学の主張

(1) 仮現運動と連合主義批判 ★

1912年にウェルトハイマーが発表した論文は，通常，ゲシュタルト心理学がはじまるきっかけをつくったとされるが，そこでは何が主張されたのであろうか。

この論文（Wertheimer, 1912）[注6] ではいくつかの実験が報告されているが，その意図するところはだいたいどれも同じである。たとえば，2つの光の点を，交互にスクリーンに映写する。このとき左が点灯しすぐ消えて右が点灯するまでの時間がゆっくりだと2つの光の点が左右に交互に点滅するだけである。一方，非常にはやく点滅を繰り返すとほとんど2つの光の点が同時に光っているように見える。ただ，ある程度の間隔（60ミリ秒）で順に提示すると光の球が左右に移動しているように見える。同じことは，図5-6のような2本の直線を交互に点灯したときにも言える。やはり同じ60ミリ秒の間隔のときは2本の線が倒れたり起き上がったりするように見えるはずである。この現象は実際に動いていない刺激が動いているように見えるもので仮現運動というが，とくにこのウェルトハイマーが取り上げたようなものはファイ現象（phi phenomenon）と呼ばれる。

　この現象自体は少し考えれば想像できるようなものだが，ウェルトハイマーがこの現象に注目したのは，これが，当時，ヴントをはじめ多くの心理学者の間で受け入れられていた連合主義的な考え方では説明しにくかったからである。連合主義的な考え方に従えば，外部の感覚は意識中ではまず要素として存在しその要素間の連合によって複雑な知覚なども成立すると考える。だから，2つの光の球を交互に点滅すると球が左右に移動するように見えるような場合，（あえて単純化して言えば）2つの光の球という要素が連合することで運動を伴った1つの知覚が成立すると考える。そこには，連合によって化学反応が生ずるような段階が仮定されている。また，こうした連合による知覚の成立は，ヘ

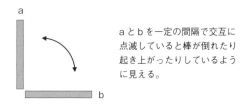

図5-6　ウェルトハイマーが行った仮現運動の実験（Wertheimer, 1912 の論文を参考に筆者が作成したもの）

　注6）この論文は邦訳（三宅, 2004）がある（本書引用文献の Wertheimer, M. 1912 の個所を参照）。英訳も抄訳などを含めれば数種ある。実験報告の形式をとっているが非常に読みにくい。

ルムホルツ（H. L. F von Helmholtz）の説（第2章2節参照）に代表されるように経験によって学習される部分が大きいとされている。ところが，ウェルトハイマーは実験結果や類似の諸研究を検討し，仮現運動は過去の経験にかかわりなく生ずることに気づいた。そして仮現運動のメカニズムを説明するためには連合主義的な考え方では不適切と結論づけた。ウェルトハイマーは，われわれは外的な刺激を要素単位で受け入れている訳ではなく，刺激全体をまとめて受け入れ，その刺激を生理学的な中枢で力学的にまとまりあるものとして知覚していると考えていた。上記の例でいえば1つめの刺激に対する生理学的な反応は周辺にも波及し，続いて起こる2つめの刺激に対する反応に連続して移行していくためそこで2つの刺激が連続して運動しているように見えるというのである。つまり，連合主義的な考え方では要素の総和によって全体の知覚が成立するとされていたが，ゲシュタルト心理学的な考え方によれば全体は要素の総和以上のものであり，しかも，それは要素の総和に新たな性質を付け加えることによって成立するものではなく，はじめから全体をとらえようとする人の知覚の性質によっているというのである。この連合主義批判が，ゲシュタルト心理学の主張の一番の大きなポイントであった[注7]。

(2) プレグナンツの法則と知覚研究 ★

ウェルトハイマーらは，われわれは連合主義者が主張するように刺激は要素

注7) 一般には，この連合主義批判はヴントの心理学に対する批判として説明され，ゲシュタルト心理学はヴントの心理学に対する批判勢力として位置づけられることがふつうであるし，本書でもそのような描き方になっている。そうした理解は心理学史を大枠でとらえるという意味では成り立つかもしれないが，実際のところは，ウェルトハイマー（Wertheimer, 1912）はゲシュタルト心理学の出発点になったとされる1912年の論文の中でも必ずしもヴントの心理学を批判対象にしている訳ではない。批判の矛先はむしろ恒常仮説（constancy hypothesis）に向けられている。恒常仮説とは，感覚器官から与えられる刺激は感覚における要素に一対一で対応しているという仮説である。高橋（1975）によれば，こうした恒常仮説にしたがえば，たとえば錯視のような現象は「刺激に対して一々対応して感覚が生じているにもかかわらず，これを判断する"心的作用"がうまくはたらかなかったり，誤って判断したりする結果（高橋, 1975, p.51)」と説明される。これに対し，ゲシュタルト心理学者はゲシュタルトとしてあらわれる経験こそが本来の現象であり，実際の運動と仮現運動を区別しようとする恒常仮説の発想自体が不要であるという立場をとっていたのである。高橋は，こうしたことから，ゲシュタルト心理学はヴントの心理学に対する批判勢力として生まれたのではなく，むしろ，シュトゥンプをはじめとした当時の心理学者たちの発想の中に暗黙のうちに含んでいた恒常仮説を批判する立場として生まれたと指摘している（高橋, 1975, p.51)。

単位ではなく刺激全体をまとめて受け入れていると主張したが，それは単に刺激をそっくりそのまま写真に撮るように受け入れているという意味ではない。そこでは，われわれの側で刺激全体をより簡潔で単純で安定的な方向に体制化して知覚するというプロセスが働いている。上記の仮現運動もこのような知覚の体制化のプロセスが関係していると考えられるが，このように人が簡潔で単純で安定的な方向に体制化して知覚する現象がもっともよく理解される例は図形の知覚においてであろう。図形の知覚は，19世紀以来，錯視が発生する仕組みに対する関心もあって心理学ではよく取り上げられてきたテーマでもある。こうしたこともあって，ウェルトハイマーはさまざまな図形を例に人が刺激全体をより簡潔で単純で安定的な方向に体制化して知覚する傾向を列挙し紹介する論文を発表した（Wertheimer, 1923）。それらは，接近の法則，類似の法則など数種に分けられるが，通常，このような知覚の傾向をまとめてプレグナンツ（Prägnanz）の法則と呼んでいる。

　なお，プレグナンツの法則は，しばしば，人の知覚過程に備わった生得的な特性と考えられがちであるが，これは必ずしも正しくない。むしろ，外的な対象を知覚するに際して働くある種の必然的な法則とでもいうべきものである。

　このように，当初，ゲシュタルト心理学はウェルトハイマーの知覚の研究を中心として広まっていった。また，コフカが1922年に『*Psychological Bulletin*』誌に発表したゲシュタルト心理学の紹介論文でも主に知覚領域の研究が扱われたこともあり，とくにアメリカではゲシュタルト心理学は知覚を研究する学派と考えられがちだった[注8]。しかし，それはゲシュタルト心理学の本当の姿ではなかった。つぎにそれらの一部をみてゆこう。

　注8) 現在では，多くの心理学史の概論書（たとえば，Shultz & Shultz, 2012）でもコフカの1922年の論文によってアメリカでゲシュタルト心理学が知覚理論と考えられるようになってしまったことは，むしろ，害悪だったと述べている。また，鈴木（1992）によれば，一般にゲシュタルト心理学は知覚の研究がその中心とみられているが，これは，ゲシュタルト心理学が批判の対象とした構成主義が知覚の研究を中心に置いていたため，それを意識したからだという。有名な1912年のウェルトハイマーの論文で仮現運動が取り上げられたのもこのような理由によるもので，ウェルトハイマー自身は同じ頃書かれた思考や音楽に関する論文でゲシュタルト心理学に関するアイデアをより詳しく取り上げているという。

　また，コフカ自身も，関心の対象は必ずしも知覚にはなかったようだ。コフカは渡米する前の1924年に発達心理学に関する著書（Koffka, 1924）を発表しているし，大著『ゲシュタルト心理学の原理』（Koffka, 1935）も学習などに関する章が比較的大きな部分を占めている。

(3) ゲシュタルト心理学と思考，学習研究★

　ウェルトハイマーはかなり早い段階から思考の研究に興味をもっており[注9]，それらをまとめたものが彼の死後出版された（Wertheimer, 1945）。ゲシュタルト心理学における思考研究の中心は問題解決のプロセスにあり，その基本的主張は，思考によって問題解決に至る第一段階として，まず，置かれた状況全体を体制化して知覚し把握するというプロセスを重視することであった。問題を解決すべき状況は構造上の不整合がある。それを体制化することでこの不整合が知覚され，さらには，そこにプレグナンツの法則に従って安定した方向に向かってゆく力動的なプロセスが働くことで，問題解決に必要なさまざまな操作が導き出され，生産的，創造的な思考が働くというのである。ウェルトハイマーは，こうした生産的，創造的な思考が働くプロセスを見出すにあたって，ベルリン時代に親しくしていた物理学者アインシュタイン（Albert Einstein; 1879-1955）から影響を受けたという。

　このように思考が状況全体を把握することからはじまることを強調するゲシュタルト心理学の考え方は，問題解決場面を分解して，その部分の1つひとつを試行錯誤的に組み合わせながら考えを編み出してゆく，連合主義的な思考に対する批判でもあった。

　また，問題解決のプロセスに中心を置くゲシュタルト心理学の思考に関する研究は，ケーラーがカナリア諸島テネリフェ島の霊長類の研究施設においてチンパンジーを対象にして行った学習実験でも共通する。

　一連の研究は著書としてまとめられているが（Köhler, 1921），なかでもケージ上部の手を伸ばしても届かないところにあるバナナを見つけたチンパンジーが，箱を積み重ねてその上に乗れば届くことに気づきバナナを手にすることができたという話はよく知られている。これはチンパンジーが欲しいバナナに手が届かない状況全体を視覚的に把握するなかで，その不整合で不十分さを含んだ状況を再体制化し，適切な目的と手段をつなぐ状況に気づき学習が成立したものとされ，この気づきのことを洞察（insight）と呼んだ。ケーラーは，この

　[注9] ウェルトハイマーが，いつ頃からどのように思考研究に関心をもったのか，筆者は十分に明らかにできていないが，彼が，博士論文の執筆のためにベルリン大学から思考研究の中心であったヴュルツブルク大学に籍を移していることなどは一応着目しておいてよいであろう。

洞察による学習をもとにソーンダイク（E. L. Thorndike）の試行錯誤による学習を批判している（Ash, 1995）。さらに，こうしたゲシュタルト心理学の学習観は，連合主義的な色彩の強い行動主義の学習論に対するアンチテーゼとして，トールマン（E. C. Tolman）やハーロウ（H. F. Harlow 第11章5節参照）などの研究に影響を与えることになった。

(4) ゲシュタルトと生理的過程★

　前述のようにウェルトハイマーは，すでに1912年の論文の中で仮現運動のような意識上の知覚はそれに対応する生理学的なプロセスがあると考えていたが，こうした生理学的な方向はさらにケーラー（Köhler, 1940）によってすすめられた。ケーラーは自然科学にも造詣が深く，分子のイオン化，表面張力，浸透圧などの物理学の研究から明らかになった物質の動きなどに着目した。これらの現象でみられる物質の動きは，ゲシュタルト心理学の知覚研究が唱えるプレグナンツの法則に似ており，より安定的な方向に体制化される。このことから，ケーラーは，人は刺激を知覚するに際してプレグナンツの法則に従って体制化するが，こうした心理的現象と同時に大脳の神経細胞における電気化学的な変化が同じように起こっていると考えた。つまり，プレグナンツの法則は心理的現象の法則であると同時に生理的現象の法則でもあるというのだ。このような考え方を心理物理同型説（isomorphism）という。

　当時の神経科学の知識は十分でなく，この説を裏づける大脳の生理学的なプロセスを直接検証することは不可能であったが，ケーラーは知覚の研究において知られていた特徴的な現象から間接的に説明しようとした。その中で有名なものとして図形残効を説明した飽和理論（satiation theory）がある。図形残光とはある図形をしばらく凝視した後，別の図形を見ると，後者の知覚が前者の影響を受けるという現象である。たとえば，ケーラーが挙げている例（Köhler, 1940; 邦訳, p.96）では，図5-7の左側の×印を1, 2分凝視した後，上の円を除いて，右側のように同じ場所に上下に正方形を代わりに置いて見ると，上の正方形は下の正方形より小さく見える。これは，はじめに円を凝視しているとき大脳皮質においてこの円が対応している部分に電流が生ずるが，それが一定時間続くことによってそこの部分の大脳皮質に飽和が生じ，つぎに正方形によっ

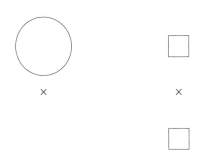

図 5-7 ケーラーが例に挙げている図形

て刺激されたときの電流の発生が影響を受けたためであるとされた。

ケーラーは，このような大脳皮質における電気的な変化を用いた説明を記憶などについても適用しており，記憶の実験における抑制などの現象がこれで理解できるとしている。

ケーラーは，こうした仮説をあるときは将来的に証明されるはずのものとして，また，別のときは一種のアナロジーのように扱っている。ただ，現在の神経科学の知見からみれば，ケーラーの仮説は歴史的なもの以上ではない。実際，ケーラーの説が出されてから間もなく，ラッシュレイ（Lashley, Chow, & Semmes, 1951）やヘッブ（Hebb, 1949）（いずれも第4章6節参照）といった生理心理学者がケーラーとは異なる見解を報告している。

4 ゲシュタルト心理学の背景とその周辺

(1) ゲシュタルト心理学の背景

一般にゲシュタルト心理学はウェルトハイマーの独創的な思いつきにはじまったものという印象が強いが，実際はさまざまな背景が存在する。

まず，ゲシュタルトという用語だが，哲学や心理学の中にこの語をもち込んだのはウェルトハイマーが最初ではない。すでに，ドイツの文豪ゲーテ（Johann Wolfgang von Goethe; 1749-1832）がゲシュタルト心理学で用いているような全体という意味を込めて用いているという（Pickren & Rutherford,

2010)。また,ウェルトハイマーに直接的な影響を与えたのは,エーレンフェルス（C. von Ehrenfels）である。ウェルトハイマーはプラハの大学でエーレンフェルスの講義を聞いてから心理学に関心をもったといわれている。エーレンフェルスは 1890 年にゲシュタルト性質（または,形態質；Gestaltqualität（独語）：form-quality（英語））という概念を提唱した（Boring, 1950, p.442）。これはエーレンフェルスが,物理学者で心理学者でもありウィーン大学の教授を務めたマッハ（Ernst Waldfried Josef Wenzel Mach; 1838-1916）の感覚（sensation）の理論をもとに発展させたものである[注10]。たとえば楽曲のメロディーは 1 つひとつの音符という要素の組み合わせからできあがっているが,移調によって要素自体は異なってしまうにもかかわらずメロディー自体は同じように聞こえる。これは,部分は変わっても全体は一まとまりとしての性質をもつからであり,その一まとまりの性質をゲシュタルト性質と呼んだ。ウェルトハイマーはこのゲシュタルト性質の概念と用語を受け継ぎゲシュタルト心理学を創始した。ただし,ウェルトハイマーは,エーレンフェルスのように要素の総和によって新たに付け加わるゲシュタルト性質は考えていなかった。彼は,むしろ,要素の知覚に先立って全体を体制化する仕組みが働いているとみていたのである（Wertheimer, 1922; 英訳, p.15）。

　エーレンフェルスは一般にオーストリア学派に属する心理学者とされる。この学派にはエーレンフェルスの師であり,また,ハイダー（F. Heider 後述）の師でもあるマイノング（Alexius Meinong; 1853-1920），さらにはその師であるブレンターノ（F. C. H. H. Brentano; 1838-1917）などが含まれる[注11]。一方で,ブレンターノはシュトゥンプ（C. Stumpf）の師でもある。そして,ゲシュタルト心理学を支えたケーラー,コフカ,レヴィンはいずれもシュトゥンプの門下生であった。このようにしてみると主だったゲシュタルト心理学者がブレンターノを中心としたオーストリア学派と何らかのつながりをもっていることがわかる。意識の能動的で全体的な働きを重視するオーストリア学派の流れを

注10) ゲシュタルト概念が,マッハからエーレンフェルスを経由してゲシュタルト心理学に至るプロセスについては木田（2011）の著書が参考になる。

注11) このうちマイノング,エーレンフェルスはオーストリアのグラーツ大学で活躍した時期が長かったため,この 2 人を中心にしたグループをグラーツ学派と呼ぶこともある。

汲む心理学は，ヘルムホルツの機械論的な生理学や連合主義といったいわばドイツの近代科学を代表するような学派の影響下にあったヴントの実験心理学と対照をなしているともいえる[注12]。そして，これを対立図式としてとらえ，ゲシュタルト心理学を古き良きドイツ文化による近代心理学への反撃とみる意見もある（Pickren & Rutherford, 2010, p.180）。また，ボーリングは，この対立図式の中に，ヴントの連合主義的な経験説とゲシュタルト心理学の中に流れる生得説という伝統的な対立が含まれていることを指摘している（Boring, 1950, p.602）。また，このような対立図式が描かれることからもわかるように，ゲシュタルト心理学は，しばしば，外的な認識の成立に先立つ先験的な枠組みの働きを重視するカント哲学の後継と位置づけられている（Shultz & Shultz, 2012; Greenwood, 2009; Bolles, 1993 など）。

しかし，ゲシュタルト心理学は古い伝統に固執してばかりいた訳でもない。たとえば，ゲシュタルト心理学者たちは知覚のプロセスに対応する大脳皮質の働きについて多く言及しているが，ここで仮定されている電流の流れなどに関する考え方は19世紀末以降に発達した物理学の影響を受けている（Shultz & Shultz, 2012）。ケーラーの心理物理同型説も，彼が学生時代に教えを受けた物理学者プランク（Max Karl Ernst Ludwig Planck; 1858-1947）の研究から着想を得たものとされる（Ash, 1995, p.117）。こうした傾向は，後のレヴィンの理論が位相幾何学（トポロジー）の影響下にあったことについてもあてはまる。

このようにゲシュタルト心理学は，古い伝統と新しい科学という2つの側面をもち合わせていたのである。

(2) ゲシュタルトの範囲[注13]

ゲシュタルト心理学というと，少なくともその初期の段階においては，ウェルトハイマー，ケーラー，コフカの3人の功績ばかりが強調される傾向にある

注12) ボーリングは，ゲシュタルト心理学を（ドイツの東南に位置するオーストリアも含め）南ドイツ的なものとし，北ドイツ的な近代科学としてのヴントの心理学と対比させている（Boring, 1950, p.602）。しかし，実際にゲシュタルト心理学が花開いたのは，ドイツ南部ではなくむしろ北部のベルリン大学においてであった。

注13) 本項の執筆にあたっては田中（2005）の記述が大いに参考になった。

が，これは必ずしも当時の状況を正しくとらえていない。もちろん，よく知られているようにナチス政権成立後ゲシュタルト心理学の中心がアメリカに移ってからは，ゲシュタルト心理学の影響を受けた多くの心理学者（とくに社会心理学者）が活躍するようになった。しかし，ゲシュタルト心理学の中心がドイツにあった1930年代半ば以前でも，この3人のみがゲシュタルト心理学を支えているとは，当時は，考えられていなかった。

　一般にウェルトハイマー，ケーラー，コフカを中心としたゲシュタルト心理学はベルリン学派と呼ばれるが，そうした名称があること自体がゲシュタルト心理学がこの3人だけによるものとはいえなかったことを示している。

　また，前述のようにそもそもゲシュタルトという用語自体もベルリン学派ではなくオーストリア学派に由来している。ゲシュタルト心理学は1912年のウェルトハイマーの論文にはじまるとされるが，すでにその翌年（1913年）には，ヴュルツブルグ学派に属するとされるカール・ビューラー（第2章4節参照）によって『ゲシュタルト知覚（*Die Gestaltwahrnehmungen*）』（Bühler, 1913）と題する著書が発表されている。

　さらに，ゲッチンゲン大学で学派を形成したG. E. ミュラー（第2章5節参照）の門下であるカッツやルビンの名前も忘れてはならない。カッツ（David Katz; 1884-1953）はゲシュタルト心理学を紹介した小著（Katz, 1944）で知られ，また，ルビン（Edgar John Rubin; 1886-1951）はゲシュタルト心理学の知覚の体制化の例として必ず取り上げられる反転図形（ルビンの杯）の創作者である。ルビンはこの図地反転の研究をすでに1912年に開始している（Boring, 1950, p.605）。

　このようにウェルトハイマーが運動視に関する研究をはじめた1910年頃，ドイツではさまざまな学派によってゲシュタルトという課題が提起されていた。ウェルトハイマーが旅行中に偶然に着想を得てゲシュタルト心理学を創始したというエピソードが広まったのも，むしろ，ウェルトハイマーらのベルリン学派が，その学説の優先権を強調したかったからではないかという指摘もある。今日一般にはゲシュタルト心理学はベルリン学派の研究をさしているが，これはドイツではより広い意味をもっていたゲシュタルト心理学がアメリカに輸入された際，ベルリン学派の研究のみをさす固有名詞に変化してしまったからで

はないかと考えられている（以上，本段落の記述は田中（2005）による）[注14]。

(3) 第二次世界大戦前後のドイツ心理学

1930年代にナチスが政権を獲得すると，ユダヤ系だったウェルトハイマーはいうまでもなく，ユダヤ系ではないもののナチスに対して批判的な態度をとり続けたケーラーも含め，ベルリン学派のゲシュタルト心理学者の多くがアメリカに移住し，ゲシュタルト心理学の中心もアメリカに移ったとされる。

ところで，ヴント以来，心理学の中心であったドイツはこのナチス政権の成立によってどのような影響をうけたのであろうか。ライプチヒで事実上のヴントの後継者となったのは，クリューガー（Felix Krüger; 1874-1948）であった。彼は，要素主義者であったヴントとは異なりゲシュタルトの概念を受け入れ，ゲシュタルト心理学のライプチヒ学派を形成しベルリン学派と対立したとされる。ライプチヒ学派はガンツハイト心理学（Ganzheitspsychologie: 全体心理学）とも呼ばれ（Zusune, 1975），ファシズムの時代を連想させる。一方，ベルリン学派の研究者でドイツに残った者もいた。視覚研究の著書（Metzger, 1936）の邦訳もあるメッツガー（Wolfgang Metzger; 1899-1979）や，遺伝を重視した発達研究で知られるゴットチャルト（Kurt Gottschaldt; 1902-1991）はともにナチス政権成立後もドイツに留まった。メッツガーはナチスとかかわりをもったともいわれている（Ash, 1995）。

一方，ドイツでは第一次世界大戦後から心理学の軍事的な利用に関心がもたれるようになり，ナチス政権成立後はその傾向が加速した。軍における心

注14）たとえば，ボーリングの『実験心理学史』の初版（1929）では，ゲシュタルト心理学はベルリン学派のみをさしているような構成になっている。ゲッチンゲン学派のカッツの研究はゲシュタルト心理学とは別に実験現象学（experimental phenomenology）と呼ばれたりもしている。しかし，第2版（1950）では，ゲシュタルト心理学自体が時代精神を反映し現象学的な傾向をもっているという視点から大幅に書き直されており，ゲッチンゲン学派はウェルトハイマーの研究を予見するものとして広い意味でのゲシュタルト心理学の中に位置づけられている。初版（1929）と第2版（1950）との間は20年ほどだが，この間に，さまざまな情報を得たボーリングの考えるゲシュタルト心理学像が次第に広いものとしてとらえ直されていったのかもしれない。しかし，一方で，ゲシュタルト心理学をこのように広くとらえることが正しいかといえば，それは一概にはいえない面もある。たとえば，ゲッチンゲン学派のカッツもルビンもゲシュタルト心理学に近かったが，自分をゲシュタルト心理学者とは見なしていなかったようだからである（田中, 2005; MacLeod, 1954）。

理学専門職も増加し，1941年には心理学の専門職を認定する制度を設けた（Geuter, 1984; 田中，2005）。

ただ，全体としてみれば，ナチス政権成立後のドイツの心理学の低迷は否定しがたく，心理学の舞台がドイツからアメリカに移ったことは明らかであった。ことに第二次世界大戦中から戦後にかけて，ドイツでは実験心理学の衰退が激しかったといわれる（田中，2005）。

5 レヴィンとグループダイナミクス

(1) 第二世代のゲシュタルト心理学者 ★

1930年代になるとベルリン学派の中からも第二世代の研究者が育ってくる。前述のメッツガーやゴットチャルトもそうした世代に属する。ほかに，創造性の研究者として注目されたドゥンカー（Karl Duncker; 1903-1940）などもその中に含めることができるだろう。彼は，すぐれた業績を上げたが，渡米後若くして自殺している。

こうした第二世代のゲシュタルト心理学者とウェルトハイマーら第一世代のちょうど中間に位置づけられるのが次に紹介するレヴィンである。

(2) レヴィンの生涯 注15) ★

レヴィン（Kurt Lewin; 1890-1947）は，当時はプロイセン領だったポーランドのポズナニに近い村の中流ユダヤ人の家庭に生まれ，後にベルリンに移った。フライブルク，ミュンヘンの大学で短期間学んだあとベルリン大学に落ち着き，心理学を専攻しシュトゥンプの許で博士号を得た。第一次世界大戦には兵士として従軍するが，その後ベルリン大学で講師となった。そして，シュトゥンプの後任として教授となったケーラーや員外教授として滞在していたウェルトハイマーの影響を受けゲシュタルト心理学に馴染んだ。間もなく，ベルリンのゲシュタルト心理学はケーラー，ウェルトハイマーにレヴィンを加え最盛期を迎えるが，ナチスの台頭により長くは続かなかった。アメリカでも次第にその名

注15）レヴィンのまとまった伝記としてはマロー（Marrow, 1969）によるものがある。

が知られるようになっていたレヴィンは，1933 年，スタンフォード大学の客員教授として招かれた。そして，その帰途，日本に寄港してわが国の心理学者と交流しシベリア経由でドイツに帰国するが，ユダヤ人の迫害を予期しすぐにベルリン大学を辞して再び渡米した。アメリカではコーネル大学の家政教育の講座に短期間在籍した後，1935 年アイオワ大学の教授となった。その後，レヴィンは彼の提唱したグループダイナミクス（後述）を専門的に研究する機関の設立のために奔走し，1944 年にグループダイナミクス研究所の開設を引き受けたマサチューセッツ工科大学に移ったが，2 年ほどで没している。

図 5-8　レヴィン

レヴィンは，当時のドイツの大学教授に典型的な権威主義的な態度とは正反対の民主主義的な性格で，多くの学生と自由に対話をすることを好み，また，自分と考えの異なる学生も尊重したといわれる。

(3) 初期の研究と「場の理論」★

　レヴィンは，ベルリン学派のゲシュタルト心理学者の一人ではあるが，ウェルトハイマーやケーラーなどに連なる正統的なゲシュタルト心理学者ではなかった。ウェルトハイマーやケーラーら第一世代のゲシュタルト心理学者は自らを要素主義や連合主義に対する批判勢力として位置づけていたが，レヴィンはそうした反連合主義の論客という側面をあまり強くもっていない。ウェルトハイマーらは連合主義的な知覚理論に反対し，人には知覚の成立に先立ち刺激全体を体制化してとらえるプロセスが備わっていることを強調したが，レヴィンは主としてこの体制化という考え方を受け継いだ。また，レヴィンは応用心理学的な関心が強く，実生活の中に問題意識を見出し，そこから研究を出発させるスタイルをとった。

　レヴィンが最初に取り組んだ研究は，彼自身の従軍体験に由来するもので，兵士と兵士以外の人とでは同じ物理的な環境の中にあっても，それを異なる生活空間（life space）として体制化しているというものであった。

　このような生活空間の体制化においては，生活上必要な目標や誘因

（valence）があり，それに対して体制化が行われる必要がある。これは，ゲシュタルトの法則があらかじめ存在し，それが自動的に働き体制化が行われる知覚の場合と大きく異なる点でもある。そのため，レヴィンは他のゲシュタルト心理学者とは異なり，目標や誘因，それにかかわる緊張体系，動機，欲求などに関心を向けた。

　たとえば，ある事柄を最後まで達成してしまった場合と途中で中断された場合とで，その事柄の詳細を後にどれだけ想起できるかを比較してみると，後者のほうが想起の成績が良いとされる。この現象はレヴィンの指導学生であったロシア出身の女子学生ツァイガルニク（Bluma Wulfovna Zeigarnik; 1901-1988）の実験によるもの（Zeigarnik, 1927）で，ツァイガルニク効果として知られている。これは生活空間の体制化がそのときの目標に対する緊張体系として成立していて，目標の達成によって緊張から解放されると体制化も解かれることを示している。

　レヴィンは，このような生活空間の体制化をトポロジー数学（非量的幾何学）やベクトルの概念を借用し，独特な図を用いて表記した。これをふつう場の理論（field theory）という。

　図 5-9 は，レヴィンが実際に 1 組の夫婦の結婚生活を説明している例である（Lewin, 1947, 邦訳, p.195）。図の上段の左は夫（H）の生活空間を，右は妻（W）の生活空間を表す。それぞれの生活空間は ABCD……といった領域に分化している。レヴィンによれば生活空間とはその人にとって現存する心理的環境のことをさし，心理学が個人を扱う際の"場"にあたる。生活環境はあくまでも個人が動機や目標に応じて体制化した心理的な環境であって，客観的に存在する空間ではない。したがって，この例では夫と妻それぞれに別の生活環境があるわけだ。夫の生活環境には，夫から見た周囲の物理的環境，社会的環境，妻に対する期待や夫が理解した妻の性格などがすべて含まれている。図中には夫が移動しようと意図している方向と，夫が妻に対して期待している移動の方向が示されている。つぎに妻の生活環境であるが，この図では妻から見た夫の位置は夫自身の理解している位置と同じ A の位置にあるが，妻は自分の位置を E と理解しており夫が考える位置 D とは一致していない。さらに妻が移動しようと意図している方向は夫の期待と一致していないし，妻が期待する夫の

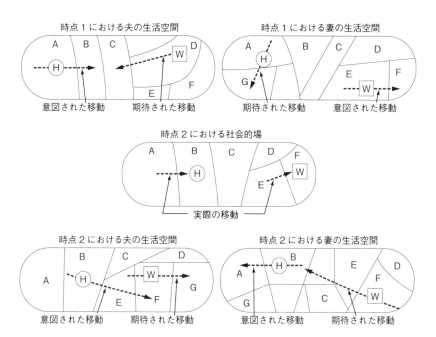

図 5-9 夫と妻の生活空間および両者を含む社会的場

移動方向は夫自身の意図とも異なる。

　以上の分析から，夫はBへ妻はFに移動すると予測される（図5-9の中段の図）。レヴィンは，この例について，2つの心理学的（"主観的"）場の分析は，現実の（"客観的"な）行動のつぎのステップを予言すると述べている。そして，実際に予測どおりの移動が行われたのち，今度は，夫と妻のそれぞれが再び新たな生活空間を形成する（図5-9の下段の図）。

　また，レヴィンは，このようなトポロジーの概念を用いてパーソナリティの構造やその発達過程についても考察している（Lewin, 1935）。人のパーソナリティは，精神医学的な類型論が主張するような生得的なものでもなく，かといって，行動主義者が主張するように学習された1つひとつの行動が連合してできあがったものでもない。環境との相互作用の中でパーソナリティという心理的な場がさまざまな領域に分化し，それらの領域間の関係の中で生じた緊張体系がその人の動機づけ傾向，そして行動を決定していると考えた。

(4) グループダイナミクス，アクションリサーチ★

　ふつう心理学者は外部環境と生体との相互作用に関心をもっているが，そこで取り上げられる外部環境は単純な音や光，図形といった刺激に還元されることが多い。これは，多くの心理学者が自然科学的なモデルによっているからである。しかし，レヴィンの考える外部環境は生活空間であり，それは単純な物理的な刺激に還元することの難しいものである。とくに，上の例からもわかるように生活空間には他者の存在があり，他者との相互関係の中で人がどのように影響を受け，行動を決定してゆくかについて考えることが重要になってくる。

　また，この時代を生きたユダヤ人としてナチスの全体主義や民主主義の在り方などにも関心をもっていたレヴィンは，人間同士の相互作用が行動にどのように影響を及ぼすかについても興味をよせていた。

　そのためレヴィンは，数人の被験者をグループにしてメンバーの相互作用による行動の変化を検討する実験を好んで行った。このグループを対象とした実験方法は，レヴィンの場の理論と密接に結びついており，それら一連の研究を，グループダイナミクス（集団力学）という。

　リピット（Ronald Lippitt; 1914-1986）はレヴィンの指導で，民主的なリーダー，権威主義的なリーダーにそれぞれ指導された児童の小集団を一定期間観察し，前者は後者に比べメンバー間の人間関係が円滑で敵意なども低いことを確認した（Lippitt, 1939）。

　レヴィンの研究は渡米後はとくに応用的な方面で広がりをみせていった。その中で，よく知られているのはヴァージニア州の工場での研究である。レヴィンは，生産性の向上にあたって従業員の監視や圧力をやめ，労働者を個人としてではなく小集団のメンバーとして扱い生産目標に現実感をもたせるなどの方法を導入することを提案し実現している。また，一連の研究では従業員を小集団に分け，小集団ごとに方針を決定させる集団決定や集団のリーダーの育成訓練の効果が検討された（以上は Marrow（1969）の著書の第14章による）。

　こうした研究では，現実的な問題を解決してゆくために実際のフィールドで行われた研究結果をもとに統制された実験室で厳密にそれを検討し，さらにその結果をもとにフィールド研究を行い，それを評価し再び次の段階の実験を企画するといったような手法がとられた。このような実践的研究と実験室での実

験を相補的に組み合わせて実際上の問題を解決してゆく研究をアクションリサーチと呼び，レヴィンはその重要性を強調している（たとえば，Lewin, 1946）。

レヴィンは後にユダヤ人や黒人の差別などの問題についても取り組んでいるが，そこでもこのアクションリサーチの手法は取り入れられている（Marrow, (1969) の著書の20章，21章を参照）。

6 社会心理学の誕生と発展

(1) 2つの社会心理学★

社会心理学は社会学の一分野であると同時に心理学の一分野でもあるとされている。しかし，社会学における社会心理学と心理学における社会心理学はそれぞれ異なる独自の体系をつくり上げており，同一名称ではあるが実質的には異なる2つの学問分野が存在している。ふつう，心理学の一分野としての社会心理学では個人を単位にして集団は個人からなるものとして扱われる。また，実験的方法を用い実証的なデータを得ることを中心においている。そのめざすところは，社会全体の心理的な側面を解明することにはなくミクロな対人関係の理解にある。一方，社会学の一分野としての社会心理学は，一定規模以上の集団を基本単位として社会的，文化的，歴史的な文脈の中での集団の行動のマクロな把握をめざしていることが多い。

社会心理学という用語は意外に古くから用いられており，イタリアのカッタネオ（Carlo Cattaneo; 1801-1869）が1864年に"psicologia sociale（=social psychology）"という語を使用しているという（Jahoda, 2007, p.57）。ふつう社会心理学の起源とされているのは，19世紀末にフランスの社会学者，心理学者であったル・ボン（Gustave Le Bon; 1841-1931）が1895年に出版した群集心理（La psychologie des foules）（Le Bon, 1895）の研究である。産業革命以降の近代化，都市化のなかで大衆の影響力が増していた当時，ル・ボンは群集が感情的，非合理的な判断，意思決定することを指摘した。また，ほぼ同時代の社会学者デュルケーム（Émile Durkheim; 1858-1917）も人の思考や行動が個人を越えた集団から大きく影響を受けていることを主張した。これらは，社会心理学の古典的研究としてしばしば取り上げられるが，社会学の一分野としての

社会心理学の色彩の強いものである。

(2) 実験社会心理学の起源

一方，実験的な方法を中心に据えた心理学の一分野としての社会心理学は，インディアナ大学のトリプレット（Norman Triplett; 1861-1934）が行った社会的促進（social facilitation）に関する研究（Triplett, 1898）にはじまるといわれる。これは，同じ作業をするに際して，個人で行う場合より数人で集団をつくって行った場合のほうが，一人当たりの遂行成績が高くなるというものである。当時，心理学の実験は，個人を対象に刺激を与え内観を得るような実験が主流だった。そうした中にあって，対人的な相互作用に着目しそれを実験的に確認したこの研究は，実験社会心理学の嚆矢とするものといえる。ただ，トリプレットの研究は発表された当時はほとんど他の研究者の関心を惹くこともなく，この流れを引き継ぎ研究を行う者も現れなかった（Jahoda, 2007, p.171）。その後，ドイツでは1920年ごろヴントの門下で主にベルリンを中心に活躍したモエデ（Walter Moede; 1888-1958）が，実験的な集団心理学を提唱し研究を行ったが（Jahoda, 2007, p.173），アメリカの社会心理学にあまり影響を与えることもなかった。

ところで，オクスフォードで学んだ後，渡米しハーヴァード大学の教授となったイギリス人，マックドゥーガル（William McDougall; 1871-1938）は，1908年に『社会心理学入門（*An Introduction to Social Psychology*）』（McDougall, 1908）を出版している。この著書は，今日でもしばしば紹介されるほど有名なものだが，その内容は彼の本能論とそれに基づく行動理論を展開したもので，いわゆる社会心理学とは異なるものであった。

(3) フロイド・オルポートと実験社会心理学[注16] ★

心理学の一分野としての社会心理学がようやく形をなすのは，フロイド・オルポートが1924年に『社会心理学（*Social Psychology*）』を出版した頃からである。フロイド・オルポート（Floyd Henry Allport; 1890-1978）は，ウィスコ

注16）フロイド・オルポートについては主としてカッツら（Katz, Johnson, & Nichols, 1998）の記述によった。

ンシン州の生まれで，父は医師だった。後に父が開業したインディアナ州で生まれた弟のゴードン・オルポート（Gordon Willard Allport 第11章4節参照）も，人格心理学で大きな足跡を残した心理学者である。ハーヴァード大学で学び，行動理論から精神分析に至る幅広い関心を有し動機づけ研究の成立に影響を与えたホルト（Edwin Bissell Holt; 1873-1946）などから大きな影響を受けたという。博士論文を執筆するにあたってドイツのモエデ（前述）の研究などにも通じていたミュンスターバーグ（H. Münsterberg 第3章5節参照）から個人の行動と集団内での個人の行動とを比較すべきという示唆を受けた。そして，前述のトリプレットが行ったような集団と個人の遂行成績を比較する実験を行い，社会心理学者として歩むことになった。その後，ノースカロライナのシラキュース大学の教授となりそこに留まった。

　フロイド・オルポートの社会心理学は，行動主義の影響が強いもので，社会的行動の基盤を生理学的知見に求めた。したがって，生理学的な基盤の存在しえない群集心理のようなものは認めなかった。そのため彼の社会心理学は集団ではなく個人を単位とし，個人が他者や外部から受ける刺激とそれに対する社会的な行動を分析するものとなった。こうした傾向は，彼の社会心理学を実験心理学的な色彩の濃厚なものとした。

　フロイド・オルポートの研究の中で現在でもよく知られているのは，Jカーブ仮説（Allport, 1934）といわれているものである。これは，社会的な場面で規範に同調した行動をとる人の割合を調べると，同調的な行動をする者が非常に多く，逸脱した行動をする者は極端に少なくなるという仮説である。その分布を図示するとJを左右逆にしたような形になることから，こう呼ばれている。

(4) 社会的行動主義

　ところで，シカゴ大学のミード（George Harvard Mead; 1863-1931）は，当時シカゴ大学の同僚であったデューイ（J. Dewey）と並んでプラグマティズムを代表する哲学者とされているが，彼は，社会心理学に対しても大きな貢献をした。彼は，ワトソンの行動主義を批判的にとらえ，行動の研究の必要性を認めつつも，ワトソンのように排他的に行動研究に徹するべきではないと考えた。彼は，そもそも人間は社会的な存在で，行動も他者との相互作用の中で考えら

れるべきものであること，また，そうした社会的な相互作用の中で意識が形成されてゆくことを重視し，独自の自我論や言語論を唱えた。このような彼の立場は社会的行動主義（social behaviorism）と呼ばれる[注17]。シカゴ大学には，1920年代頃から，このミードに影響を受けた社会学者のグループがいたが，彼らが関心をもっていたのが態度（attitude）の研究である。この中でも，ズナニエツキ（Florian Witold Znaniecki; 1882-1958）が行ったポーランド系移民がアメリカで異なる価値観を身につけてゆくプロセスに焦点を当てた研究は，後の態度変容の実証的研究に大きな影響を与えたとされる。また，当時，シカゴ大学に在籍していたサーストン（L. L. Thurstone 第11章3節参照）は，一般には知能の因子分析を用いた研究で知られるが，態度の研究を数量的に扱うことにも貢献した。こうした態度研究の流れは1930年代になって説得による態度の変容の研究へと発展し，第二次世界大戦中は対戦国に対してプロパガンダを行う必要性からさらに加速した。さらに，大戦後は広告や選挙などでもその知見は参考にされ，1950年頃まで数多くの研究が行われた（Jahoda, 2007, pp.177-185）。

7 実験社会心理学の展開

(1) 個人の社会心理学★

　レヴィンのグループダイナミクスは，社会的な問題の解決を大きな目標の1つに置いており，それ自体が社会心理学と呼べるものであった。しかし，彼の死後，グループダイナミクスは必ずしも心理学の一分野としての社会心理学の中心にはならなかった。第二次世界大戦後，心理学の一分野としての社会心理学の主流となったのは，個人における他者の認知と対人的な行動の研究であった。社会に視座を置く社会学的な社会心理学ではなく，個人の心理的なプロセスに中心を置く心理学の一分野としての社会心理学では，社会を個人という最小の単位から考えることが好まれたのである。

　また，個人レベルに視点を置くことは，とらえにくい集団ではなく個人の行

注17）ミードについては，魚津（2006）の著書などで概略が紹介されている。

動や認知を測定することにつながるため，心理学ならではの実験的なアプローチを容易にするという利点もあった．

このような個人レベルでの実験を中心とした社会心理学を実験社会心理学と呼ぶ．この節ではそうした流れに位置づけられる研究者を紹介する．

(2) ゲシュタルト心理学と実験社会心理学

実は，こうした個人における他者の認知という観点は，ゲシュタルト心理学の発想に負うところが大きかった．当時，アメリカの心理学の中心であった行動主義では人は単純な刺激を知覚し反応するものとして考えられており，状況全体を個人の内的な世界に適合させながら認知するという発想は，ゲシュタルト心理学から譲り受ける必要があったのである．

(3) アッシュとハイダー★

アッシュ（Solomon Asch; 1907-1996）は，ポーランドのワルシャワ生まれだが父母に連れられアメリカに移住し，主としてニューヨークのコロンビア大学で学んだ．当時，ニューヨークにいたウェルトハイマーと接する機会を得てゲシュタルト心理学に関心をもち，その後，スワスモア大学に移り，そこにいたケーラーからも大きな影響を受けた（Gleitman, Rozin, & Sabini, 1997）．

アッシュの研究の中でもっともよく知られているのは同調性（conformity）に関する研究（Asch, 1956）である．これは，サクラ（実験協力者）から構成されたグループの中に事情を知らずに配置された被験者に線分の長さについて評価をさせるものである．グループの大部分をしめるサクラが意図的にに間違った判断をすると，被験者は誰が見ても異なる長さの線分を同じ長さであると答えるなどの同調的な行動を示すという．この研究から，人は周囲の状況と整合性をもたせるために常識的にはおかしいことでも歪めて認知すること，そして，それが社会的な行動を決定していることなどが指摘された．

ハイダー（Fritz Heider; 1896-1988）は，アッシュより10歳ほど年上である．オーストリア生まれの彼はグラーツ大学のマイノングの許で博士号を取得し，ベルリンに移り，ケーラー，ウェルトハイマー，レヴィンからゲシュタルト心理学を学んだ．その後，ハンブルク大学のシュテルン（L. W. Stern 第11

章4節参照）の許で教職に就いたが渡米した。アメリカではコフカのいたスミスカレッジに在籍した後，カンザス大学の教授となりそこに留まった。ハイダーは，実験社会心理学の土台を築いた一人として位置づけられるが，自身はほとんど実験を行うことはなかった。しかし，ほぼ唯一といってよい著書『対人関係の心理学（*Psychology of Interpersonal Relations*）』(Heider, 1958) を通して多くの研究者に与えた影響は計り知れないものがある[注18]。

　ハイダーは渡米後もレヴィンと緊密な関係を保っていたが，レヴィンの生活空間の概念が，対人関係の変化のプロセスを十分に説明できないことが気になっていた（Heider, 1983, 邦訳, p.147）。そうしたなかで，彼が考え出したのが，自分（P）と他者（O）との関係の好悪の生起や変化を両者が関連する事柄（X）との関係で説明しようとするバランス理論である。たとえば，PはOを好んでいるが，PはXを嫌い，一方，OはXを好んでいる。この場合，PのOに対する認知はバランスを欠いたものとなり不安定といえる。そこで，PはOの好んでいるXを自分で受け入れるか，あるいは，Oとの関係を良好なものと見なさないことでバランスをとることになる。この理論は，P-O-Xという対人的状況の認知においてより安定的な方向に状況を認知しようとするゲシュタルトの法則が働くことを具体的に示したものといえる。また，ハイダーは，人がこうした日常的に出会うさまざまな場面で，自分や他者の行動を安定的で説得的に認知するために，その行動の原因を推測する傾向をもっていることを指摘した。この原因を推測するプロセスは原因帰属と呼ばれ，1970年代から1980年代にかけての社会心理学で人気のテーマとなった。

(4) フェスティンガーとミルグラム★

　アッシュの同調性に関する研究は人の行動が社会的な圧力の影響を予想以上受けやすいことを実験的に明らかにしたもので，大きな問題を提起することになった。一方，ハイダーの研究は対人行動において認知が大きな役割を果たしていることを示したもので，行動主義全盛の時代に生まれた実験社会心理学が行動主義とは距離を置き独自の発展を遂げる基礎をつくった。実験社会心理学

注18）ハイダーの伝記的記述は彼の自伝（Heider, 1983）による。

は1960年代から1970年代に全盛期を迎えるが，この時代に行われた研究の多くはアッシュやハイダーの影響下にあった。ここでは，アッシュの流れを汲む研究者としてミルグラム，ハイダーと近い立場をとる研究者としてフェスティンガーをそれぞれ紹介する。

フェスティンガー（Leon Festinger; 1919-1989）はニューヨークのユダヤ系移民の家庭に生まれ，ニューヨーク市立大学で学んだ後，アイオワ大学の大学院に進みレヴィンの許で博士号を得た。その後，マサチューセッツ工科大学，スタンフォード大学，かつてウェルトハイマーが在籍したニューヨークのNew School for Social Researchの教授などを歴任している[注19]。

フェスティンガーは認知的不協和（cognitive dissonance）理論（Festinger, 1957）として知られる。ゲシュタルト心理学の影響下にあった彼は，人は自分の意見，態度，知識，価値観などを自分の中で矛盾のない適合的，安定的な状態にもってゆく傾向があると考えている。そして，2つの認知的な要素の間に相互に両立できないような情報が含まれているとき不協和な状態が生ずる。不協和な状態が生じた場合，それを解消し，適合的，安定的な状態になるために認知を変えたり，何らかの行動を起こすというのがその骨子である。たとえば，自分はヘビースモーカーであるという自分に関する認知と喫煙は健康被害があるという認知を矛盾なく両者とも受け入れることは難しい。ここに不協和が発生する。この不協和を解消するためには，不協和を増大させるような喫煙の健康被害に関する情報はできるだけ回避し，喫煙にはリラックス効果もあるというようなヘビースモーカーであるという認知と両立しうる情報を求めることや，それとは逆に思い切って喫煙をやめ自分はヘビースモーカーであるという認知そのものを変えることなどが考えられる。そして，それに対応した行動が生起するという。フェスティンガーも述べているように（Festinger, 1957, 邦訳, 1965, p.8），認知的な不協和はハイダーのいうバランスを欠いた状態をさしており，この理論がハイダーのバランス理論と類似したものであることは明らかであろう。しかし，バランス理論が自分（P）と他者（O）と関連する事物（X）という3者の関係を問題にしていたのに対し，認知的な要素をより広く考えて

注19）フェスティンガーに関する伝記的な記述はブレーム（Brehm, 1998）によるものがある。

いた認知的不協和理論はその適用範囲も広く，多くの実験的な研究がこれに関連して行われた。

ミルグラム（Stanley Milgram; 1933-1984）[注20]は，ハーヴァード大学で学んだが，同調性に関心をもち，アッシュからも教えを受けた。

彼は，いわゆる服従実験で知られている。この実験では，被験者はペアーを組んだもう一人の被験者（サクラ）にクイズで誤った罰として電気ショックを与えることを実験の監督者から指示される（実際は，電気ショックは与えられていない）。このとき被験者は，監督者から指示されると，相当高い電圧でもサクラに与えてしまうことが明らかになった。また，ミルグラムの友人であったジンバルドー（Philip George Zimbardo; 1933- ）は，この研究に触発され，いわゆる監獄実験を行った。

これらの研究は，アッシュの同調性の実験をさらに発展させたものと考えることができるが，人が認知的な安定性を求めるというゲシュタルト心理学を超え，道徳性，意志，被暗示性といった人間性そのものを問う問題を扱っており，多くの議論を呼んだ。一連の研究は，実験社会心理学の1つの頂点を示すものともいえる。しかし，その一方で，人間性そのものを侵しかねない実験社会心理学の実験のやり方に倫理的な見地から批判が起こり，実験社会心理学そのものの衰退にもつながった。

注20）ミルグラムの伝記と一連の服従実験についてはブラス（Blass, 2004）の著書に詳しい。

第6章
認知心理学と認知科学

1 はじめに★

　第4章でみたように 20 世紀前半のアメリカの心理学を席巻したのは，行動主義とそれに続く新行動主義だった。進化論の強い影響下にあった行動主義は，人間と動物を同一線上に位置づけていたが，これは必然的に人間独自の高次の意識過程を軽視することにつながった。また，環境をできるだけ単純な刺激レベルに還元して，それと対応する反応との関係をみようという発想は，結果的に，ヴント（W. M. Wundt）の心理学の要素主義に通じるものがあった。

　このような行動主義の在り方に対して批判的な立場をとっていたのがゲシュタルト心理学である。ケーラー（W. Köhler）やコフカ（K. Koffka）といったゲシュタルト心理学者たちは，行動主義がもつ要素主義的傾向や意識を軽視する傾向を批判し，意識全体をとらえることの重要性を繰り返し主張した（Köhler, 1929）。ただ，アメリカにおけるゲシュタルト心理学者は少数集団であり，一定以上の影響力をもつことはできなかった。行動主義者の中にはトールマン（E. C. Tolman）のようなゲシュタルト心理学の影響を受けた者もいたが，動物実験を主体とした方法に依存する限りにおいて，やはり行動主義の枠内にあった。

　行動主義は 1950 年代に入っても臨床心理学，応用心理学などの領域で多様な広がりをみせていたが，その一方で，その支柱的存在であったハル，トールマンの没後，理論的には次第に陰りをみせてきた。

　そうした行動主義に代わる新たな実験心理学のパラダイムとして登場したのが本章で扱う認知心理学（cognitive psychology）である。ところで，心理学の一領域としての認知心理学に対し，認知科学（cognitive science）と呼ばれる領域がある。これは，ふつう，認知心理学を含む学際領域と考えられている。ガードナー（Gardner, 1985）は認知科学を構成する領域として心理学のほか，哲

150　第6章　認知心理学と認知科学

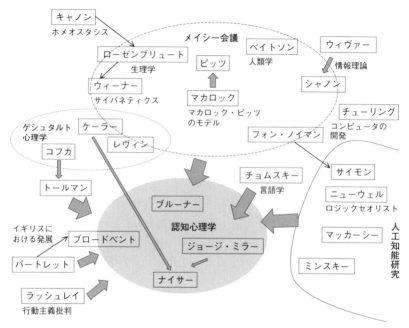

図6-1　認知心理学，認知科学の成立過程に登場する研究者

学，言語学，人類学，神経科学，人工知能を挙げているが，認知心理学は心理学の一領域であると同時に，こうした多様な領域からなる認知科学の中の一領域でもある。

したがって，認知心理学の歴史は認知科学の歴史とともに描く必要があるのだが，心理学の通史を扱う本書の性格を考え，本章では認知科学の歴史については必要最低限の事項に触れるにとどめる注1)。

また，現在進行形の認知心理学の最新の知見を紹介することも本書の目的ではないので，認知心理学の領域の中でも歴史的な事項に属することを中心に取り上げてゆく。

注1) 認知科学の歴史については，ガードナー（Gardener, 1985）の著書がもっとも包括的かつ詳細なものといえるだろう。

2 認知心理学，認知科学成立の背景要因

(1) コンピュータの原理と実用化★

認知心理学の誕生がコンピュータの実用化と密接にかかわっていることは，多くの読者も漠然と理解しているはずである。ここでは，まず，その経緯についてみてゆきたい。

今日広く用いられているコンピュータの原理を最初に考え出したのはイギリスの天才数学者チューリング（Alan Mathison Turing; 1912-1954）である[注2]。ゲーデル（Kurt Gödel; 1906-1978）の不完全性定理の問題に関心をもっていたチューリングは，1936 年ごろ，それに取り組むなかで四則演算を含めあらゆる論理的な手続きを計算する機械のモデルを考案し発表した。この機械はチューリング・マシンと呼ばれ想像上の機械ではあったが，コンピュータの原理を初めて示したものでもあった。チューリングは，その後，第二次世界大戦中はドイツ軍の暗号読解にかかわり，ここでコンピュータの試作品も完成させている。

一方，アメリカにはハンガリー生まれのユダヤ系の数学者フォン・ノイマン（John von Neumann; 1903-1957）がいた[注3]。チューリングとも親交のあったフォン・ノイマンもコンピュータの開発に関心をもち，1945 年に今日のコンピュータの原型となるアイデアをまとめている[注4]。そのアイデアは 1950 年前後から徐々に実用化され，今日に至っている。

図 6-2　フォン・ノイマン

(2) コンピュータと脳★

フォン・ノイマンの 1945 年の論文は，通常，データと命令をともにメモリーに保存し，それを処理してゆくという「可変プログラム内蔵」方式のコンピュ

注2）チューリングについては星野（2002）の著書が詳しい。藤原（2008）による簡単な伝記もある。

注3）ノイマンの伝記はマクレイ（Macrae, 1992）によるものがある。邦訳もある。

注4）タイトルは『First draft of a report on the EDVAC』というもの。一種の草稿で雑誌等に発表されたものではないようだが，インターネット上で検索すれば，いくつかのウェブサイトで全文を参照することができる。

図6-3 ピッツ

ータを提案したものとして紹介される。今日，コンピュータはハードウェアとソフトウェアからなるものとされるが，そのように分けて考える発想もこのノイマンの考え方に由来するとされる。しかしながら，実は，この1945年の論文でそれ以上に大きなページが割かれているのは，コンピュータにおける電子素子と脳の神経細胞の類似性を論じた部分だという（伊藤，2008）。

そのなかでも，フォン・ノイマンが強調したかったのは，マカロック・ピッツ・モデルと呼ばれる神経細胞のモデル（McCulloch & Pitts, 1943）と電子素子との類似性だった。

この理論の提唱者，マカロック（Warren Sturgis McCulloch; 1898-1869）は，ニュージャージー州生まれで，コロンビア大学の大学院で心理学を学んだ後に医師になり神経学を専攻した。イリノイ大学，マサチューセッツ大学の教授などを務めた。マカロックは，脳と認識作用の関係について関心をもち，専門領域を限定せず学際的な活躍をしたことで知られる。もう一人の提唱者，ピッツ（Walter Harry Pitts; 1923-1969）は，マカロックに論理学，数学の才能を見出され彼の共同研究者となった。貧しい家庭に生まれ，かつ，精神的にも不調をきたすことの多かったピッツにとって，マカロックは共同研究者であると同時に保護者としての役割も果たしていたといわれる[注5]。

通常，神経細胞は樹状突起で信号を受け取り，軸索から情報を送信する。樹状突起は複数あることが多いが，これらのそれぞれがプラスまたはマイナスの電位の状態になることによって神経細胞が興奮し，興奮が閾値を越えることで軸索から刺激が発せられる。たとえば，2本の樹状突起がプラスに負荷したときに興奮の閾値が越えるような神経細胞は，AとBがともに真ならばCも真であるという論理学的な表現に相当する。このようにプラス，マイナスの組み合わせをつくることであらゆる論理的な表現が可能になる。マカロックとピッツは，思考のような精神活動は，このように1つひとつの神経細胞レベルでみ

注5）マカロック，ピッツについての記述は主としてハイムズ（Heims, 1991）の著書による。

た脳の働きとその論理構造において一致していることを主張した。

コンピュータは0と1だけで表現する二進数によってすべての論理を処理してゆく。フォン・ノイマンは，この二進数による表現がマカロックとピッツが神経細胞の電荷の負荷からすべての論理を表現しようとしたことと同じ発想に立っていることを，指摘したかったのである。

このような考え方が，人の情報処理という精神的な過程をコンピュータでなぞらえられるという認知心理学の基本的なパラダイムの基礎づけとなったことは，明らかであろう。

(3) サイバネティクス★

サイバネティクスの概念は，ウィーナーによって提唱された[注6]。

ウィーナー（Norbert Wiener; 1894-1964）は，ミズーリ生まれで，父は東欧からのユダヤ系移民の言語学者だった。幼少期から父の英才教育を受けた彼は神童と呼ばれ，哲学，数学などでとくに才能を発揮した。1913年にハーヴァード大学から史上最年少で博士号を取得し，ヨーロッパ留学などを経てマサチューセッツ工科大学に勤務した。ウィーナーははじめ数学者であったが，次第に通信技術などにも関心をもち，興味の対象は工学に広がっていった。第二次世界大戦中は対空高射砲の精度を上げるための制御装置の研究などに従事した。ウィーナーはその中でフィードバックの働きに関心をもった。たとえば，ある装置がある刺激の入力を受けてそれをある目標に向かって出力する活動をしているとき，出力によって得た結果に関する情報を戻して再入力し，次回の出力の強度を促進したり，逆に抑制したりすることでその活動はより正確に目標をめざすことができる。この出力を再度入力することで活動を促進する働きが正のフィードバック，抑制する働きが負のフィ

図6-4　ウィーナー

注6）ウィーナーについての記述は，主としてコンウェイとシーグルマン（Conway & Siegleman, 2005）の著書によった。また，サイバネティクスの概念の成立，変遷については杉本（2008）の記述が簡潔によくまとまっている。

ードバックである。

　ウィーナーは，ホメオスタシスの提唱者キャノン（W. B. Cannon）の弟子でもある生理学者の友人ローゼンブリュート（Arturo Rosenblueth; 1900-1970）を通して，このフィードバックを含んだ目標を志向する調節機能が生物にも備わっていることを知った。そして，ウィーナーはローゼンブリュートとともに，人や動物は正と負のフィードバックを受けながら目標をめざす行為をするものという視点に立ち，人や動物を統一的に理解する新しい学問分野を提唱した。そして，それをサイバネティクス（cybernetics）と呼んだ（Rosenblueth, Wiener, & Bigelow, 1943; Wiener, 1948）。

(4) メイシー会議★

　マカロック・ピッツのモデルやウィーナーのサイバネティクスの概念は，いずれも人と機械における情報処理の過程を統一的に考えようとする点で，共通性をもっていた。また，神経細胞を単位に考える還元主義的なマカロック・ピッツ・モデルと，よりマクロな視点に立ったサイバネティクスの考え方は，人と機械を全体的に理解するうえで相補的なものでもあった（Heims, 1991）。

　実は，興味深いことに，第二次世界大戦後のアメリカにはここまで紹介したマカロック，ピッツ，ウィーナー，フォン・ノイマンらが一堂に会し，議論する機会が設けられていた。それはメイシー財団（Macy Foundation）の助成により開催された「生物学と社会科学におけるフィードバック機構と循環的因果律システムに関する会議（The Feedback Mechanisms and Circular Causal Systems in Biology and the Social Sciences Meeting，通称メイシー会議）」と呼ばれるもので，1946年から1953年まで10回にわたり開催された[注7]。マカロックはこの会議の企画者の一人であり議長を務めた。さらに，ピッツ，ウィーナー，フォン・ノイマン，ローゼンブリュートといった面々に加え，人類学者ベイトソン（Gregory Bateson; 1904-1980），心理学からはレヴィン（K. Lewin），のちにはゲストメンバーではあったがケーラー（W. Köhler），フェスティンガー（L. Festinger）（いずれも第5章参照）なども参加している。この

注7）メイシー会議についてはハイムズ（Heims, 1991）の著書が詳しい。

会議が企画された背景には，元来，大学にこもりがちであった科学者たちが第二次世界大戦中に何らかのかたちで戦争に動員され学際的，実際的な研究に従事するなかで，社会科学と自然科学とを融合した新しい分野を樹立したいという機運が生まれたということがある。この会議の参加者は，必ずしも，後の認知心理学，認知科学で中心となって活躍した研究者ではないが，そこで議論された話題は，参加者を通してさまざまなかたちで広がった。その結果，人間の行動や認知過程を機械と同じ枠組みで考え，また，神経科学的な知見とも結びつけてゆくという認知心理学，認知科学の基本的な発想を浸透させる大きな役割を果たした。

(5) 情報理論★

今日，われわれはさまざまな通信手段を用いて情報のやり取りをしているが，その通信における情報の概念が数学的に表現されたのもほぼ同じ頃であった。

ベル電話研究所の数学者シャノン（Claude Elwood Shannon; 1916-2001）とウィーヴァー（Warren Weaver; 1894-1978）は，1949年情報の数学的な定義に関する著書を出した（Shannon & Weaver, 1949）。彼らによれば，情報の最小単位は0か1のような2つあるもののどちらかを選択することから定義できるという。そして，この2つのもののなかから1つを選ぶことは 2^1 と表現できるが，この 2^1 の情報を1つに処理するときの情報量を1ビットと呼んだ。このやり方で，2^2個（つまり，$2 \times 2 = 4$個）の情報を処理し1個を選ぶときは2ビット，2^3個（つまり，$2 \times 2 \times 2 = 8$個）の情報を処理し1個を選ぶときの情報量は3ビットとなる（以下，同じように累乗を重ねて計算してゆく）。この定義は，これまで曖昧に考えられていた情報を数学的に定義したという点で画期的であった。また，この情報処理という考え方は，0と1の2進数によってすべてを処理するコンピュータとも適合的であった。そして，これが，認知心理学，認知科学において人を情報処理する機械と見立てて議論するときにも便利な概念となったことは言うまでもないであろう。なお，シャノンもゲストメンバーとしてではあるが，メイシー会議に招かれている。

3 心理学における認知

(1) 認知という用語の起源★

認知（cognition）という語の使用例は哲学関係の文献ではかなり古くから散見される。ウィリアム・ジェームズ（第3章3節参照）も1885年に『認知の機能について（*On the Function of Cognition*)』(James, 1885) という論文を書いているが，これも哲学的なものである。

心理学領域で今日の認知の概念に比較的近い意味で認知という言葉が使用されるようになったのは，1910年代以降である。たとえば，第4章5節で取り上げたトールマンは，そのような意味で認知という言葉を使った最初の一人である（これについては後述）。

一方，今日，認知心理学の主要な研究課題とされる記憶，思考，注意などの研究も，実はかなり古くから行われていた。19世紀末頃行われたエビングハウス（H. Ebbinghaus）の記憶研究は有名だが，その他にもG. E. ミュラー（G. E. Müller）を中心としたゲッチンゲン大学，キュルペ（O. Külpe）を中心としたヴュルツブルク大学（以上については，第2章4節参照），さらには，チューリッヒ大学などでも19世紀末から20世紀初頭にかけて思考，記憶などの研究が盛んに行われていたという（梅本，1984）。また，1920年代から1940年代にかけての行動主義全盛期でも，記憶や注意などの研究はその数は多くはないものの発表されていた。

(2) バートレットのスキーマ理論★

1932年にケンブリッジ大学のバートレット（Frederick Charles Bartlett; 1886-1969）は，『想起：実験および社会心理学における研究（*Remembering: A Study in Experimental and Social Psychology*)』(Bartlett, 1932) という著書を出した。この著書の中でバートレットは，たとえば，アメリカの先住民族の昔話をイギリス人の大学生に記憶させ時間をおいて再生させると細部にさまざまな変化が生じることを報告した。これは被験者のイギリス人がもつ認知的枠組みに沿って歪曲が生じているためであり，この認知的枠組みをスキーマ（schema）と呼んだ。また，バートレットはエジプトのフクロウの絵を一人の

被験者に記憶させた後，次の被験者の目の前で再生させ，これを次の被験者に記憶させさらに次の被験者の前で再生し記憶させるという手続きを数回以上繰り返しているうちに，フクロウがネコの絵になってしまった実験も報告しているが，これもスキーマの働きによるものとしたこともよく知られている。

　記憶の研究はエビングハウス以来，行動主義の時代にも細々と続けられておりとくに珍しいものではなかったが，この研究がエビングハウスの流れを汲む研究と異なるのは，被験者が単に外的刺激を受動的に記憶するのではなく，刺激を解釈し歪曲して記憶し再生するという能動的な役割を果たしている点に着目したことである。そうした点に，人の意識の活動の積極的な役割に着目する認知心理学的な発想の萌芽をみることができるのである。

　このような点から，バートレットの研究は認知心理学の先駆をなす研究の1つと位置づけられている。

(3) ゲシュタルト心理学と認知心理学*

　ゲシュタルト心理学は，行動主義が内的過程を軽視したのに対し，一貫して意識の働きに言及しており，そうした点で認知心理学に先鞭をつけたと言える。

　中でも，ケーラーによるチンパンジーの洞察に関する実験（第5章3節参照）は，意識の再体制化という能動的な働きによって学習が成立した点に着目しており，認知心理学的な研究に大きな示唆を与えた。また，レヴィンの生活空間の理論（第5章5節参照）も同様に影響を与えたと考えられる。

　さらに，後述のようにゲシュタルト心理学は，新行動主義者トールマン（第4章5節）を通し，認知心理学の成立に間接的に影響している。

(4) メイシー会議とゲシュタルト心理学

　すでに述べたようにレヴィンはメイシー会議に当初から参加しており，また，ケーラーもゲストメンバーとして参加している。これは，社会科学，自然科学，工学などの学際領域において新たな分野の確立をめざしていた当時のアメリカの知的状況の中で，ゲシュタルト心理学がそうした位置にあると認識されていたからに違いない。しかし，知覚におけるゲシュタルトの法則をそっくり大脳皮質の働きに対応させるケーラーの心理物理同型説（第5章3節参照）は，コ

ンピュータのメタファーを重視し人の機械論的な情報処理のプロセスを重視するメイシー会議の中にあって時代錯誤的なものとしてみられる雰囲気もあったようである（Heims, 1991, 第10章）。

(5) 行動主義からの認知へのアプローチ★

第4章で述べたようにトールマン（E. C. Tolman）は1930年代から40年代にかけてハル（C. L. Hull）と並んで新行動主義の中心的な存在であったが，コフカ（K. Koffka）の許に留学経験をもつ彼は，ゲシュタルト心理学にも理解が深かった。彼は他の行動主義者のように学習を刺激 - 反応の機械的な連合によって成立するものとせず，内的な場が再体制化されることで将来に対する期待が成立し新たな行動が生起するものと考え，この期待が成立する意識過程を認知（cognition）と呼んでいた。つまり，トールマンは方法論的には行動主義者であったが，内的な意識過程の存在を想定するという点でまさに認知心理学そのものであった。

トールマンは，必ずしも，後に認知心理者といわれる人たちと同じ基盤に立ち研究を進めていた訳ではないが，彼らに与えた影響は非常に大きかった[注8]。

(6) ラッシュレイの行動主義批判

ワトソン（J. B. Watson）の門下生であったラッシュレイ（K. S. Lashley）は後に生理心理学に転じ，学習を大脳皮質の特定の部位に対応させるための実験を多数行った。しかし，この一連の研究は当時の神経科学に対する知識が十分でなかったこともあり，結局，失敗に終わり，ラッシュレイは学習は大脳全体とかかわっているという結論を出さざるを得なかった（第4章6節参照）。

このようなラッシュレイの研究歴は，結果的に，彼を行動主義批判に向かわせることになった。ラッシュレイは1948年に行動主義を批判する主張を行っ

注8）認知心理学の創始者の一人とも言えるブルーナーは自伝（Bruner, 1983）の中で，「トールマンとバートレットは，いかに思考のおかげで所与の情報を越えられるかについての研究へと突き進んでゆくために必要なメタファーを，私にあたえてくれた」（邦訳, p.179）と述べるなど，トールマンから受けた影響について再三にわたって言及しており，トールマンがこれらの研究者に与えた影響は無視できないものと思われる。

た^{注9)}。古典的な行動主義では，すべての現象を刺激 - 反応の関係によって説明しようとする。複雑な行動でも，はじめに刺激があり行動が生起すると，その行動によってもたらされた次の刺激がまた次の行動を惹き起し，その結果つくられた刺激が……という具合に刺激と反応の組み合わせが無数に連鎖して学習されているものと考える。しかし，ラッシュレイはそのような考え方を批判する。たとえば，maintain（保つ）という単語のスペルを誤って mintain と書いてしまう（つまり a を落としてしまう）ことなどがある。もし行動主義者のいうようにわれわれの学習のすべてが刺激 - 反応の連鎖からなるものであるならば，単語のスペルはすべて前の文字を書いた結果もたらされた刺激が次の文字を書くという行動を惹き起こす訳であり，このような誤りは起こりえない。しかし，現実にはこうした誤りが起こってしまうのは，人には maintain というひとまとまりのスペルを書こうというより上位の意図があり，それに基づいて個々の行動が引き起こされているからである。

　ラッシュレイは，こうした例を挙げ，行動は大脳皮質にある上位の中枢の意図によって支配されているのであって，末梢の刺激が単に大脳を通過してまた末梢に戻り行動を起こしているのではないと考えたのである。以上のようなラッシュレイの考え方は，大脳皮質が行動をコントロールする上位の中枢として積極的な役割をもっていることを指摘したものであり，認知心理学，認知科学の基本的な枠組みはこうしたところからも提示されていた。

4　認知心理学の誕生

(1) いつはじまったのか★

　ここまでみてきたように1940年代以降の数学や工学などの発展は，人を情報処理の装置と見立てる認知心理学の下地づくりをしていた。また，同じ頃心

　注9) このラッシュレイの主張は1948年にカリフォルニア工科大学で開かれたシンポジウム（ヒクソン・シンポジウム）において発表された。このシンポジウムは「行動における大脳皮質のメカニズム」をテーマに行われたもので，ラッシュレイのほか，マカロック，フォン・ノイマン，ケーラーなどメイシー会議の常連が登場している。そこで発表された論文は企画者であるジェフレス（Jeffress, 1951）によって著書にまとめられた。

理学内部でも旧来の行動主義的な発想を批判する流れが生まれていた。こうした状況の中で認知心理学は誕生した。

　一般に，認知心理学誕生の年とされるのは 1956 年である。なぜ，1956 年かといえば，この年に 2 人の心理学者によって認知心理学の誕生を告げるような著書と論文がそれぞれ発表されたからである。その 2 人の心理学者とはブルーナーとジョージ・ミラーである。

(2) ブルーナー ★

　ブルーナー（Jerome Seymour Bruner; 1915-2016）は，ニューヨーク近郊に生まれたユダヤ人で，デューク大学やハーヴァード大学大学院で心理学を学んだ。第二次大戦後間もないころブルーナーは当時としては一風奇妙な実験結果を報告した（Bruner & Goodman, 1947）。

　被験者は 10 歳の子どもで，彼らは 5 セントから 50 セントまでの 4 種の硬貨を見せられ，これと同じ大きさになるようにスクリーンに映し出された光の円の大きさを調整するように指示された。その結果，硬貨が高価なものであるほど，また，貧しい家庭の子どもほど大きく調整したという。この結果は，知覚，認知のプロセスに社会的，あるいは，動機づけ的な要因が影響を与えたためと思われるが，当時は，大変議論を呼んだ。なぜなら，当時，知覚は外的な刺激が感覚器を通して機械的に処理されるもので，知覚する側の思考や動機づけがそうしたプロセスに影響を与えることはないと考えられていたからである。これに対し，ブルーナーは知覚のプロセスには，感覚器における機械的なプロセスにさまざまな推論，判断といった処理が加えられていることを主張したかったのである。これら一連の研究はニュールック心理学（new look psychology）と呼ばれた。ブルーナー自身も自伝の中でこのニュールック心理学が認知心理学誕生の 1 つの契機になったことを述べている（Bruner, 1983, 第 6 章）。

　このように旧来の心理学ではあまり関心をもたれることのなかった推論，判断といったいわば広い意味での思考のプロセスに関心をもったブルーナーがつぎに取り組んだのは，今日でも大学の実験実習などで用いられる概念形成課題を用いた研究だった。そして，これをまとめた著書『思考の研究（*A Study of Thinking*）』が出版されたのが 1956 年であった（Bruner, Goodnow, & Austin,

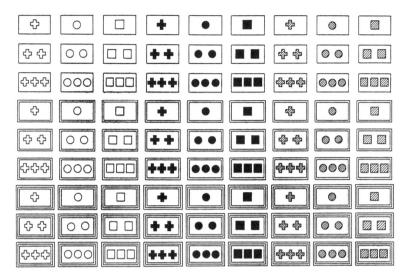

図6-5 「思考の研究」で取り上げられた概念形成課題

1956）。

　ブルーナーが『思考の研究』で取り上げた概念形成課題の図6-5のように図の種類が3種，図の個数が3通り，色が3色，カードの縁が3種，つまり3 × 3 × 3 × 3 = 81枚のカードを用いて行われる。実験者は，たとえば，赤くて丸い図形といったような正解（概念）を決めておくが，被験者にはそれを伝えない。被験者はカードを1枚ずつ取り上げる。すると，それを見た実験者はそれが求める正解（概念）に当てはまるかどうかを伝える。そして，同じ手続きを繰り返してゆく。

　こうした課題自体はそれ以前にもあったが，それらの研究では，一連の試行を通して正答率が機械的に変化してゆく学習曲線が記録されるだけであった。これは概念学習も動物の迷路学習も基本的には同じメカニズムによる，と考える行動主義的な発想があったからである。しかし，ブルーナーはそうした点よりも，一人ひとりの被験者が，カードを選択するプロセスでどのように思考し，正解に関する仮説を立てているかに着目した。その結果，多くの被験者はただランダムにカードを選んでいる訳でもないし，また，可能性のあるすべてのカードを順番に総当たりで選んでいることもないことが見出された。たいていの

被験者は何らかの任意の仮説を立て，それを立証するための方略に基づきカードを選び，それがはずれると，また，別の仮説を立てるといった方法でこの課題を解いていたのである。さらに，こうした仮説の立て方は制限時間やカードを選択する回数の制限などによって変化し，時には，失敗するリスクをとって大胆な仮説を立てることなどもあったという。ブルーナーはこの一連の実験結果から，人はこのような課題で「適度に合理的」な方法をとる，ということがわかったという（Bruner, 1983, 邦訳, p.192）。

つまり，人は与えられた課題を学習するに際して単にそれを受動的に受け入れ，機械的に処理しているだけではなく，その個人の，あるいは，その場面でのさまざまな制約などの諸条件を考慮しながら，自分にとって合理的，経済的と思われる思考の仕方を主体的に選び取っているのである。そうした主体的な思考の中に，行動主義的な心理学にはない認知的なプロセスの積極的な関与を主張する認知心理学のあり方がみられるというのである。

こうした考え方は今日ではありふれたものではあるが，当時は，心理学の新たなアプローチとして注目を浴びることになった[注10]。

(3) ジョージ・ミラーとマジカル・ナンバー7★

ブルーナーの研究から明らかになったのは，人は概念形成課題に取り組むとき自分の能力，時間などの制約を自分で考慮しながら，適度に合理的な方略を用いることであった。この研究から示唆されるのは，人の情報処理の能力には限界があるということである。逆にいえば，人の情報処理能力には限界があるので，失敗のリスクを冒すような方略を立てて思考したり，完全に合理的とはいえなくても経済的に見合う範囲内で妥協して判断したりするのである。

注10）ブルーナーらが1965年にこの『思考の研究』を出版したとき，物理学者で原子爆弾の開発にもかかわったオッペンハイマー（Julius Robert Oppenheimer; 1904-1967）は，これを「新しい科学の幕開け」を思わせるものだ，と絶賛する書評を書いたという（Bruner, 1983, 邦訳, p.196）。実は，ブルーナーは，1952年から1953年にかけて，オッペンハイマーの招きでオッペンハイマーが所長を務めるプリンストン高等研究所に滞在している。当時，プリンストン高等研究所ではフォン・ノイマンがコンピュータの開発をしていた。こうしたことからも，ブルーナーの一連の研究は単に彼自身の思いつきから行われたというより，認知科学や認知心理学を生んだ当時の学問的な環境の中から出てきたものであることがわかる。

この人の情報処理能力の限界という点に着目したのがつぎに紹介するジョージ・ミラーの研究であり，これもブルーナーらの『思考の研究』と同じ1956年に発表された（Miller, 1956）。

ジョージ・ミラー（George Armitage Miller; 1920-2012）はブルーナーより5歳年下でブルーナーと同じくハーヴァード大学で博士号を取得し，1950年代初頭からブルーナーとともに人の認知や情報処理に着目しながら研究を進めていた。

ミラーの論文によると，人が知覚した刺激を弁別する能力には，知的能力や年齢などに関係なくおおよそ一定の限界があるという。たとえば，典型的な音の高さを弁別する実験では，被験者はまず数種類の音を聞かされ，それぞれの周波数（ミラーが取り上げた研究ではその幅は100ヘルツから8000ヘルツ）を告げられ記憶しておくように指示される。その後，それらの音をランダムに聞かせ，その周波数を答えさせるというものである。このような実験では4種くらいの音を聞き分ける場合はほとんどミスは生じないが，5個くらいから徐々にミスが増えてきて，どうにか聞き分けが可能な音の数は7個程度だという。

弁別能力の限界は他の感覚でもみられ，視覚刺激を用いた場合はもちろんのこと，食塩水の塩分の濃度をいろいろと変えてみるというような味覚の場合にもみられるという。そして，ミラーが1956年以前に世界中で行われたこの種の弁別の実験結果をいろいろと調べてみた結果，ほとんどの実験で，提示される刺激の数が最大7個プラスマイナス2個（つまり，5個から9個）くらいまでならば弁別ができるがそれ以上になると弁別できなくなってしまうことが見出された。そのため，この7という数はマジカル・ナンバー7と名づけられた。ミラーは，感覚の違いにもかかわらずこのような一致がみられるのは，この7個プラスマイナス2個という数字が人の直接記憶（immediate memory）の幅を示しているからであると考えた。

ミラーは，また，シャノンとウィーヴァーの提案した情報の単位ビットをはじめて心理学に取り入れたことでも知られている（Miller, 1953）。この論文で，マジカル・ナンバー7はおよそ2.5ビットとされた。

こうしたことからもわかるように，この論文は，感覚心理学的な弁別の問題を人の情報処理能力の問題としてとらえ直し，さらに，それを工学における情

報の概念と関連づけて理解しようとした点で，これまでにない視点を含んでいたと考えられる。この論文もまた認知心理学の幕開けを告げる記念碑的な論文として評価されている。

(4) 1956年9月11日

ブルーナーの著書とミラーの論文が出版された1956年はそれだけでも認知心理学の誕生の年と呼ぶにふさわしいが，実は，ミラーは認知心理学や認知科学の誕生した日を1956年9月11日と述べている（Miller, 1979, 2003）。この日はマサチューセッツ工科大学で行われた情報理論に関するシンポジウムが開催された日であった。ミラーは，このシンポジウムでニューウェル（A. Newell）とサイモン（H. A. Simon）（いずれも後述）による汎用コンピュータプログラム，ロジック・セオリスト（Logic Theorist）に関する論文とチョムスキー（後述）がその言語学に関する初期の考えをまとめた論文がそれぞれ発表されたことをもって認知心理学や認知科学が誕生したと考えているのである[注11]。このうちサイモン，ニューウェルらによるロジック・セオリストは人の情報処理プロセスをコンピュータのソフトウェアによって表現するコンピュータ・シミュレーション，さらには，人工知能の基本的な枠組みになった。また，チョムスキーが行動主義的な言語論を批判し，認知心理学的な言語研究に決定的な影響を与えたことはいうまでもないだろう。

このように1956年は，心理学の内部のみならず，外部でも認知心理学の誕生を決定的なものにするような出来事が起こっていたのである。

注11）このシンポジウムはよく知られたものではあるが，その詳細は必ずしも正確に伝えられてはいない。筆者がいくつかの成書の記述にあたってみた限り，発表者の氏名もまちまちで信頼できそうな情報は得られなかった。なお，サイモンの自伝（Simon, 1996）によれば，ニューウェルとサイモンの論文についても当初からプログラムに組まれていた訳ではなく，当日，ニューウェルとサイモンが座長と交渉したうえで発表に漕ぎつけたもののようである（邦訳, pp.308-309）。ちなみに，サイモンによればこのシンポジウムの座長はローゼンブリュートであった。彼はメイシー会議の主要メンバーでもあったから，メイシー会議が与えた影響はここにもみられることがわかる。

5 認知心理学の発展

(1) コンピュータ・シミュレーションと人工知能 *

　一般に認知心理学のパラダイムは，心を情報処理の過程ととらえ，そして，その過程をコンピュータの働きになぞらえることだと考えられている。もちろん，認知心理学にはこれ以外の立場もあるが，それが主要なパラダイムであることは言うまでもない。

　こうした認知心理学の基本的なパラダイムは，先ほど述べたサイモンらによる汎用コンピュータプログラム，ロジック・セオリスト（Logic Theorist）の登場によって確立された。

　ロジック・セオリストの作成者，サイモン（Herbert Alexander Simon; 1916-2001） [注12] はウィスコンシン州生まれで，父はドイツから移住してきたユダヤ人技術者だった。シカゴ大学で政治学を学び，政治学者として出発したが次第に経済学，経営学などにも関心を広げ，カーネーギーメロン大学の産業経営大学院の教授として活躍していた。そうしたなかで意思決定を問題解決のプロセスと見なし，ウェルトハイマー（M. Wertheimer）やドゥンカー（K. Duncker）（いずれも第5章参照）らゲシュタルト心理学の問題解決の研究に触れるうちに心理学への関心を深めていった。その後，彼は，シンクタンク，ランド社の社員で物理学，数学などを学んだニューウェル（Allen Newell; 1927-1992）と出会った。ランド社は当時フォン・ノイマンなども関係しており，最先端のコンピュータ開発を行っていた。そこでサイモンは，コンピュータが単なる数を計算するための機械ではなくコンピュータ言語，つまり，プログラムを使い論理記号を処理する汎用の情報処理機器であることを理解した。そして，そのコンピュータ言語を使うことで，人の情報処理のプロセスを記述することができるというアイデアを思いついた。このアイデアをもとにサイモンは1952年頃からニューウェル，および，ランド社のプログラマーであったショウ（John Clifford Shaw）と共同で，フォン・ノイマンの講演からヒントを得た，人と同様にチェスを指すことができるプログラムの作成に取り掛かっ

　注12）サイモン，ニューウェル，ショウなどに関する記述は主としてサイモンの自伝（Simon, 1996）によった。

た。このプロジェクトの中で 1956 年初頭に完成したのがロジック・セオリスト（Logic Theorist）である。さらに，サイモンはロジック・セオリストがホワイトヘッド（Alfred North Whitehead; 1861-1947）とラッセル（Bertrand Arthur William Russell; 1872-1970）の『数学原理（*Principia Mathematica*）』の定理の一部を証明することができることも示した。

ロジック・セオリストは，コンピュータ言語という記号を用いて人の情報処理の過程を描くというコンピュータ・シミュレーションを実現させただけではなく，人間の知的な行動を肩代わりさせる機械，すなわち，人工知能をつくることを示したという意味で画期的なものであった。

(2) ダートマス会議

ロジック・セオリストがつくられて間もない 1956 年 6 月に，ニューハンプシャー州ダートマス大学で，数学者で人工知能研究の第一者となるマッカシー（John McCarthy; 1927-2011），後にマサチューセッツ工科大学の人工知能研究を支えたミンスキー（Marvin Minsky; 1927-），そして，サイモンとニューウェルらが集まり，人工知能に関するアイデアを話し合う会議（ダートマス会議）が開かれた。そして，これを機に数学，工学などの領域における人工知能研究は加速することになった。また，この会議の内容の一部が前述の同年 9 月 11 日のマサチューセッツ工科大学でのシンポジウムにおいて報告された（そして，ミラーはその日をもって認知心理学，認知科学が成立したと主張するのである）。

(3) 認知心理学における情報処理モデル★

コンピュータ・シミュレーションや人工知能研究の基本的な枠組みは主として心理学以外の研究者によってつくられたが，これらを受けて，心理学における情報処理モデルの基礎もつくられた。その役割を担ったのはやはりミラーであった。

ミラーは，1960 年に『プランと行動の構造（*Plans and the Structure of Behavior*）』（Miller, Galante, & Pribram, 1960）という著書を出版した。

この著書では，まず，刺激が入力されそれが直線的に中枢を経て末梢に出力

されるという行動主義的な反射弧の概念が批判された。そして，行動の生起に中枢がより大きな役割を果たしているとし，それをイメージとプランという用語を用いて説明した。ミラーによれば人の行動は，行動主義者が考えるより目的的，価値的なもので，それらが中枢にイメージとして表象されると考えた。そして，このイメージを実際的な行動に移すための手続きがプランであり，ミラーはこれをサイモンらの考えるコンピュータのプログラムに対比させて考えた。また，ミラーは，こうした一連の行動を分析するための最小単位としてTOTE（Test Operate Test Exit）単位というものを提案した。人は何か目標をめざして行動する際，そのための操作が適切かどうかフィードバックされた情報と目標を照らし合わせて評価する。そして，その評価の結果，適切でないと判断されれば再度操作がなされ，それが適切と判断されれば，つぎの目標をめざす操作に移ってゆく。コンピュータプログラムのような人のプランは，このようなTOTEという最小の行動の単位が多数組み合わされることによってできあがっていると考えられるのである。

このミラーの著書は，心理学以外の研究者によってその基礎が築かれたサイバネティクス，コンピュータ・シミュレーションなどの概念を，心理学的な枠組みの中にうまく消化して取り込んだものと考えられる。そこに認知心理学が1つのパラダイムとして成立したことがみて取れる[注13]。

一方，大西洋の対岸イギリスではアメリカでの研究の流れとは独立して，認知心理学的な人の情報処理モデルがつくられていた。

イギリスでは第二次世界大戦中，応用的な実験心理学研究が盛んに行われた。これらは，たとえば，レーダーのディスプレイ上に表示される敵機の情報を適切に読み取るための注意力に関する研究といった類のものであったが，こうした研究で開発されたさまざまな実験方法は，第二次世界大戦後のイギリスの実験心理学の発展につながっていった。

注13）なお，ミラーはこの著書を出版した1960年にブルーナーとともにハーヴァード大学の認知研究センター（Center for cognitive studies）を設置した。このセンターは1960年代の認知心理学の発展の拠点となるが，そういう意味では1960年も認知心理学の誕生に関する年号として記憶にとどめておいてもよいのかもしれない。

注14）ブロードベントの簡単な伝記的な記述は，クレイクとバッドリー（Craik & Baddeley, 1995）やモレイ（Moray, 1995）によるものがある。

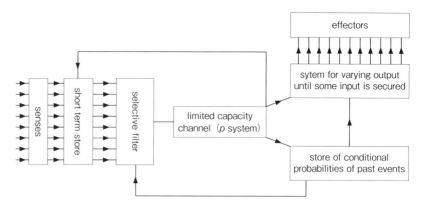

図6-6 ブロードベントのフィルターモデル

　イギリスの心理学者，ブロードベント（Donald Eric Broadbent; 1926-1993）[注14]は，ケンブリッジにあった医学研究施設の応用心理学部門で研究に従事していたが，なかでも聴覚の実験を積極的に行っていた。彼がとくに関心をもっていたのは被験者の両耳にイヤホンを装着させ左右の耳にそれぞれ別のメッセージを聞かせたときの処理についてである。このような場合，ふつうわれわれは両耳からの異なるメッセージを同時に聞き取ることは不可能であり，どちらか一方に注意を向けて聞いている。ただ，たとえば，右の耳のメッセージに注意を向けているとき，左の耳から自分の名前のような自分に関連のある言葉が流されると，すぐさま，注意を切り替えて左からのメッセージに耳を傾ける。この現象はふつうカクテルパーティ効果と呼ばれるものだが，このような現象が起こることを説明するためにブロードベントは図6-6のようなフィルターモデルとよばれるものを提案している（Broadbent, 1958）。それによれば，人は外からのメッセージをまず短期貯蔵（short term store）に一時保存する。しかし，人間の知覚系の処理能力には限界があるため，次の選択的フィルター（selective filter）で必要な情報のみ選択する（つまり，左右どちらかからのメッセージのみ選択する）。そして，その内容がつぎのPシステムで処理される。しかし，フィルターは，ただ，機械的に選り分けている訳ではない。自分の名前のような有意味な情報だけに選択的に注意を向けることがあるのは，何らかの意味的な処理を行っているからであり，それは「過去の出来事」の記憶が何

らかの形でフィルターに影響を与えているからと考えている。このモデルは，人の情報処理の限界というものに焦点を当てた点でミラーのマジカル・ナンバー7と共通する視点をもち合わせている[注15]。また，このモデルで示された短期貯蔵などの考え方は，のちの記憶の貯蔵庫モデルに影響を与えた。

(4) 言語学と認知心理学★

さて，つぎに，認知心理学の発展に影響を与えたもう1つの流れを紹介しなければならない。それは，言語学におけるチョムスキー理論の影響である。チョムスキーが認知心理学に与えた影響は非常に大きい。それは，前述のようにミラーが認知心理学誕生の日とする1956年9月11日のシンポジウムの発表者の一人がチョムスキーであったことからもわかる。

行動主義の時代，心理学者は言語についておおよそ行動と同じように考えていた。つまり，彼らの言語に対する関心は，その表出が何らかの外的な刺激によってコントロールされることや，言語の学習が条件づけと同様のプロセスで説明できることなどに向けられていた。言語の理解，あるいは，表出に条件づけとは異なる内的なプロセスが関与していることはあまり考慮されなかった。

しかし，人の情報処理のプロセスの中でも思考に大きな関心を寄せていた認知心理学の研究者にとって，言語が思考に何らかの影響を与えていることを認めない訳にはいかなかった。さらに，文法というルールに基づき表出される言語が，思考とも異なる心的な活動の所産であることも明らかであった[注16]。

注15) ただし，ブロードベントの著書にはこの2年前に出されたミラーのマジカル・ナンバー7に関する論文の引用はない。また，そもそも，ブロードベントの著書には，シャノンの情報理論を除けば，メイシー会議の参加者をはじめ認知科学の基礎を築いた学際的な研究者の文献からの引用がほとんど見当たらない。そこで引用されている文献の大部分は行動主義的なものを含む当時の心理学関係の雑誌からのもので，とくにハルの行動理論に関するものが多い。こうしたことからもわかるように，このブロードベントの研究はアメリカでの認知科学の誕生とはほぼ関係なく行われたものである。では，何故，大西洋の両側ではほぼ無関係のまま似たような新しい心理学のパラダイムが考案されたのだろうか。おそらく，その理由の1つに第二次世界大戦後の時代精神というものがあったと思われるが，それ以上のことは筆者にはわからなかった。

注16) このあたりの経緯についてはブルーナーの自伝 (Bruner, 1983) に簡単な記述がみられる。彼は，チョムスキー以前に彼の言語に対する考えに影響を与えた研究者として，ロシアの心理学者ヴィゴツキー (L. S. Vygotsky 第11章4節参照)，言語相対性仮説で知られるウォーフ (Benjamin Lee Whorf; 1897-1941) などの名前を挙げている。

こうした状況の中で，人が言語を理解し文法に沿った言葉を生成する心的な活動に関心をもち，その活動を支える生得的な言語能力が存在することを主張し登場したのがチョムスキーである。

チョムスキー（Avram Noam Chomsky; 1928-）は，アメリカ生まれだが両親はユダヤ系移民で，父親はヘブライ語学者だった。ペンシルヴェニア大学で言語学を学んだあと，大学院博士課程の頃ハーヴァード大学に滞在し，ミラーやブルーナーとも知り合った。その後，マサチューセッツ工科大学の教授となり研究者としてのキャリアの大部分をそこで過ごした。

チョムスキーは，人は生まれつき言語習得装置（language acquisition device）と呼ばれる生得的な言語能力をもっていると考えた。また，チョムスキーは，言語を表層構造と深層構造に分けて考えた。日本語や英語といった特定の言語の文法は，この表層構造に属する。これらの概念を用いると，条件づけの積み重ねだけでは十分な説明ができなかった言語の発達プロセスもうまく理解できるようになった。子どもは自分のまわりの成人が話している言葉を聞いて取り入れるが，取り入れた言葉は，表層構造から深層構造に変形されて言語習得装置に入れられる。言語習得装置は普遍文法（universal grammar）ともいい，日本語や英語といった特定の言語の文法規則に縛られない文法であり，子どもはこれを生まれつきもっている。子どもは自分のまわりの成人が話す言葉を自分が生まれつきもっている普遍文法に対応させ，そこから，自分のまわりの大人が話している言葉の文法，つまり，文法の表層構造を導き出すのだという。

チョムスキーは，何度か学説を改変し，用語もかなり変化させている。しかし，このような彼の言語学の基本的な考え方は，すでに，1950年代の中頃につくり上げられておりそれ自体は大きく変わってはないとされる。チョムスキーが自らの理論をはじめてまとめた著書が1957年の『文法の構造（*Syntactic Structures*）』（Chomsky, 1957）である。

また，チョムスキーは，スキナーの行動主義的な言語論（Skinner, 1957）に対して，①言語は刺激によってコントロールされるという理論だけでは多様な言語の表出を説明しきれない，②行動主義的な言語の理論は言語の表層構造を扱っているに過ぎない，といった点から手厳しい批判を加え（Chomsky, 1959），心理学者の間でも急速にその存在が知られるようになった。

チョムスキーは，心理学にも通暁していたが，基本的に言語学者であり，自らの理論を実験的な方法で実証することはなかった。しかし，知人でもあったミラーが，深層構造にあたる文章が，否定形，疑問形，受動形などに変形されると，それらが理解されるのにかかる時間に僅かな差があることを見出し，ここから深層構造から表層構造に変形される文法の心理的な実在を主張した（Miller, 1962）。この研究がきっかけとなり，チョムスキーの理論に関連した実証的な研究が増加し，さらには認知心理学の1つの領域としての言語研究が成立することとなった。

(5) 認知心理学の確立 ★

認知に関する研究分野は，その多くが心理学以外の数学，工学，言語学などの研究者によって開拓されてきた。もちろん，ブルーナーやミラーといった心理学出身者の貢献も大きかったが，その彼らでさえ，認知心理学という用語を当初から用いていた訳ではない。

認知心理学が心理学の一分野であり，他の認知科学の諸分野の中にあっても心理学としての独自性をもっていることが明確に意識されるようになったのは，1960年代も後半になって出版されたナイサーの著書に負うところが大きい。

ナイサーは1967年に『認知心理学（*Cognitive Psychology*）』（Neisser,1967）を出版した。この著書はこれ以降多数出版されることになる認知心理学の概論書の先陣を切るものだった[注17]。また，ミラーやブルーナーなどによって創始された認知心理学は，このナイサーの著書によって体系化され，今日までつづく認知心理学の枠組みがつくり上げられたとされる。

(6) ナイサーの認知心理学

ナイサー（Ulric Gustav Neisser; 1928-2012）[注18]は，ドイツ生まれのユダヤ

注17）一般にはナイサーの『認知心理学』は認知心理学というタイトルをもったはじめての著書とされるが，実はすでに1939年にムーア（T. Moore）によって『認知心理学（*Cognitive Psychology*）』と題された著書が出されているという（Goodwin, 2008）。

注18）ナイサーと彼をめぐる認知心理学の発展に関してはファンチャーとラザフォード（Fancher & Rutherford, 2012）の第14章の簡潔な記述が役に立った。ナイサーの伝記的な記述としては簡単な自伝（Neisser, 2007）や彼の死亡記事（Cutting, 2012）がある。

系アメリカ人で，ハーヴァード大学のミラーの許で心理学を学ぶが，その後，スワスモア・カレッジでゲシュタルト心理学者ケーラーの指導を受けた。そして再びハーヴァードに戻り博士号を得た。のちに，ブランダイス大学に就職し，そこでは人間性心理学で知られるマズロー（A. H. Maslow 第10章4節参照）の影響を受けた。さらにコーネル大学の教授となり認知心理学の第一人者として注目されるようになるが，今度は，同僚だった生態学的知覚論の提唱者ギブソン（James Jerome Gibson; 1904-1979）（実はギブソンもスミスカレッジでゲシュタルト心理学者コフカの門下生であった）から影響を受けたといわれる。

　この著書の冒頭でナイサーは，コンピュータのプログラムをアナロジーとして人の認知を考えることに対して不適切と指摘する。しかし，その一方で記号の流れに過ぎないプログラムが，コンピュータのハードウェアの駆動を実現するというシステムは，ソフトウェアとして人間の認知を理解することに哲学的な保証を与えることや，また，そこから実り多いさまざまな仮説が得られることを理由に，そのあり方を肯定する。同様に，彼は，シャノンとウィーヴァーによって提唱された情報量を測定することにも批判的な立場をとる。彼は，人は機械的，受動的に情報を処理するのではなく，むしろ，インプットされた刺激を注意のプロセスで必要に応じて取捨選択し，さらに，それを複雑な仕方で再符号化（recoding），再公式化（reformulating）していることを強調する。このようなナイサーの考え方は，彼が意識の全体的な働きを強調するゲシュタルト心理学から多くを学んだことに由来すると思われる（ついでにいえば，ナイサーのこのような発想は人格の全体的な成長を主張したマズローから学んだものもあるのではないかと思われる）。彼は情報処理過程をボトムアップ的なものではなくトップダウン的なものと考えたのである。ナイサーは，注意や記憶に関する多くの研究結果を詳細に分析しアイコン貯蔵などの独自の概念を提唱しているが，これもそうした彼の立場を示すものといえるだろう。

　このようにナイサーによって心理学の一分野としての認知心理学が樹立される訳だが，ナイサーの著書はその大部分が，パターン認識，視覚的記憶などの視覚的認知とスピーチ知覚，エコー的記憶などの聴覚的認知に費やされており，今日，認知心理学の中心的な領域と考えられている思考，記憶などについては簡単に触れられているに過ぎない。しかし，逆にいえば，このナイサーの著書

で取り上げられていなかった思考，記憶などの研究の進展が，1970年代以降の認知心理学の発展の歴史をつくることになるのである。

6 認知心理学と認知革命

(1) 認知革命とは★

すでに述べたように1950年代後半に登場した認知心理学は，情報理論，サイバネティクス，チョムスキーの言語学など，それまでの心理学にないさまざまな知見を背景に成立したものだった。当時，大学で主流派を形成していた行動主義，新行動主義の心理学は条件づけの研究に偏り過ぎており，新たな視点をもった認知心理学の出現は画期的なものだった。この認知心理学の登場を革命的なパラダイムの変革ととらえ，認知革命（cognitive revolution）と呼ぶことがある。

(2) 認知革命はあったのか？

認知心理学の登場を革命と呼ぶことは，すでに1970年代初頭から行われていたようだが（たとえば，Palermo, 1971），この言葉が広く知られるようになったにはバース（Baars, 1986）の著書『心理学における認知革命（*Cognitive Revolution in Psychology*）』などを通してであろう。また，ガードナーの著書（Gardner, 1985）も，認知革命と呼ぶにふさわしい現象があったことを支持するものであった。しかし，その一方で，行動主義に対する認知心理学は，ニュートンとアインシュタインの物理学のような相互に成り立ちえないものではなく，そうした意味で科学史家のクーン（Thomas Samuel Kuhn; 1922-1996）が言うようなパラダイムの変革は起こっていない，あるいは，情報処理心理学もそもそも拡大化された新行動主義に過ぎない，というような革命の存在自体を否定的にみる意見もある（Leahey, 1980; Greenwood, 2009）。

(3) その後の認知心理学★

ナイサーの著書に遅れること13年後，1980年に出されたアンダーソンの『認知心理学とその意味（*Cognitive Psychology and its Implication*）』（Anderson,

1980) では，ナイサーの著書の大部分を占めた注意や知覚は1章にまとめられ，残りの大部分は，記憶，問題解決，推理，言語などにあてられている。このように1970年代以降，認知心理学はそれまで行動主義的な条件づけをベースにした理論では扱いかねていた推理，記憶，言語などの領域で多大な成果を上げてきた。さらに，1980年頃からは，それまでの情報処理的な認知心理学の研究の中ではあまり関心をもたれていなかったハードウェアとしての神経細胞の仕組に再度着目し，コンピュータのような単線型ではなく，複線型の神経細胞をモデルにして人の情報処理を研究しようという流れ（コネクショニズム：connectionism; McClelland & Rumelhart, 1981）も登場した。

　その後，認知科学は，神経科学の飛躍的な進歩の中で認知神経科学（cognitive neuroscience）という新しい分野を成立させ，認知心理学もその成果の影響を受けるなどさまざまな広がりを見せているが，それらの歴史的な意味についてはいずれ機会を改めて検討してみたいと思う。

第7章
臨床心理学前史

1 はじめに★

　第1章から第6章では，古代から現代に至る実験心理学の歴史を概観してきたが，本章からは再び古代に戻って，今度は臨床心理学の歴史についてみてゆきたい。序章でも述べたように，今日の臨床心理学につながる土台が築かれたのはおおよそ19世紀末から20世紀はじめ頃と考えられるので，それ以前の臨床心理学の歴史は，主として，医学，とくに，精神医学の歴史となる。精神医学の起源をどこまでさかのぼるべきかは議論もあろうが，とりあえず，本書では実験心理学と同様にギリシャ時代からはじめてみたい。

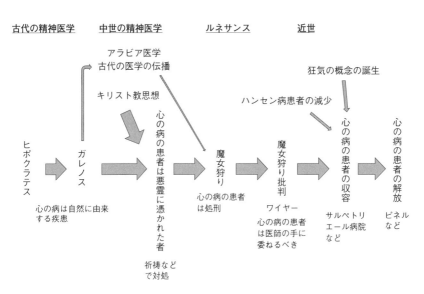

図7-1　古代から近世までの精神医学の流れ

2 古代の精神医学[注1]

(1) ヒポクラテス以前

　ふつう，精神医学も含めたギリシャの医学はヒポクラテス（Hippocrates）から語りはじめられる。ヒポクラテス以前の医学についてはあまり多くのことがわかっていないのである。

　ホメロス（Homēros; 紀元前8世紀頃）の叙事詩『イリアス』の中には，戦争で負傷した武将の治療にあたる記述がみられる。その治療にあたった医師マカオンの父親とされたのが医神アスクレピオス（Asclepius）である。アスクレピオスは次第に医神として注目されるようになり，紀元前6世紀頃にはギリシャ各地でアスクレピオスを祭った神殿が建設され，神官を中心に祈祷なども含めた医療が行われていたようだ。また，これとは別にアスクレピオスの末裔を意味するアスクレピアドを名乗る医療技術をもつ人々が現れ，神殿の医療などとも関係をもちつつ次第にいくつかの職能集団を形成するようになった。そうした職能集団の中ではコス派，クニドス派などが知られている。

(2) ヒポクラテス★

　ヒポクラテス（Hippocrates; ca.460-ca.375 B.C.）は，上記のアスクレピアドのコス派の出身の古代ギリシャを代表する医師で，ソクラテス（Socrates）とほぼ同時代の人である。ヒポクラテスは，悪霊や神などの概念をもち出す宗教的な病因論を否定し，徹底した観察と臨床的経験に基づき病気の原因を身体に求める立場をとった。また，医術に携わる者としての倫理を主張したとされ，そうした功績から，今日でもヒポクラテスは医学の祖とされている。

　ヒポクラテスの精神医学に対する貢献でもっともよく知られているのは，てんかんについての記述である。当時，てんかんは，その発作が何らかの憑き物や神によるものではないかと考えられ「神聖病」と呼ばれていたが，ヒポクラ

注1）本節の記述はその多くがジルボーグ（Zilboorg, 1941）および川喜田（1977）の著書によっている。このうちジルボーグの著書は古いものではあるが古代から近代までの精神医学，医学的心理学の通史として，未だにこれを越えるものはないようだ。わが国の精神医学史のみならず英米の精神医学史の概論書でも，とくに近世以前の記述ではこのジルボーグの著書が多く参照されている。

テスはこれを「私の考えでは他の諸々の病気以上に神業によるものでもなく神聖であるのでもなく，自然的原因をもっているのである」[注2]（邦訳，p.38）と述べ，脳の変調に由来するものと断定している。

　一方で，ヒポクラテスは，人間の体内を循環する液体には，血液，粘液，胆汁（黄胆汁），黒胆汁の4種があり，さまざまな病気もこれらの体液のバランスの乱れによるものと考えた[注3]。これは体液説として後世に受け継がれ，のちに，体液のバランスが気質を決定するという理論を生むことになった。ヒポクラテスは，てんかんについても体液説の立場から「粘液」が多いことをその原因の1つとして考えている。また，胆汁によってもたらされた脳の破壊は，落ち着きがなく，暴力を振うなどの症状をもたらすとも述べている（邦訳，p.54）。

(3) ヘレニズム，ローマの精神医学★

　ギリシャ古代文明の衰退後，ヘレニズム期（およそ紀元前330年頃から紀元前30年頃まで）に入る。この時代，医学の中心ははじめエジプトのアレキサンドリアにあったが次第にローマに移った。この時代を代表する医師としてはアスクレピアデス（Asclepiades; ca.124-ca.40 B.C.）などが知られ，心の病の患者を落ち着かせるための入浴法などを開発したとされる（Zilboorg, 1941, 邦訳, p.41）。

　さらにローマ時代になると，メランコリーやマニーといった心の病に関する詳細な記述を残したとされるアレタイオス（Aretaios; 紀元後1世紀頃）や，一般には産婦人科医として有名だがマニー患者の治療法についての記述を残したソラノス（Soranos, 紀元後1世紀末から2世紀頃）などが知られているが，そうした医師たちによる著述の多くは失われており現在では不明な点も多い。

　注2）この記述は『神聖病について』という小論の冒頭に書かれた言葉である。ヒポクラテスの著作は多数残っているが，これらはヒポクラテスの死後100年以上経ってから編纂されたもので，今日ではヒポクラテス本人以外の手になるものも多く含まれているといわれる。川喜田（1977）は『神聖病について』は「広い意味での（ヒポクラテスの）真作の一つとして認められる」（p.60）としている。

　注3）実は，体液の数と種類についてはヒポクラテスの著書の中でも必ずしも一貫している訳ではない。4種体液説は『人の自然性について』という論文に由来するものだが，この著者がヒポクラテス本人かについては疑問もある（川喜田, 1977, p.63）。なお，体液が4つという考え方は，元々は，自然哲学者エンペドクレスが基本元素を空気，火，水，土の4種と考えた学説に由来するとされる（Acherknecht, 1968; 邦訳, p.59）。

(4) ガレノス★

ローマを代表する医師といえば、やはりガレノス（Galēnos, ca.129-ca.200）であろう。ガレノスは医師であると同時に博識を誇る著述家で、現在でも数多くの著作が伝えられている。ガレノスは、人体の解剖ができなかった当時、動物の解剖によって知り得た知識を人間の理解にも役立てた。生理学にも関心が深く血液の循環に関して長く影響力をもった仮説を提示したほか、ヒポクラテスの体液説を継承、発展させたことでも知られる。人の気質は4つの体液、すなわち、血液、粘液、（黄）胆汁、黒胆汁のいずれかの過多によって4種に分けられるという学説は、通常ガレノスに由来するとされるが、実際は後世の学者によるものともいわれる[注4]。

ガレノスは、精神の座を脳と考え、マニーやメランコリーは脳の機能異常によって起こるとされたが、その一方で、心の病を動物精気（animal spirits）の機能障害としてもとらえられている。ガレノスによれば、動物精気とは空気に由来し肺や心臓で生成された生命精気（プネウマ）が脳でさらに精製さたもので、これが神経の細い導管を伝わって知覚、運動を支配するものとされた。こうしたガレノスの理論は中世を通じて近世まで影響力をもち続けた[注5]。

しかしながら、こうした広い著述にかかわらずガレノス自身は心の病の治療や臨床的な理解にはとくに貢献は残さなかった。

ガレノスの死とともに古代の医学は終わりを告げる。

3 中世から近世にかけての精神医学

(1) 中世の精神医学★

ローマ帝国は、当初から必ずしも政治的、経済的に安定していた訳ではなか

注4）川喜田（1977）は、「ガレノスは体液と気質との密接な関係を考えてはいたが、多血質、粘液質、胆汁質などの後世広く用いられた言葉は、9世紀のアラビア医学者ヨハンニチウス（ファイン・イブン・イスハク）にはじまる」（上巻，註，5.75）という説を紹介している。

注5）動物精気はプシュケー（霊魂）のことで、プラトン、アリストテレス、アウグスティヌスなどが、人間の精神の座として使った用語と同じものである（第1章参照）。生命精気（プネウマ）はこれと対比されるもので、この2つの用語の使用例の歴史的変遷を追ってみることは西欧思想史の一大テーマになりうるものだが、本書ではこれ以上深入りしないことにする。プシュケーとプネウマについては高橋（1999）の著書に詳しい。

った。このためか，人々は人間の弱さを自覚するようになったといわれる。ギリシャ人たちは人間を自然の一部ととらえそれを客観的に解明しようという姿勢をもっていたが，ローマ人たちの間では，むしろ，人間を罪深いものと考えるヘブライ文化の影響が強くなっていった。そうした自然科学的な人間観とヘブライ文化的な人間観は 2 世紀頃には完全に分離してしまったという（Zilboorg, 1941, 邦訳, p.65）。やがて 4 世紀初頭にキリスト教が国教となると，そうした傾向はよりはっきりしていった。

　ヒポクラテスやガレノスの系譜に連なる精神医学は心の病の原因を脳に求めていたが，キリスト教的な世界観にあっては，むしろ，それは信仰との関係で考えられるようになった。

　心の病を神に対する信仰不足や邪悪な精神から由来したとする見方は，すでに旧約聖書の中にあるとされる（Mora, 2008a）。そうした考え方はキリスト教にも受けつがれた訳であるが，本来一神教であるこれらの宗教に従い心の病の原因を説明する場合，それは唯一神との関係にとどまるはずである。しかし，実際は，キリスト教はヨーロッパがキリスト教化される以前の土着の信仰や東方の宗教に由来する多神教的な思想を少しずつ受け入れ，吸収していった。そのため，心の病はキリスト教に対する信仰不足のみならず，それによって多神教に由来する悪霊などが乗り移り発生するという考え方が次第に強くなっていった。

　5 世紀後半には西ローマ帝国が滅亡してからはこうした傾向はさらに強まり，7 世紀はじめ頃には，「精神医学というものは終に悪魔とその軍勢のやり口を研究する学問ということになってしまった」（Zilboorg, 1941, 邦訳, p.73）。ただ，当時のキリスト教会は，悪魔や魔女というものに対して比較的寛容であった。精神を病んだ者や知的に障がいのある者は差別を受けながらも中世都市の中に留まることもできたし（Irsigler & Lassotta, 1984），精神を病んだ者を含む病人のなかには修道院に送り込まれ治療としての悪魔払いを受ける者もいた。そして，そうした悪魔払いには今日の心理療法に近い要素が含まれていたとされる（中井, 1999, p.23）。

　ヒポクラテスやガレノスの流れを汲む古代医学はキリスト教世界では細々と命脈を保ってはいたが，次第に影響力を弱めていった。一方，古代医学は，8

世紀頃から異端とされたネストリウス派のキリスト教徒が東方に流れてゆくなかでイスラム教世界に伝わり,アラビア医学の全盛期をもたらした。アラビア医学ではガレノスの体液説に基づき,マニー（そう状態），メランコリー（うつ状態）などが記述されていたという（酒井, 1999, p.79）。

(2) ルネサンスと魔女狩り ★

14世紀頃イタリアではじまったルネサンスは，次第にヨーロッパ全体に広がり新しい自然科学的な世界観の出現とともに医学も発展をみせるが，一方で，ペストなどの疫病の流行や不安定な政治・経済状況，カトリック教会の権威の低下などから社会的には不安が高まった。自分を鞭で叩きながら集団で各地をさまよった鞭打ち苦行者の出現のような社会病理的な現象も，この時代の不安な世相を反映しているといわれている。

この時代の精神医学を語るうえで欠かせないのが魔女狩りである。

カトリック教会は当初より教義に馴染まない思想を異端として排除する傾向があったが，これが13世紀頃から次第に過激になり異端者を処刑することなどが増えてきた。そして，14世紀頃になると異端者と旧来からの悪魔や魔女の概念が次第に混同されるようになり，悪魔や魔女を異端者として断罪する傾向が顕著になってきた（以上，森島, 1970による）。そして，1485年ドミニコ会の2人の修道士が魔女の特徴や伝承されてきた行為などを列挙した著書『魔女

図7-2 魔女狩り
悪霊にとり憑かれて有罪となり,絞首刑となった農家の女。

の槌（*Malleus Maleficarum*）』を記してからは，魔女とされた者を拘束し拷問にかけ，さらに宗教裁判によって断罪し火刑や水刑に処するいわゆる魔女狩りが盛んに行われるようになった．

　魔女とされたものは必ずしも女性だけではなかったようだし，その客観的な特徴も不明な点が多い．しかし，前述のように中世以来心の病の原因は悪魔に憑かれたためという見方が広まっていた．そのため，魔女狩りが広がりをみせるなかで，心の病に罹った者は魔女と見なされ魔女狩りの対象になることも多かったといわれている．このような時代にあって，心の病を記述し，患者をケアするような余地はほとんどなかった．古代から細々とではあるが続いてきた精神医学の伝統はここにおいて消滅してしまったのである．

(3) ワイヤー★

　魔女狩りは，16世紀頃ピークを迎えドイツ，フランスなどを中心に広く行われた．その間，犠牲になった者は数万人とも百万人ともいわれている．しかし，そうしたなかで魔女狩りに批判的な者もみられた（森島，1970）．それらは，キリスト教の聖職者などが多かったが，精神医学の歴史を語るうえで欠かせない人物もいた．それが，ここで紹介するワイヤーである．

図7-3　ワイヤー

　ワイヤー（Johann Weyer; 1515-1588）は，オランダで生まれ，魔女狩りを批判した活動家アグリッパ（Heinrich Cornelius Agrippa von Nettesheim; 1486-1535）に教えを受けた後，フランスで医学を学んだ．そして，オランダに隣接するドイツの町の領主であった公爵の侍医となってそこに長くとどまった．貴族の侍医として庇護を受けていた彼は，教会の迫害にあうこともなく比較的安定した生涯を送ることができた．

　まだ，中世から完全には抜けきらないこの時代にあって，ワイヤーは対象を客観的に先入観を排して観察することを得意としたといわれる．彼は1563年に『悪鬼の策略について（*De Praestigiis Daemonum*（ラテン語））』という著書を発表した．この中で彼は，魔女狩りの宗教裁判のやり方を批判し，裁判の被

告たちは悪魔に憑かれているのではなく自然科学的な原因によって病気に罹っているのだと述べ，被告たちが裁判官よりむしろ医師の手に委ねられるべきだと主張した。ワイヤーは落ち着いた性格の持ち主で，師アグリッパのような過激な活動家としての側面は薄かった。魔女に対する迷信や魔女狩り裁判に対して医師として冷静に皮肉を込めた批判をすることが多かったといわれる[注6]。

　近代的な精神医学の誕生を予感させるワイヤーの意見は，当時としては画期的なものであったが，あまり広まることはなかった。魔女狩りもワイヤーの死後も引き続き行われた。魔女狩りが終った時期は国，地域によって異なるが，完全な終息は18世紀を待たなければなかった。

（4）魔女狩りをめぐる異説

　旧来からの精神医学史（たとえば，Alexander & Selesnick, 1966; Zilboorg, 1941）では，前段で述べたように，魔女狩りを古代からの精神医学の衰退の象徴的な出来事と見なし，そこからの脱却を通して近代の精神医学が発展するプロセスを描いている。

　しかしながら，近年，このような描き方は一面的なもので，魔女狩り自体は精神医学史にとって重要でないと述べる研究者（たとえば，Mora, 2008b）も見受けられるようになった。それによれば，魔女とされたものが心の病の患者であるとする根拠は，ピネル（後述）のような後の時代の医師たちが心の病のケースを報告する際に古い時代の悪魔を取り上げた論文を引用しその類似性を指摘することが多かったことによるところが大きいという。さらには，19世紀半ば以降シャルコーなどによってこうしたとらえ方が受け継がれ，魔女とされた者たちはヒステリー患者であるという見解となって定着したこともその理由として考えられるようだ。実際に，魔女狩り裁判の記録を詳細に検討すると魔女が心の病に罹っていたと思われるケースは，膨大な記録の中のほんの数例に過ぎないとみる研究者もいる（Mora, 2008b, pp.237-239）。

　注6）ジルボーグは，ワイヤーがガラスの指輪の中に悪魔を入れて歩いている人がいるという民間の迷信について「これはしかし驚くべきことである。悪魔は地獄の火の深みからすぐさまその中にはいったであろうに，どうしてそのガラスはとけないのであろうか」と述べたという例を挙げている（Zilboorg, 1941, 邦訳, p.147）。

このような見方が正しいとすると，魔女狩りによって衰退した精神医学がワイヤーによって再興されたという旧来の歴史像は見直してみる必要があるのかもしれない。

(5) 患者収容のはじまり *

　前述のように魔女狩りは17世紀に入っても引き続き行われた。ただ，少しずつではあるが，心の病を医学的な視点からとらえようとする動きもみられた。それらは次第に心の病を悪魔や魔女とのかかわりで理解しようとする流れに取って代わっていったが，まだ，十分に強力なものにはなり得なかった。その一方で，心を病んだ人の社会の中での扱われ方には大きな変化があった。

　ヨーロッパでは中世から増加したハンセン病の患者の収容施設が各地に設けられていた。しかし，17世紀になると次第に患者が減少し，収容者のほとんどいない施設が多くなっていた。そこに心の病の患者が収容されるようになってきた注7)。また，この頃になると，修道院付属の収容施設が設置され，また，ドイツなどでは都市の城壁の外に心の病の患者を収容する小屋が置かれ，これらに収容される例が増えてきた（小俣, 2000）。ただし，これらの施設は必ずしも心の病の患者だけを収容した訳ではなく，貧者，犯罪者，売春婦，身体に障がいのある者なども同じ施設に収容されることも多かった。また，これらの施設に入所するに際して医師の診断などは必要がなかったとされ（Weiner, 2008a, p.266)，こうした点からみてもこれら大部分の施設の役割は都市の治安や秩序を維持する側面のほうが大きく，適切なケアを受けることができる場所はごく一部に限られていた。多くの施設では，患者は十分な食糧も与えられず，劣悪な衛生状態の中で手錠，足かせなどをはめられ拘禁されるといったひどい扱いを受けていた注8)。

　注7）収容者のいなくなったハンセン病患者向けの施設に，心の病の患者を収容させるようになったという説は，フーコー（Foucault, 1961）に由来するようである。なぜ，ハンセン病患者が減ったかは必ずしも明らかではないが，フーコーは，「隔離の自然発生的な結果」「十字軍が終わった後，近東諸国の伝染病流行地帯との交渉がとだえたためにおこった帰結」（邦訳, p.23）と述べている。
　注8）フーコーは，このように17世紀から18世紀にかけて心の病の患者の収容が進むのは初期の近代化に対応するもので，実は，精神病や狂気といった概念自体もそうした社会の変化に伴う産物であると見なした。フーコーの見解にはさまざまな批判もあるが，本書ではこれ以上深入りしないことにする。

4 ピネルと近代精神医学の成立

(1) ピネルの生涯と業績★

　前節で述べたように17世紀以降，心の病の患者を施設に収容する流れが進んだが，そうしたなかで心の病に対する医療が改善したかといえば，そうではない。それどころか，患者の収容はむしろ彼らが施設の中で悲惨な状況に置かれるという結果を招いた。そのような悲惨な状況を改善し，さらには，近代の精神医学成立への道筋をつけたとされるのがここで紹介するピネルである。

図7-4　ピネル

　ピネル（Philippe Pinel; 1745-1826）[注9]は，フランス南部の生まれでトゥールーズの大学やモンペリエの医学校で学んだ。その後，パリに出て次第に頭角を現し，1793年ビセトール病院の医師となった。さらに，1795年にはサルペトリエール病院の責任者となり生涯その地位にあった。フランス革命期から王政復古にかけての政治的混乱期に活躍した彼は，ルイ十六世（Louis XVI; 1754-1793）の処刑にも立ち会うことにもなったが，政治的には中立を守り人道主義的な立場を通した。

　ピネルが在職したビセトール病院もサルペトリエール病院も，前述のように主として治安対策を目的に貧者，障がい者などと一緒に心の病の患者を収容する目的で作られた施設であった（小俣, 2000）。そのため，患者は手錠や足かせをはめられ悲惨な状況で監禁されていた。ピネルは，心の病の患者は罪人ではなく病人であり，治療の対象にすべきという強い信念をもっていた。彼は，まず，ビセトール病院に着任すると患者の手錠，足かせをはずすことで症状が大きく改善し，中には退院できる者もいることを示した。さらに，サルペトリエールでも同様の改革を行い成功させた。これは心の病の患者を処遇する際に社会的環境や心理的な側面を広く考慮するという今日にも通じる考え方で，モラル療法（traitement moral（仏語）: moral treatment（英語））と呼ばれている。

　注9）ピネルの伝記は親族でもあるスムレーニュによるもの（Semelaige, 1888）が有名だが，出版から100年以上を経ており，今日では見直されなければならない点も多く含まれている。

図7-5 サルペトリエール病院

　一方で，ピネルは徹底した患者の観察を通し精神病の分類を行ったが（次節参照），これが19世紀を通じて改変されるなかで，統合失調症，躁うつ病などの基本的なカテゴリーの確立につながった。

　このようにピネルの活躍は実践，理論の両面にわたり，彼は近代の精神医学の創始者と位置づけられている。

(2) ピネルの影響圏★

　ピネルによる心の病の患者の解放とほぼ時を同じくして，ヨーロッパ各国でも心の病の患者を解放し待遇を改善する試みが行われるようになった。たとえば，イタリアのキアルージ（Vincenzo Chiarugi; 1759-1820）は，フィレンツェの病院で心の病の患者の手錠や足かせを外す試みを行った。また，イギリスでは商人であったテューク（William Tuke; 1732-1822）が，心の病の患者が病院でひどい扱いを受け亡くなったことを知りショックを受けた。そして，患者の自己管理に中心をおき一切の拘束をしないヨーク隠退所（The York Retreat）を私財を投じて建設し，医師ではない彼自身が運営を行った。このようにして，少しずつではあるが，心の病の患者の監禁を解き，医療とケアの対象にしようとする動きはヨーロッパ各国に広まっていった。そして，19世紀末までに今日につながるような精神科の診療，入院施設が次第に整備されていった。

　一方，後述のようにピネルは心の病（とくに，精神病）の分類の体系化も試みるが，これは後にさまざまな変遷を経て19世紀後半の精神病の概念の確立

の基礎をつくった。このようにピネルの影響の許，精神医学は次第に形をなしていった。

(3) ピネル像の見直し

前述のように近代の精神医学はピネルによる患者の解放を契機にはじまり，ピネルの影響の許に発展していったとされる。しかし，近年では，こうしたピネル像は弟子のエスキロール（Jean-Étienne Dominique Esquirol; 1772-1840 後述）らによってつくられたものに過ぎない，という指摘も目立つようになってきた（Weiner, 2008b）。

まず，心の病の患者の解放をはじめて行ったのは果たしてピネルなのか，という疑問がある。前述のイタリアのキアルージはすでに1786年に改革をはじめており，ピネルが患者を解放したとされてきた1793年に先立つことは明らかである。また，近年の研究ではピネルが患者の解放をはじめたのはもっと後のことではないかという指摘もあり，そうなるとテュークがヨーク隠退所を設けた1796年よりも後である可能性もでてきた（小俣, 2000, p.152）。また，そもそもビセトール病院で患者の解放をはじめたのはピネルではなく病院の管理人であったピュッサン（Jean-Baptiste Pussin; 1745-1811）であり，ピネルはその影響を受け後にサルペトリエール病院で解放を試みたに過ぎないという説もある（Hochmann, 2004, 邦訳, p.15）。

このようなことからもわかるように，心の病の患者の解放，病院の改革などはピネルという一人の人物の属性に帰属されるものではなく，ヨーロッパ諸国の近代化，あるいは，人道主義的な思想の普及といった社会の変革の中で出てきた流れと見なすべきなのかもしれない。

5　19世紀の精神医学

(1) 精神医学の確立★

19世紀に入り，精神医学はようやく医学の一分野として独立した地位を確立する。精神医学（psychiatry）という用語も，1808年，ドイツのライル（Johann Christian Reil; 1759-1813）がつくったとされる。

5　19世紀の精神医学

　本節では，この19世紀を通した精神医学の発展をみてゆくが，ここでは，便宜上3つの観点からまとめてみたいと思う。1つめは，ふつう精神病といわれる心の病の病因論と診断上の分類の成立のプロセスについてである。〈統合失調症〉と〈躁うつ病，うつ病〉という二大カテゴリーはこの時代を通して確立されたものである。2つめは，精神病は脳の疾患であるという見解に沿った生物学的精神医学の流れについてである。当時の神経系に対する理解は不十分で，結果的に統合失調症，躁うつ病などのメカニズムを特定することはできなかったものの，梅毒による進行麻痺などの脳に明らかな病変をもつ疾患を統合失調症や躁うつ病といったカテゴリーから次第に分離していった。さらに，3つめであるが，精神医学を担う精神病院や精神医学に関する大学教育の整備に関しても触れてみたい。これらは国や地域によって差も大きかったが，19世紀の精神医学の発展は，この時代に整備されたいわばインフラとしての病院や医学教育があったからこそなし得たものでもあった。以下，順にみてゆきたい。

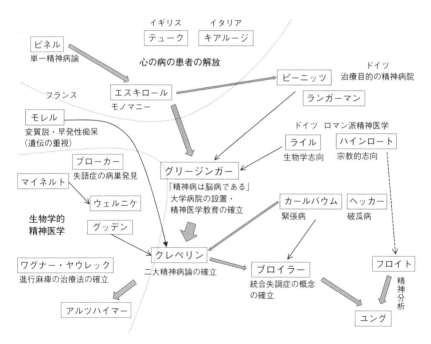

図7-6　19世紀を中心とした精神医学の流れ

(2) ピネルの精神病の分類 ★

　ピネルは，その著書（Pinel, 1801）の中で，心の病，中でも今日一般に精神病とされるものを，①メランコリー（mélancolie），②妄想（理性の混乱）を示さないマニー（manie sans délire），③妄想を示すマニー（manie avec délire），④痴呆（démence），⑤白痴（idiotisme）（以上，仏語）に分類した。この用語は必ずしも今日の診断名に対応しないが，メランコリーはうつ状態，マニーはそう状態のような興奮状態を含むものとみられる。一方，痴呆はいわゆる認知症ではなく，統合失調症が進行し，理解，判断力などがかなり低下した状態，白痴はさらに進行し精神が荒廃した状態を念頭におけばよい。この分類は完全なピネルのオリジナルではなく，たとえば，同時代のイタリアのキアルージ（前述）も，精神病を抑うつ病（メランコリー），躁狂（マニー），痴呆の3つに分類していたといわれ（Kraepelin, 1917, 邦訳, p.53），類似性が見られる。

　では，何故，当時の精神医学において，このような分類が行われていたのだろうか。一般的に，統合失調症の病状が進行する1つの典型的なパターンとして，はじめに，普段と変わった気分が沈んだ状態がしばらく続き，やがて，興奮したり，妄想症状を呈したりし，さらに，それがひどくなると精神が荒廃してゆくという経過がある。現在は，抗精神病薬の発達などで必ずしもそのような症状がみられる訳ではないが，有効な治療法がなかった当時は今日の統合失調症に相当する患者は一定の割合でこのような経過をたどったと思われる。おそらくピネルをはじめとした当時の精神科医たちは，このようなケースの病気の進行する段階を手がかりに精神病を分類したのではないかと考えられる。つまり，上記の①から⑤のような診断名は，それぞれの病名であると同時に，実は1つの疾患の進行のプロセスでもあった[注10]。こうした考え方はのちのグリージンガー（後述）などに受け継がれるもので，単一精神病（unitary psychosis）論などともいわれる。

(3) エスキロールとモレル

　ピネルの弟子で後継者でもあったエスキロール（J. E. D. Esquirol）は，師の分類をさらに検討したことで知られる。エスキロールの提唱した概念の中でとくに有名なのは，モノマニー（monomanie（仏語））といわれるもので，これは

統合失調症にみられる理性の低下のような全般的な精神の荒廃に至ることはなく，特定の行動傾向や妄想が主症状として出てくるもので部分的狂気（folie partielle（仏語））などともいわれるものである。現在では，モノマニーという用語は用いられないが，強迫性障がいや特定の妄想にのみこだわり人格の荒廃は伴わないいわゆる偏執病（パラノイア）などがそれに含まれるとされる。モノマニーの概念は人間の理性が感情や欲求によって影響されることを示し

図7-7　エスキロール

たものとされ（Alexander & Selesnick, 1966），遺伝的な素因が強いとされる統合失調症とは異なる心因性の心の病に関心を向ける1つのきっかけをつくったと考えることもできる[注11]。

一方，19世紀も後半に入ると，これとは逆に，精神病の遺伝的要因を重視する流れがフランスで活躍したモレル（Bénédict Augustin Morel; 1809-1873）によってつくられた。

同じ動植物でもさまざまな種類が存在するように人間にもさまざま人種が存在するが，それは自然環境などに適応した結果生じたものである。ところが，モレルによれば，これとは別に人には遺伝的に病的な要素をもったさまざまなグループ，つまり，変種が存在するという。このような病的な変種が生ずることを変質（dégénération（仏語））という。変質はさまざまな有害な環境からの

注10）なお，ピネルの著書（Pinel, 1801）では，上記の5つの分類はそれぞれ独立した疾患として記述されており，必ずしも，ピネルが，これら5つの分類が1つの疾患の経過に対応していることを意識していたとは思えない。また，ピネルは，マニーを周期性・間歇性のマニーと持続性のマニーに二分し，前者は回復可能，後者は進行性のものと見ていたようだ。おそらく，前者は今日の躁病などに，後者は統合失調症の一段階としての興奮状態にほぼ該当するものと思われる。こうしてみるとピネルは，すでに，後の精神医学者のように統合失調症と躁病を異なるカテゴリーとしてとらえるような着想を得ていたのではないかと考えられる。しかし，ピネルが持続性のマニーの存在を主張していることは統合失調症の経過の1つとしてのマニーをとらえていたことになるし，さらに，ピネルが広い意味での精神病に相当する用語としてもマニーをあてていたことなどを合わせて考えると，やはり，彼の5つの分類は統合失調症の経過を示すものという考え方も成り立つ。

注11）小俣（2000）はモノマニーは「はじめて提唱された独自の心因性精神病群」（p.64）であるとしている。また，小俣は，このような心因論があってこそ，話すこと，語ることによる心理療法は成立するもので，エキスロールはそうした心理療法成立の分岐点に立つ人物であるとも指摘している。

影響が蓄積して起こるもので，それが遺伝的に子孫に伝えられ変種ができあがる。そうした変種としての傾向は代々その家系の中で受け継がれていくうちに次第に凝縮され，やがて重篤な精神病を招くことになるという。

また，モレルは，精神病の症状としての痴呆（démenc（仏語）：dementia（英語））に着目し，早発性痴呆（démence précoce（仏語）：dementia praecox（英語））の存在を主張した一人でもあった（Gilman, 2008, p.463）。この早発性痴呆という用語は，後にクレペリン（E. Kraepelin 後述）によって受け継がれ，そこから今日の統合失調症の概念が確立されることになる[注12]。

19世紀は急速な近代化のなかで都市に貧困層が増加し，いわゆる精神病をはじめとした心の病やアルコール中毒，今日の生活習慣病のような慢性的な病気が目立ちはじめた時代でもあった。神学的な思想をもっていたモレルは，このような状況を目の当たりにし人類の将来を悲観的にとらえ，そこから変質の概念を思いついたとされる。つまり，モレルによれば変質は人間の原罪によってもたらされたものだというのである。

この理論は，遺伝学や進化論に対して十分な知識がなかった時代の疑似科学的思想であり，現在では過去の遺物に過ぎないが，後述のドイツにおける心の病の分類や病因論にも影響を与えることになる（以上，変質に関しては主として中谷（1999）の記述によった）。

(4) ドイツにおけるロマン派精神医学[注13]

一方，ドイツでは19世紀初頭から前半にかけて，ロマン派精神医学と呼ばれる流れが台頭していた。これは，18世紀以降次第に強くなってきた機械論的な人間観に対する反動と位置づけられるもので，人間の背後にある精神的なものや見えない力の働きを重視した。精神医学という言葉の発案者のライル（J. C. Reil）も精神病の理解にあたって身体的な要因を重視したが，一方で，心の動きを支える3つの力を仮定するなどロマン派的な側面がみられる。

注12）痴呆（dementia）という用語は今日では認知症と訳されている。脳に関する十分な知見がなかった19世紀の段階では，認知症と統合失調症に由来する思考の障がいとの区別が明確でなかった。そのため比較的若く発症し思考の障がいを中心とする統合失調症を当時は早発性痴呆と呼んでいたのである。

注13）ロマン派精神医学についてはマルクス（Marx, 2008a, 2008b）の小論が詳しい。

ロマン派精神医学の代表とされるのはハインロート（Johann Christian August Heinroth; 1777-1843）で，彼は，精神病の理解に神学的な説明を多用した。彼によれば，精神病は自由な意思が行使できなくなっている状態であり，それ自体が罪であり，理性の損なわれた状態だという。

こうしたロマン派精神医学は，間接的には，後のフロイト（S. Freud）の精神分析の成立にも影響を与えた。

(5) グリージンガー ★

前述のようにピネルはいわゆる精神病にあたる心の病を5つに分類しているが，これは実際には5種の疾患がある訳ではなく，統合失調症とみられる1つの疾患の進行の5段階を表現していた側面が強い。この単一精神病論の流れを汲みつつも，そこからの脱却の道筋をつけたのが，ここで紹介するグリージンガーである。

グリージンガー（Wilhelm Griesinger; 1817-1868）は，チューリッヒ大学やベルリン大学の教授を務

図7-8　グリージンガー

め，ドイツの近代精神医学の発展に大きな足跡を残した学者である。彼は自らの使命を，ドイツの精神医学に混乱を招いていただけのロマン派精神医学の思弁から解き放ち，実証的な精神医学を導入することにあると考えていた（Alexander & Selesnick, 1966）。その姿勢は，彼の有名な言葉「精神病とは脳病（Erkrankungen des Gehirns）である[注14]」に現れている。

グリージンガー（Griesinger, 1867）は，一般に精神病といわれる心の病を3つのカテゴリーに分類した。①精神的抑うつ状態（Die psychischen Depressionszustände）（うつ病またはメランコリー），②精神的興奮状態（マニー）（Die psychischen Exaltationszustände），③精神的衰弱状態（妄想症および痴呆性疾患）（Die psychischen Schwächezustände）である。このうち，①および②は一次性の疾患で感情の症状を中心とし，脳の病的変化もなく治療も

注14）小俣（2002）によれば，この言葉は彼が1845年に出版した精神医学のテキストの冒頭に書かれた記述によるとのことである。

可能とされる。これに対し③は，一次性の疾患から移行する二次性の疾患であり，脳の病変も進行し，治療も難しいとされる。グリージンガーはこの3つのカテゴリーの下にさらに下位カテゴリーを設けている。それらをみると，たとえば，うつ病を主とする①の中には感情鈍麻を伴ううつ状態など統合失調症を思わせるものも含まれている。しかし，そうした細部の違いをあえて無視すれば，このクリージンガーの分類は感情の症状を中心とするうつ病，躁うつ病などに相当する①，②のグループと，妄想や思考の障がいの進行に伴い症状が悪化してゆく統合失調症に近い疾患を中心とする③のグループに大きく二分できることがわかる。しかし，グリージンガーは前者のグループを一次性，後者を二次性と呼び，前者から後者に移行するプロセスを考えていた。そうした意味で，彼は，まだ，単一精神病論の枠組みの中に留まっていた。

(6) 二大精神病論の確立[注15] ★

グリージンガーを境に，精神医学の中心はフランスからドイツに移っていった。ドイツでは，グリージンガーの精神病は脳病であるという視点から研究をすすめる流れ（後述）も発展していったが，その一方で，病状の経過を丹念に観察し精神病概念を描出してゆくことも盛んに行われた。

たとえば，カールバウム（Karl Ludwig Kahlbaum; 1828-1899）は，衝動的な運動の暴発や一度とった姿勢が固まってしまうカタレプシーなど多彩な行動を示す緊張病（Katatonie（独語）：catatonia（英語））の存在を指摘した。また，その弟子のヘッカー（Ewald Hecker; 1843-1909）は，カールバウムとともに思春期に多く発症し急速に自我の崩壊が進む一群の精神病が存在することを指摘し破瓜病（Hebephrenie（独語）：hebephrenia（英語））と名づけた。これらは，グリージンガーがとどまっていた単一精神病の中の1つのタイプというより，それとは別の疾患として考えられた。このように，単一精神病論は次第にその枠組みを崩さざるをえなくなっていった。

注15) 二大精神病論とは，精神病を気分の変化を主症状とし人格の荒廃をもたらさないうつ病，躁うつ病などの疾患と進行性で人格の崩壊に至る統合失調症とに大きく二分する考え方で，精神医学では伝統的に受けつがれてきた考え方である。ただ，近年ではうつ病と躁うつ病は発症のメカニズムも異なり，同じカテゴリーに分類することは適切ではないという見方も一般的になりつつある。しかし，本章では旧来の二大精神病論に沿って話をすすめる。

こうした精神病を中心とした心の病の症状や経過を丹念に観察し，1つひとつの疾患を同定してゆくアプローチはクレペリンによって体系化される。

クレペリン（Emil Kraepelin; 1856-1926）注16)は，北ドイツのバルト海沿岸の生まれで，ヴュルツブルグ大学で学び医師となった。その後，ミュンヘンの精神科医で生物学的志向の強いグッデン（Bernhard Aloys von Gudden; 1824-1886）注17)の許で働いたが，クレペリンは脳を顕微鏡で見ることにあまり興味がなく，むしろ，実験心理学に関心をもった。そして，

図 7-9　クレペリン

ライプチヒでヴント（W. M. Wundt）から心理学を学んだのち，現在のエストニアのドルパト大学の教授となり，さらに，ハイデルベルク大学，ミュンヘン大学の教授などを歴任した。

このような経歴からみてもわかるように，クレペリンは精神病を脳の疾患と見なすグリージンガーの伝統を受け継いではいたものの，その主たる関心は患者の症状を徹底的に観察，描写することにあった。とくに，クレペリンは症状の経過観察に重きを置き，経過観察に基づく心の病の分類を行った。クレペリンは，1883年に精神医学の教科書を執筆した。この教科書はその後もたびたび改訂され，その中で彼の心の病の分類は徐々につくり上げられていった。

今日でも，躁うつ病，うつ病などといった疾患と統合失調症は二大カテゴリーとして扱われることが多いが注18)，そうした分類は，この教科書の第6版（1899年）においてその原型がつくられた。クレペリンは，その中で，破瓜病，緊張病，妄想性痴呆からなる早発性痴呆（Dementia praecox）と感情の障がいを伴う躁うつ病（manisch-depressive Irresein）という2つの章を設けた。早発性痴呆は，おおよそ今日の統合失調症に相当するもので，症状は進行性で次第に自我の崩壊した状態（クレペリンはこれを痴呆（dementia）と呼んでいる

注16）クレペリンについてはコッレ（Kolle, 1956）による短い評伝があり，邦訳もある。
注17）グッデンは，作曲家ワーグナー（Wilhelm Richard Wagner; 1813-1883）の支援者として有名なバイエルン国王ルードウィッヒ二世（Ludwig II; 1845-1886）の侍医で，何らかの精神異常とみられる症状を発症した王に付き添い，王とともに湖で怪死したことで知られている。
注18）クレペリンの心の病の分類の変遷については，内沼（1979）がわかりやすくまとめている。

が，今日でいう認知症（dementia）とは異なる）に至る。一方，躁うつ病は循環性の疾患で自我の崩壊には至らず回復することもあるが，再発もある。このような分類は経過観察を重視したクレペリンだからこそつくることができたともいえよう（以上の記述は，Shorter, 1997; Janzarik, 1974; Pichot, 1996; Kolle, 1956などによる）。

この早発性痴呆の概念にさらに検討を加え，統合失調症（schizophrenia）という名称を提唱したのがブロイラーである。

図7-10　ブロイラー

ブロイラー（Eugen Bleuler; 1857-1939）は，チューリッヒ近郊に生まれたスイス人で，チューリッヒ大学で医学を学び精神科医となり，後に，チューリッヒ大学教授とその附属病院的な位置づけにあったブルクヘルツリの病院長を兼務した。ブロイラーもクレペリンと同様に精神病を脳の疾患として扱う立場からは距離をとり，患者との対話を通じてその心理的な側面を理解することに傾注した。また，当時はまだ広く受け入れられていなかったフロイト（S. Freud）の精神分析にも関心をもち，積極的に評価した。彼の門下生でもっともよく知られているのがユング（C. G. Jung 第8章4節参照）である。

ブロイラーは，1908年の論文（Bleuler, 1908）で，クレペリンのいう早発性痴呆の患者の中には，必ずしも自我の崩壊した痴呆へと向かわないケースもあるとして，早発性痴呆という名称を批判した。そして，ブロイラーはこの論文ではじめて統合失調症（Schizophrenie（独語）：schizophrenia（英語））という用語を用いた。また，1911年や1912年の論文（Bleuler, 1911, 1912）で，統合失調症は，正常な人の思考の基礎となっている類似や時間的な接近に基づく観念の連合の機能がうまく働かなくなること（連合弛緩）や，内的世界の働きが強くなり外的世界とのつながりがうまくできなくなること（自閉的思考；発達障がいとしての自閉症とは異なる）などによって特徴づけられる一連の疾病群であることを主張した[注19]。

注19）ブロイラーは，統合失調症を1つの病気ではなく疾患群としてとらえていたため複数形（Schizophrenien）で表記していた。

これによって，今日に至る統合失調症の概念が確立されることになった。

(7) 生物学的精神医学 ★

一方で，19世紀は，精神病をはじめとした心の病を脳，神経と関連づけようとする流れ（いわゆる生物学的精神医学）がはじめて発展した時代でもあった。

18世紀の末，ウィーンの解剖学者であったガル（F. J. Gall）は精神機能と脳との関連を扱う骨相学を提唱し（第1章4節参照），また，精神医学という用語を初めて使ったライル（前述）も精神病と神経系との関係について独自の考えを展開したといわれる。グリージンガーの「精神病は脳病である」という有名な言葉も，こうした流れの中から出てきたものである。しかし，この時代の脳や神経に対する理解は不十分なもので，患者の死後，脳を解剖して目視した知見に思弁的な議論を加えるのが限界であった。

こうした中でフランスの外科医で人類学者でもあったブローカ（Pierre Paul Broca; 1824-1880）は，1861年に「タン」という言葉しか発しない脳梗塞患者の脳を解剖し，病巣が左半球の前方に存在することを突き止めた。この病巣に由来する言語障がいは後に運動性失語（ブローカ失語）といわれるものになった。そして，この頃から，脳と心の病との関連は自明のものとして受け入れられるようになり，臨床的な活動の一方で，精神病の原因を求めて脳組織を顕微鏡で観察する精神科医が増えていった。前述のクレペリン（E. Kraepelin）の師であるグッデン（B. A. von Gudden）もその一人であった。また，クレペリンの門下生の中には，知能の低下した老人の脳の特異な変化を発見し認知症の脳変化の研究の端緒を開いたアルツハイマー（Alois Alzheimer; 1864-1915）がいた。

図7-11 ブローカ

また，ウィーン大学の精神科教授で短期間ではあったがフロイトの師でもあったマイネルト

図7-12 アルツハイマー

図7-13 ウェルニッケ

(Theodor Hermann Meynert; 1833-1892) も，こうした脳組織を顕微鏡で観察することで生涯の大部分を過ごした一人である．その弟子，ウェルニッケ（Carl Wernicke; 1848-1905) は，ブローカの指摘した病巣とは異なる部位に由来するもう1つの失語症（感覚性失語，ウェルニッケ失語）を報告した．

　一方，19世紀は，梅毒による進行麻痺が多発した時代でもあった．進行麻痺は，梅毒トレポネーマが脳に侵入することによって起こるもので，妄想などの統合失調症に似た症状や躁うつ病に似た症状，また，身体の麻痺なども生ずることがあるとされる．症状の進行は必ずしも速くなく，統合失調症や躁うつ病の概念がはっきりしない時代には，これらの疾患と混同されることも多かったようだ．しかし，男性に多発することなどもあり，次第にこれが梅毒によるものであることが知られるようになってきた．19世紀の末になると梅毒の患者は爆発的に増加し，精神病院の男性入院患者のかなりの割合が進行麻痺の患者によって占められるようになってきた（Shorter, 1997; 邦訳, p.80).

　しかし，細菌学の発達とともに梅毒トレポネーマが発見され，さらに，1913年には野口英世（1876-1928）が進行麻痺の患者の脳から梅毒トレポネーマを分離し，進行麻痺が梅毒によるものであることが確定した．また，この頃から梅毒の治療薬サルバルサンが開発されたり，ウィーン大学の精神科教授ワーグナー゠ヤウレック（Julius Wagner Ritter von Jauregg; 1857-1940）によってマラリアによる高熱を人工的に出して治療する方法が実用化され，進行麻痺は治療できる精神病となり，次第にその数を減らしていった．

　このような生物学的精神医学の成果は，いわゆる精神病は1つの疾患群であるという考え方が残っていた時代にあって，いくつかの疾患をそこから分離させることに成功した．しかし，当時の生物学的な精神医学はまだ初期の段階にあった．それが，いわゆる精神病の中心的な位置を占める統合失調症や躁うつ病の理解や治療にはほとんど貢献することはなかった．このことがやがて統合失調症や躁うつ病の治療に対するある種のあきらめ（いわゆる治療的ニヒリズ

ム）を生むことにもなった。

(8) 精神病院の整備と大学病院の誕生 *

　19世紀初頭にピネル（前述）によってはじめられたとされる精神病院の改革は，ヨーロッパ各国で，収容施設としての精神病院から治療施設としての精神病院への変化をもたらした。

　そのなかでとくに19世紀の精神医学の在り方に大きな影響を与えたのは，ドイツにおける発展である。1805年には南ドイツのバイロイトにドイツではじめて近代的な精神病院が建てられた。病院の管理者であったランガーマン（Johann Gottfried Langermann; 1768-1832）は治療するための病院としてこの病院を運営したといわれる。また，少し遅れて1811年にはエスキロール（J. E. D. Esquirol）に学んだピーニッツ（Ernst Gottlob Pienitz; 1777-1853）もゾンネンシュタイン治療院を設けた。その後，ドイツ各地ではこのような精神病院が増加してゆくが，それらは，主に都市郊外や田園地帯にあった。また，こうした精神病院は急性期で発症からの日の浅く治療可能性のある患者が入院する病院と慢性期の患者が長期に療養する病院の2種に分けられていた。そして，この2種は一対として設置されることも多かったという（小俣，2002）。一方，19世紀中頃になると，ドイツの大学の医学部では精神医学に関する講義が行われるようになったが，それらは病院で実際に患者に接する臨床実習は伴わず，知識を伝達するだけのものであった。

　こうした状況にあって前述のグリージンガー（W. Griesinger）は，心の病が比較的多く発症する都市部にこそ精神病院は必要であり，また，病院は治療機能のほか精神科医を養成するための実習機能も果たすべきであるとし，都市部の大学に併設する精神病院の設置を主張した。グリージンガーはチューリッヒ大学の内科教授に就任するとこの構想の実現をめざし動き出したが，彼自身は病院の開設を待たずベルリン大学の教授として転任した[注20]。ベルリンに移ったグリージンガーは，今度は，それまであまり機能していなかったシャリテ

注20）このチューリッヒ大学の精神科の附属病院はブルクヘルツリ病院として1870年に開院し初代院長にクレペリンの師でもある前述のグッデンが就任した。また，ブロイラー，ユングなどもこの病院で活躍した。

図7-14　チューリッヒ大学の附属病院でもあるブルクヘルツリ病院

と呼ばれるベルリン大学付属の施設を本格的な精神科の実習施設として整備し，臨床実習を中心とした精神医学教育を行った．時代は，プロイセンによるドイツ統一期にあたり，ベルリンはその中心的な位置にあった．また，グリージンガーの名声も次第に高まりつつあった．そのため，このベルリン大学での試みはドイツ各地の大学やスイス，オーストリアなどの周辺国の大学にも影響を与え，多くの大学附属病院の精神科が開設され，大学病院での実習を中心にした精神医学教育が確立された．こうした背景には，ドイツでは医師が医師資格の取得に際し論文を執筆し博士号を取得することが一般化しており，学問研究の中心である大学と臨床現場としての病院との間に密接な関係があったからともいわれる．また，ドイツがこのような制度を普及させたことはドイツの大学に研究活動の活性化をもたらし，そのため19世紀後半から20世紀前半の精神医学の中心がフランスからドイツに移る流れをつくったともいわれる．

　一方，ドイツ語圏以外でもこうした流れは強まり，フランスでも前述のサルペトリエール病院はパリ大学の附属病院としての機能を果たすようになっていったほか，各国でも大学の附属病院の精神科を中心に精神医学が発展してゆく時代に入った．

(9) 19世紀の精神医学がもたらしたもの★

　医学の他の領域と同様，19世紀は精神医学もその分野を確立し，発展した時代だった．しかし，当時は，抗精神病薬をはじめとした薬物も開発されておら

ず，これといった決定的な治療法はなかった。沐浴による治療などは比較的穏やかなほうであり，ときには，興奮する患者を高速で回転する椅子に乗せてショックを与えて落ち着かせる治療法なども行われた。また，規則正しい日常生活や作業，宗教的な行事への参加，言葉による説得などを組み合わせたモラル療法と呼ばれる方法なども次第に用いられるようになっていたが，十分といえるものではなかった。その一方で，前述のように19世紀を通して梅毒による進行麻痺は急増し，さらには，アルコールの消費量が増えるのに伴いアルコール中毒も増加していた。また，理由は必ずしも明らかではないものの統合失調症の患者の増加も各地で報告されていた。

　増加するばかりの患者を前に精神科医はこれといってなすすべもなく，1900年頃になると精神医学界では次第に行き詰まりが感じられるようになってきた[注21]。そのような状況にあって，精神医学の主流派からはやや離れたところから新たな治療法が編み出された。それこそが無意識の心理学であり，その代表がフロイト（S. Freud）であった。そして，そこに臨床心理学が誕生するのである。

注21）19世紀の後半における患者の急増と精神医学の行き詰まりに関しては，ショーター（Shorter, 1997）の著書の第2章にかなり詳しく紹介されている。

第8章
無意識の心理学と臨床心理学[注1]

1 はじめに★

　前章でみたように，19世紀は精神医学が成立し大いに発展した時代であった。精神病院がつくられたのも，統合失調症や双極性障がい（躁うつ病など）のような今日でも一般的な心の病の概念が成立したのも19世紀の精神医学の成果であった。しかし，治療ということになると，これといった決め手になる治療法のない当時の精神医学にできることは限られていた。とくに統合失調症の治療は難しく，精神病院に長期に入院する統合失調症患者の姿は，精神医学の行き詰まりを象徴していた。

　そうした精神医学の閉塞状況の中で，精神医学に対する新たなアプローチが思いがけないところから登場した。それは古代からさまざまなかたちで記述されてきたヒステリー（後述）の治療方法としての催眠療法であった。催眠療法は当初からそのメカニズムが理解されていた訳ではないが，次第にそれが意識下（つまり，無意識）の働きと関係していることが明らかになってきた。そして，その無意識の働きをポイントに，人の心の病を理解しようという流れが出現した。そうした状況の中から登場したのが，本章でまず取り上げるフロイト（S. Freud）である。フロイトは精神医学に新たな流れをもたらしたが，それと同時に彼のつくり上げた無意識の心理学の理論と方法は，臨床心理学の土台をつくることにもなった。

　注1）本章の執筆にあたっては数多くの文献を参照しているが，もっとも多く参照したのはエレンベルガー（エランベルジェ）（Ellenberger, 1970）の著書（邦訳タイトル『無意識の発見』）である。この著作は初期の催眠療法からフロイト，ユングに至るまでの無意識の心理学の歴史を体系的，網羅的に記したもので，そうした著作は他になく，この領域の歴史を学ぶうえで必読書となっている。

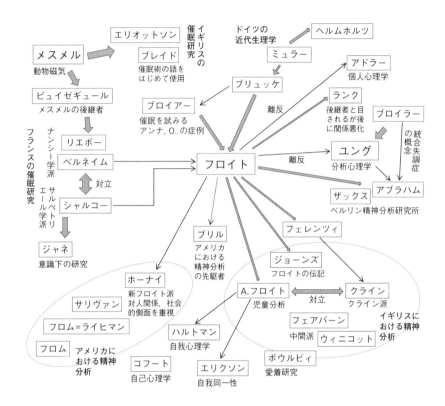

図8-1　無意識の心理学をめぐる心理学者たち

2　メスメリズムと催眠療法

(1) ヒステリーの歴史[注2] ★

　催眠療法の話をはじめる前にまずヒステリーについて簡単にみてみたい。
　ヒステリーは，今日の診断基準では変換症または転換性障がいと呼ばれるものにほぼ相当する。身体的には明らかな異常がないにもかかわらず，おそらくは外傷的なストレスやそれに由来する不安や恐怖が原因となり，さまざまな身体的不調が出現することを主症状とするものである。近代以前，このヒステリ

　注2) ヒステリーの歴史についてはトリヤ (Trillat, 1986) によるまとまった著作があり，本項も主としてそれによっている。

ーは女性特有の病気だと考えられていた。ヒステリーという言葉もギリシャ語の子宮に語源があるとされる。当時，ヒステリーは子宮が移動し窒息のような症状を起こすことに原因があるとされていたのである。また，激しい恐怖や突然気を失ったりする症状から，てんかんとの類似性も考えられていた。

中世以降，とくにルネサンス期に入るとヒステリーは悪魔に憑かれた状態と考える風潮が次第に強くなり，魔女狩りの犠牲になる者もいた。しかし，17世紀の末頃になるとヒステリーは罰するものではなく治療の対象とされるようになり，子宮に原因を求める古代の考え方が復活した。ほどなくヒステリーを起こす原因としてガレノス（Galēnos）の医学以来の動物精気（animal spirits）の概念（第7章2節参照）を用いて説明する理論が登場した。また，それと同時にヒステリーの座も子宮ではなく脳にあると考えられるようになってきた。ただ，そうした理論も循環器系のメカニズムが次第に解き明かされてくるにつれて力を失っていった。

ところが，ヒステリーの理解に動物精気の概念をもち出したことで，ヒステリーの発生のメカニズムに，ある種のエネルギーのような，流体の力が作用しているという発想がもたらされた。こうした流れを（間接的にではあるが）受けて登場するのが催眠療法の祖とされるメスメルである。

(2) メスメルと動物磁気★

催眠療法の祖とされるメスメル（Franz Anton Mesmer; 1734-1815）[注3]は，スイスとドイツの国境にあるコンスタンツ湖畔の町で生まれた。ドイツのいくつかの大学で神学，哲学などを学んだ後にウィーン大学に入り医師となった。その後裕福な未亡人と結婚し，また，作曲家モーツァルト（Wolfgang Amadeus Mozart; 1756-1791）のような芸術家とも交流をもち社交界でも知られる存在

図8-2 メスメル

注3）メスメルの伝記はブラネリ（Buranelli, 1975）によるものがあり，邦訳もある。また，『無意識の発見』（Ellenberger, 1970）の第2章にはメスメルとその後継者についてまとまった記述がある。

になった。

　1770年代にメスメルは，ある20代の女性を治療していた。この患者もおそらくはヒステリーの患者で，しばしば発作に襲われたり，さまざまな心身症状をみせたりしていた。メスメルは彼女を継続的に診ているなかで発作に周期性があり，それが，天体の周期に奇妙に一致していることに気づいた。もともとメスメルは天体や地球の重力が人体に与える影響に関心をもっており，自身の博士論文のテーマに取り上げていたので，彼にとってそれは自然なことであった。メスメルは，潮の満ち引きが月の重力によって起こるのと同様に，天体の周期によって起こる重力の変化がこの女性の神経に影響を与えて症状を引き起こしているものと考えた。当時，重力についての理論は必ずしも十分に完成されておらず，重力を一種の物質（宇宙流体）と考える立場もあった。この立場をとっていたメスメルは，天体の周期のせいで女性の身体の中でもこの宇宙流体の偏在が生じそれが症状を招いていると考えたのだ。そして，この宇宙流体の偏りを制御するために当時よく用いられていた磁石を用いる治療法を思いついた（もちろん，磁力と重力は異なるものだが，重力を宇宙流体のような物質と考える立場からすれば，物質を引き寄せる力のある磁石によって重力も制御できると考えたのである）。

　磁石による治療法は意外にもうまくいき，女性は症状を軽減することができた。味を占めたメスメルはさらに実験を重ねていった。その結果，磁石の磁力は宇宙流体とは関係なく，磁石は単なる宇宙流体を人体に伝える伝導体に過ぎないことが次第に明らかになってきた。メスメルによれば，伝導体は金属の磁石である必要はなく，それは人でもよいとされ，彼は自身をとくに伝導体として高い能力をもっていると考えるようになった。また，メスメルはこの身体の中にある宇宙流体を動物磁気（magnétisme animal（仏語））と呼んだ。メスメルによれば，病気とはこの動物磁気が多いか少ないか，あるいは，バランスがとれていない状態であり，伝導体を用いてこれを調整すればよいと考えられた。

　しかし，この考え方は当時のウィーンの大学関係者にはすんなり受け入れられず，論争に巻き込まれ立場の悪くなったメスメルはウィーンを去ってパリに移住した。パリでも彼の治療法は評判を呼び多くの患者が集まるようになり，メスメルはパリ郊外に診療所を開設した。その診療所には磁気桶といわれる奇

図 8-3　磁気桶

妙な装置があった（図 8-3）。これは木製の桶のような器の中に磁気水や磁化した金属の破片などを入れ鉄の棒をつけたもので、患者はこの鉄の棒を身体のさまざまな部分にあてた。それによって動物磁気をもらったり、放出したりすることができるとされたのである。患者は、この磁気桶を用いてメスメルの指導を受けながら治療を受けた。治療中、患者の中には発作を起こしたり、興奮したりする者も出たが、やがて、そうした状態が一通り過ぎると、症状は軽減していったという。

ほどなくメスメルの理論と治療法（メスメリズム：mesmérism（仏語））はパリでも評判になるが、その理論に疑問をもったフランス政府は調査委員会をつくり調査を行った[注4]。その結果は、メスメルの主張する動物磁気の存在を否定するものであった。さらに、弟子の離反などのトラブルにも見舞われたメスメルは、仕方なくパリを立ち去ることになった。その後、メスメルは各地を放浪した後、生まれ故郷に近いスイスの村でひっそり死んだ。

注4）この調査委員会には、当時駐仏アメリカ公使であったベンジャミン・フランクリン（Benjamin Franklin; 1706-1790）、化学者として有名なラヴォワジェ（Antoine-Laurent de Lavoisier, 1743-1794）、ギロチンの開発者として知られる医師ギヨタン（Joseph Ignace Guillotin; 1738-1814）がメンバーとして加わっていたことはよく知られている。

(3) メスメリズムから催眠術へ[注5] ★

　今日の学問水準からみれば，メスメルの理論が荒唐無稽に類するものであることはいうまでもない。にもかかわらず，メスメリズムが一定の効果をもたらしていたのは何故か。それは，メスメルの治療法が，実は，暗示によって患者に催眠をかけて治療していたからである。しかし，もちろん，当時は，そのようなことはわからなかった。

　メスメルには何人かの有力な弟子がいたが，その中に，フランスの名門貴族のピュイゼギュール侯爵（Amand-Marie-Jacques de Chastenet, Marquis de Puységur; 1751-1825）がいた。彼は，有力者としてメスメリズムの普及に努めるが，やがて，メスメルの動物磁気の考え方の空疎さに気づき，この治療法において重要なのは治療者の意思にほかならないことを理解した（Ellenberger, 1970, 邦訳（上），p.83）。

　メスメリズムはその後も批判にさらされたが，19世紀の前半を通してフランス，ドイツを中心に広がりをみせ，やや遅れてイギリスにも普及していったといわれる。たとえば，イギリスの外科医のエリオットソン（John Elliotson, 1791-1868）は，麻酔法の十分発達していなかった当時，メスメリズムを利用して無痛の手術を行うことを試みたりしている。

　そうしたなか，1841年，医師ブレイド（James Braid; 1795-1860）は，マンチェスターでピュイゼギュールの弟子の一人がメスメルの方法を用いて治療を行うのを見学した。しかし，その動物磁気の理論に疑問をもったブレイドは，自ら実験を行ってみた。その結果，彼は，磁石も伝導体も用いることなく，被験者にある一点を凝視するように指示することで，ほどなく被験者を深い睡眠に陥らせることが

図8-4　ピュイゼギュール

図8-5　ブレイド

注5）本項の記述をはじめ催眠の歴史に関する内容の多くは，ガウルド（Gauld, 1992）の著書によっている。

できることを見出した。そこには動物磁気の存在はまったく関与していなかった。ブレイドはこうして人工的につくり出す睡眠状態を催眠（hypnosis），そうした催眠状態をつくり出す一連の操作を催眠術（hypnotism）と呼んだ。しかし，ブレイド，エリオットソンをはじめこの時代のイギリスの催眠の研究者たちは，催眠と骨相学（第1章4節参照）とを結び付けようとする傾向をもっており，必ずしも，催眠研究を建設的な方向に向ける力とはならなかった。

(4) ナンシー学派とサルペトリエール学派★

　催眠術は，1860年代ごろになっても，正統な医学研究者たちの間では怪しげな民間療法の類と考えられがちであったが，そうした批判を顧みずそれを採用したのがフランス北部の町ナンシー近郊にいた開業医リエボー（Ambroise-Auguste Liébeault; 1823-1904）である。開業医であったリエボーは，医療費の支払えない貧しい患者に薬代のかからない催眠術による治療を試みたが，これが予想以上の効果を上げていた。この噂を耳にしたのは，ナンシー大学の医学部の教授であったベルネイム（Hippolyte Bernheim; 1840-1919）であった。彼は，1882年頃リエボーの行っていた催眠術を大学病院における治療に取り入れ，広く紹介した。このリエボーとベルネイムによる催眠研究のグループをふつうナンシー学派という。

　一方，同じ頃，パリのサルペトリエール病院でも催眠の研究をはじめたのが，シャルコー（Jean-Martin Charcot; 1825-1893）である。

図8-6　リエボー

ナンシーのクリニックにおけるリエボー（立っている2人の人物のうち左側）。

図8-7　ベルネイム

208　第 8 章　無意識の心理学と臨床心理学

図 8-8　シャルコー

図 8-9　催眠を実演するシャルコー
中央やや右寄りで立っているのがシャルコー。催眠をかけられている女性を後ろから支えているのはバビンスキー（Joseph Jules François Félix Babinski; 1857-1932）。バビンスキーはシャルコー門下でバビンスキー反射の発見者として知られている。

　シャルコー[注6]は，パリの馬具職人の息子であったが，医師となりサルペトリエール病院に勤務した。シャルコーは神経学者として多くの業績を残した。多発性硬化症，筋委縮性側索硬化症などの神経の難病をもっともはやく紹介した一人とされている。神経学者として多くの麻痺のある患者に接していたシャルコーは，やがて，神経にはっきりとした損傷が見られなくても麻痺が生ずるケースがあることに気づいた。そして神経に損傷のある器質性麻痺に対し，これをヒステリー性麻痺と呼んだ。このヒステリー性の麻痺の診断，治療の手段としてシャルコーが選んだのがやはり催眠であった。シャルコーはサルペトリエール病院の教授として医学界に多大な影響力を発揮し，また，多くの弟子を育てた。シャルコーを中心としたグループはサルペトリエール学派と呼ばれた。
　サルペトリエール学派とナンシー学派は催眠に対する基本的な考え方が異なっていた。ナンシー学派は，催眠は暗示によって誰にでも生ずる意識の状態の1つと考えていた。そして，催眠によって暗示にかけられることである種の緊張の解放が起き身体症状が軽減するという（誤解を恐れずに言えば）今日のリラクセイションなどに近い考え方をとっていた。これに対し，サルペトリエール学派は，むしろ，催眠はヒステリーの患者の症状を人工的につくりだした状

注6）シャルコーの伝記的な記述は，主として江口（2007）によった。

態と見なしていた。そして，この人工的なヒステリー状態の許で暗示によって反応を取り除いてゆくことで治療が可能になると考えていた。また，サルペトリエール学派は催眠がカタレプシー（catalepsy），嗜眠（lethargy），夢中遊行（somnambulism）の3つの段階を踏むものと考えていたが，ナンシー学派はこれも否定した。

　そのため，サルペトリエール学派とナンシー学派は論争を繰り広げるが，結果は，ナンシー学派に分があった[注7]。しかし，当時のフランスの医学界の中心的存在であったシャルコーが催眠に関心をもったことは，催眠術を医学や心理学の研究対象に乗せるにあたって大きな力となった。

(5) ジャネ

　催眠に関するサルペトリエール学派とナンシー学派との対立につづいて登場するのが，次に紹介するジャネである[注8]。

　ジャネ（Pierre Marie Félix Janet; 1859-1947）は，パリに生まれはじめ哲学を主に学び地方の高等学校の哲学の教授をしていたが，次第に心理学（とくに催眠）に関心を深めていった。さらにパリに戻り医学を学び，シャルコーのいたサルペトリエール病院で臨床活動に従事した。その後，コレージュ・ド・フランスで心理学を担当する教授となった。

　ジャネは，シャルコーやベルネイムのように催眠をヒステリーや他の身体疾患に直接的に関連づけて理解しようとせず，催眠を手がかりに意識やその背後にある力動的なメカニズムを考えることに主眼をおいた。そして，それをもとにヒステリーを含めた神経症[注9]を理解し，また，心理療法の開発を行った。そうやってジャネは，この時代にあって，今日の臨床心理学の理論に近い体系をつくり上げていった。

　ジャネは，ヒステリーは，意識野（champ de conscience（仏語））の狭窄に

　注7）この論争の詳しい経緯は，ガウルド（Gauld, 1992），トリラット（Trillat, 1986）の著書を参照。
　注8）ジャネの生涯，業績についてはエレンベルガー（Ellenberger, 1970）の著書の第6章がいちばんまとまっている。
　注9）近年，神経症（neurosis）という用語はほとんど使用されなくなりつつあるが，本書では歴史的な記述をするにあたって文脈上必要と思われた場合は適宜用いた。

よって意識下（subconscient（仏語））にできあがった固定観念（idée fixe（仏語））が原因で起こるものとした。そして，催眠などの心理療法によってこの固定観念を解体してゆくことで治療されるとした。また，ジャネは，神経症の発症を説明するにあたって心的なエネルギー（force）と緊張（tension）の概念を用いて説明した。たとえば，緊張は正常であるが心的エネルギーが低下した状態で無気力などの精神衰弱が，逆に緊張に異常が起こったときはエネルギーを適切に処理できないために不全感が高まり強迫症状などが出現するという。

　ジャネの理論は意識下，すなわち，無意識における外傷的な記憶を神経症の発症の原因と考える点や心的エネルギーを仮定する点など，ほぼ同じ時代のフロイトの理論に通じる面もみられる。しかし，多くの弟子を抱え学派を形成することを好まなかったジャネの理論は，フロイトに比べ，とくに，英米の心理学界ではあまり広まることもなく，現在まで比較的地味な扱いを受けるにとどまっている[注10]。

3　フロイトの精神分析

(1) フロイトの生涯[注11]★

　フロイト（Sigmund Freud; 1856-1939）は，当時オーストリア帝国領であったモラビア（現在はチェコ共和国）のフライベルク（プレジーボル）でのユダヤ系の商人の家庭に生まれた。母は父の3人目の妻でフロイトはその長子だったが，すでに成人した異母の兄もいた。生後3年ほどでドイツに一時的に転居し，その後ウィーンに移り住み，ウィーンで生涯の大部分を送った。フロイ

　注10）エレンベルガー（Ellenberger, 1970）によれば，ジャネが意識下や固定観念の概念を用いてヒステリーの発症メカニズムを説明したのはフロイトより早いという。また，フロイトも初期の時点ではジャネを引用しながら自説を展開しており（後には自説との違いを強調するようになる），フロイトはジャネから着想を得ていたという結論に達せざるをえないという（邦訳，下巻, pp.188-189）。

　注11）フロイトの伝記的な記述は通俗的なものから専門的なものまで無数にあり，筆者もそれらの一部しか目を通していない。公式の伝記とされているのはフロイトのもっとも忠実な弟子だったジョーンズ（Jones, 1953-1957）によるもので極めて膨大なものである（短縮版は邦訳もある）。近年では，やはり，大部の伝記だがゲイ（Gay, 1988）によるものが評価が高く邦訳もある。学習者がフロイトについて一通り知りたいのであればエレンベルガーの著書の第7章や文庫や新書版で簡単に入手できる小此木（1989）や妙木（2000）の著書がよいだろう。

トは幼少期から聡明で，ウィーン大学に入学し医学を学ぶことになった．彼は，在学中，生理学者ブリュッケ（Ernst Wilhelm Ritter von Brücke; 1819-1892）の研究室に属した．ブリュッケは，生理学者ヨハネス・ミュラー（J. P. Müller）の高弟で同じ門下であったヘルムホルツ（H. L. F. von Helmholtz 第1章参照）とともに機械論的な生命観をもつ生物学者として知られていた．フロイトはブリュッケを父のように慕っていたといわれている．フロイトがブリュッケから最初に与えられたテーマはウナギの精巣の構造を調べることであった．その後も神経系の構造などを研究するテーマを与えられ，一定の成果を上げた．また，フロイトはこの研究室でユダヤ人医師として成功を収めていたブロイアー（Josef Breuer; 1842-1925）とも知り合い，大きな影響を受けることになった．

図 8-10 フロイト

このようにフロイトははじめ科学者としての道を歩もうとするが，1882年，臨床医に転じウィーン市立病院で研修医として勤務しはじめた．研究者としての道をあきらめた理由は，研究室に兄弟子が多く教授昇進が難しかったこと，結婚のために経済的に安定したかったことなどがあったという．

研修医時代は内科，精神科などに属した．当時，精神科の医長は生物学的精神医学（第7章5節）で知られるマイネルト（T. H. Meynert）であった．その頃，フロイトはコカインを鎮痛薬として用いる研究に取り組んでいたが，彼がコカインを処方した友人がコカイン嗜癖に陥り手を引いた．

1885年から1886年にかけてフロイトはかねてから関心をもっていた催眠を学ぶためにパリのシャルコー（J.-M. Charcot）のもとに留学した．また，1889年にはナンシーのリエボー（A.-A. Liébeault）やベルネイム（H. Bernheim）（いずれも前述）の許も訪問している．そして，次第に催眠を中心としたヒステリーの治療を専門とするようになっていった．

フロイトはフランスから帰国後ウィーンの旧市街に診療所を開業した．しかし，子どもが増え住居も手狭になったことから，1891年，市の中心部から少し離れたベルクガッセ19番地（現在，フロイト博物館がある建物）に転居し，診

図 8-11　フロイトの診療所のあった建物
中央の建物の 2 階に診療所と自宅があった。現在は博物館として公開されている

図 8-12　ブロイアー

療所兼自宅とした。そして，そこに最晩年まで留まることになった。

　前述のようにフロイトはブリュッケの研究室で先輩医師ブロイアーと出会うが，ブロイアーもある女性のヒステリー患者を催眠を用いて治療していた。この患者は通称アンナ, O. と呼ばれているが，フロイトは，このケースに多大な関心を寄せた（後述）。そして，このケースを手がかりに，外傷的な記憶を無意識内に抑圧しきれなくなることでヒステリーなどの神経症の症状が出現する，というフロイトの理論の基本的な骨子がつくられた。また，ブロイアーとの共同研究の成果は 1895 年に『ヒステリー研究 (Studien über Hysterie)』としてまとめられた（Freud (Breuer), 1895）。しかし，『ヒステリー研究』が出版された頃からフロイトはブロイアーから少しずつ距離をとりはじめ，独自色を出していった。自分の心理学の体系を精神分析（psychoanalysis）と呼ぶようになったのも，この翌年の 1896 年だった。また，フロイトはこの頃からベルリンの耳鼻科医であったフリース（Wilhelm Fließ; 1858-1928）と交友を深めていった。両者は文通を重ねフロイトはフリースにさまざまな事柄について意見を求めているが，このフリースに対する傾倒が，結果的にフロイトが自己分析を行うきっかけになったともいわれる。

　1900 年，有名な『夢判断 (Die Traumdeutung)』（Freud, 1900）を出版するが，当時は，まったく売れなかったという。しかし，1902 年にはアドラー（A. Adler）（後述）ら数人の研究者仲間と毎週水曜日に勉強会を開くようになり，

フロイトの活動も次第に軌道に乗ってきた。フロイトが有名なリビドーの理論を発展させるのもこの頃である。やがてフロイトの存在は内外に知られるようになり1907年にはユング（C. G. Jung 後述）がスイスよりウィーンのフロイトの許を訪問し，両者は親しくなった。翌1908年には第1回国際精神分析学会がオーストリアのザルツブルグで開かれた。1909年にはアメリカのクラーク大学の学長であったホール（G. S. Hall 第3章4節参照）の招きに応じ，ユング，弟子のフェ

図 8-13　アメリカを訪問したフロイトとその一行
前列左から フロイト，ホール，ユング，
後列左から ブリル，ジョーンズ，フェレンツィ

レンツィ（S. Ferenczi 後述）などとともに渡米しアメリカで講義を行った。翌年，第2回の国際精神分析学会が開かれ，同時に国際精神分析学協会が組織された。フロイトはその会長に非ユダヤ人のユングを就けるが，1913年になると両者には亀裂が生じ関係は終わることになった。他にも古くからの弟子であったアドラーも離反していった。

1914年には第一次世界大戦がはじまり，4年間つづいた戦争の結果オーストリア帝国は崩壊し，フロイトのいたウィーンでは生活必需品も不足するような窮乏生活を強いられるようになった。多くの死傷者をもたらした戦争，そして，フロイト自身にも病気が発見され，さらには家族の死に見舞われるなど，フロイトが死について考える機会も増えていった。こうした経験が基になりフロイトは生の本能，死の本能を中心とした晩年の思想をつくり上げてゆく。

晩年のフロイトは国際的な名声も高まり，口蓋の悪性腫瘍と闘病をつづけながらも旺盛な執筆，臨床活動をつづけた。しかし，ナチスの台頭によりユダヤ人であった彼に，また，苦難が襲いかかってきた。1938年，ナチスがオーストリアを併合すると，もはやウィーンにとどまることも不可能になった。多くのユダヤ人が強制収容所に送られたが，フロイトは弟子であったマリー・ボナパルト（Marie Bonaparte 後述）やジョーンズ（E. Jones 後述）の助力によりイギリスに逃れ，翌年，ロンドンで亡くなった。

214　第8章　無意識の心理学と臨床心理学

(2) フロイトの理論と臨床★

　前述のようにフロイトが初期の理論の骨子をつくり上げるにあたって大きな役割を果たしたのはブロイアー (J. Breuer) であり，また，通称アンナ, O. (Anna, O.) と呼ばれるブロイアーの女性患者であった。アンナ, O. については，通常，以下のエピソードとともに紹介される。

　裕福なユダヤ人家庭に生まれ育ったアンナ, O. は，1880年に半年ほど病気の父の看病に献身的にあたったときから，さまざまな身体的な不調を訴えるようになったという。そして，その後，何ら身体的な異常がないにもかかわらず，四肢が麻痺したり，目が見えなくなったり，母国語であるドイツ語を忘れ英語で会話をするようになるなどヒステリーと思われる症状をみせた。ブロイアーは，彼女に催眠による治療を施した。ある時，催眠中に，彼女は，自分が水を飲むことにひどく抵抗を覚えるようになったのは犬が自分のコップで水を飲むことを見てとても嫌な気持ちになったからであるといった。すると，それを機に水が飲みにくいという病的な症状は消えてしまったという。同様に，ブロイラーが彼女を催眠にかけて彼女の思い出したくない嫌な思い出について語らせるとその後，その症状は消えてしまうということがつづいた[注12]。

　このエピソードに関心をもったフロイトは，以下のようなことを考えた。すなわち，患者は犬がコップで水を飲むという嫌悪的な感情を伴った記憶を抑圧して無意識の中に押し込めようとしたものの，それが逆流して意識内に再浮上する力を押さえきれな

図8-14　ベルタ・パッペンハイム (アンナ, O.)

　注12) 通常，アンナ, O. はこのようなエピソードとともに紹介されるが，実際は，ブロイアーは彼女を治療することはできなかったらしい。その後，アンナ, O. はブロイアーに対して恋愛感情に似た感情をいだき想像妊娠を訴えるようになり，治療を中止せざるをえなかったといわれる。後年，アンナ, O. の本名は社会事業家，フェミニズム活動家として有名なベルタ・パッペンハイム (Bertha Pappenheim; 1859-1936) であることが明らかにされた。このケースについてはスクーズ (Skues, 2006) が詳細に検討している。また，パッペンハイムの生涯については田村 (2004)，ライトナー (Leitner, 1991) の著書があり，ブロイアーの治療についての記述もある。

かった。さらに、その抑圧が破綻したときヒステリーの症状が現れたというのだ。そして、催眠によって意識の力を弱めることで無意識の中に抑圧されている記憶とともに嫌悪的な感情が解放される。その結果いわゆるカタルシスが生じ、症状が消えると考えたのである。しかし、常識的に考えて日常的に体験するようなことに由来する嫌悪的な記憶だけが神経症の発症原因になるとは考えにくい。また、同じような体験をしながら、それによって神経症を発症させない人もいる。そこで、フロイトは、神経症を発症させる人は、実は、それよりもっと古い幼少期の外傷的な体験の記憶があり、それも抑圧されているのではないかと考えた。次第にフロイトはそのような幼少期の外傷的な体験を性的なものと考えるようになった。また、後になるといわゆるエディプス・コンプレックスといわれるものが、その抑圧された体験であると見なすようになった。

　ただ、さらに後年 1920 年代になり、フロイトは、この意識と無意識の対立という図式を変更する。フロイトは、多くの人は一般に意識の働きとされる倫理的、社会的な価値判断でさえ実際は無意識的に処理していることや、また、患者が分析中に自分でも意識していないような罪責感に悩まされることもあることなどに注目した。そして、そうしたことから倫理的、社会的な判断基準となる心の中の一領域を仮定する必要性を指摘する（Freud, 1923）。この倫理的、社会的な判断基準となる部分が超自我（自我理想）で、半ば無意識的な性格をもつものとされた。一方、旧来からの意識は自我、無意識はエス（またはイド）と呼ばれた。自我は、外からの脅威のほか、無意識から突き上げてくるリビドー、さらに、超自我からの圧力という３つの圧力に脅かされる。そして、それらの圧力に耐えきれず自我が押しつぶされてしまうことで、神経症が生ずると考えた。

　このようにフロイトは、意識、無意識を中心とした心の構造論を展開したが、その構造論の力動的な側面を支えていたのが本能論であり、エネルギー論である。フロイトは、当初から無意識の中に感情を伴ったエネルギーがあることを考えていたようだが、次第にこれを性的なエネルギー（リビドー）と見なすようになっていった。リビドーをめぐる考察は 1905 年の論文（Freud, 1905）で主に行われた。一般的に言って性的な欲求は思春期以降にみられるものであり、そうなると、思春期以前にリビドーは存在しないのか、という疑問がわく。し

かし，フロイトはそうでないと考えた．成人でもいわゆる性的倒錯といわれる現象がみられるが，フロイトは，そこから性的なエネルギーが性器以外の器官にも向けられることがあると気づいた．そして，児童期以前の子どもの性的な活動が性器以外の器官を中心に行われているのではないかと考え，有名な口唇期，肛門期，エディプス期，潜伏期からなるリビドーの発達の理論を考えた．

その後，フロイトはリビドーの基礎をなす本能そのものについても次第に考察を深めていった．1911年の論文（Freud, 1911）では人間は2つの原則に支配されていると主張した．そのうちの1つめは，人間には性的な快感を求める本能をもっていてそれが満たされないときは緊張（エネルギー，つまり，リビドー）がたまるのでそれを解消するような方向に働く，という快楽原則である．一方で，リビドーをある程度押さえ調整して現実生活に適応するための自己保存の本能（自我本能）というものをもっている．この自己保存の本能（自我本能）というものが寄って立つ原則が2つめの原則，すなわち，現実原則である．しかし，1920年の論文（Freud, 1920）では，性的な本能と対立するとされた自我本能は，性的な本能に比べ狭い範囲でしか適用できないもので，快楽原則と現実原則という二大原則論はそもそも成り立っていないと考えるようになった．そして，外傷的な体験をした神経症患者が不快なはずの外傷的体験を何度も思い出すような反復強迫といわれる現象に注目し，人間は自らを破壊するような，無機物に戻ろうとするような本能（死の本能）をもっているのではないかと指摘した．また，これまでの快感原則の側に属する本能を生の本能と呼び，生と死の二大本能論を展開した．フロイトが死の本能を思いつくようになった背景には，多くの死傷者を出した第一次世界大戦を経験して人間がもつ破壊的な衝動に気づいたことがあったといわれている．

フロイトは，理論面のみならず治療技法も少しずつ変化させている．前述のように，初期は催眠を用いた治療法を主に行っていたが，次第に催眠を用いなくなった．催眠を使わなくなった理由はよくわからないが，患者によっては催眠にかかりにくいことが多かったからではないかといわれている．当初，催眠に代わって用いられたのは，額に手を当てて1つの症状に集中しそれに関係した記憶を思い出させる前額法と呼ばれる方法だった．しかし，この方法が患者の自由な感情の流れを妨げていることに気づいたフロイトは，患者をリラッ

クスさせた姿勢で，自由に思い浮かぶことを話させる方法（自由連想法）に変えた[注13]。そして，1904年頃になると患者が寝椅子（カウチ）に横になり分析者が後ろに座るという現在でもよく知られたスタイルがとられるようになった（妙木, 2000, p.92）。

　フロイトはこうした理論，臨床面での発展と並行して，医師でない者でも一定の教育や分析を受けることで精神分析による治療行為を行うことができるという立場に次第に傾いていった。その結果，実際にランク（O. Rank），ザックス（H. Sachs），実娘のアンナ・フロイト（A. Freud いずれも後述）など非医師の精神分析家が生まれることになる。そして，この非医師が心理的な治療を行うことができるという主張は，今日，非医師の臨床心理学の専門家による心理療法の正当性を支える1つの根拠となっている。フロイトが臨床心理学の基礎づけを行った最初の一人に位置づけられるのも，こうしたことがあるからである[注14]。

(3) フロイトの源泉と背景[注15] ★

　多くの偉大な思想家がそうであるのと同様に，フロイトの理論もまたフロイトの完全なオリジナルではないことは言うまでもない。前述のように意識と無意識という対立構造を中心に神経症の発症メカニズムを説明したのはジャネ（P. M. F. Janet）である。また，抑制された観念は無意識の中に追いやられるがそれが時として意識に浮上してくるという考え方は，ヘルバルトの心理学（J. F. Herbart 第2章2節参照）にもみられるものである。フロイトは，これらから何らかのヒントを得ていると思われる。さらに，心的エネルギーの概念や快楽原則などといったいくつかの基本的な概念は一般には精神物理学の創始者と

　注13）小此木（1989, p.134）によればフロイトが催眠を用いたのは1896年まで，前額法を用いたのは1898年までだそうである。

　注14）フロイトは1926年にこの問題を扱った小論（Freud, 1926）を出版しているが，1910年代前半には非医師であるランクに臨床家になるための分析（教育分析）を受けることを勧めており，そのころから非医師による分析に対して肯定的であったようだ。この問題についてはゲイ（Gay, 1988）によるフロイト伝の第10章が詳しい。

　注15）本項のうちフロイトの源泉については，主にエレンベルガー（Ellenberger, 1970）の記述を参考にしている。フロイトと進化論のかかわりについてはリトヴォ（Ritvo, 1990）の著書（邦訳あり）がある。また，フロイトの社会的な背景については上山（1989）の著書などが詳しい。

されるフェヒナー（G. T. Fechner 第2章4節参照）に由来するものとされ，フロイト自身もしばしばフェヒナーを引用している。

そもそも，人間の心に潜む衝動や不安といったものに着目するフロイトの発想がロマン主義精神医学の流れを汲むものであることは，前述したとおりである。

一方で，科学者としてのフロイトの姿勢には，機械論的な生理学の代表的存在であった師ブリュッケ（E. W. R. von Brücke）の影響があることも明らかであろう。さらに，進化論からの影響なども指摘されている。

また，フロイトの理論は，当時の社会的な背景なしでは生まれなかったともいわれている。フロイトの理論が性的な葛藤をその中心に置くようになった背景には，絢爛たる文化を花開かせた裏側で，上流階級の女性の性を極端に抑圧しながら，一方で，多くの人が性的に退廃した生活を送っていた当時のウィーンの社会状況があることはいうまでもない。実際に，フロイトの患者の多くがそうした上流階級の女性であったといわれている。

その他，フロイト自身の出自であるユダヤ文化や，当時の流行した心霊主義（いわゆるオカルト）の影響も指摘されており，フロイトの背景はかなり広い裾野をもっている。

(4) フロイトの門弟[注16]

フロイトは大学の正教授の地位に就いたことはなく，学生というかたちでの門下生はいない。しかし，フロイトの名声が高まりはじめた1900年代の初め頃から門を叩く者が増えていった。ただ，ユングなど一部を除けばその多くはユダヤ系であった。ここでは，その中から後述するユングとアドラー以外で比較的著名な門弟を簡単に紹介する。

ユングが門を叩く以前にフロイトが自分の後継者に据えようと考えていたともいわれるのがランクである。ランク（Otto Rank; 1884-1939）はウィーンの比較的貧しい家庭に生まれたユダヤ人であった。工業学校の出身で医師ではなかったが，アドラーの紹介でフロイトの門下になった。フロイトは聡明なラン

注16）ここで紹介する門弟のうちランク，ジョーンズ，フェレンツィ，ルー・ザロメなどについてはローゼン（Rosen, 1976）の著書（邦訳あり）に詳しい。

図 8-15　フロイトとその門弟たち
前列左から　フロイト，フェレンツィ，ザックス．
後列左から　ランク，アブラハム，アイティンゴン（Max Eitingon; 1831-1943），ジョーンズ

クが気に入り，ランクに資金援助をして大学教育も受けさせたといわれる。ランクは，ふつう，出産（出生）外傷（birth trauma）説でよく知られている。これは 1913 年に出されたもので，神経症の原因となる外傷はフロイトの考えるような幼児期の性的な出来事に関する記憶ではなく，出産によって母親の胎外に出たこと自体にあるとするものである。この説をフロイトは多少の違和感を覚えながらも受け入れていたが，1920 年代の半ば頃から次第にランクはフロイトと意見が合わなくなっていった。フロイトはランクと何度も和解を試みるがうまくいかず，ランクはやがてパリ，そして，アメリカに拠点を移し，フロイトの死後間もなくアメリカで急死した。フロイトから決別した後，ランクは長期間をかけ過去の出来事に解釈を与えながら治療をすすめるフロイトの分析法を批判し，短期間で患者が自身の成長する力を体験し問題を解決する方法の開発に力を注いだ。ロジャーズ（C. R. Rogers）のクライエント中心療法（第 10 章 2 節参照）もそうしたランクの理論の影響をうけているともいわれる。

　このランクをはじめ後述するアドラー，ユングなどフロイトの門弟の幾人かは，フロイトと袂を分かち独自路線を歩んでいった。ただ，その一方でフロイトに忠実な弟子もずいぶんいた。

　精神分析はフロイトのいたウィーンを中心に発展したが，のちになるとベルリンにも精神分析研究所がつくられ，そこを拠点に多くの後継者が育った。その中心となったのがアブラハム（Karl Abraham; 1877-1925）だった。アブラ

ハムは精神科医で，はじめブルクヘルツリのブロイラーとユングの許で学んでいたが，1907年フロイトの門下になった。また，ウィーンのユダヤ人弁護士であるザックス（Hans Sachs; 1881-1947）も，フロイトの門下になりベルリンの精神分析研究所に加わった。

このほか，ハンガリー出身の医師のフェレンツィ（Sándor Ferenczi; 1873-1933）や，もっとも忠実な弟子といわれ，フロイトの亡命にも尽力し，フロイトの死後大部なフロイト伝を書いたイギリス人医師ジョーンズ（Ernest Jones; 1879-1958）なども有名である。

フロイトの門を叩いた者の中には女性もいた。よく知られたところでは詩人のリルケ（Rainer Maria Rilke; 1875-1926）や哲学者ニーチェ（Friedrich Wilhelm Nietzsche; 1844-1900）などと恋愛関係にあったとされるロシア出身の著作家，ルー・アンドレアス＝ザロメ（Lou Andreas-Salomé; 1861-1937）や，ギリシャ，およびデンマーク王子妃でナポレオン・ボナパルト（Napoléon Bonaparte; 1769-1821）の弟のひ孫であったマリー・ボナパルト（Marie Bonaparte; 1882-1962）などがいる。マリー・ボナパルトはフロイトの晩年に門下となったが，彼女の王族としての地位はフロイトの亡命に際して大いに役立ったといわれている。

また，6人いたフロイトの子どものうち末娘のアンナ（後述）も，はじめ教師などをした後，父親の仕事を手伝うようになり，やがて，児童精神分析家として活躍するようになった。

図8-16　ルー・ザロメ
左からルー・ザロメ，パウル・レー（Paul Ludwig Carl Heinrich Rée; 1849-1901），ニーチェ

図8-17　アンナ・フロイトとフロイト

4 アドラーとユング

(1) アドラーの生涯と理論[注17] ★

アドラー（Alfred Adler; 1870-1937）はウィーン生まれのユダヤ人で，父は商人だった。アドラーの兄は父の仕事を継ぎ穀物商人として成功したが，アドラーはずっとその兄に対して劣等感を抱いていたともいわれる。ウィーン大学の医学部を卒業し医師となり，比較的貧しい患者を診る開業医として活躍していたようだ。1902年頃フロイトと知り合い門下となった。しかし，当時，フロイトの関心は性に関する理論に集中しており，攻撃性などを含めた対人的，社会的な動機

図8-18　アドラー

に関心をもっていたアドラーとは必ずしもうまくかみ合わなかったようだ。両者の溝は次第に深くなり1911年にはフロイトと決別した。アドラーは，1914年頃彼の学説に共鳴する仲間たちと雑誌を創刊し，自らの心理学の体系を個人心理学（Individualpsychologie（独語））と呼んだ（Hoffman; 1994; 邦訳, p.117）。社会の改革などにも関心をもっていたアドラーは，当時，ウィーンに滞在していた革命家トロツキー（Lev Davidovich Trotsky; 1879-1940）とも親交があった。また，第一次世界大戦後，オーストリアに社会主義政権が誕生すると，友人を介して教育政策に助言することも増え，アドラーの理論の影響の強い児童相談所が設置されるなどした。その後，次第に活躍の場をアメリカに移し，アメリカ各地で講演し，また，いくつかの大学で講義をするなどして個人心理学の普及に努めた。1937年，講演のためスコットランドのアバディーンを訪れた際，散歩中に心臓発作で倒れて急死した。アドラーは，勤勉で禁欲的な反面，貴族的な趣味をもっていたフロイトに対し，気取らず庶民的で誰とでも親しくなれるような社交的な人柄だったといわれる。

　アドラーはフロイトの門下生として紹介されることが多いが，その心理学は

注17）アドラーの伝記はエレンベルガー（Ellenberger, 1970）の第8章あたりが一番手ごろだろう。ホフマン（Hoffman, 1994;）による伝記もあるが，大部なものでアドラーにとくに関心のある者向けである。

根本的に異なるところに根ざしており，フロイトのような無意識と意識の対立を軸とした心の構造に対してあまり関心をもっていなかった。はじめアドラーは器官劣等性の理論の提唱者として知られていた。これは，人は生まれつき身体の特定の器官などに弱い個所をもっており，その弱い個所を補償する作用がその人の心理的側面に影響を与えるというものである。たとえば，耳の悪い人に限って音楽に関心があるというようなことはそれにあたるとされる。この弱い個所を補償する働きは無意識的であり，そのため，当初は，精神分析の神経症の発症メカニズムを別の側面から補完した理論としてフロイトからも歓迎された。しかし，アドラーは，器官のみならず心理的な劣等感についても次第に論じるようになった。そして，そうした劣等感を克服しようという動機こそが人格形成や神経症の発症の基本原理であることを強調するようになり，フロイトのリビドー理論と対立するようになった。さらに，社会的な関心の強いアドラーは，共同体感情（Gemeinschaftsgefühl（独語））という概念を強調した。これは人が他者との関係をつくるうえでの諸原理の認知のようなものであり，これを介して自己と他者との間の適切なバランスをとるために人間知（Menschenkenntnis（独語））を獲得することが彼の心理療法の中心に置かれた。このようなことからもわかるようにアドラーは今日の認知行動療法などにも通じる実用的，折衷的な心理療法をめざしていた。しかし，こうした特徴のためか，逆に，アドラーの理論は彼の死後次第に忘れられるようになり，フロイトやユングのような学派を形成することはなかった。

(2) ユングの生涯[注18] ★

ユング（Carl Gustav Jung; 1875-1961）は，スイスのコンスタンツ湖近くの村に生まれた。父は牧師だった。ユングの祖父はドイツ生まれでバーゼル大学の学長にもなった著名な医師で成功した存在であったが，父は祖父のような才覚にめぐまれず，ユングは比較的貧しい子ども時代を送ったようだ。4歳の頃バーゼル近郊の町に移り住み，大学を卒業するまでバーゼルに留まった。子どもの頃から神秘的な経験をしたり，特異な夢を見ることが多く，当時，流行していた心霊主義にも早くから関心をもち，大学時代には降霊会といわれる霊と交流する会合に従姉妹とともに参加していた。医師になってからは精神科に進

み，チューリッヒ大学の付属ブルクヘルツリ病院に移り，統合失調症の概念の確立者であるブロイラー（E. Bleuler 第7章5節参照）の許で研鑽を積んだ。ここでは言語連想法の研究を主に行っていた。言語連想法を実施するなかで，被験者は一見何気ない言葉でも黙りこくったり，感情的な反応を示したりするが，ユングはそうした反応の裏に無意識の働きがあることに気づいた。そうしたことなどがきっかけになり，フロイトの理論に関心をもつことになった。1907年にウィーンのフロイトの許をはじめて訪ねた。ユングは，ブロイラーの門下としてその時すでに著名な存在であり，しかも，非ユダヤ人であった。そのため，フロイトは，

図8-19　ブルクヘルツリ病院でのユング

ユングが当時ユダヤ人の学問と考えられがちだった精神分析に関心をもってくれたことを非常に喜んだ。フロイトはユングを厚遇し自らの後継者と位置づけ，1909年のアメリカ訪問にも同行させ，さらには，国際精神分析学会の会長にも就けた。しかし，ユングはフロイトの性に関した理論が受け入れられず，1913

注18）ユングの伝記はさまざまなものがあるが，筆者もその一部にしか目を通せていない。一般にはユング自伝（『思い出・夢・思想（*Erinnerungen, Träume, Gedanken*）』（Jung, 1962; 邦訳あり）が有名だが，これはユングが自らの内面生活の変化を時間を追ってエッセイ風に綴ったもので，ここからは通常の意味での伝記的な情報は得られない。また，この自伝はかねてからユング自身が書いたものではないといわれており，ユング自身の内面の変化の過程を示す資料として使えるかどうかも疑問である。一般的にいってユングの伝記は，読者がユングの思想を是とするか非とするかによってその評価の仕方もまったく変わってしまうところに難しさがある。こうしたなかでシャムダサーニ（Shamdasani, 2005; 邦訳あり）は，自伝を含めこれまで出された主なユングの伝記に実証的な資料を用いて検証を加えた研究を著書にまとめており興味深いが，筆者にはそもそもシャムダサーニ自身の立場が必ずしも中立的とは言えないように感じた。個別の伝記で著者が目を通したものについていえば，エレンベルガーの著書（Ellenberger, 1970）の第9章は学習者にとってはちょうどよいものであろう。しかし，エレンベルガーは自分と同じスイス人であるユングをやや美化しているような印象を受ける。また，ユングの標準的な伝記とされるハナーによるもの（Hanah, 1976; 邦訳あり）も，ユングの陰の部分に多少触れてはいるものの，やはりユングに直接師事した者ならではの偏りもあるように思える。一方，実質的に伝記的な要素をもったノルの2つの著書（Noll, 1994, 1997）はユング心理学自体をカルトの一種に過ぎないとみることが前提になっており，やはり，中立性に欠けるように感じた。そういう意味では，本格的な伝記とはいえないがウィルソンの著書（Wilson, 1984; 邦訳あり）が，少し距離を置きながらユングの人となりや思想を是々非々で扱っており，筆者が目を通したユング伝のなかではいちばん冷静にユング像を描けているように思えた。

図8-20 ユング

年頃にはユングはフロイトと袂を分かち独自路線を歩むことになった。ユングは，また，この頃大学の地位も辞している。その後，数年間，ユングは対外的な活動は控え，思索や自己分析を通して自らの理論をつくり上げたといわれる。1921年には有名な『心理学的類型（Psychologische Typen）』を出版し，内向，外向や性格の類型，無意識などに関するユングの理論の概略が示された。また，そのころアフリカの部族の居住地に滞在し，未開社会の人々の暮らしを通して無意識に関する彼の理論を深めていったといわれる。

　ユングは，1909年ごろブルクヘルツリの病院を辞め，以降，晩年に至るまで公的な機関で臨床活動を行うことはなかった。彼の活動は，主に，チューリヒ湖畔のキュスナハトの自宅での患者の分析とユングの周辺の分析家や患者などが中心になって結成した心理学クラブでの活動に限られていた。

　しかし，そうしたユングの控えめな活躍ぶりにもかかわらず，著作などを通じユングの名声は次第に高まり，要職にも復帰するようになった。そして，1933年には国際精神療法学会の会長に就任した。国際精神療法学会は同年政権を握ったナチスの主導で既存の学会を再編成したもので，前会長であったクレッチマー（E. Kretschmer 第11章3節参照）はこれを受け入れず辞任している。このことが，後にユングは親ナチス派であるとして批判を浴びつづける原因となった。第二次世界大戦後は，チューリッヒにユング研究所を設立し，そこではユングの心理学の普及と分析家の養成を行った。晩年には専門家のみならず多くの人々から尊敬を集め，1961年，一般向けの著書『人間と象徴（Man and his symbols）』（Jung, 1964）を弟子とともにまとめた直後，キュスナハトの自宅で亡くなった。

(3) ユングの理論と心理療法★

　ユングの心理学は分析心理学（Analytische Psychologie（独語））と呼ばれ，フロイトの精神分析とは異なるものとされている。言語連想検査を行うなかで無意識の働きの重要性に気づきフロイトに接近したユングだが，無意識の働き

に対する考え方ははじめから異なっていた。フロイトは，神経症の発症を説明するにあたって無意識内の性的な外傷やエディプス・コンプレックスを重視していた。また，こうした考え方の根幹には無意識のエネルギーを原始的でかつ性的なものと見なし文明社会に適応するために適切にコントロールされる必要があるものと考える思想があった。しかし，ユングはそうした性を中心に置くフロイトの考え方が受け入れられなかった。ユングは，無意識の中にあるエネルギーは単に心的エネルギーとでも呼ばれるべきもので，性的なものではなく，また，否定的なもの，コントロールされるべきものとも考えなかった。ユングは，無意識は意識（自我）に対して相補的な働きをもつものと考えていた。ともすれば視野の狭く，偏ったものになりがちなわれわれの意識（自我）の働きを補いバランスをとるものが無意識内の心的エネルギーとされたのだ。つまり，無意識の心的なエネルギーは，意識（自我）に対し否定的な圧力をかけるものではなく，むしろ，積極的に働くものであると考えたのだ。また，ユングは，フロイトのいう無意識に相当する部分を個人的無意識と呼び，さらにこれより深い部分に普遍的無意識というべき領域があるとした。普遍的無意識は個人を超え，同じ民族に属する人々，つきつめれば，人類全体に広く共有されていると考えられた。ユングが普遍的無意識という考え方を思いついたきっかけは，統合失調症患者が見た幻覚—太陽に男根がありそれが揺れて風を起こしている—と彼がたまたま読んだ古代の宗教書（その患者はとうていその書を読んでいるとは思えなかった）の記述が奇妙にも一致していたことだったという。また，一般に神話や昔話は王子様，お姫様，老夫婦などパターン化した人物が登場することが多いが，これも人の普遍的無意識の反映とされた。このような普遍的無意識の働きを象徴化したものが原型（アーキタイプ）で，アニマ，アニムス，太母（グレートマザー），老賢人，あるいは，セルフなどいくつかのものがあるとされた。ユングはこうした普遍的無意識や原型を語る時，ヨーロッパ中世の神秘主義や東洋思想などに関する該博な知識を使ってイメージを膨らませゆく方法をとったため，分析心理学は，科学的な心理学の範囲を超え民俗学，神話学，宗教学などを含んだ壮大な一種の思想体系となっていった。

　ユングは，当初ブロイラーの門下生として，自我の力が極端に弱まった状態にある統合失調症患者とかかわるなかから理論を発展させた。そのため，フロ

イトのような意識（自我）と無意識の対立によって神経症の発症メカニズムを考えなかった。ユングが神経症の発症の原因をどのように考えていたかは必ずしも明確ではない。しかし，それはフロイトの理論のように無意識の原始的，性的な性質によるものではなかった。ユングは神経症の原因はむしろ意識（自我）の側にあり，意識が現実生活の中でうまく適応できずバランスを崩した状態にあると考えていたようだ。そのため，彼の心理療法では患者はまず常識的な目で現実に気づくことを求められた。そのうえでユングは，現代人の多くが科学主義，合理主義のなかで自分自身の本来の生き方を見失いかかっていることに着目し，その本来の生き方を取り戻すためには，意識（自我）に対する無意識の相補的，積極的な働き，つまり，無意識の原型の働きを理解し，それを意識の中に取り入れてゆくべきであると主張した。ユングの心理療法では夢分析が重視されるが，それは，夢に登場する人物は原型が象徴化されたものと考えられたからである。夢分析を通して原型の中に含まれている人類が古代から受け継いできた本来の生き方に気づき，さらには，無意識の心的エネルギーの建設的な側面を利用し自我を再編成してゆくプロセス，それが神経症の治療，つまり，心理療法であるとされたのである。

　このようにユングの心理療法は，いわゆる治療ではなく，むしろ，無意識との対話を通して自己成長を促す方法とでもいうべきものである。そして，このようなユングの心理療法によって成し遂げられる自己成長のプロセスを個性化（individuation）という。

(4) ユングの心理学の源泉と背景★

　しばしばフロイトと対比されるユングだが，フロイトがさまざまな思想的，社会的背景をもちながらも科学的な心理学の系譜に位置づけられるのに対し，ユング心理学はそれとは根本的に異なっている。医師であり，強い自我の持ち主であるユングは表面的には科学者としての態度を固持していたが，彼自身の気質はロマン主義者であった。したがって，ユングの源泉はむしろ医学や心理学といった自然科学以外のところに求められる。たとえば，シェリング（Friedrich Wilhelm Joseph von Schelling; 1775-1854），ショーペンハウア（Arthur Schopenhauer; 1788-1860），ハルトマン（Karl Robert Eduard von Hartmann; 1842-1906) などといった哲学者は合理的なものの見方ではとらえきれない人間の衝動や自然の力などに着目したことで知られるが，そうした人たちの思想とユングの理論とのつながりはこれまでも指摘されている (Ellenberger, 1970; Noll, 1994)。また，19 世紀後半は，一般大衆から知識人に至るまで心霊主義（いわゆるオカルト）が流行した時代であった[注19]。その中心はアメリカとイギリスで，死者の霊と会話をするための実験なども盛んに行われた。心霊主義はユングのいたスイスでも盛んで，ユングが学生時代に参加した降霊会もそうしたものの 1 つだった。さらに，1870 年代にアメリカで生まれた神智学（theosophy）もこうした心霊主義の流れを汲むものだったが，神智学協会は，心霊主義のみならず，古代や東洋の宗教，占星術，錬金術などの分野の出版活動を積極的に行い，ユングもそれらから大きな影響を受けたとされる（Noll, 1994）。こうした傾向は，キリスト教会の影響力の低下や近代化，工業化の反動としての自然回帰，あるいは，退廃的な文化的風潮など多様な側面を含んだいわゆる世紀末文化の一部ともいえるが，ユングの心理学もそうした文化状況と密接に関連しながら生まれてきたものと考えられる。

(5) ユングの心理学に対する批判

　ユングの提出した概念は，民俗学，神話学，宗教学などによって彩られたユングならではのもので，理解は容易ではなかった。さらに，それらは実際にユング心理学に傾倒した者が分析を受けて体験することによってしか理解し得ないようなものでもあった。そのため，実証的な立場をとる心理学者，精神医学者の間では批判され，あるいは，無視されてきた。とくに，普遍的無意識の概念や，因果関係がなくても意味ある偶然の一致が人々の精神生活では重要な役割を果たしているという共時性（synchronicity）の概念などはもっとも批判にさらされてきた。

　学術的な側面以外の面でも，ユングはさまざまな批判の対象になった。前述

注19）心霊主義（spiritualism）についてはさまざまな書物が出ているが，とりあえず，ブラム (Blum, 2006; 邦訳あり) と三浦（2008）の 2 つの著書を紹介しておく。神智学に関してもこれらの著書に記述がある。ブラムの著書を読むとアメリカの心理学の創始者ウィリアム・ジェームズ（第 3 章 3 節を参照）がイギリス心霊主義協会の会長職にあったことなど，いかに彼が心霊主義に深くかかわっていたかがわかる。

の親ナチス疑惑もその1つだった。また，フロイトの門下からは（離反したとはいえ）ユングやアドラーのようなその後の臨床心理学の歴史をつくった人材が複数輩出されたが，ユングの門下からはそのような者は出ていない。ユングは，（一部の例外を除いて）彼に忠実な少数の女性のみを門人として受け入れるだけだったのだ。しかも，それらの中には元々ユングの患者だった者も多く含まれ，ユングはそうした女性の多くと関係をもっていたともいわれている。さらに，比較的貧しい家庭に育ったユングが少数の患者の分析を行うことだけで優雅な生活を維持できた背景には，彼の患者でもあったアメリカの財閥関係者からの不透明な多額の経済的援助があったからともいわれている[注20]。

ただ，こうした批判にもかかわらず，ユングの心理学は専門家よりむしろ一般大衆の間で強い支持を得ていることは確かであり，その理由を，ユングの心理学が生まれた社会的，歴史的な文脈を検討しながら明らかにする作業は今後とも必要であろう。

5 精神分析のその後の発展

(1) フロイトの継承者たち★

アドラーやユングはフロイトの門人として有名ではあるが，結局のところ，彼らははじめからフロイトとは異なる人間観に立脚しており，そもそもフロイトの理論の継承者にはなりえなかった。一方，これとは別にフロイトの理論の枠組みから逸脱せず，それぞれの個性に応じて精神分析を吸収，改変しながら継承していった者たちがいた。彼らの多くは，ナチス・ドイツのユダヤ人政策や戦争のためアメリカやイギリスに渡り，そこでそれぞれの学派を形成した。一方，ドイツやオーストリアでは反ユダヤ政策によって精神分析は実質的な活動基盤を失ってしまい，戦後，再興されるまで長い時間を要した[注21]。本節で

注20）こうしたユングの活動のスタイルは，ユング自身の強い人格によって見えにくくなってはいるが，実は，安易に自らを神格化し経済的利益や社会的名声を得ようとするカルトのやり方に他ならないと指摘したのがノル（Noll, 1994, 1997）である。ノルは，実証性に欠け，神話や宗教，東洋思想などの該博な知識によって飾り立てられたユングの心理学自体が，ユングが自らを神格化しようとするなかでつくり上げた虚構に過ぎないと指摘している。

注21）ナチス体制下から第二次世界大戦後のドイツの精神分析の歴史についてはミルトンら（Milton, Polmear, & Fabricius, 2004; 邦訳あり）の著書に簡単な記述がある。

はイギリス，アメリカを中心に精神分析の発展を簡単にみてゆく[注22]。

(2) イギリスにおける精神分析[注23] ★

ロンドンに亡命したフロイトに付き添った娘のアンナ・フロイト（Anna Freud; 1895-1982）は，フロイトの死後もロンドンに留まりそこを活動拠点とした。彼女はフロイトの考えた心の構造の理論を継承し，とくに自我の防衛機制について理論を拡張させたことで知られている。また，児童を対象とした精神分析（児童分析）の開拓者としても位置づけられる。一方，彼女は戦争による難民の子どもの保護や児童分析の普及などを目的とした施設を設立している。アンナ・フロイトにはじまる系譜には，ウィーンで彼女に分析を受け後にアメリカで活躍したエリクソン（E. H. Erikson）やハルトマン（H. Hartmann）（いずれも後述）などが連なる。このフロイトの正統的な理論を受け継ぎながら自我を中心とした理論を発展させていった流れは，自我心理学（ego psychology）と呼ばれることもある。

このアンナ・フロイトと対立したのがクライン（Melanie Reizes Klein; 1882-1960）である。ウィーンのユダヤ人家庭に生まれたクラインは，ブダペストに移り，そこでフェレンツィ（S. Ferenczi）の分析を受け，さらに，ベルリンの精神分析研究所でアブラハム（K. Abraham 前述）の指導を受けのちに渡英した。クラインもアンナ・フロイトと同様に児童の分析を行ったが，父の理論を受け継いだアン

図8-21　クライン

注22）以下に紹介するイギリス，アメリカにおける精神分析の発展は，精神分析を専門とする者でもなければなかなかわかりにくく，筆者も十分に理解しているとはいえない。それらの流れを理論的側面から大まかにとらえるにあたっては，グリーンバーグとミッチェルの著書（Greenberg & Mitchell, 1983; 邦訳あり）が役に立った。

注23）ここで取り上げるイギリスにおける精神分析の発展に関する文献は非常に多く，アンナ・フロイトやクラインの著作をはじめ多くの出版物が出されており邦訳されたものも多数あるが，筆者はそれらにはほとんど目を通せていない。アンナ・フロイトについては伝記はいくつか出ているようだが，筆者が入手したのはヤング＝ブリーエル（Young-Bruehl, 2008），およびコールス（Coles, 1992）によるものである。また，クラインやウィニコットなどに関してはいくつかの和書，翻訳書を参考にしたが，なかでも松木（2004）や妙木（2003）がそれぞれ編集した雑誌の特集号の記事によったところが多かった。

ナ・フロイトとは異なり，乳幼児が自己や対象（母親）を表象としてとらえ，イメージを形成してゆく意識，無意識のプロセスを主観的に，精緻に記述するという方法をとった。こうしたアプローチはクライン派と呼ばれる流れをつくり出した。

さらに，この2つの流れに加え第3のグループが存在した。独立派などと呼ばれるグループである。その中ではロンドンの医師でクラインにも指導を受けたが後にクラインからも独立したウィニコット（Donald Woods Winnicott; 1896-1971）や，ロンドンから離れたエジンバラ大学で独立して精神分析を学んだフェアーベーン（William Ronald Dodds Fairbairn; 1889-1964）などが有名である。彼らは，クラインの理論に影響を受けながらも，クラインの極度に主観的なアプローチよりも環境からの影響をより重視する立場をとった。

これらイギリスにおける精神分析の3つのグループは，いずれもが乳幼児，児童の分析に重きを置いていることに特徴がある。この中でもとくに母子関係の精緻な記述，分析を行ったクライン派や独立派などの理論は一般に対象関係論（object relations theory）と呼ばれる。また，こうした乳幼児，児童を対象にしたイギリスの精神分析の中から，後にアタッチメントの理論の提唱者としても知られるボウルビィ（E. J. M. Bowlby; 1907-1990 第11章5節参照）なども輩出した。

3つの学派のうち，アンナ・フロイトとクライン派はすでに1920年代から理論的な対立を明確にさせていたが，アンナ・フロイトのロンドン亡命後，とくに1941年から数年間はイギリス精神分析学協会を舞台に激しい論戦が行われた。のちにアンナ・フロイトはイギリス精神分析協会から身を退くが，やがて，この意見を異にする3つのグループはお互いにその存在を認め，グループ間で協調しながらイギリス精神分析学協会を運営する方式をとるようになった。

(3) アメリカにおける精神分析の発展★

前述のようにフロイトは，1909年，アメリカの心理学の草創期を代表する心理学者ホール（G. S. Hall）によって招かれ，クラーク大学で講義を行った。この時，ウィリアム・ジェームズ（William James）などもフロイトと交流する機会を得ている。当時，精神分析はヨーロッパのアカデミズムからはほぼ無視さ

れた状態にあった。それに比べると，アメリカの心理学界がフロイトに関心を向けたのは比較的早かったといえるだろう。ただ，こうしたホールやジェームズ，パトナム（後述）のフロイトに対する関心は，どちらかといえばその理論的な側面についてであった。一方，精神分析の臨床活動は心理学よりもむしろ精神医学の一領域として発展していった。

ハーヴァード大学の教授などを務めたパトナム（James Jackson Putnam; 1846-1918）は[注24]神経学者としてよく知られた存在であったが，早くから精神分析に関心をもち渡米したフロイトと接する機会も得て熱心なフロイトの支持者となった。医学界の権威であったパトナムの支持を獲得した精神分析は，医師の間でも知名度を上げた。

そして，医師として実際に臨床活動を本格的にはじめたのはブリル（Abraham Arden Brill; 1874-1948）である。ブリルは当時オーストリア領であったガリツィア地方（現在ではウクライナ，ハンガリーなどに含まれる）の出身で，少年期に単身渡米しアメリカで医師となった。その後，スイスでユングに学ぶなどして精神分析に関心を深め，ユングやフロイトの著書を英訳しアメリカに紹介した。彼は1908年にはじめて精神分析を行う診療所を開設し（Oberndorf, 1953, p.112），本格的な臨床活動に入った。また，ニューヨーク精神分析協会を設立するなどし，アメリカにおける精神分析の臨床活動の中心的存在となっていった。

このブリルをはじめとした初期のアメリカ臨床家たちは，ヨーロッパの臨床家とは大きく異なる点があった。すなわち，ヨーロッパの臨床家がフロイト本人やごく近い弟子から長期にわたって指導（いわゆる教育分析）を受け徒弟制度の中で分析家として養成されていたのに対し，彼らは留学経験などはあるものの比較的短い訓練しか受けていなく，精神分析に対しても折衷的なかかわりをする者も多かった。しかし，その一方で彼らは基本的に医師であり

図8-22 ブリル

注24）パトナムや次に紹介するブリルについては，ローゼンの著書（Rosen, 1976; 邦訳あり）の第7章に簡単な記述がある。

医学教育を受け臨床実習は積んでいた。当時，ヨーロッパの精神医学界では精神分析は異端扱いを受けていたが，伝統の浅いアメリカでは精神医学界も精神分析に比較的好意的であった。このようなこともありアメリカでは精神分析の臨床活動は精神医学の一部として出発した。一方，アメリカでは，精神分析を扱った書物などが多数出され，その弊害も指摘されるようになっていた。こうしたアメリカの状況は，アメリカの精神分析の臨床活動をヨーロッパとは異なる方向に導いた。すなわち，精神分析の臨床活動を行う前提として医学教育を受ける必要があるという比較的高いハードルを課すことで，その専門性を守る方向に向かわせたのである。フロイトは非医師による臨床活動の正当性を主張していたが，ブリルをはじめアメリカの精神分析家たちは一貫してこれに反対し，1920年代半ばにはヨーロッパとアメリカの精神分析家たちはこの問題で対立した。1920年代半ば以降，ヨーロッパからアメリカに渡ってくる非医師の精神分析家は次第に増えていった。しかし，アメリカの精神分析の主流派はこうした状況にあっても，児童を対象とした分析の一部に非医師の参入を認めるなど若干の条件の緩和をはかっただけで，基本的な姿勢は改めなかった。そのため非医師の精神分析家は研究，教育などの分野に活躍の場を求めざるを得なかった。アメリカでは精神分析による臨床活動は1940年代から1950年代にかけて全盛期を迎えるが，その時代になっても分析家の中心は医師であった。アメリカ精神分析協会が非医師の精神分析家を正式に認めるようになるのは，ずっとのちの1980年代になってからである。

　ところで，アメリカの精神分析は理論面でも独自の展開をみせた。新フロイト派（neo-Freudian）と呼ばれる学派である。この学派に属する者としては，一般には，ホーナイ，サリヴァン，フロム，フロム＝ライヒマンの4人が挙げられる。

　ホーナイ（Karen Horney; 1885-1952）は，ドイツ生まれの女性の医師でベルリンでアブラハム（K. Abraham）から分析を受け1930年代にアメリカに移住するが，次第にフロイトの考えから離れ，文化的，対人的な観点から人の存在の根本をなす基底不

図8-23　ホーナイ

安 (basic anxiety) と真の自己の発達の重要性を唱えた。サリヴァン (Harry Stack Sullivan; 1892-1949) はアメリカ人医師で，精神分析を学びながらもリビドー論を批判し人の心理的な力動を対人関係の中から理解することをめざした。フロム＝ライヒマン (Frieda Fromm-Reichmann; 1889-1957) はドイツのユダヤ系の精神科医で，ベルリンで精神分析の訓練を受けるが後にアメリカに渡った。精神分析とサリヴァンの理論を結び付け対人的な側面を重視した統合失調症の臨床を行ったことで知られる。次に述べるフロムと一時期婚姻関係にあった。フロム (Erich Seligmann Fromm; 1900-1980) は，ドイツ生まれのユダヤ人で社会学などを学んだ後に精神分析の世界に入り，さらにアメリカに渡りサリヴァンなどとも交流をもった。フロムは，生物学的なフロイトの視点を離れ，精神分析の影響も受けながら社会病理学的な理論を展開し，著書『自由からの逃走 (*Escape from Freedom*)』(Fromm, 1941) がベストセラーになった。

　これら新フロイト派に共通するのは，フロイトの理論を学びつつもその生物学的な傾向やリビドー重視の理論を批判し，対人関係や社会的，文化的な側面に関心を向けたことである。こうした傾向は，精神分析の裾野を広げることに貢献したといえるだろう。

　一方，フロイトの理論を正統的に受け継いだ精神分析もアメリカでさらに発展を続けた。この流れは前述のようにアンナ・フロイトの系譜に位置づけられ，一般には自我心理学 (ego psychology) といわれる。

　自我心理学の第一人者はハルトマン (Heinz Hartmann; 1894-1970) である。ウィーンで医学教育を受け晩年のフロイトに師事した彼は，後にアメリカに渡り国際精神分析学会の会長なども務めた。ハルトマンはとくに自我の働きに注目し，自我は単なる無意識に対する防衛機能を果たすだけではなく，外界に適応する機能ももっていることに注目した。このことは，行動主義の心理学が生体の環境への適応に関心をもっていたこととも通じるところがあり，結果的に自我心理学は精神分析的な考え方と実験心理学を結び付ける役割も果たした。また，アンナ・フロイトから教育分析を受けたエリクソンもこの流れに属すると考えられる。

　エリクソン (Erik Homburger Erikson; 1902-1994)[注25] はドイツ生まれで，

父親はデンマーク人といわれるが不明で，養父となったユダヤ人の家庭で育った。はじめ画家をめざすが挫折し，偶然のきっかけからウィーンで精神分析を学ぶことになった。後に，アメリカに渡り，児童分析家として活躍し，フロイトのリビドーの発達理論を発展させた生涯発達心理学をつくり上げたことはよく知られている。フロイトのリビドーの発達理論があくまで生物学的な理論であったのに対し，エリクソンは社会，文化，時代に適応する自我の働きに着目し，自我同一性（ego identity）の概念を提唱した。エリクソンの理論は，発達心理学の理論として，精神分析をアカデミックな心理学に近づけるにあたって一役買った。

　フロイトの理論を受け継いだ流れの中には，これらとは異なる系譜に属する自己心理学（self-psychology）というものもある。その代表として知られるのがコフート（Heinz Kohut; 1913-1981）である。ウィーン生まれだがアメリカに渡りシカゴで精神分析家としての訓練を受けた彼は，フロイトの正統的な理論を受け継ぎながらも，独自の自己愛パーソナリティの理論を構築し，多くの臨床家に影響を与えた。

(4) 精神分析と心理学

　ここまで述べてきたことからわかるように，アメリカとイギリスでは精神分析の置かれた位置はかなり異なる。フロイトの直接的影響も強かった両国でさえこのような状況であり，他の諸国における精神分析の位置づけはさらに多様である。たとえば，フランスにおける精神分析は，現代哲学の一部門としての側面も強かった。その代表者として知られる精神科医ラカン（Jacques-Marie Émile Lacan; 1901-1981）は，構造主義言語学とフロイトの理論の融合を図ったともいわれている。

　ただ，こうした各国固有の事情もさることながら，重要なのは，精神分析（および，広い意味での無意識の心理学）がいわゆる心理学とは異なる独自の理論，思想，臨床技法の体系として発展してきたように思われる点である。一般に，フロイトやユングの理論に興味をもち心理学を志したものの，実際に心理

注25）エリクソンの伝記はフリードマンによるもの（Friedman, 1999）があり，邦訳も出版されている。

学を学んでみてそれらがあまり扱われないことに落胆した，というような話はよく聞く．しかし，こうした現象が起こりやすい背景に，心理学と精神分析とが微妙な関係にあるという問題が横たわっているように思われる．そうした意味からも，精神分析の歴史を精査し心理学史の中でどう位置づけるかは，まだ，当分，議論する余地がありそうである．

第9章
臨床心理学の成立と発展

1 はじめに★

　前章では，精神分析を中心とした無意識の心理学の発展を通して，臨床心理学の歴史をたどってきた。しかし，前章でも述べたように，精神分析は心理学とは距離を置いた独自の体系として発展してきたということも忘れてはならない。とくに実験心理学の中心でもあったアメリカでは，精神分析の臨床活動はほとんどが医師によって独占されていたという事情もあり，医師ではない心理学者は，精神分析の影響を受けながらも，精神分析とは別に心理学に軸足を置いた臨床心理学を発展させてきた。本章では，そうした心理学者による臨床心理学の成立，発展，そして，近年に至るまでの変遷などを概観してゆこう。

2 アメリカにおける臨床心理学の誕生

(1) ウィットマーの生涯★

　アメリカの臨床心理学は，一般には，ペンシルヴェニア大学のウィットマーが臨床活動をはじめた1896年に誕生したとされる。フロイトが自らの心理学の体系をはじめて精神分析と呼んだのも1896年であり（第8章3節参照），精神分析とは流れを異にする臨床心理学もほぼ同じ頃にはじまっていたことがわかる。
　ウィットマー（Lightner Witmer; 1867-1956）[注1]は，フィラデルフィア生ま

　注1）ウィットマーの伝記や業績については，マックレイノルズの著書（McReynolds, 1997）にまとめられている。また，ウィットマーが臨床活動をはじめて100周年にあたる1996年には『American Psychologists』誌（51巻3号）でウィットマーの特集号が組まれており，そこからもさまざまな情報を得ることができる。なお，日本語で読めるものとしては大芦（2015）による小論もある。

図9-2 ウィットマー

れで，ペンシルヴェニア大学を卒業し，短期間，英語や歴史を教える教師を経験するが，その後大学院に入学しキャッテル（J. M. Cattell 第3章参照）の指導を受けた。やがてキャッテルはコロンビア大学に移るが，それを機にウィットマーはライプチヒのヴント（W. M. Wundt）の許に留学し，実験心理学で博士号を得た。帰国後，ペンシルヴェニア大学で心理学を教えるようになった。彼は，個人差や心理学の実生活への応用に関心のあった師キャッテルの影響のせいか，精神に関する一般的な法則を追求する実験心理学よりも，むしろ，応用的な心理学に関心があった。とくに，彼自身に教職経験があったこともあり，心理学を学校教育に役立てることに熱心であった。彼は1896年頃ペンシルヴェニア大学で主に学校の教師を対象とした心理学の講義を行ったが，その中で受講者が報告した問題を抱える生徒を実際に大学に呼び診断，治療を試みるようになった。これが一般にペンシルヴェニア大学のクリニックのはじまりといわれ，アメリカにおける臨床心理学の誕生とされる出来事である。このクリニックの最初のケースとされるのは，仮名チャールズ・ジルマン（Charles Gilman）と呼ばれる14歳の生徒だった。ジルマンは単語のスペルの間違いがひどいなどの症状をみせており，学校現場ではその対応に困っていた。ウィットマーは，ジルマンの知能，記憶などをアセスメントしそれらに大きな問題がないことを確認し，さらに，さまざまな側面から診断した結果，ある種の視覚障がいが見られることを見出した。そして適切なメガネを与え，また，訓練を施すことで症状を改善させた。

ウィットマーは，1896年だけで20人ほどのケースにかかわったといわれている。その多くは今日でいう学習障がいや発達障がいの児童，生徒だったようだ（McReynolds, 1987, p.853）。また，ウィットマーは，この年のアメリカ心理学会で，学校においてさまざまな遅れをもつ子どものためのクリニックを設置することや，知的障がいなどの統計的，臨床的なアセスメントの方法を確立すること，そして，そうしたことを可能にするために学校における心理学の専門職を育成することといった彼の臨床活動の大枠となるプランを示した

2 アメリカにおける臨床心理学の誕生　239

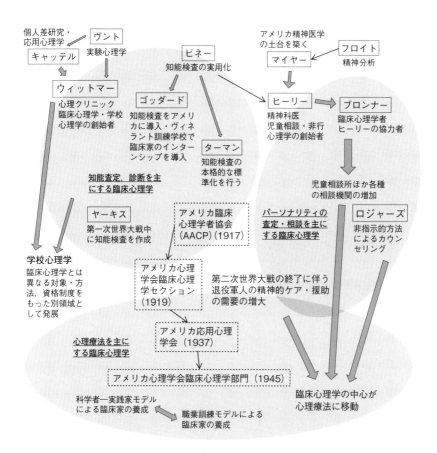

図 9-1　臨床心理学の成立と発展の流れ

(Witmer, 1897)。ただ，この時点では，このプランに関心をもつ者はほとんどいなかったという（McReynolds, 1997, p.81）。しかし，ウィットマーは，その後も，毎年，教師を対象とした心理学の講義を開き，同時に，受講者の実習も兼ねて診断，治療を行い，臨床活動を続けた。そして，1907 年，ウィットマーは，自らが中心となって『*Psychological Clinic*』と題した雑誌を創刊した[注2]。この巻頭にウィットマー自身によって執筆された"臨床心理学（*clinical psychology*）"

注2）この創刊号の簡単な紹介はガーフィールド（Garfield, 1982）によってなされている。

と題された論文（Witmer, 1907）が掲載された。一般的には，これが，アメリカにおいて臨床心理学という用語がはじめて用いられたケースとされている[注3]。

翌1908年には，ウィットマーは，臨床心理学的な対応が必要な子どものための学校を独自に設立している。彼は，その後も1937年に引退するまでペンシルヴェニア大学を中心に臨床家の養成プログラムの拡充などに努めた。

20世紀初頭，心理学がまだ哲学から脱しきれなかった時代にあって，独自に臨床心理学を切り開いたウィットマーの人となりは，前向きで，正義感が強く，他方，自信過剰といえる面もあった。ウィリアム・ジェームズ（William James）を単なる文学者であると批判したり，大学の同僚の解任に対しては学問の自由を守る立場から強く抗議することなどもあった。ただ，そのような面は，彼が心理学界の中心から次第にはずれてゆく一因にもなったという。

(2) ウィットマーの臨床心理学★

ウィットマーは，1907年の論文で，臨床心理学は，まず第一に，それ以前の教育学や心理学のような哲学的思索によって一般原理を導き出すものと異なり，科学的な方法論によるものではあるが，実験的研究の結果をそのまま教室の子どもに応用するものでもないと述べている。あくまで，科学的な方法をベースに教育現場の事情，個人の状況を把握し，それに基づいて実践的な取り組みをするのが臨床心理学だというのである（Baker, 1988）。ウィットマーは，臨床心理学の対象は障がいのある子どもに限らず，健常な子どもや大人も対象になりうると主張し，実際にそうしたケースを扱ったこともあるようだ。ただ，やはり彼の臨床活動の中心はいわゆる発達障がいのケースであった。こうしてみると，ウィットマーの臨床心理学は，成人も含め，人格面での不適応などを中心に置く今日の臨床心理学とはかなり異なるものだったと思われる。

ウィットマーは，彼独自の理論体系もつくらなかった。これは，彼が個々のケースをよく観察し，そのケースに必要な対応をするべきだと信じていたから

注3）マックレイノルズ（McReynolds, 1987）は，臨床心理学という用語の初使用例はフランスで1897年から数年間刊行された雑誌のタイトル―『Revue de Psychologie Clinique et Thérapeutique（仏語）（英訳 Journal of clinical and therapeutic psychology）』―ではないかと述べている。

である。ただ実際の対応の仕方は，今日の行動療法などにも通じる側面もあったようだ（McReynolds, 1987, p.854）。今日の臨床心理学の中心である心理療法的な対応はほとんど行われることはなかった。

以上のようなことからもわかるように，ウィットマーは，通常，アメリカにおける臨床心理学の祖として位置づけられるが，一方で，その理論や実践活動は必ずしも現在の臨床心理学に直結するものではなかった。むしろ，ウィットマーは，今日，学校心理学（school psychology）の創始者として位置づけられることが多い（Fagan, 1996）。

(3) 児童相談と臨床心理学★

一方，臨床心理学としてではなく精神医学の歴史の1ページとして取り上げられることが多いものの，実は，アメリカの臨床心理学の発展に大きく寄与していたのが，ここで紹介する児童相談である[注4]。

欧米では，19世紀末頃から子どもの福祉などに関する意識が高まり，知的障がいがある子どもや，非行少年の処遇に対する議論も少しずつ行われるようになってきた。ウィットマーの臨床心理学や後述する知能検査の開発なども，こうした社会状況と無縁ではないと考えられる。

1909年，篤志家の支援によってシカゴに少年精神病質研究所（Juvenile Psychopathic Institute）が開設された。これは，少年非行の再発の防止に精神医学的な対応が必要だとする声の高まりに伴い設置されたもので，その所長には精神科医ヒーリー（William Healy; 1869-1963）が就任した。ヒーリーはイギリスに生まれ少年時代にアメリカに渡り精神科医となった。彼は，当時強かった犯罪は遺伝的素質によって規定されているという考えに否定的だったが，極端な環境主義的な立場も取らず，個々のケースの背景要因を複合的に考えることを主張した。こうした彼の立場には，スイスからアメリカに渡りアメリカの精神医学の基礎を築いた精神科医で，精神衛生運動の提唱者として知られるマイヤー（Adolf Meyer; 1866-1950）の影響が強くみられる。また，ヒーリーはホール（G. S. Hall 第3章4節参照）の児童研究運動，青年研究やフロイトの精

注4）本項の記述はジョーンズの著書（Jones, 1999）によるところが大きい。

神分析などからも間接的な影響を受けたとされる。

　ヒーリーは，助手として心理学者ブロンナーを雇用した。ブロンナー（Augusta Fox Bronner; 1881-1966）は，コロンビア大学のソーンダイク（E. L. Thorndike）の許で学び，非行と知能との間に直接的関係がないことを明らかにしていた[注5]。さらにのちになると，ヒーリーは，ソーシャル・ワーカーを加え，医師，心理学者，ソーシャルワーカーの３つの専門職が協働しケースに対応する体制をつくった。その中で心理学者は，主に対象となるケースの知能およびパーソナリティのアセスメントを行う役割を担っていた。

　シカゴの少年精神病質研究所は，1917年にボストンに移転した。そして，当初，家庭裁判所から依頼される非行のケースのアセスメント・診断を中心にしていた活動は，次第に相談や援助に重きが置かれるようになってきた。また，対象とするケースも非行圏にない児童，生徒のさまざまな心理的な不適応に及んできた。そして，1922年に児童相談クリニック（Child guidance clinic）と名称を変更し，今日につながる児童相談所の原型となった。

　子どもの非行や不適応の原因を，直接，素質や社会的，経済的要因に求めないヒーリーの考え方は，個々の子どもの心理的なプロセスを見極め，さらには心理面に焦点を当てた援助をする臨床心理学的な対応の比重を大きくすることになった。こうしたことから，ヒーリーによってはじめられた児童相談は，アメリカにおいて臨床心理学が社会的な認知を得る大きなきっかけの１つになったと思われる。

(4) 知能検査と臨床心理学*

　今日の臨床心理学のイメージとはずいぶん異なるが，当時，臨床心理学がもっとも大きな柱に据えていたのは知能検査を実施し知能のアセスメントを行うことであった。

　ウィットマーはクリニックでケースをアセスメントするに際し知能検査を用いていたが，それは補助的な使用に留まっていた。アメリカで知能検査を本格的に導入したのはゴッダード（H. H. Goddard）である。当時，ニュージャー

注5）ブロンナーに関する伝記的な記述は非常に少なく，筆者は *Encyclopedia of Juvenile Justice*（McShane & Williams, 2003）による辞典の項目くらいしか見つけることができなかった。

ジー州のヴィネランド訓練学校（知的障がいをもつ子どものための学校）の心理学者の地位にあった彼は，医師によって経験的な方法に頼って行われていた知的障がいをもつ子どもへの対応を批判し，心理学者によって科学的な方法が導入されるべきであると考えた。その彼が，まず，まっさきに行ったのが信頼性のある知能のアセスメントの方法の導入だった（Zenderland, 1998）。彼は，1908年，ビネー（A. Binet）が開発した知能検査をヨーロッパに滞在中に入手し，帰国後その翻訳版をアメリカで多くの子どもに実施し，有用性を確かめた（また，ほぼ同じ頃ヒーリーもビネーの知能検査に入手し使用しはじめたという（Watson, 1953））。

ゴッダードは，ビネーの知能検査を導入したのと同じ1908年に，同じヴィネランド訓練学校で，心理学専攻の大学院生などを対象に臨床家になるためのインターンシップ制度をはじめて導入した。これは，ウィットマーが1907年に提示した臨床家養成のカリキュラムがどちらかというと発達心理学的な内容に重きが置かれていたのに対し，実践的なトレーニングを重視したはじめての試みでもあった（Routh, 2000）。つまり，アメリカでは，臨床心理学の専門家の養成が知能検査の開発と同じ場所で同じ人物によってはじめられたのである。

ビネーの知能検査は，その後，スタンフォード大学のターマン（L. M. Terman）により本格的な標準化手続きを踏んだ改訂版が発表された。そして，その普及とともに知能のアセスメントを行うことは臨床心理学の主要な業務になっていった（なお，知能をめぐる心理学の歴史は第11章3節を参照）。

(5) 1910年代初頭の状況

このような流れをうけて1910年代初頭までにアメリカでは，基礎科学としての志向性の強い実験心理学とは別に，実践的，応用的な臨床心理学という新領域が確立されつつあることが認識されるようになった。たとえば，のちにアメリカ臨床心理学者協会（AACP次項参照）の設立メンバーとなるウォリン（John Edward Wallace Wallin; 1876-1969）は，1911年に臨床心理学という新領域を支える現場として以下の5種を列挙し，それらの特徴を述べている（Wallin, 1911）。その1つめは，大学の附属クリニックで，1911年の時点でウィットマーのいたペンシルヴェニア大学にならって，ニューヨーク大学，クラ

ーク大学，ミネソタ大学，ピッツバーグ大学，ワシントン大学などがそれぞれ大学の附属組織としてクリニックを設けていた。2つめが，医科大学で，ここでは，精神医学教育の中で臨床心理学が取り入れられる余地があるとされたが，必ずしも，この時点では普及していなかったようである。3つめは，精神病院などにおける心理学部門で，ウェルニッケ（C. Wernicke），クレペリン（E. Kraepelin）（いずれも第7章5節参照），フロイト（S. Freud）などの名前が列挙され，これらの理論に支えられた臨床活動が行われている場としてマイヤー（A. Meyer 前述）の率いるジョンズ・ホプキンス病院の名前などが紹介されている。4つめは，知的障がいのある子どもの学校や施設などで，前述のゴッダード（H. H. Goddard）のいたヴィネランド訓練学校などがその例とされている。いうまでもなく，ここでも重視されたのは知能の診断であった。そして，5番目は，ヒーリー（W. Healy）による少年精神病質研究所に代表される非行少年を対象とした司法に関連した機関である。

　これらをみると，1910年代の初頭の段階で，臨床心理学の対象は，児童や生徒（とくに知的に障がいのある子ども）だけではなく，精神病院における精神病理学的な問題を抱えたケースや，少年非行などに関連した司法領域のケースも含め，かなり広い範囲にわたると考えられていたことがわかる。もちろん，その中心は子どもを対象とした知能検査の実施，診断にあったが，こうした広いとらえ方が，やがて，臨床心理学の中心が成人を対象とした心理療法に移ってゆく下地をつくっていたのかもしれない。

3 第二次世界大戦までの発展

(1) 学会の結成 ★

　臨床心理学の実践の場はその後も順調に数を増やしていった。たとえば，大学の附属のクリニックは，1914年になるとその数は19か所に及んだという（Reisman, 1991, p.113）。これら大学のクリニックでは，心理学専攻の大学院生のほか，教員志望者，現職の教員などもトレーニングを受けた。そのなかでももっとも重視されたのが知能検査（とくにビネーの知能検査）の実施，診断についてであった。しかし，知能検査の普及に伴い，検査の施行や診断法につい

て習熟していない者が実施する弊害なども指摘されるようになってきた。1915年になるとアメリカ心理学会（APA 第3章4節参照）は，十分に訓練されていない者が検査を実施することに対する懸念を表明した（Fernberger, 1932, p.46）。しかし，アメリカ心理学会はこれに関しあまり積極的な動きは見せなかった。こうした状況の中，1917年，臨床心理学の専門家が集まりアメリカ臨床心理学者協会（American Association of Clinical Psychologists: AACP）を結成した。このときの中心メンバーの一人であった前述のウォリンは，AACPの結成の動機として，知能検査のテスターに必要な技能，知識を保証することや，医師が主導権をもっていた医療，福祉施設で臨床心理学の専門家が職域を確立することなどがあったと述べている（Routh, 1994）。設立時のメンバーは46人でこの中には前述のゴッダード，ターマンやヤーキス（R. M. Yerkes 後述）のような知能検査の開発者や児童相談の創始者で精神科医のヒーリー（W. Healy）なども含まれていたが，ウィットマー（L. Witmer）の名前はなかった。メンバーのうち，判明している範囲ではあるが，22名が大学に，10名が学校などの教育組織に所属し，少年非行関係，精神病院，知的障がいのある子どもの施設に関係する者がそれぞれ2名いたという。しかし，AACPは2年間しか続かなかった。1919年，AACPはヤーキス（後述）の主導により，アメリカ心理学会（APA）に統合され，その臨床心理学セクションとして活動をつづけてゆくことになる（Routh, 1994）。

(2) 第一次世界大戦と臨床心理学★

　AACPが結成された1917年，アメリカは第一次世界大戦に参戦した。この時，心理学者の間でも戦争に協力しようという機運が高まった。そこに登場したのがヤーキス（Robert Mearns Yerkes; 1876-1956）[注6]である。ヤーキスは，ハーヴァード大学で博士号を取得しそのまま出身校で講師となった。当初，彼は動物心理学の第一人者として知られていた。しかし，ハーヴァード大学は動物心理学の研究には関心が薄く，彼は教育心理学へと転向を余儀なくされ，知能検査に関する研究に軸足を移していた。アメリカが第一次世界大戦に参戦し

　注6）ヤーキスの伝記的記述はいくつかあるようだが，筆者が主に参照したのはドゥエスバリーによるもの（Dwesburay, 1996）である。

た1917年,アメリカ心理学会の会長職にあった彼は,戦争における心理学の役割を検討する委員会の責任者となった。

委員会は間もなく陸軍に組み込まれ,そこで取り組んだのが戦時下で動員された多数の兵士の知能を集団で適切かつ迅速にアセスメントするための知能検査の開発であった。このプロジェクトでは,移民も多く必ずしも英語に堪能でなかった対象者の事情も考慮し,通常の言語による知能検査(Army Alpha)とは別に言語を介さない知能検査(Army Beta)が作成された。戦争は翌年終了するが,プロジェクトはしばらく続けられ1919年までにおよそ17万人が知能検査を受けたといわれる。

このプロジェクトによってヤーキスは,それまで医師以外が就任したことのなかった衛生部隊(Sanitary Corps)の将校の地位に就くなどして臨床心理学の認知度を高めることになった(Tomes, 2008, p.660)。

第一次世界大戦中の一連の研究では,ウッドワース(R. S. Woodworth 第3章6節参照)によって神経症的なパーソナリティを診断するための初の質問紙法による検査(Personal data sheet)も作成され(Reisman, 1991, p.97),知能以外の領域での心理検査の利用可能性が示された。

(3) 2つの大戦間における組織の変遷[注7]

前述のように1919年にアメリカ心理学会の臨床心理学セクションとして再出発した臨床心理学者の組織だが,その後も必ずしも順調ではなかった。臨床心理学セクションは,かねてから問題となっていた臨床心理学者の質を保証するために,コンサルティング心理学者(consulting psychologists)の登録制度を実施するが,1927年度の時点でわずか27名が登録されただけで,実質的に機能していなかった。また,この頃からアメリカ心理学会は心理学の研究者の団体としての性格を強め入会資格を厳しくするなど,臨床家にとって必ずしも活動しやすい環境ではなくなっていった。現場の臨床家たちは州単位で臨床家の団体を結成するなどして,さらにその連合組織としてのコンサルティング心理学者協会(Association of Consulting Psychologists)を置いた。コンサルテ

注7) 本項は主にルース(Routh, 1994)の記述によった。

ィングという用語が使われたのは，当時は，臨床（clinical）はより狭い意味をもっていると考えられていたからである。1937年，アメリカ心理学会の臨床心理学セクションは解散し，コンサルティング心理学者協会などが中心となりアメリカ応用心理学会（American Association for Applied Psychology）の中に臨床セクションが設立された。しかし，アメリカ応用心理学会は最終的に1945年にアメリカ心理学会と合併する。応用心理学会にあった各部門はアメリカ心理学会の各部門（division）となり，臨床心理学も同様にその1つ（第12部門）になった[注8]。

(4) 臨床心理学の中心の移行★

　2つの大戦間は，上記のように臨床心理学の組織が目まぐるしく変遷した時代だが，同時に，臨床心理学の在り方自体も目立たないが着実に変化していた。当初，ウィットマーによってはじめられた臨床心理学は，今日でいう軽度の発達障がいや学習に関して困難を抱える児童，生徒を主たる対象とし，知能の診断や訓練を中心に行う領域であった。しかし，前述のようにすでに1910年代初頭には不適応を抱える成人を対象とした相談活動や児童相談といった活動も臨床心理学の中に含めて考える下地ができ上がっていた（Wallin, 1911）。そして，2つの大戦の間の時代になると臨床心理学はより広い領域としてとらえられるようになり，さらに，その中で少しずつ中心が移動していった。

　ヒーリーらによってはじめられた児童相談クリニックであるが，1921年の段階でわずか7か所のみに留まっていたが，コモンウェルズ財団などの積極的な支援を受け，1927年には102までその数を増やした。1926年にはヒーリーのパートナー的存在であったブロンナー（A. F. Bronner）がアメリカ心理学会の臨床心理学セクションの代表になっている（Routh, 1994, pp.22-23）。また，さまざまな財団の支援で，臨床心理家などの非医師が中心となって行う外来患者

　注8) 実は，この時点でアメリカ心理学会には異常心理学・心理療法部門（第11部門）がすでにあった。しかし，この部門はこれらの領域の科学的な側面にのみ関心をもつ部門で，実践家のためのものではなかったという。間もなく，異常心理学・心理療法部門は臨床心理学部門に吸収され臨床・異常心理学部門（第12部門）となったが，のちに臨床心理学部門に名称変更された（Routh, 1994, p.34）。なお，旧異常心理学部門・心理療法部門の第11部門は廃止され，現在まで欠番のままである。

のための施設も増加し，1910年のわずか12か所に対し，1936年には642か所を数えるに至ったという（Tomes, 2008, p.662）。このようにして，児童や生徒の学習上の困難への対応や知能のアセスメントなどにあった臨床心理学の中心は，次第に家庭環境の問題なども含めた子どものパーソナリティ面での不適応への対応や非行に関する相談活動，精神科領域での相談活動などに移っていった[注9]。

　こうした臨床心理学における中心領域の移行は，第二次世界大戦の終了とともにさらに決定的になる。第二次世界大戦ではアメリカでも多くの兵士が前線で戦ったが，終戦によって彼らの多くが退役した。長く続いた激しい戦闘の中で悲惨な状況を目の当たりにすることも多かった退役軍人（veteran）の中には精神科を受診するような問題を抱える者も多く[注10]，それらの問題への対応や，彼らの職業相談に応じるための精神保健サービス（mental health service）の需要が高まっていた。そして，そうしたサービスの担い手としての臨床家の必要性が叫ばれるようになった。もちろん，精神保健サービスの担い手として，まず，考えられたのは精神科医であったが，精神科医も絶対数が不足していた。そのため，精神科医の確保と並んで，心理学の臨床家，ソーシャル・ワーカーの養成も積極的に行われるようになったのである[注11]。

　注9） このような臨床心理学の中心の移行がなぜ起こったのかについて，ふつう，心理学史の概論書にはあまり詳しい説明がない。ただ，筆者は，あまり確証はないが，2つの理由を考えている。1つめは，ヒーリーやブロンナーによってはじめられた児童相談において精神科医，心理学の臨床家，ソーシャル・ワーカーがチームをつくり対応にあたったことと関係があるのではないかということである。このチームによる対応がうまくいったため，臨床心理学はそれまでの学校から精神科領域に活躍の中心を移していったのではないだろうか（このチームによる活動の歴史的発展についてはトムス（Tomes, 2008）の論考を参照）。さて，もう1つの理由であるが，精神分析の影響を指摘しておきたい。前述のようにアメリカにおける精神分析は主として医師によって行われていたが，どちらかというと学習面での不適応の支援などを中心業務にしていた心理学者も，対象者のパーソナリティ，感情面での適応を図る必要性は感じていただろうし，そうしたなかで精神分析的な考え方に，自然に関心が向くようになったことは十分考えられる。そのようにして心理学者が精神分析的な考え方に馴染んでくると，今度は扱うケース自体がパーソナリティや感情面での適応の問題を主訴とするケースに変わってきたのではないだろうか。

　注10） 精神科関連の疾患にかかる者の割合が相当高かったことは，以下のようなデータからもわかる。たとえば，1946年に退役軍人局の病院にはおよそ44,000人の神経科・精神科の患者がいたのに対し，他のすべての疾患を合計しても30,000人の患者しかいなかったという（Miller, 1946）。

　注11） 退役軍人に関わる精神科医，ソーシャル・ワーカー，心理学の臨床家の需要の増加をめぐってはエングル（Engle, 2008）の著書の第3章にまとまった記述がある。

アメリカ退役軍人局（Veteran Administration）は，心理学の臨床家ためのインターンシップ制度を積極的に整備したり，精神科施設を建設した（Humphreys, 1996）。その規模はかなりのもので，1946年の段階でおよそ22の大学出身の200名の訓練生がいたが，さらに5年後にはその数は700人規模までに拡大していたという（Cranston, 1986）。

　退役軍人局によって行われた臨床家のトレーニングの大きな特徴は，心理学の臨床家の基礎資格として博士号取得を求めた点にあるといわれる（Cranston, 1986）。これは医療機関のスタッフとして勤務する心理学の臨床家に医師に準ずるような責任を果たしてもらうためであり，実際に退役軍人のための医療機関で働く臨床家には医師なみの待遇を保証した（Humphreys, 1996）。このようななかで，心理学の臨床家に対する社会的な地位は飛躍的に向上した。

　こうして，臨床心理学の中心は，子どもから成人へ，また，知能のアセスメントや学習面での不適応の支援からパーソナリティのアセスメントやそれに関する相談活動などに着実に移っていった。

　しかし，今日の臨床家が当然のこととして受け止めている心理療法こそが臨床心理学の中心業務という考え方は，この段階ではまだ生まれていなかったと思われる。退役軍人局によるトレーニングも，知能，パーソナリティのアセスメント，診断的な面接法などに中心が置かれていたようである（Humphreys, 1996）。

4 臨床家の職域の確立と制度化

(1) 心理療法家としての心理臨床家 ★

　今日，一般に受け止められている，心理療法こそが臨床心理学の中心という考え方は，いつ頃，どのようにして生まれてきたのだろうか。つぎにそのあたりについて見てゆこう。

　アメリカ心理学会の臨床心理学におけるトレーニング検討委員会（Committee on Training in Clinical Psychology）はかねてから臨床家の養成のための大学院のプログラムを検討していたが，1947年にその大筋を発表した

(Committee on Training in Clinical Psychology, 1947)。そこでは，大学院のカリキュラムは，①知覚，生理，発達，社会などの領域を含む一般（general）心理学，②動機づけ，パーソナリティ，異常心理などを含む力動（dynamic）心理学，③診断方法，④セラピー，⑤研究方法の5つの柱から構成されるべきとされた。さらにこれを受けて1949年には，コロラド大学ボールダー校に主要な臨床心理学者が集まり臨床家のトレーニングの基本構想が話し合われたが，そこで得られた結論もおおむね上記の1947年の案を受け継ぐものであった。すなわち，臨床家は，まず，大学院で実験心理学を中心とした基礎研究の方法を学び科学者としての資質を身につけたうえで，臨床家としてのトレーニングを受け，実践に携わるべきという考え方で，これはふつう科学者‐実践家・モデル（scientist-practitioner model）と呼ばれている[注12]。ただ，こうしたカリキュラム案では心理療法は含められてはいるものの，それをトレーニングの中心に据えてはいなかった。

　しかし，その一方で，1940年代も後半になると，心理学の臨床家が心理療法を行うこと自体は珍しいことではなくなってきていた。これは1942年にロジャーズ（C. R. Rogers）によって非指示的（nondirective）カウンセリング（次章参照）が提起されたこととも関係している。それまで心理療法といえば精神分析が唯一のものであったし，とくにアメリカでは前述のように精神分析は医師が行うものとされていた。そのため，医師でない心理学の臨床家が心理療法を行うことは容易ではなかった。そうしたなかで非医師であったロジャーズによって心理療法のモデルがつくられたことは，心理学の臨床家が心理療法に積極的に参入するはずみをつけることになったのである。また，心理療法に参入したいという心理学者の動きの背後には，医師と対等の地位，収入を得て，医師から独立して業務を行いたいという心理学者の願望もあったという（Humphreys, 1996; Sarason, 1981, p.830）。もちろん，これに対し，精神科医の側から反対も強かった（Engle, 2008, pp.68-69）。しかし，心理療法を行いたいという臨床家の意欲は強く，1960年代頃までには心理療法は心理学の臨床家の職務の中心になっていった（Humphreys, 1996）。また，その頃になると，精神

注12) このモデルの概略，評価，その後の変遷などについては今田（1996）が簡潔にまとめている。

科医はちょうど開発されつつあった薬物治療をその職務の中心とするようになり，心理療法はほぼ心理学の領域のものとなっていった。

(2) 臨床家の増加★

1945年にアメリカ心理学会の臨床心理学部門が創設されたときそのメンバーは500人に満たなかったが，1950年には1,289人，1960年には2,376人を数えるに至った（Routh, 1994）。また，1968年の調査ではアメリカの心理学者のうち専門分野が臨床心理学と回答した者は全体の29パーセント，さらに，カウンセリングおよびガイダンスが専門であると回答した10パーセントも合わせると，広い意味での臨床心理学を専門とする者は，実に4割近くに達していた。一方，実験心理学（含む，比較，生理心理学）と回答した者は10パーセントに過ぎなかった（Cates, 1970）。つまり，1970年代に入ると臨床心理学は，心理学の中でも最大の領域となっていたのである。

(3) 実践家としての臨床家[注13]

すでに述べたようにアメリカの心理学の臨床家の養成は，各大学が1949年に提案された科学者-実践家・モデル（scientist-practitioner model）に沿ったカリキュラムを整備し，それに基づいて行われていた。しかし，1960年代に入ると，臨床家をめざす大学院生に過大な負担を強いて実験心理的な手法で研究を行わせ博士論文を仕上げさせることが果たして必要なのか，という疑問もだされるようになってきた。そこで，1963年，アメリカ心理学会はロチェスター大学のクラーク（Kenneth Clark）を議長とした心理学の科学的，職業的な目的に関する委員会（Committee on Scientific and Professional Aims of Psychology）を組織し，新たな心理学の臨床家の養成のためのプログラムの検討に入った。その討議の結果は1967年に発表されたが（Committee on Scientific and Professional Aims of Psychology, 1967），そこでは，より臨床家として必要な実践的なカリキュラムを編成すること，また，従来の博士号，Ph.D（Doctor of Philosophy）に代わって心理学博士（Doctor of Psychology:

注13) 本項はRouth（1994）の著書の19章や今田（1996）の記述によるところが大きい。

PsyD）を授与すべきことなどが提案された。このプログラムは，職業訓練モデル（professional training model）などと呼ばれることもある。1968 年にはイリノイ大学でこのモデルに沿ったプログラムが開始され，修了者は実践現場からは高い評価を受けたという。しかし，この新たなモデルは大学の研究者の多い心理学の世界ではなかなか受け入れられず，イリノイ大学のプログラムも間もなく中断したという。こうした臨床家養成のための実践的なプログラムは，その後次第に受け入れられるようになり，現在では，むしろ一般的なものになりつつある。

(4) 臨床家の資格★

　第二次世界大戦中からはじまった臨床心理学の需要の増大に伴い，アメリカでは，臨床家の教育プログラムと並んで，心理学の臨床家の資格を法律によって定め整備してゆこうという動きも広がった。臨床家の資格は各州単位で法律を制定してゆくかたちで行われた。初めて心理学の臨床家の資格を法制化したのはコネチカット州で，1945 年であった。その後も，それぞれの州で法律の制定がすすめられ，1965 年の段階で 26 の州で法律が整備されていた。名称はサイコロジスト（psychologist）とする州がほとんどで，一部の例外を除いて博士号を所持していることが資格取得の条件とされた（Henderson & Hildreth, 1965）。また，1960 年代からは各州の心理学協会（State Conference Association）の連合組織である AASP（American Association of State Psychology）が中心となり，資格試験の統一をはかるためのさまざまな努力がなされた。アメリカでは法律による資格の制度化は 1977 年のミズーリ州を最後に完了した（Routh, 1994）。

(5) 1970 年代の臨床心理学★

　ここまでみてきたようにアメリカでは心理学の臨床家の資格，職域，職務内容などに関する制度面での整備は 1970 年代までにほぼつくり上げられた。1970 年代半ばにアメリカ心理学会の臨床心理学（第 12）部門のメンバー 800 人余りを対象に行った調査（Garfield & Kurtz, 1976）によると，対象となった臨床家の 23 パーセントが個人でクリニック等を開業しており，22 パーセントが

大学の心理学科，14パーセントが精神科および総合病院に，8パーセントが医科大学，7パーセントが地域の精神保健センターに所属していた[注14]。また，59パーセントが臨床的実践，20パーセントが教育研究を主たる職務にしていると回答している。さらに，職務のうち実際どのような活動に時間が費やされているかであるが，個人を対象とした心理療法が25パーセント，集団心理療法が4パーセント，診断・アセスメントが10パーセント，教育活動や管理業務が13パーセントなどとなっている。

　以上のようにアメリカの臨床心理学は，その誕生からおよそ70年で社会の中で広くその実践の場を得て，また，その実践も当初のアセスメントを中心とした活動から個人を対象とした心理療法に軸足を移していったことがわかる。さらに，大学院の博士課程レベルでの臨床家の養成という仕組みも確立され，臨床家は一定の社会的地位を得ている様子がうかがえる。この枠組みの中で臨床心理学はその後も社会からの需要に応えるかたちで勢いを伸ばしてゆくが，一方で，その勢いに押されがちな実験心理学諸領域とどのようにバランスを図ってゆくかが新たな課題となった。その課題は解決の仕方によっては心理学の在り方そのものをも揺るがしかねないもので，まだ，当分の間，議論はつづくと思われる。

　注14) この結果の中に，学校等の教育関係の機関に所属していると回答した臨床家がいないことは意外に思えるかもしれない。これは，アメリカでは教育関係の臨床家は，主に，学校心理学のカテゴリーの中で扱われ，臨床心理学とはすみ分けができていたからである。学校心理学領域では，1945年におかれたアメリカ心理学会のスクール・サイコロジスト（第16）部門（のちに学校心理学部門と改められる）やのちに結成されたNASP（National Association of School Psychologist）が中心となり教育システムや資格（credential）の制度化が行われてきた。スクール・サイコロジストは臨床心理学の資格とは異なり，博士号の取得は要求されず修士号を取得することが条件とされていた。また，アメリカの各州における資格の認定方法も臨床心理学の場合とやや異なる仕組みをとっており，そうした意味でも両者は異なる職種として発展してきた経緯をもっている。なお，学校心理学の資格，制度面での歴史についてはファーガンらの著書（Fagan & Wise, 1994）の第2章，メレルらの著書（Merrell, Ervin, & Gimpel, 2006）の第2章などを参照するとよい。

第10章
臨床心理学の理論と治療技法の発展

1 はじめに★

　前章でみたように，20世紀はじめに生まれた臨床心理学は，わずか数十年の間に社会からも広く受け入れられ，また，制度的にも整えられ，急速に勢力を拡大していった。急拡大の背景には，二度の大戦を通して臨床家が活躍する場面がつくり出されていったという事情もあるが，そうした需要の創出だけが臨

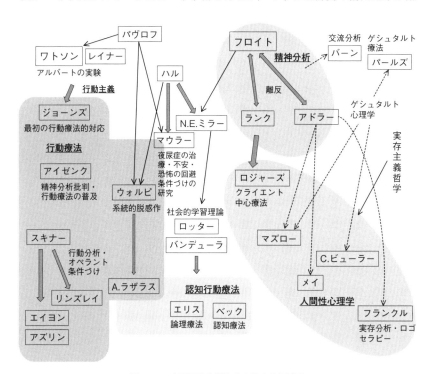

図10-1　心理療法各派と主な臨床心理学者

床心理学の発展を牽引してきた訳ではないだろう。確かに，臨床心理学の発展の背景には急速な需要の拡大という社会的な側面がある。しかし，その一方で臨床心理学の中からも，臨床心理学の需要の拡大に応えるような独自の考え方が生まれてきたことも見逃してはならない。

1930年代，臨床心理学の中心は知能やパーソナリティのアセスメントや相談活動から次第に心理療法に移行しつつあったが，この時点で心理療法の理論として体系だてられていたのは精神分析だけであった。心理療法を実施するということは精神分析を行うことに等しかった。しかし，すでに述べたように，当時，とくにアメリカでは精神分析は医師のみが行うことができるものという意見が強かった。だから，心理学の臨床家が心理療法を中心に活動を展開することは容易なことではなかった。そうしたなかで，心理学者によってつくられ心理学の臨床家によって実践される心理療法が登場した。臨床心理学の発展の歴史は，そうした心理学者によってつくられた心理療法が受け入れられてゆく過程でもあった。

2 ロジャーズの理論と心理療法

(1) ロジャーズの生涯★

心理学者によってつくられ広く受け入れられた心理療法を提唱した人として，まず，真っ先に取り上げられなくてはならないのがロジャーズである。

ロジャーズ（Carl Ransom Rogers; 1902-1987）は[注1]，シカゴ郊外の町で中産階級の家庭で生まれた。父はウィスコンシン大学を卒業していたが，当時，建築の請負業などをしていた。やがて父は農場を購入し，そこで農業もはじめた。そこでの経験はロジャーズが自然科学に関心をもつきっかけになったという。そのため，彼は，はじめウィスコンシン大学に農業を専攻するつもりで入学したが，途中で，歴史学に転じた。卒業後，ニューヨークのユニオン神学校

注1）ロジャーズの伝記はいくつかあるが，もっとも詳細なものはキルシェンバウム（Kirschenbaum, 2007）によるものであろう。また，自伝（Rogers, 1967）もある。なお，ロジャーズの生涯に関する記述のある書籍は和書でもかなりあり（たとえば，久能ら，2006），よほど細かいことまで調べる必要がなければそれらで足りるであろう。

に入学したものの，そのときすぐ近くにあったコロンビア大学の教育学部で聴講生として受講するうちに心理学に興味をもつようになり，コロンビア大学の大学院に転学した。やがて大学院に在学したまま同じころ設立された児童相談所の研究員となり，臨床活動をはじめた。そこでは，当時，折衷的な精神分析が行われていたという。博士号取得後，1928年からロチェスターの児童愛護協会（Society for the Prevention of Cruelty to Children）に勤務して非行

図10-2　ロジャーズ

少年の処遇面接などに従事した。そのころ，同僚のソーシャル・ワーカーの幾人かはフロイトの門下生で後に決別したランク（O. Rank 第8章3節参照）の心理学に関心をもっていた。ロジャーズはこうした人たちを通じ，当時アメリカに拠点を移しつつあったランクに接する機会を得て，強く影響を受けたと言われている。1938年にはロチェスター・ガイダンス・センターが設立され所長に就任したが，2年後，オハイオ州立大学に招かれた。また，このころから臨床心理学，カウンセリングの領域におけるリーダー的存在として頭角を現し，1941年にはアメリカ応用心理学会の臨床セクションの代表になり，1944年から45年は学会の会長に就任した。間もなくアメリカ応用心理学会はアメリカ心理学会と合流するが（第9章3節を参照），会長としてその任にあたったのもロジャーズだった。1942年には非指示的療法を提起し代表作となった『カウンセリングと心理療法（*Counseling and Psychotherapy*）』（Rogers, 1942）を出版している。1944年にはシカゴ大学の心理学の教授となりカウンセリングセンターの運営にも携わったが，1957年，ウィスコンシン大学に異動した。ウィスコンシン大学では心理学の教授として活躍するほか，精神科にも所属し，統合失調症患者への心理療法の適用可能性などを検討した。後に，カリフォルニアに設立された西部行動科学研究所（Western Behavioral Science Institute）に移り，晩年まで活動の拠点とした。

(2) ロジャーズの心理療法の基本的な考え方★

　ロジャーズの心理療法に対する基本的な考え方は多くの成書で紹介されてい

るので，ここではごく簡単に紹介するにとどめる。

　ロジャーズの主張は，まず，クライエントを自己成長する存在と見なすことから始まる。クライエントは問題を抱え不適応に陥って臨床家のところに来るわけだが，基本的には成長しようとする存在であり，それが一時的にうまく機能しなくなっている状態にあると考える。ただ，その機能不全は精神分析で考えるような過去に由来するものではない。だから，問題の原因を過去に求め，過去の外傷的な出来事の記憶を探し，それに臨床家が知的な解釈を与えそれをクライエントに理解させても解決するものではないという。むしろ，クライエントが自分の感情の動きをできるだけ正直に受け止め，自ら，それを体験的に理解することこそがまず必要なことだという。そして，それによってせき止められてうまく機能しなくなっていた成長しようとする力を取り戻し，クライエントが不適応や悩みを自ら解決する道を見つけることができるというのだ。そのため，臨床家のすべきことは，まず，クライエントに解釈や指示を与えるのではなく，無条件の肯定的配慮（unconditional positive regard）をもって受容し，クライエントの話すことを共感的理解（empathic understanding）をもって傾聴することだとされた。クライエントの感情が硬直化して成長しようとする力が機能しなくなっているのは，自らあるべきと思い込んでいる自己概念と実際の経験がうまく一致していないこと（incongruence）にある。だから，臨床家がクライエントの話を徹底的に傾聴し受容することで，クライエントは否定的にとらえがちであった自分の経験を受け入れられるようになり，さらには硬直した自己概念の修正をはかり，自由な感情，そして，成長しようとする力をうまく機能させることができるようになるというのである。

　以上が，いわゆるクライエント中心療法の基本的な考え方であり，これは，今日でも，心理療法の基本の1つとして広く知られ実践されている。しかし，実際は，ロジャーズは長いキャリアの中で，基本的な人間観自体は一貫しているものの，少しずつその理論を変化させている。つぎに，その点についてみてみよう。

（3）ロジャーズの理論の変遷[注2]★

　ロジャーズは，1939年にははじめての著書『*The Clinical Treatment of the*

Problem Child』(Rogers, 1939) を出版している。これは，さまざまな心理療法などについて広く概説しているが，まだ独自の理論を出すには至っていない。しかし，その中にもすでに彼の後年の理論の萌芽はみられるという。ロジャーズはこの著書の中で，臨床家に求められる資質として客観性 (objectivity)，個人の尊重 (respect for individual)，自分自身の理解 (understanding of the self) の3つを挙げている。このうち最初の客観性は他者を共感的に理解することを意味し，3つめの自分自身の理解とは臨床家自身が自己概念と経験の不一致の問題を解決すべきことを意図しているというから，結果的にこれらは，共感的理解，無条件の肯定的配慮，一致という，彼の考えの基礎となる3つのキーワードに対応しているという (Kirschenbaum, 2007, pp.92-93)。

つづいて，1942年には『カウンセリングと心理療法 (*Counseling and Psychotherapy*)』(Rogers, 1942) を出版し，自らの立場を明確にした。この著書で，まず特筆すべき点は，それまで患者 (patient) やレシピエント (recipient；受容者) などと呼んでいた心理療法の対象者をクライエント (client) と呼んだことであろう。心理療法の受容者をクライエントと呼んだのは必ずしもロジャーズがはじめてではないようだが[注3]，心理療法の主体が臨床家の側になくその対象者にあることを明確に打ち出したのはロジャーズがはじめてであった。また，この著書では臨床家はクライエントに対し解釈や指示を行ってはならない，という原則が打ち出された。そして，そうした方法を用いた心理療法において，クライエントは，まず，悩みや心配事を打ち明け (release)，それに関して洞察 (insight) を得て，さらに，積極的な行動 (positive action) に踏み出すというプロセスがあることなども明らかにしている。ロジャーズはこうした一連の心理療法の技法を非指示的カウンセリング (nondirective counseling)，または非指示的療法 (nondirective therapy) などと呼んだ。

さらに，1951年には『クライエント中心療法 (*Client-Centered Therapy*)』

注2) 本項の記述はキルシェンバウムの著書 (Kirschenbaum, 2007) によるところが大きい。
注3) クライエントという言葉は，ロジャーズにも影響与えた精神分析家ランクがすでに1930年代の半ばに使ったことがあるようだ。また，1940年以前の使用例は他にもある。なお，ロジャーズ自身はクライエントという言葉を1940年の論文ではじめて用いた (Kirschenbaum, 2007, p.111)。

（Rogers, 1951）を出版した。それまでロジャーズの心理療法の技法は，非指示的カウンセリング（または療法）といわれることが多かった。しかし，ロジャーズは，これは彼が心理療法の技法について強調し過ぎていたことによるものであるとし，その点を改めた。ロジャーズは以前からクライエントを受容することの重要性を説いていたが，単に受容するだけでは意味がないとも言った。彼は，臨床家はクライエントの側に立ちクライエントの視点に立って世界を見て，感じることができるようになるべきであり，そうした能力を身につけてこそ受容する意味もでてくると考えた。そして，そのようなクライエントの内面の理解を伴う心理療法として"クライエント中心"という用語を前面に出すことにしたのだ。

この10年後1961年に出された『*On Becoming a Person*』（Rogers, 1961）は，エッセイを集めたもので心理療法に関する体系的な著作という訳ではないが，この中では"十分に機能した人（The fully functioning person）"という概念が出されている。これは，彼の理論でいう自己概念と経験の不一致（incongruence）が解消され，自らの感情を適切にとらえ自分を受け入れることで，他者に対しても心が開かれ，創造性，自発性にあふれた人のことをさしている。一般に，ロジャーズは，人は自ら成長しようとする力をもつことを信じそれを援助するための心理療法をめざしていたとされるが，その自ら成長しようとする力を実際に発揮した人が，この"十分に機能した人"なのである。おおよそここまでで，ふつう，ロジャーズの心理療法の理論，技法として知られているものの主要部分は完成されたといってよいだろう。

その後，ロジャーズは，個人を対象とした心理療法からエンカウンター・グループ（encounter groupe）に関心を移してゆく。

エンカウンター・グループは，もともと，社会心理学者，レヴィン（K. Lewin）のグループダイナミクス（第5章5節参照）に起源をもつ。レヴィンは，集団はたとえ与えられた目標がなくても，コミュニケーションのパターンをつくり出し，自ら課題を見つけ，さらには，誰かがリーダシップをとりながら次第に発展してゆくことに気づいていた。そして，レヴィンの死後，この知見を応用し，集団の中でよいリーダーを育ててゆくためのトレーニング，T-Groupが考えだされ，実践されるようになってきた。一方，ロジャーズも1940年代の

後半にシカゴ大学で，小集団で体験活動を試みている。これは，レヴィンの流れを汲むものとは異なり参加者個人の成長をめざしたものであったが，必ずしも，心理療法として行う意図はなかったようだ。その後，1950年代にもグループ活動を試みているが，本格的にエンカウンター・グループを研究の中心に据えるようになったのは，1960年代にカリフォルニアに移ってからである。

　ロジャーズが個人を対象とした心理療法からエンカウンター・グループに移っていった理由の1つは，ウィスコンシン大学時代の研究にあったようだ。当時，ロジャーズは精神科の教授も兼任し，統合失調症の患者に心理療法を試み，その効果を検討するプロジェクトに力を入れていた。しかし，残念ながらあまり目覚ましい成果は得られなかった。このことはロジャーズに失望感を与えたようで，この失敗が契機になったのではないかといわれる（Lakin, 1998）。また，このころ，彼は統合失調症患者と同時に，健常者に心理療法を行い個人の成長を促すことを試みていたが，そもそも，健常者が個人を対象にした心理療法に関心をもつことがないという問題があった。そこで，それに代わるものとしてグループ活動が重視されるようになったともいわれる（Kirschenbaum, 2007, p.342）。

　ロジャーズがとくに重視して行ったグループ活動は，特定の目標や課題を定めずにファシリテーターが集団をリードしながら行うベーシック・エンカウンター・グループと呼ばれるもので，彼は，これを職場，学校などさまざまな場所で主に健常者を対象にして行った。

　ロジャーズは，エンカウンター・グループを通して自分や他者，および，対人関係について体験的に理解し，自分を成長させてゆくことをめざしていた。そして，1970年代の半ばから，そうした体験から得た着想をもとに，旧来のクライエント中心療法に代わり人間中心のアプローチ（person-centered approach）という用語を用いるようになった。セラピストは患者（クライエント）を単に従属する存在としてではなく，自分と対等の関係にある主体性をもった人間として扱うべきであるというのがクライエント中心療法の主張だが，同じ主張は，学校における教師と生徒，職場の人間関係，家族関係，人種間の関係などほとんどすべてについてあてはまるはずである。そこで，そうしたあらゆる人間関係の場に共通すべき原理を表現するものとして人間中心のアプロ

ーチという言葉が考えだされたのである。

　ロジャーズは，この人間中心のアプローチをテーマに世界各地でワークショップを行った。それらの中には東西冷戦下のソヴィエトや民族紛争の舞台となった国なども含まれており，そうした場所でのワークショップは，彼の人道主義，平和主義的な発言とも相まって，政治的な側面ももつようになっていた。

　さらに，晩年になると，ロジャーズは，クライエント中心療法，人間中心のアプローチを通した他者理解の中にスピリチュアルな側面があることを発言するようにもなった。そのため，彼の晩年の思想はトランスパーソナル心理学として位置づけられることもある。

(4) 実証研究とロジャーズ

　ロジャーズはとかく臨床心理学の巨頭として見なされがちだが，実はこの時代の臨床心理学者には珍しく実証的研究を重んじる一面ももっていた。彼がとくに好んで行ったのは，心理療法における臨床家とクライエントの対話の一部始終を，当時，一般に普及しはじめたテープレコーダを用いて録音し，その会話記録を分析するという手法だった。ロジャーズはこの手法を1938年頃から用いていたが，当時，誰もが臨床家かクライエントかのいずれかでも録音されていることを知っていたら心理療法は成り立たないと考えていたという（Rogers, 1966）。しかし，彼は実証的な検討のために，それをあえて行った。出世作となった『カウンセリングと心理療法（*Counseling and Psychotherapy*）』（Rogers, 1942）で非指示的療法を提唱できたのも，この会話記録を用いた分析の裏づけがあったからともいわれる。

　また，ウィスコンシン大学時代に統合失調症の患者を対象として行った大規模なプロジェクト研究では，心理療法の効果を測定するためにさまざまな評定尺度を用いて実証的なデータを収集しようとした（Kirschenbaum, 2007, p.287）。

(5) ロジャーズの背景

　ロジャーズは，その前向きな人間観を携えて1940年代のアメリカに突如登場したかのようにみえる。しかし，多くの心理学の理論がそうであるのと同じ

ように，実際は，先行するさまざまな理論を背景に生まれてきたものともいえる。中でもしばしば指摘されるのは，フロイトの門弟で後にフロイトから決別したランク（Otto Rank; 1884-1939 第8章3節参照）の影響である。

ロジャーズは，ロチェスター時代の同僚のソーシャル・ワーカーたちがランクの学説に傾倒し，アメリカにおけるランク派の拠点とも言われていたペンシルヴェニア社会事業学校と関係していたことなどからランクに接する機会をもった。また，ランクの理論の実践者でもあったタフト（Jessie Taft; 1882-1960）からも影響を受けた。

フロイトから離れ次第に独自色を深めていったランクは，自我は，イド（エス）と超自我に板ばさみになっているだけの受動的なものではなく，より創造的な意志（will）的機能をもつと考えるようになった。そのため，心理療法もフロイトのように心的な葛藤を知的に理解することよりも，自分自身のもつ創造的な意志に対する信頼を自ら獲得することが重要であると見なすようになった。したがって，心理療法という場において治療の主体となるのはセラピストではなく患者であり，患者自身がもつ意志の力をうまく発揮できることが治療につながると考えていた[注4]。このようなランクの考え方がロジャーズの基本的な人間観に近いことは明らかであろう[注5]。さらに，このランクから分析を受けたのがタフトで，彼女の周辺にはランクの学説に共鳴するグループがいた。このグループはランクの出産（出生）外傷説に代表されるような生物学的な理論は取り上げず，心理療法を受けているそのときの感情体験や臨床家と患者との人間関係を重視し，関係療法（relationship therapy）を提唱した。ロジャーズは，心理療法において，過去経験の知的理解よりも，そのとき体験される感情を重視したが，こうした着想はこの関係療法から得たものと思われる。

ただ，ロジャーズは，この心理療法の主体をクライエントの側に置くという

注4) このようなランクの考え方から，ランクの理論は意志療法（will therapy）などといわれることもある。なお，こうしたランクの考え方についてはモクソン（Moxon, 1932），ラスキン（Raskin, 1948），ドゥカーナロー（deCarnalho, 1999）などの記述が参考になる。

注5) ただし，ロジャーズがランクからどれほど直接的な影響を受けたかは，必ずしも明らかではない。ロジャーズの著作にはランクの引用はほとんどなく，また，ランクの著作を読みこんでいた様子もあまりない。ロジャーズはむしろタフトなどアメリカにおけるランクの弟子から影響を受けただけなのかもしれない（deCarvalho, 1999）。

着想をランクに触れることではじめて得た訳でもないようである。ロジャーズはコロンビア大学でキルパトリック（William Heard Kilpatrick; 1871-1965）からも学んでいる。キルパトリックは，デューイ（John Dewey; 1859-1952；第3章6節参照）の門下で進歩主義教育（progressive education）の中心であった。キルパトリックは，教授－学習場面における主体を児童，生徒の側に求め，教師は児童，生徒の学習の権威者ではなくガイドになるべきだと主張したが，この児童，生徒をクライエントに置き換えてみれば，それがいかにロジャーズの考え方と似ているかは明らかであろう（Sollod, 1978）。

また，ロジャーズの理論が生み出された背景には，こうしたロジャーズの個人的な経験だけでは説明しきれない当時の歴史的，社会的な状況があったことを指摘する意見もある。ロジャーズがその理論の基礎をつくった時代は，アメリカは大恐慌時代につづく，フランクリン・ルーズヴェルト大統領のニューディール政策の時代である。ルーズヴェルトは積極的な公共投資による雇用の拡大，経済の回復，発展をめざしており，そこには人間の成長に対する信念があった。また，経済の回復，発展も，個人主義的な経済活動よりも，他者と協力，協調しながら成長することを志向しており，その背後には他者を尊重し他者との関係を重視する姿勢があった。また，その一方で，利害の異なる個人や集団の政治的な意思表示などもできるだけ認めようとしていた時代でもあった。このようにルーズヴェルトの政策に含まれる社会や人間に対する考え方と，ロジャーズの人間観との間にはある種の類似点を見出すことが可能である。これは，おそらく，こうした時代的な背景からロジャーズ自身も相当影響を受けていたからであろう。また，彼の考え方が瞬く間に受け入れられていった理由の1つにもこうした時代背景があるのではないと思われる[注6]。

(6) 心理療法の歴史におけるロジャーズの位置づけ ★

心理療法は，催眠療法やそこから発展したフロイト（S. Freud）の精神分析からはじまった。それは19世紀末のことで，当時，心理療法は主に今日でいう

注6）ロジャーズの理論の誕生の背景にあるルーズヴェルト政権下の社会的，歴史的な影響については，バレット・レナルド（Barrett-Lennard, 2012）が詳しく論じている。本項もその記述を参考にしている。

不安障がいや転換性障がいなどの患者を対象としていた。その背景には 19 世紀の精神医学が統合失調症などの比較的重い心の病（いわゆる精神病）の診断，治療に中心を置いており，不安障がいや身体表現性障がいといったそれよりやや軽いとみられていた心の病（神経症）の治療にはあまり関心がなかったことがある。そのため，フロイトのように精神医学の中心にいなかった者が心理療法を創始し，不安障がいや転換性障がいなどにまで適用領域を拡大させ臨床心理学という新たな分野をつくり出していったのだ。しかし，フロイトをはじめ精神分析各派を代表する者は医師だった。だから，臨床心理学といってもまだ，医学の一領域という側面も強かった。ところが，20 世紀にはいると，心理療法の対象は変わってきた。つまり，それまで精神分析が主な対象としていた患者よりやや症状が軽く日常生活の中で不適応を来たしているレベルの人々も対象になりつつあった。そこに登場したのがロジャーズだった。ロジャーズは非医師で医療機関ではない児童相談施設で心理療法を学んだ。彼が臨床活動を行ったのは大学のカウンセリング・センターであった。臨床心理学はそうやって次第に医学から距離をとっていった。さらに，ロジャーズは後年，健常者を中心としたエンカウンター・グループに力を入れた。

　こうしてみると心理療法の歴史は，医学の力の及ばない領域をつぎつぎとその適用範囲として開拓し，その主導権を医師から心理学の臨床家，そして，クライエント自身に移していったプロセスといえるのではないだろうか。ロジャーズは，そういう流れを完成させた一人と位置づけることができるだろう。

3 行動療法の誕生と発展

(1) 行動療法とは★

　行動療法（behavior therapy）とは，行動主義の影響を受けた心理療法である。行動療法では，基本的に，不適応や心の病を学習された不適切な行動と考える。そして，実験室で動物を対象にして研究されてきた条件づけ，学習などの原理を利用し，その不適切な行動の修正をはかろうとするものである。したがって，行動療法は，実験心理学の知見に立脚した心理療法といえる。前述のようにロジャーズの心理療法は医学ではなく臨床心理学独自のものとしてはじ

まったものだが，その数年後にはじまった行動療法はさらに心理学の側に一歩踏み込んで実験心理学に大きく依拠していた。

(2) 行動療法の成立以前の研究★

行動療法（behavior therapy）という用語が一般的になったのは1960年頃からである[注7]。しかし，行動療法の起源とされる研究は，すでに行動主義の初期の時代に行われていた。

第4章4節で紹介したように行動主義の提唱者ワトソン（J. B. Watson）は，子どもの感情が学習され発達することを研究する中で，恐怖が条件づけられることを示した。いわゆる男児アルバートの実験である（Watson & Rayner, 1920）。

その後，ワトソンの妻ロザリー・レイナーの友人でコロンビア大学の大学院生であったジョーンズ（Mary Cover Jones; 1897-1987）が，同じように動物に対して条件づけられた恐怖を除去することを考えた。それは，まず，子どもが食事をしている最中に恐怖の対象となる動物を離れた所において，それに慣れてくると少しずつ距離を縮めてくるという方法である（Jones, 1924b）。これは後述の系統的脱感作の先駆をなすものと位置づけることができるだろう。

また，パヴロフ（I. P. Pavlov）も1927年の著書の中でいわゆる実験神経症を報告している。たとえば，イヌを対象とした古典的条件づけで，円形と楕円形の2つの条件刺激を用意し片方の刺激のみ無条件刺激（餌）と対提示してゆくと犬は条件刺激を弁別するようになるが，その後，楕円を円に少しずつ変えてゆくとある時点で弁別が難しくなり，犬は神経質になり暴れだすなどの神経症とも思える症状が出現するという。

これら1920年代に行われた研究の成果は，必ずしも，すぐに臨床場面に応

注7）筆者がPsychinfoなどのデータベースで調べた限り，行動療法（behavior therapy）という用語は1948年にブラディ（John Brady）がイギリスで出版された本の1章のタイトルとして使用したのが最初のようである。つぎに使用が確認できるのは，スキナーらがメトロポリタン州立病院でのプロジェクト（後述）をStudies in Behavior Therapyと呼んだ例だが，スキナーらは必ずしもこの言い方を好んでいた訳ではないようだ（Lindsley, 2001）。その後，1950年代の末頃からアイゼンクらが頻繁に行動療法という用語を使うようになり，それが次第に普及していったようだ。なお，ウォルピらは最初は条件づけ療法（conditioning therapy）という用語を用いていた（Lazarus, 2001）。

用されたり，治療法に結びつけられることはなかったようだ。その理由はわからないが，当時は，まだ，心理療法自体が必ずしも臨床心理学の中心的な領域と考えられていなかったこととも関係しているであろう。ただ，これらの研究が示した基本的な考え方は1930年代から1940年代にかけてマウラー（O. H. Mowrer）やニール・ミラー（N. E. Miller）の回避条件づけの研究（第4章6節参照）に受け継がれていった。彼らは，動物の回避条件づけは不安，恐怖が学習され，それが強迫性障がいの症状と類似した行動を示したものと考えていた。さらに，マウラーやミラーは，こうした学習理論による不適応的な行動の解釈が，フロイトの精神分析の理論とも符合することを示す（Dollard & Miller, 1950）など，行動主義的な理論から不適応を理解し，治療するための下地が次第につくられていった。

なお，マウラーは，こうした理論的な考察のかたわら，古典的条件づけのパラダイムを用いて夜尿症を治療することも試みているが（Mowrer & Mowrer, 1938），まだ，この時点では，本格的に普及することはなかった。

(3) ウォルピと系統的脱感作★

こうしたなかで，1940年代の末ごろ，これら不安や恐怖の条件づけの研究の流れを汲む治療法がウォルピによって開発され実用化された。

ウォルピ（Joseph Wolpe; 1915-1997）は南アフリカ人で，家系は祖父の代にリトアニアから南アフリカに入植したユダヤ系だった。医師となり戦時中は軍の病院に勤務していた。そこで，多くの戦争神経症の患者に会い，彼らに精神分析的な治療を試みていたが満足する結果は得られなかった。そのため彼は精神分析にかわるアプローチを探すことになった。はじめパヴロフの実験神経症などに関心をもっていたが，とくに，ケープタウン大学の心理学教授からハル（C. L. Hull）の行動理論（第4章5節参照）を教示されてからは行動主義の考えに深く傾倒するようになった。精神科医で，しかも，心理学の中心アメリカから離れた南アフリカにいた彼は，ほぼ独学で心理学の行動主義的な考えを身につけていったようだ。

不適応な行動のモデルとして彼が注目したのは，当時行われていたネコを用いた動物実験だった。それは，ネコの摂食中に条件刺激（音など）と無条件刺

激（電気ショック）繰り返し提示すると，やがて，恐怖のため条件刺激のみで摂食行動が抑制されるという現象だった。彼はこの現象を動物実験で自ら再現して，さらに，恐怖による摂食行動の抑制を消去する手続きを考えた[注8]。彼は，ハルの理論の反応抑制（reactive inhibition）にヒントを得て，不安によってある筋運動が繰り返し引き起こされるもののそれが強化されない場合，逆にその繰り返し自体が不安を制止する一種の動因として蓄積すると考えた。また，神経生理学者シェリントン（C. S. Sherrington; 1857-1952）の逆制止（reciprocal inhibition）の考えを応用し，摂食行動を強化することで恐怖による摂食行動の抑制と拮抗させ，摂食行動を優位に導いてゆくことを考えた（Poppen, 2001, pp.42-43）。

彼は，恐怖によって摂食行動が抑制されたネコを恐怖を感じないケージの中に移しそこで摂食行動を強化し，その後，段階的に当初恐怖の条件づけで用いたケージと類似したケージに移して同様の手続きを実施した。やがて，はじめに恐怖を条件づけられたケージの中でも摂食行動が抑制されない状態に導いた[注9]。

この実験を成功させたウォルピは，つぎに，これを臨床的に応用する検討に入った。そうして完成されたのが今日でも代表的な行動療法として知られる系統的脱感作（systematic desensitization）である。この方法では，上記の実験でネコを段階的にケージを移動させていった方法からヒントを得て，いわゆる，不安階層表を考案した。恐怖症のような不適応行動は，特定の場面で反応が顕著になるが，その具体的な場面を不安の低い場面から高い場面まで段階的に列挙するものがそれである。そして，前もって筋弛緩法によって訓練し身につけたリラックス状態と不安階層の表のもっとも不安の低い場面をイメージさせたときの不安状態を拮抗させ，不安状態を抑制した。それが終わると不安階層表の次の場面をイメージさせ同様にリラックス状態と拮抗させるという同じ手続きの繰り返しで，不安を除去していった[注10]。この方法は成功を収め，行動療法は本格的に臨床で利用される段階に入った。

注8）ウォルピの伝記的な記述はポッペン（Poppen, 2001）によっている。また，系統的脱感作を開発につながる理論的な背景についてはウォルピ（Wolpe, 1973）の著書に詳しく述べられている。

注9）以上の手続きに関しては今田（1975）がわかりやすく紹介している。

注10）系統的脱感作の手続きは多くの心理療法，行動療法に関する入門書にその概略は紹介されている。詳細な手続きはウォルピの著書（Wolpe, 1973）の第6章を参照。

また，彼は，同じ逆制止の原理を用いて対人不安の治療のための主張性訓練 (assertive training) の開発にも取り組んだ。
　こうしたことからウォルピははじめて行動療法の実用化の目処をつけた第一人者として知られるようになり，ロンドンのモーズレイ病院で行動療法のプロジェクトを推進中だったアイゼンク (H. J. Eysenck 後述) のもとを訪問するなどしている。アメリカでは行動理論によって不適応な行動を説明しようとした前述のミラーやマウラーらの影響もあり，ウォルピの方法が受け入れられる素地ができていた。やがて，ウォルピはアメリカに招かれヴァージニア大学やテンプル大学の教授として活躍した[注11]。

(4) ウォルピの位置づけ

　ウォルピの行動療法は，彼が，パヴロフの実験神経症から入り，さらに，ハルの理論に傾倒していったことからもわかるように行動主義の伝統に沿っていた。のちの認知行動療法の台頭に対しては，批判的な立場をとっていたという。また，1960年代にスキナー派が本格的に実用化した行動療法に対しては賛意を表していたが，不安のような情動的な問題を伴う不適応の治療にはスキナー派のやり方は不向きであると考えていたようだ (Poppen, 2001)。こうした点からみると，スキナー派の行動療法が主にスキナーの二元論（オペラント条件づけと古典的条件づけを分けて考える）的な立場に立ちオペラント条件づけの理論に軸足を置いていたのに対し，ウォルピの行動療法はむしろハルの影響を受けた一元論的な立場（オペラント条件づけと古典的条件づけを必ずしも分離して考えない）で，その中でも，古典的条件づけに親和性のある発想をもっていたといえるだろう。

(5) スキナーと行動変容★

　第4章でも紹介したように，スキナー (B. F. Skinner) は，条件づけには古典的条件づけとオペラント条件づけという2つの種類があることを主張し，と

注11) ウォルピがアメリカに移住した1つの理由として，弟子のラザルス (Arnord Lazarus) は，彼は南アフリカの法律の関係で正式な精神科医としての資格がなかったため，行動療法を行っても報酬をもらうことができなかったからだと述べている (Lazarus, 2001, p.155)。

くに彼自身はオペラント条件に深く関心を寄せていた。そのため，彼のはじめた行動療法もオペラント条件づけの原理を利用したものであった。

スキナーはハーヴァード大学で博士号を取得して間もない 1930 年代はじめに，自らの理論で精神病の患者の行動を修正することを考え，ウースター州立病院（Worcester State Hospital）でそれを試みたこともあったようだが，本格的に行われることはなかった（Vargas, 2001）。その後，教授として再びハーヴァード大学に戻ったスキナーは，1952 年，マサチューセッツ州のメトロポリタン州立病院の協力によって研究室を設置し，精神病で入院している患者を対象とした研究に取りかかった。そのときは，アメリカ海軍省やロックフェラー財団から資金援助を受けしばらく続くことになる。

スキナーが，このように入院患者に対する行動療法に関心をもったのは，行動変容に及ぼす環境の影響力を大きく考える彼にとって，入院患者のほうが環境のコントロールが容易だったということがあった（Vargas, 2001）。

メトロポリタン州立病院で実際に現場を取り仕切ったのは，当時スキナーの指導を受けていた大学院生リンズレイ（Ogden Richardson Lindsley; 1922-2004）であった。当初，スキナーとリンズレイは精神病で入院していた患者を対象にしていたものの，そこで行われていた実験はキャンディやコインを強化子として与えハンドルを引く動作を生起させるといった動物実験と同じようなオペラント条件づけを試みるものだった。したがって，それは直接的に治療につながるものではなかったし，スキナーもそこでの研究成果に対し必ずしも治療的な意味をもたせることはなかったという。しかし，次第に臨床的に問題のある行動を修正することにも関心がもたれるようになってきた[注12]。

1960 年代になるとメトロポリタン州立病院での研究にもかかわっていたエイヨン（Teodoro Allyon）とアズリン（Nathan Azrin）がイリノイ州のアンナ州立病院（Anna State Hospital）で精神病の患者の治療を目的とした本格的な研究を開始した。彼らはそこで強化子に代理貨幣（トークン）を用いたいわゆるトークン・エコノミー法を開発した。たとえば，1965 年に発表された有名な研究では，統合失調症の長期入院の患者が対象にされた。この研究では，「食

注 12）メトロポリタン州立病院での一連の研究の経緯などについては，リンズレイ（Lindsley, 2001）自身やラザフォード（Rutherford, 2003）がまとめている。

事の準備をする」「部屋の掃除をする」「歯磨きをする」などの身につけるべき行動がリストアップされ，患者がこれらができるたびに代理貨幣が与えられた。代理貨幣は一定量たまると「自分の好きな病室を選ぶ権利」「自分専用の椅子」「市街地に散歩に行く権利」などと交換できた。この方法によって平均入院年数が16年にも及び，回復の余地があまりないと思われる患者44人のうち36人の生活習慣を変化させることに成功したという（Ayllon & Azrin, 1965）。

こうしてオペラント条件づけの原理による行動療法は実用化され，現在でも広く行われている。しかし，スキナー派に属する人々の間では，これらは心理療法の一部としての行動療法というよりは，教育や産業なども含めたスキナーの理論の応用領域である応用行動分析（applied behavior analysis）の一部として位置づけられることも多い。

(6) アイゼンクと行動療法★

行動療法は1950年代半ばから次第に知られるようになり1960年代には主要な心理療法の1つとしての地位を獲得する。このような行動療法の普及には，もちろん，ウォルピやスキナー派による技法の開発によるところも大きいが，精神分析の効果を批判しながら行動療法の普及に一役買ったアイゼンク（Hans Jürgen Eysenck; 1916-1997 第11章4節参照）の影響も無視できない。

精神分析に批判的なアイゼンクは，主に神経症に焦点を当て著名な精神分析家の扱ったケースと，折衷的な治療によるケースの治癒率を比較し，前者が44パーセントに過ぎないのに対し，後者は64パーセントに上ると報告した。また，アイゼンクは，とくに治療を受けていない500人の神経症患者を追跡し2年後にはおよそ7割，5年後では9割近くの患者が自然に軽快するというデータを紹介している（Eysenck, 1952）。

こうした精神分析を中心とした心理療法批判のかたわら，アイゼンクは，それに代わる治療法の実践と研究を行った。アイゼンクは，行動療法の原型にあたるものをドイツ出身のユダヤ系の精神科医ヘルツバーグ（Alexander Herzberg）から学んだようである（Eysenck, 1997）。当初，アイゼンクは，前述のジョーンズ（M. C. Jones）の手法などを参考に行動療法を試みていたが，後にはウォルピ（J. Wolpe）を招いたりもしている。また，行動療法の専門誌

『Behavior Research and Therapy』を創刊し行動療法の普及に努めた。やがて，アイゼンクのいたロンドンのモーズレイ病院は，行動療法の有力な拠点の1つとして知られるようになった。

(7) 認知行動療法の台頭 ★

行動療法は1960年代を通して順調に普及していったが，1970年代になると少しずつ変化もみられるようになってきた。

行動療法は条件づけの原理に比較的忠実に組み立てられていたが，現場の臨床家の間では，必ずしもそれだけで治療がうまくいく訳ではないことも気づかれるようになってきた。たとえば，ウォルピの門下のラザラス（Arnord Lazarus）は，1966年，自分のクライエントを治療するなかで，クライエントの態度や自己概念こそが行動の変化にとって重要な要因であることに気づいたという（Lazarus, 2001, p.159）。つまり，行動を変化させるためには，外的な環境のみでなくクライエントの内面も重要であることが，次第に認識されるようになってきていた。また，この時代，学習や条件づけの原理を支えていた行動主義の心理学の内部でも少しずつ変化が生じていた。たとえば，バンデューラ（A. Bandura）やロッター（J. B. Rotter）（いずれも第4章6節参照）による社会的学習理論では，学習や行動の変化を説明するために期待（belief）のような認知的な概念をしばしば用いていたが，そうした傾向も，行動療法に少なからず影響を与えていた。

さらに，行動療法や行動主義の枠組みの外で起こった2つの出来事が，行動療法の変化を後押しすることになった。

その1つは，認知心理学の台頭（第6章参照）である。実験心理学では1960年代の後半に行動主義に代わるパラダイムとして認知心理学が台頭しはじめ，行動主義の時代にはタブー視されていた意識内の現象を語ることを可能にしていた。この時代，すでに臨床心理学者は実験心理学者とは異なる職域を確立してはいたが，多くの臨床家は，科学者‐実践家・モデル（第9章4節参照）によって養成されており，直接的ではないにせよ実験心理学領域でのパラダイムシフトの影響を受けない訳にはいかなかった。

もう1つは，行動療法以外の心理療法の世界で少しずつ生じていた変化であ

る。1960年代は，それまで心理療法の世界で圧倒的な優位を維持していた精神分析がその非効率，不経済性などから徐々に衰退しはじめた時期でもあった（Engel, 2008, 第9章）。そうしたなかで，精神分析やその周辺で学んでいた心理療法家の間から，精神分析を批判し新しい心理療法をつくろうとする機運が高まっていた。

そうした状況から生まれた心理療法の代表的なものに認知療法（cognitive therapy）と論理療法（rational therapy）がある[注13]。

認知療法は，精神科医ではペンシルヴェニア大学の教授を務めたベック（Aaron Temkin Beck; 1921-）がはじめた心理療法である。ベックははじめ精神分析を学んだが，のちに認知療法を創始した。彼によれば，うつ病や不安や恐怖がかかわる疾患の患者にとって重要なのは認知のゆがみであるという。そして，患者がそのゆがみを形づくるスキーマや自動思考の働きに気づき，それらを修正しようとすることで，これらの疾患は治療されるという。

もう一方の，論理療法は，エリス（Albert Ellis; 1913-2007）によってはじめられたものである[注14]。エリスはコロンビア大学の大学院で臨床心理学を学んだあと結婚やセックスに関するカウンセリングなどに従事していた。彼はフロイトの精神分析には批判的だったが，その一方でホーナイ（K. Horney 第8章5節参照）をはじめとした新フロイト派から影響を受けていた。彼は，1955年に論理療法をはじめた。論理療法は，しばしばA-B-Cの3つのステップからなるモデルとともに紹介される。このA-B-Cであるが，AはActing event（実際の出来事），BはBelief（信念），CはConsequence（その結果起こるうつなどの症状）の略とされ，うつ病や不安や恐怖がかかわる疾患の原因はBの信念のゆがみにあり，そこを修正するための積極的なアプローチこそが治療につながるとされた。なお，論理療法は1960年代に論理情動療法（rational-emotive-therapy）となり，さらに，1990年代に論理情動行動療法（rational emotive behavior therapy）と名称を変更しているが（Ellis, 2001），大筋に変化はない。

注13）認知療法と論理情動療法については，多くの概論書で紹介されているほか，ベックやエリスの著書（Beck, 1976; Ellis, 1994）の翻訳も入手できるのでここでは，必要最低限のことを触れるに留める。

注14）エリスの伝記的な記述については，フェアレイによる死亡記事（Farley, 2009），エリス自身によって書かれた簡単な記述（Ellis, 2001）などが参考になる。

認知療法や論理療法は，行動を変容させるために必要な手続きとして，認知に直接介入することの重要性を示した。そして，多くの行動療法の臨床家たちはこうしたアプローチを取り入れるようになっていった。

　こうした傾向を汲みとる形で1977年にマイケンバウム（Donald H. Meichenbaum）の『*Cognitive-Behavior Modification*』（Meichenbaum, 1977; 邦訳あり），1979年にケンドール（Philip C. Kendall）とホロン（Steven D. Hollon）の『*Cognitive-Behavioral Interventions: Theory, Research, and Procedures*』（Kendall & Hollon, 1979）などの著書が相次いで出され，それらとともに認知行動療法（cognitive behavior therapy）の名称が広まっていった。

　認知行動療法は行動療法の流れを汲むものとされるが，特定の人間観や治療観などにはあまりこだわらないことが大きな特徴でもある。だから，認知行動療法は精神分析やクライエント中心療法などはもちろんのこと，旧来の行動療法とも一線を画したものといえる。その治療法はさまざまな技法を組み合わせた折衷的なアプローチをとっており，そうした意味では実用に徹したアプローチともいえるかもしれない。こうした認知行動療法のあり方は，臨床家はいうまでもなく，心理療法を受けるクライエントの側からも広く受け入れられ，とくに，アメリカでは，現在，もっとも有力な心理療法となっている。

4 臨床心理学と人間性心理学

(1) 人間性心理学の思想★

　1950年代から1960年代にかけて心理学の世界は大きな2つの流れによって支配されているといわれていた。1つは実験心理学における行動主義，もう1つは臨床心理学における精神分析である。もちろん，これまで各章でみてきたように，この時代にも他の心理学諸学派は存在していたが，この2つの学派が他と比較して大きな勢力であったことは間違いないだろう。

　ところで，行動主義と精神分析は一般的には相容れないものとして扱われているが，基本的な人間観や方法論においていくつかの共通点をもっている。その1つは，人間性についての受動的，ペシミスティックな見方である。すなわち，行動主義では外的な刺激によって，一方，精神分析では無意識の内的な衝

動によって人の意識や行動が支配されていると考えている。そのような考えは決定論であり，いきおい，人は自分の力ではどうにもならないものだというペシミズムにつながってゆく。また，行動主義と精神分析との共通点としてもう1つ挙げられるのが科学主義である。フロイトの著作は今日の目から見れば思弁的な考察に終始しているようにもみえるが，フロイト自身は科学的であろうと努めていたし，行動主義が客観的な観察，記述を重んじていたことはいうまでもないだろう。科学主義は，決定論的な人間観をもつことに伴う必然的なものでもあったのである。

　このような決定論的，自然科学的な人間観は，科学としての心理学の発展に寄与したことはいうまでもないが，他方で，それらを批判するグループの出現も招いた。そうしたグループは，主に，人格心理学や臨床心理学において大きな勢力となった。一般的にはこうした流れを人間性心理学（humanistic psychology）と呼ぶ。また，前述の行動主義，精神分析という2つの流れに対する第3の流れという意味で，第三勢力（third force）と呼ばれることもある。

　人間性心理学は，必ずしも，1つの統一的な原理に基づくものではなかったが，おおよそ2つの哲学的な傾向をもっていた。1つは，人間のもつ潜在的な成長しようとする力，そして，それによって成し遂げられる自己実現などを重視する傾向である。それは行動主義や精神分析の受動的でペシミスティックな人間観と根本から対立するものであった。彼らは，そこに動物とは異なる人間一人ひとりの価値を見出したのである。その一方で，人間性心理学の人間一人ひとりの価値を重んじる考え方は，何ものにも代えられない個人の意識，つまり，主観的な意識の独自性を強調するキルケゴール（Søren Aabye Kierkegaard; 1813-1855），ハイデッガー（Martin Heidegger; 1889-1976）などの実存主義哲学にも通じる思想をもっていた。そこでは，不安や恐怖を単なる病理的な現象としてではなく，個人が自らの価値を見出し成長してゆくプロセスに伴うものとして積極的に意味を見出そうとする視点も有していた。それは人間を客観的にとらえ個人を超えた一般的な存在としてみようとする科学主義に対する批判でもあった。

(2) マズローと人間性心理学★

　このグループの中心的な人物はマズロー（Abraham Harold Maslow; 1908-1970）である[注15]。マズローはニューヨーク生まれのユダヤ人である。マズローは愛情に乏しい母親と収入的に必ずしも安定していない父親の許で育ち，幸福とはいえない子ども時代を送ったようだ。学生時代，一時期コーネル大学に在籍しティチェナー（E. B. Titchener 第3章7節参照）からはじめて心理学の授業を受けたが，あまり興味を覚えなかったらしい。その後，ワトソン（J. B. Watson 第4章4節参照）の著作を読み心理学に関心をもち，ウィスコンシン大学の大学院に進んだ。そこで彼は，アカゲザルの実験で知られるハーロウ（H. F. Harlow 第11章5節参照）の指導の許，サルを対象にした実験を行い博士号を取得した。その後，ニューヨークのブルックリン大学に勤務したが，その頃アドラー（A. Adler）や新フロイト派のホーナイ（K. Horney），フロム（E. S. Fromm）（いずれも第8章参照），あるいは，ゲシュタルト心理学者のウェルトハイマー（M. Wertheimer 第5章2節参照），文化人類学者のベネディクト（Ruth Fulton Benedict; 1887-1948）などと知り合い影響を受けたといわれる。その後，ブランダイス大学の教授となり晩年まで留まった。

　彼は，1950年代半ば頃から行動主義的な研究に代わり，人格の全体的な成長に着目した独自の理論を提唱するようになった。そして，その頃から，彼の理論に共鳴する多くの心理学者に対してニュースレターを発行して連絡をとりあうようになった。そのメンバーの中にはゴードン・オルポート（G. W. Allport 第11章4節参照）やロジャーズ（C. R. Rogers）（前述），ゴールドシュタイン（Kurt Goldstein; 1878-1965）なども含まれていたという。こうした動きがのちに『Journal of Humanistic Psychology』の創刊（1957年），アメリカ人間性心理学会（American Association of Humanistic Psychology）の結成（1962年）につながり，マズローは人間性心理学のリーダーとして知られるようになった。マズローは心理療法の実践家ではなかったが，彼の人間性心理学に共鳴していた人々の中には臨床家も含まれており，彼らが行った臨床活動は広い意味で人間性心理学の中に位置づけることができる。

　注15）マズローの伝記はホフマン（Hoffman, 1988）によるものがある。

そうした臨床家の代表的存在はすでに詳しく紹介したロジャーズであるが，ロジャーズ以外にもメイ（Rollo May）やシャーロッテ・ビューラー（Charlotte Bühler）などが比較的よく知られている。

(3) ロロ・メイとシャーロッテ・ビューラー

人間性心理学的な傾向をもった臨床家の代表格はロジャーズであろう。非指示的アプローチではじまった彼の心理療法では，カウンセラーはクライエントのもつ自己成長力がうまく発揮できるように援助することに徹すべきという立場をとっており，そこには人間の成長，自己実現を信じる人間性心理学の特徴がはっきりとみて取れる。

一方，一人ひとりの主観的な意識の世界の独自性に価値を見出し，そこにある不安や恐怖の意味を積極的にとらえてゆく実存主義的なアプローチをとったのがロロ・メイ（Rollo May; 1909-1994）である[注16]。

メイはオハイオ州の生まれで，大学を卒業後，一時期ギリシャで教師をしていた。そのころヨーロッパを旅行しウィーンでアドラー（A. Adler 第8章4節参照）の講義を聴いて心理学に関心をもったという。帰国しユニオン神学校で学び牧師を志したこともあったが，のちに本格的にカウンセリングを専攻することにし，コロンビア大学の大学院に入学し博士号を取得している。この頃肺結核をわずらい長期にわたって療養したことが後に彼の理論に影響を与えたともいわれる。博士論文でもあった『*The Meaning of Anxiety*（邦訳『不安の人間学』）』（May, 1950）をはじめ多数の著作を出版し，マズローらとともに人間性心理学の運動にも参加しその名を知られる存在になった。彼は，いくつかの大学で教授職についたもののその期間は比較的短く，キャリアの大部分を臨床家として送った。

彼は，不安には正常不安（normal anxiety）と神経症的不安（neurotic anxiety）があるという。健常な不安は人がさまざまな環境に直面しながら生きてゆくうえで不可避なものであるが，個人主義的で価値観の多様化した現代

注16）メイの伝記的記述はドゥカーヴァロー（deCarvalho, 1996）やブーゲンタル（Bugental, 1996）などによる死亡記事でおおよそつかむことができる。

において，そうした不安をうまく対処してゆくことが難しくなっていることを指摘し，そこに神経症的な不安が起こりやすいと考えていた。そして，そうした不安を愛や意志による意味づけによってとらえ直すことを心理療法の中に取り入れた。こうした彼の心理療法は，実存主義的心理療法（existential psychotherapy）などといわれることもある。

　シャーロッテ・ビューラー（Charlotte Bühler; 1893-1974）は，ドイツ生まれでミュンヘン大学で学び，ウィーン大学で教鞭をとり，また，臨床活動を行っていた。夫はビュルツブルグ学派に属し後にゲシュタルト心理学者としても知られるカール・ビューラー（K. Bühler 第2章4節，第5章4節参照）である。

　彼女は夫とともにアメリカに渡り，臨床活動を行うかたわら人間性心理学の運動にも参加し，アメリカ人間性心理学会の会長にも就任している。臨床心理学における価値研究に取り組み著書（Bühler, 1962）も残しているほか，独自の発達理論でも知られる。

(4) ヨーロッパにおける実存主義的心理療法 ★

　ロロ・メイの実存主義的な心理療法がはじまったときとほぼ同じ頃，ヨーロッパでも同じく"実存"という語を冠した心理療法が現れた。オーストリアのウィーンの精神科医であったフランクルによるものである。フランクル（Viktor Emil Frankl; 1905-1997[注17]）はウィーン生まれのユダヤ人の精神科医で，はじめ，精神分析に関心をもち，学生時代から幾度となくフロイトと手紙の交換も経験している。その後アドラーから大きな影響を受けた[注18]。ユダヤ人であった彼は，ナチスのオーストリア併合によって2年半あまりにわたって

注17) フランクルについては，さまざまな書物に書かれているが，レングルとシャイクス（Längle & Sykes, 2006）による小論がよくまとまっていてわかりやすかった。彼のロゴセラピーに関する原書は『Ärztliche Seelsorge』（Frankl, 1946b）（邦訳『死と愛』）が知られているが，必ずしもわかりやすいものではない。なお，自伝（Frankl, 1995）もある。

注18) 人間性心理学に属するとされる理論家の経歴を見ると，このフランクルに限らずすでに紹介したようにマズローやロロ・メイもアドラーの影響を受けていることがわかる。アドラーの理論はフロイトやユングに比べわが国では十分に紹介されておらず本書でもごく簡単にしか触れなかったが，このように人間性心理学の主要な理論家が何らかの形でアドラーの影響を受けていることを考えると，アドラーの位置づけについて改めて詳細に検討してみる必要もあるのかもしれない（ついでにいえば，ロジャーズもフロイトから決別したランクの影響下にあることは本章2節でも述べたとおりであり，ともにフロイトからの離反者の影響を受けた点では共通している）。

強制収容所に収容されたものの奇跡的に生き延びて戦後解放されたが，そのときの体験をまとめた著書（邦訳『夜と霧』（Frankl, 1946a））で専門家以外にもその名を知られることになった。戦後，ウィーンに戻り，そこで実存分析（existential analysis），ロゴセラピー（logotherapy）といわれる新しい心理療法を提唱し，その普及に努めた。

図10-3　フランクル

　フランクルは，その理論の前提として，人には意味（meaning）や人生の目的を求めようとする力（すなわち，動機づけ，意志）が根本的に備わっている，ということを主張する。そして，その意味を求めようとする力が人の人格的な成長を促したり自己を発見することの基礎となっているという。人生では避けがたい苦痛や恐怖を経験することもあるが，フランクルは，そうした経験さえも人が人生の目的や意味を求め発見するプロセスとしてとらえることができると考える。フランクルは，ロゴセラピーは，こうした人が意味を求める働きに注目することで，フロイトやアドラーの心理療法が扱えなかった領域を補完するものだと主張している。また，彼は神経症の患者に対し恐怖や不安の対象となることがらを逆に積極的に考えたり，行ったりすることで症状が除去されるという逆説志向をはじめいくつかの臨床的な技法も開発している。

　フランクルはアメリカを訪問し，アメリカの人間性心理学者たちとも交流をもった。

(5) 臨床心理学における人間性心理学の評価*

　人間性心理学が出現した背景には，当時，心理学の世界を席巻していた行動主義や精神分析の人間観に対する反動があったことは言うまでもない。また，より広い視点から考えると，第二次世界大戦後，先進諸国では経済的，物質的に豊かになるなかで多くの人が疎外感や虚無感，孤独感を感じていたことや，東西冷戦や繰り返される核実験のなかで人々が漠然とした不安を抱いていたことなどもその背景としてあったといえるだろう。アメリカに限らずヨーロッパでもフランクルの実存分析のような心理療法が流行した背景には，そうした歴

史的な事情があったのであろう[注19]。

　人間性心理学は確かに1960年代から70年代にかけて心理学の世界に新風をもたらした。しかし，ロジャーズの考え方やカウンセリングの手法をのぞけば，それ以外の理論家たちの学説が既存の心理学を大きく揺るがすまでの力はもつことができなかった。アメリカで出版されている多くの心理学史の概説書をみても人間性心理学の扱いは大きくはなく，評価も必ずしも肯定的なものを得ているとはいえない（Wertz, 1998）。また，アメリカ心理学会の人間性心理学部門の会員数も伸び悩んでいる。今後，この流れが何らかの巻き返しを図るのか，あるいは，一過性の現象として終わるのかは，現時点では即断できない。

5　心理療法のその後

(1) 心理療法の広がり★

　1960年代から1970年代にかけてのアメリカでは，これまで取り上げたもの以外にもさまざまな心理療法が生まれた。よく知られたものとしては，ドイツ生まれで精神分析を学んだのちに南アフリカからアメリカに渡ったパールズ（Fritz Solomon Perls; 1893-1970）によるゲシュタルト療法や，カナダ出身ではじめ精神分析を学んだバーン（Eric Berne; 1910-1970）が精神分析の構造論をより平易にとらえ直し実用的な心理療法としての技法を開発した交流分析（transactional analysis）などがあり，これらはわが国でも一定の実践家を擁している。また，こうした流れとは別に，家族療法などの集団を対象にした心理療法も開発され，多様化の一途をたどっている。

(2) 折衷主義と期間の短縮化★

　こうした多様化の中でアメリカの臨床心理学，心理療法はどのような方向に進んでいったのであろうか。1970年代以降アメリカの心理療法で顕著に起こった傾向として，折衷主義化と治療期間の短縮化が大きな特徴として指摘されている（Engell, 2008, 第9章）

注19）ただし，フランクルはロゴセラピーの原型をすでに1930年頃には構想していたようである（Frankl, 1995）。

5 心理療法のその後

　折衷主義化とは，臨床家が，特定の理論に立脚して臨床活動を行うのでなく，そうした立場にこだわらずに必要と思われる理論や技法を適宜取り入れながら行うことである。1980年代初頭にアメリカ心理学会の臨床心理学部門およびカウンセリング部門に属する800人を対象に行った調査結果が発表されたが，この中でそれぞれの臨床家の理論的立場についてたずねた回答では，精神分析が11パーセント，認知行動療法が10パーセント，クライエント中心療法が9パーセント，行動療法が7パーセントであるのに対し，折衷的と回答した臨床家は41パーセントに上っていた（Smith, 1982）。

　また，治療期間の短縮化についていえば，かつて精神分析は数年間かけて治療を行っていたが，クライエント中心療法，行動療法，認知行動療法などの普及によりその期間は次第に短期化していった。たとえば，認知療法を受けるクライエントの多くは12回目のセッションまでに大きな改善が現れてしまうという。また，長期にわたる心理療法から利益を得るクライエントは2パーセント以下であるというような結果が報告されたり，1回の面接で治療の終了が可能だとする臨床家が現れたりもしたという（Engel, 2008）。

　折衷主義化，期間の短縮化という傾向は現在まで続いている。こうした傾向は，近年，軽症のうつ病患者などが増加しているといわれることとも呼応しているようにも思える。

　このような傾向が臨床家の専門性や，グランドセオリーといわれるいくつかの大きな理論体系によって特徴づけられてきた臨床心理学の学問としての在り方にどのような影響を与えるかは，まだ，しばらく見守ってゆく必要があろう。

第11章
個人差と発達の心理学

1 はじめに★

　本書は，心理学の歴史を，実験系の心理学と臨床系の心理学に分け，それぞれの発展の経緯をたどってきた。しかし，その両者のいずれにも属しにくい，逆にいえば，両者のいずれにも属しているともいえる領域がある。それがこの章で扱う，個人差と発達の心理学である。個人差の心理学には，ふつう，知能，パーソナリティと呼ばれる領域が含まれる。

　本書の最終章では，これらの領域の歴史について概観してみようと思う。

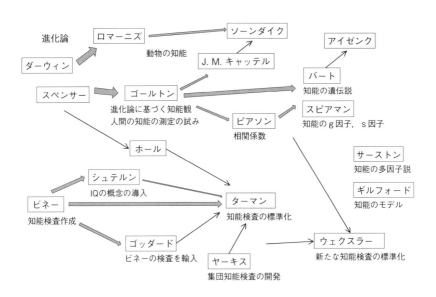

図 11-1　知能研究，知能の測定の歴史

2 個人差研究の成立

(1) 個人差研究の起源★

　知能やパーソナリティといった心理的な特性に個人差があるという指摘は古代ギリシャの哲学者や医師たちの記述の中にもみられるという[注1]。その中でもっともよく知られているのはガレノス（Galēnos 第7章2節参照）によるとされる体液説であろう[注2]。血液，粘液，胆汁，黒胆汁の4種の体液の多寡によって特有の気質の違いが生じるという説は，もちろん，今日では科学的根拠のないものとされるが，近代以前ほとんど唯一のパーソナリティ理論として長く影響力をもっていた。また，18世紀末から19世紀初頭に活躍したガル（F. J. Gall）の骨相学（第1章3節参照）なども，個人差を追求した心理学的な研究の流れの中に位置づけることができるであろう。

　個人差研究の起源として有名なのは個人方程式（personal equation）に関する逸話である。これは18世紀の末にイギリスのグリニッジ天文台の天文学者が，天体の通過時刻を記録する際にしばしばミスを犯すことを理由に助手を解雇したという事件に端を発するものである。およそ20年後，この事件に着目したドイツの天文学者ベッセル（Friedrich Wilhelm Bessel; 1784-1846）は，こうした天体を観測する際に生じる観測者間の誤差は怠惰や不注意によるミスではなく，組織的な反応時間の個人差によるものだとし，その個人差を方程式で表現することを考案した。これを個人方程式という（Boring, 1929, 1950）。このベッセルの研究は個人差の科学的研究として先駆的なものであった。しかし，のちにこの反応時間を用いた実験方法を受け継いだドンデルス（F. C. Donders），ヘルムホルツ（H. L. F. von Helmholtz），ヴント（W. M. Wundt）（いずれも第2章参照）などは，反応時間の個人差を誤差としてとらえた。彼らはむしろ，刺激条件の違いによる反応時間の差から心的過程の一般的な仕組みを推測することに関心をもっていたのだ。そのため，この個人方程式の研究がそのまま個人差の心理学的な研究につながることはなかった。

　　注1) ドゥモント（Dumont, 2010）の第1章，シアンシオロとスターンバーグ（Cianciolo & Sternberg, 2004）の著書の第1章などを参照。
　　注2) 第7章の（注4）も参照。

(2) 知能とパーソナリティという二分法★

　ところで，今日，心理学における個人差研究の二本柱と考えられている知能とパーソナリティの概念であるが，これらも，必ずしも自明のものではなく，心理学がその背景としている西欧の歴史的変遷の中で成立してきたものである。西欧の文化と比較的接触の少ない環境の中で発展してきた文化圏では，そもそも，今日の心理学でごくふつうに考えられているような知能やパーソナリティ，動機づけといった概念自体が存在しないという（Danziger, 1997）。

　心理学ではふつう知能やパーソナリティ，動機づけ，社会性といった心理的な機能を手がかりに心理的特性を抽出し，それらを個々に研究するという方法をとるが，これは，人間の精神がそれらの機能別に定義される特性の集合体であるという漠然とした理解を前提としているからである。こうした考え方を能力心理学（faculty psychology）という。この能力心理学の創始者は17世紀のドイツの哲学者ヴォルフ（Christian Wolff; 1679-1754）であるといわれている。ヴォルフは，心は能力の束であるとし，その能力を認識能力（Erkenntnisvermögen（独語））と欲求能力（Begehrungsvermögen（独語））に大別した。前者はさらに，感覚能力，創造能力，把持能力，弁別能力に分けられるとされる。後者には感情，意志などが含まれる。この考えはカント（I. Kant）にも受け継がれるが，のちにヘルバルト（J. F. Herbart）によって批判され，哲学，心理学の主流からははずれてゆく（今田, 1962, p.104）。しかし，この二分法の前者が知能に，後者がパーソナリティにそれぞれ相当することは明らかである。心理学において人の心理的な機能が知能，パーソナリティに大別され研究されてきたことの背景には，あまり明確に意識されていなかったにせよ，こうした伝統があったからである。

3　知能の概念と測定の歴史

(1) 知能と進化[注3)]

　知能（intelligence）という言葉が最初に用いられたのは1822年のフランス

　注3) 本項はダンジガー（Danziger, 1997）の記述によるところが大きい。

においてであったという（Richards, 1987, p.67）。当時，フランスではラマルク（J.-B. Lamarck 第4章2節参照）の進化論が広まりつつあったが，その過程で人と動物の連続性が次第に意識されるようになっていた。そうしたなかで，それまで人の知性をさしていた理性（reason）という言葉に代わり，動物の知性も含んだ概念として知能という言葉が使われるようになったようだ。その後，この用語はイギリスに入り，社会進化論の提唱者，スペンサー（H. Spencer 第3章3節参照）の『心理学原理（*The Principle of Psychology*）』（1855）の中で頻繁に用いられた。また，ダーウィン（C. R. Darwin）の後継者で比較心理学の創始者とされるロマーニズ（G. J. Romanes 第4章2節参照）は『動物の知能（*Animal Intelligence*）』（1882）という著書を出している。さらに，1911年にはソーンダイク（E. L. Thorndike 第3章6節）も『動物の知能（*Animal Intelligence*）』（1911）という著書を出版した。

　このように英米における知能（intelligence）の概念は，進化論の影響のもとにあった。進化論は，人間と動物の知能を同じ次元の連続線上でとらえることを可能にした点で画期的だった。しかし，それは同時に，人間や動物の知能の高低を進化というキーワードを手がかりに序列化するという発想を生んだ。そうした発想は，さらに，人種や民族によって進化の程度が異なるという考えをも導いた。そこには，当然のことながら，もっともすぐれた知能をもつのはヨーロッパ人という言説も含まれていた。

(2) ゴールトン★

　ふつう，知能の測定の歴史の最初のページを飾るのはゴールトンである。ダーウィンの従兄弟であった彼は，自分でも認めるように，進化論の影響を受けていた。前述のように進化論では，個体に変異が起こることを進化の重要なポイントと考えていた。つまり，さまざまな変異が起こることで個体差が生じる。その個体差は環境に適応し生存に有利に働く場合もあれば逆に不利に働く場合もある。このとき，より環境に適応しやすい変異を受け継いだ個体ほど生き延びる確率が高くなるし，その変異を遺伝的に受け継いだ子孫を残すことになる。そして，その子孫がまた高い確率で生き延びてゆくだろう。つまり，そうした変異が生ずることによって種の分化が，そして，進化が起こると考えられるか

らである。こうした進化論の考え方に影響されたゴールトンは，人の能力の個人差に着目し，それを測定することに注力した。

ゴールトン（Sir Francis Galton; 1822-1911）[注4]は，イギリス，バーミンガム近くの裕福な銀行家の家に生まれた。母方の祖父が医師，自然科学者，詩人として知られるエラスムス・ダーウィン（Erasmus Darwin; 1731-1802，チャールズ・ダーウィンの祖父）でチャールズ・ダーウィンとは従兄弟の間柄になる。

図11-2　ゴールトン

はじめ医学を学んだが挫折し，ケンブリッジ大学で数学を学んだりもしている。その後，アフリカの探検隊に加わり人類学に関心をもっていたこともある。そして，1859年にダーウィンの『種の起源』が出版されそれに影響を受けたことが転機となり，人の能力の個人差，遺伝などの研究をはじめた。ゴールトンは，心理学の専門教育を受けたことはなく，また，自身もとくに自分が心理学を研究しているという意識もなかったようだ（今田, 1962）。また，実家が裕福であったため，大学に属することなくアマチュアの研究者として活躍したので，心的な機能の一般的な傾向を追求する当時の実験心理学の影響を受けることなく，個人差に対して興味を向け続けることができた。

ゴールトンがはじめに関心をもったのは，能力の遺伝に関してであった。前述のように進化は個体に起こった変異が次の世代以降にまで遺伝することによって起こるものであり，そこから知能をはじめとした能力は遺伝するという発想が出てきたのである。

1869年に出版した『遺伝と天才（*Hereditary Genius: An Inquiry into its Laws and Consequences*）』（Galton, 1869）の中で，ゴールトンは，歴史上の有名人や天才などといわれる人たちの家系を調べると，それらの家系では著名人

注4）ゴールトンについてはピアソン（Pearson, 1914-1930）が膨大な資料や手紙をもとに編集した大部の伝記があるが，よほど関心がなければ目を通す必要はないであろう。和書では，岡本（1987）によるものがあるが，現在では入手が難しい。また，口述による簡単な自伝もある（McClearn, 1991）。ゴールトンに関する記述は英米で出版されている一般的な心理学史の概論書にもある程度まとまったものがあることが多く，通常の関心の範囲内であれば，それらに目を通すだけで十分だろう。

や天才といわれる人を多く輩出していることを見出した。さらに，そうした著名人や天才が輩出される確率には人種差があることなども明らかにした。

　また，彼は，さまざまな測定器具を開発し，人の個人差を測ることを試みた。ゴールトンは，1884年にロンドンで開かれた国際健康博覧会の会場に人間測定実験室（anthropometric laboratory）を設け，9,000人あまりの来場者を対象に自ら開発した測定器具を用いて心身のさまざまな側面を測定したという。測定はその後もサウスケンジントン博物館で続けられた。ゴールトンは身体面では身長，体重や指紋その他身体の各部位の測定を行ったが，精神面では，視覚，聴覚刺激に対する反応時間や可聴域などといった感覚，知覚領域での測定を重視した。これは，彼が感覚，知覚は精神面での能力と深く関係していると信じていたからである。また，彼は連想語のテストを開発し，これも精神的な能力の指標として用いたりしている。ゴールトンは，こうして得た数量的なデータの分析方法にも関心をもち，今日でも用いられている相関係数の原型にあたるものを考案している（なお，今日の相関係数はのちに弟子のピアソン（Karl Pearson; 1857-1936 後述）によってつくられたものである）。

　進化論者で能力の遺伝を強く信じていたゴールトンは，優生学（eugenics）なる学問を創始した。これは，ギリシャ語のευγενεσ（eugenes）（生まれがよい）をもとにゴールトンがつくった言葉である。より遺伝的に優れた子孫を増やし（逆に，遺伝的に劣ったとされる者を淘汰し）人類の資質の改善を図ることをめざした優生学は，結婚や出産のコントロールなどさまざまな方策を検討するための学問とされるが，このような思想は人種差別や障がいをもつ人々の差別，断種などを推進する動きにつながっていった。

　ゴールトンは，個人差に着目しその数量的な測定を試みたこと，そして，彼が測定を試みようとしていたものの中に後の知能に近いものが含まれていたという点で，個人差研究（とくに知能の測定の研究）の歴史を語るとき，必ずといっていいほど登場する。しかし，前述のように彼が実際に行った知能の測定方法は必ずしも適切なものではなかった。また，彼自身，知能の遺伝については強い主張をもっていたが，知能そのものに対しては今日の心理学者のような明確なイメージをもってはいなかったようである（Danziger, 1997; 邦訳, 上巻 p.121）。

個人差研究に強い関心をもちゴールトンからも影響を受けたアメリカ人キャッテル（J. M. Cattell 第3章6節参照）が行った研究は，このようなゴールトンの知能研究の問題点を露呈させることになった。キャッテルは1890年代にゴールトンが用いたものとよく似た知能テストを大学生に実施し，その後の学業成績との相関関係を検討したが，両者にはほとんど目立った関係が見られなかった。知覚や感覚の鋭敏さは知的能力とは別物だったのである。

(3) ビネーと知能検査★

こうした進化論を背景にもつ知能研究とは異なる流れに属するのが，ビネーである。ビネー（Alfred Binet; 1857-1911）注5)はフランスのニースの医師の家庭に生まれた。パリに移住しはじめ法律を学んだが続かず，のちに独学で心理学を学んだ。やがて友人からシャルコー（J. M. Charcot 第8章2節参照）を紹介され，サルペトリエール病院に研究の場を得た。そして，そこを拠点として研究活動を続け次第にその名を知られるようになった。当時の研究の中

図11-3　ビネー

には催眠に関するものなども含まれていた。その後，ソルボンヌ大学の生理心理学研究室の研究室長になった。そして，フランスで最初の心理学の専門誌『L'Année Psychologique（心理学年報）』を創刊した。ビネーは二度ほど大学の教授の地位を望んだものの，いずれもその機会を逸した（二度目にコレージュ・ド・フランスの教授の地位を逃したとき，彼の代わりに教授に選ばれたのはジャネー（P. Janet 第8章2節参照）であった）。しかし，彼は裕福であったため研究者としての収入に頼らず研究を続けることができた。彼は，その後も自分の二人の娘をはじめ主として子どもを対象として記憶や思考，連想，暗示などの領域で研究を続け，ドイツの実験心理学とは異なり，個人差に注目するなど独自の実験心理学の学風をうちたてた。

1899年頃，知的に障がいのある子どもに関心をもっていた若い医師のシモン

注5) ビネーに関してはウルフによる伝記（Wolf, 1973）がある。また，吉田（1983）の著書にはさまざまな逸話が紹介されていて興味深い。

(Théodore Simon; 1872-1961) が研究仲間に加わった。当時，フランスでも義務教育が普及し，通常の学級での学習に困難をもつ子どもの処遇が問題になりはじめていた。そこでビネーがシモンの協力を得ながら作成したのが1905年の知能検査であった[注6]。これは，正常な児童を対象にして彼らが学校で適応してゆくために必要な知的能力を問う質問項目を30問ほど選び出し，それを難易度順に並べたものだった。そして，3歳，5歳，7歳，9歳，11歳，12歳以上の児童に実施し，各年齢の児童の一般的な知的能力の水準を確認した。ビネーは，被検者の児童が何歳の水準までこれらの問題ができたかによって，その子どもの知的能力を査定した。1908年にはテストは大幅に改変され，年齢段階別に配置された問題は，その年齢の子どもならば多くが正答できそれ以下の年齢の子どもはわずかしか答えられないようなものが選ばれた。1911年にはさらにこれを改良した改訂版が作成されるが，ビネーはその十分な検討をすることなく没した。

　ビネーは，彼の知能検査によって測定した知的能力のレベルを精神水準（mental level）と呼んでいた。現在でもよく用いられている精神年齢（mental age）という用語は，知能指数（intelligence quotient）という用語とともに，ドイツ系ユダヤ人でのちにアメリカに渡ったシュテルン（L. W. Stern）によって1911年に用いられるようになったとされている。ビネーは，知能検査を基本的に学校に適応できない知的レベルの査定に使う道具と考えており，そこで測定される精神水準も暫定的なものとしか考えていなかった。また，彼は，精神水準として測定される知的な能力が何らかの教育的な対応や環境の調整などによって変化することも否定していなかった。そのため，内因的で知的な成熟という含意をもつ精神年齢という用語はあえて使用しなかったともいわれている（Wolf, 1973, 邦訳, p.219）。

　注6）知能検査作成の経緯について，多くの心理学史や教育心理学の概説書では，ビネーがフランス政府からの委嘱を受け知能検査を作成したと記されている。しかし，ウルフ（Wolf, 1973）によるビネーの伝記で描かれているストーリーはそれとはやや異なっている。ウルフは，他のヨーロッパ諸国に比較して知的に障がいのある子どもを処遇するための仕組みが整備されていなかったフランスにあって，ビネーも中心メンバーとして活躍していた『児童心理研究のための自由協会』が政府に対し制度を整える必要性を提言するなかで，ビネーらが必ずしも政府の指示ではなく半ば自主的に知能検査を作成していった様子を記している。

しかし，間もなくビネーが作成した検査をアメリカに移植したゴッダードやターマンは，進化論の影響を受け能力の遺伝を強く信じる立場をとった。その結果，ビネーの知能検査は知能の遺伝説を支持するための強力な武器になってしまった。

(4) ゴッダードとターマン★

　クラーク大学でホールの指導の許に博士号を取得したゴッダード（Henry Herbert Goddard; 1866-1957）[注7]は前述（第9章2節）のように1908年，滞欧中にビネーのテストを入手し，それを自らが所属していたニュージャージー州のヴィネランド訓練学校（知的障がいをもつ子どものための学校）で使用した。また，その頃，アメリカの生物学者で優生学（前述）にも関心の深かったダヴェンポート（Charles Benedict Davenport; 1866-1944）から影響

図 11-4　ゴッダード

を受け，知能の遺伝に関する調査をはじめた。彼はヴィネランド訓練学校にいた知的障がいのある女子生徒（仮名，デボラ・カリカック：Deborah Kallikak）の家系を調査した。それによると，アメリカの独立戦争中，一人の兵士が知的に障がいがあると思われる女性との間に子どもを儲けたという。彼は戦争が終った後に帰郷し今度は知的レベルの高い女性と結婚し，そこでも子どもをもった。こうして，父親は同じだが知的レベルが大きく異なる2人の母親の遺伝子を有する2つの家系が誕生した。ゴッダードは，この2つの家系に属する人たちを丹念に調べ上げた。その結果明らかになったのは，それぞれの家系の子孫が劇的に異なっていたということであった。前者の子孫には知的に障がいがあると思われる者や犯罪者，売春婦などが比較的多く見られた（デボラもそのひとりであった）のに対し，後者の子孫に連なる家系からは医師のような専門職など社会的に地位のある者を多く輩出していたという。ゴッダードは，この調査から2人の母親の異なる知的な能力が2つの家系にそれぞれ遺伝し，子

　注7）ゴッダードの伝記やその業績については，ゼンダーランドの著書（Zenderland, 1998）に詳しい。

孫の能力差を生み出したものと考え，知的能力が遺伝する証拠として発表した（Goddard, 1912）。もちろん，現在では，この調査は環境要因を無視したもので知能の遺伝を証明するものではないとされている。しかし，当時は，このような調査結果を根拠に知能の遺伝説が信じられていたのである。

　ところで，アメリカはもともと多くの移民を受け入れてきたが，19世紀末頃からその数は次第に増加し，20世紀の最初の10年間の移民の合計はその前の10年の2倍以上の900万人近くに達していた（齋藤, 1976）。また，19世紀中頃までの移民はイギリス，ドイツ，北欧などの出身者が多かったが，その後次第に東欧，南欧，ロシアなどからの移民が増加してきた。こうした状況の中で，東欧，南欧，ロシアなどの出身者は知的に劣っているといった言説も目立つようになっていた。当時，すでに知能検査の第一人者として知られていたゴッダードは，移民の入国審査を行っていたニューヨーク近くのエリス島の入国管理局に招かれ，知的に障がいのある移民を本国に送還させるために適切に診断する方法を検討することを依頼された。ゴッダードは，知能検査を行うことを提案しさっそく実行した。その結果，北欧からの移民の場合，知的に障がいがあると見なされるものは3パーセント程度であったのに対し，南欧からの移民では，その割合が7-9パーセント程度に達することなどが明らかになった（Zenderland, 1998, p.268）。その後，この割合は次第に高まり，1917年の論文（Goddard, 1917）でゴッダードは，ビネーの知能検査を実施したところユダヤ系移民の83パーセント，ハンガリー系の80パーセント，イタリア系の79パーセントに知的に障がいがあるとした。このような結果が得られた理由として，英語を母国語とせず，また，異なる文化の許で育った移民にとって知能検査の項目自体が適切でなかったことが考えられる。しかし，ゴッダードは，それらの要因を考慮しなかった。やがて1920年代になると労働力が過剰になり移民を制限しようという動きがでてくるが，そうしたなかで制定された1924年の移民の制限法では，移民の出身国の比率を1890年の比率と同じくすることが定められた。1890年が基準とされたのは，当時は，まだ東欧や南欧からの移民が少なかったからである（齋藤, 1976）。こうした出身国別の移民の制限が行われるようになったことの背景の1つとしてゴッダードの研究結果があったことは間違いないであろう[注8]。

ゴッダードは，その後，オハイオ州立大学の教授となり，今度は，知的にすぐれた児童の研究などを行った。

ゴッダードが導入したビネーの知能検査は，その後，ターマンによって本格的な標準化が行われ，広く利用されることになる。

ターマン（Lewis Madison Terman; 1877-1956）[注9] は，インディアナ州の田舎町に生まれた。師範学校を卒業後，一時，教師などをしていたが後にクラーク大学の大学院に進んだ。クラーク大学ではホール（G. S. Hall）にも学んだが，博士論文はホールの初期の門弟であるサンフォード（Edmund Clark Sanford; 1859-1924）の指導の許で執筆した。

ターマンは，大学院生時代から知能検査に関心をもっていた。そしてスタンフォード大学に着任してからは，ビネーの知能検査の本格的な標準化に取りかかりその成果を著書としてまとめた（Terman, 1916）。標準化にあたっては1,700人の児童のサンプルに加え，200人の知的に障がいのある児童や優秀児童，さらに，400人の成人からもデータを集めた。また，テストは5歳から16歳まで使用可能なものとし，知能指数（IQ）も算出できるようになった。このテストはスタンフォード・ビネー知能検査と呼ばれ，標準的な知能検査として定着した。

ターマンは，スタンフォード・ビネー検査で極めて高いIQが得られた優秀児童をその後長期にわたって追跡する研究を行ったことでも知られている。1921年にはじめられたこの研究は，ターマン自身によって30年以上にわたって行われ，彼らが比較的高い学歴，社会的地

図11-5　ターマン

注8）ふつうゴッダードは，知能の遺伝説を支持する立場をとっていたことにこのエリス島での知能検査の実施の経歴も加わり，人種，民族間の知的能力の遺伝的差異を認めていたと思われがちである。しかし，ゼンダーランド（Zenderland, 1998）によれば，ゴッダードは，ヴィネランド訓練学校の生徒に必ずしも東欧や南欧の移民が多くなかったことなどから，人種や民族間で知的能力に遺伝的な差異があるという考え方はとっていなかったという。ゴッダードは，東欧や南欧出身の移民に知的障がいをもつケースが非常に高い割合で認められることを報告した1917年の論文のなかでさえも，これらの移民の知的障がいの原因が遺伝ではなく適切な環境の剥奪に求められる可能性をほのめかしている。ゴッダードは，これら東欧系，南欧系の移民の知能検査の得点が低い理由を彼らの育った文化的な環境に配慮していない知能検査の項目内容にあると考えなかったが，一方で，その理由を直ちに民族間の遺伝的差異にも求めていなかったのである。

注9）ターマンをめぐる知能検査の歴史については，チャップマンの著書（Chapman, 1988）が詳しい。ターマンには，また，簡単な伝記（Crosby & Hastorf, 2000）や自伝（Terman, 1932）もある。

位などを得ていたことなどが確認された。

　ターマンもゴッダードと同様に，知能は遺伝するという立場をとっていた。追跡調査の対象となった優秀児童の多くがのちに社会的な成功を収めていたのも，知能が遺伝的な特性として作用したためと考えていたようだ（Crosby & Hastorf, 2000）[注10]。

(5) 知能の因子分析的研究

　ゴッダードやターマンの研究は知能検査の実用的な利用に軸足を置いたものであったが，これとは別にイギリスでは知能の構成概念を理論的に検討してゆこうとする研究の流れが生まれた。

　イギリスにおける知能研究は前述のようにゴールトンによってはじめられたが，その弟子でのちにロンドン大学の優生学の教授となるのがピアソン（Karl Pearson; 1857-1936）である。彼は統計学者として相関分析の基礎を築いたことでも知られる。そして，その相関係数を用いて知能研究を進めたのがスピアマンである。

　スピアマン（Charles Edward Spearman; 1863-1945）[注11]は，ロンドン生まれで，大学では数学や哲学に関心をもっていたが，その後，軍隊に入り将校となっている。34歳で軍人をやめ心理学を志しライプチヒのヴント（W. M. Wundt）の許に留学し，博士号を得た。彼は，ゴールトンの著書に触れ個人差研究に興味をもち，とくに，知能の研究に専念することになった。スピアマンは，知能検査で用いられるようなさまざまな課題を被検者に実施し，それらの得点間の相関係数を算出しその相関係数を比較することで，そこから共通する成分を取り出してゆくという今日の因子分析のもととなる手法を開発し，研究を進めた。そこで，彼は，知能は一般的な知的能力としての g 因子と，それ

　注10）ターマンは，ゴッダードとは異なり知能に民族や人種間で差があることを積極的に認めていた。また，彼は，優生学の強力な支持者でもあった。しかし，クロスビーとハストーフ（Crosby & Hastorf, 2000）は，ターマンがそうしたいわばタカ派的な立場をとっていたにもかかわらず，政治的にはリベラルに属しいわゆる赤狩りなど右派の動きに対して反対の立場を貫いていたこと，また，自伝では自分がむしろ環境の影響を受けながらキャリアを形成してきたことを述べるなど矛盾した側面のもち主であったと述べている。

　注11）スピアマンの伝記はジェンセン（Jensen, 2000a）によるものがある。

ぞれの課題によって変化するs因子の2つの部分からなることを明らかにした。この説はふつう2因子説といわれる。ただ，このやり方では因子分析によって因子として抽出できるのはg因子のみでs因子は誤差と区別が難しいから，実際は，1因子説といったほうが適切である。このg因子はビネー（A. Binet）の検査によって測定される知能とだいたい同じものであるが，スピアマンはこれを心的エネルギーのようなものと考えていた。

このスピアマンの共同研究者でもあったのがバート（Cyril Lodowic Burt; 1883-1971）である。バートは，スピアマンのg因子にあたる全般的な知能の因子の下にいくつかの大きな因子を置き，さらにその下により個別の能力と関係する特殊因子を配置した知能の階層説を提唱したことで知られる。また，彼は，異なる環境で育てられた一卵性双生児の間のIQの相関係数が同じ環境で育った二卵性双生児のそれより高いことなどを示して，知能に遺伝的要因が大きく作用することなどを報告した。しかし，彼の死後，このデータの信憑性をめぐって議論が起こりねつ造疑惑なども取り沙汰された[注12]。こうした事件の背景には，時代の変化にもかかわらず白人の優位性を示すことや，階級社会を維持することの必要性がなお残されていたイギリスならではの事情もあるのかもしれない。このバートの弟子で，やはり因子分析を主要な手法として用い，知能ではなくパーソナリティの生得的な側面を強調したのがアイゼンク（H. J. Eysenck）（本章4節参照）である。

一方，アメリカでは，こうしたゴルトン以来の伝統の流れを汲むイギリスの知能研究とは少し異なる視点から知能の因子分析的研究がサーストンによって行われていた。

サーストン（Louis Leon Thurstone; 1887-1955）[注13]は，シカゴ生まれで，アメリカとスウェーデンで育った。はじめ工学を学び発明家エジソン（Thomas Alva Edison, 1847-1931）の許で働いた経験などももつ。のちに心理学に転向しシカゴ大学の教授などを務めている。サーストンは知能の研究者というよりも心理測定の専門家で，ほかに態度の測定法などでも業績を残している。彼は，

注12) バートのスキャンダルについては，それをテーマに扱った専門書もあるようだが，心理学史の概説書（たとえば，Benjafield, 2010）などでもある程度詳しく取り上げられている。

注13) サーストンの伝記はジョーンズ（Jones, 1998）によるものがある。

スピアマンなどとは異なり，因子軸を回転することで抽出する因子の数は増えてもできるだけエラーを少なくしてデータを説明することをめざすという手法をとった。彼は，1930年代に，多くの知能検査に関連している課題を実施し，そこから「言語的」「数的」「空間」「記憶」「推理」「語の流暢さ」の6因子を抽出している。これはスピアマンの2因子説に対し多因子説と呼ばれる。

サーストンの研究は，主として彼の心理測定に対する興味から行われたもので，イギリスの知能研究が進化論に由来する知能の遺伝説を背負っていたのとは趣を異にする。こうした心理測定を基礎にした知能の研究はその後も続いた。1950年代にギルフォード（Joy Paul Guilford; 1897-1987）が発表した知能を操作，所産，内容の3次元で表現するモデル（Guilford, 1955）などもこの系譜に位置づけることができるだろう。

(6) 知能検査の浸透と測定法の発展 ★

一方，アメリカでは，知能検査は次第に国全体を巻き込む規模で浸透していった。その最初のきっかけは，第9章3節でも述べたように第一次世界大戦であった。ヤーキス（R. M. Yerkes 第9章3節参照）らを中心としたプロジェクトでは，兵士の知能を評価するために言語による知能検査（Army Alpha）と言語を介さない知能検査（Army Beta）がそれぞれ作成され，多くの兵士に実施された。このプロジェクトにはターマンも関係していた。

第一次世界大戦が間もなく終了すると，このプロジェクトにかかわっていた心理学者は，今度は，研究対象を教育に向けるようになった。ビネーが知能検査を作成した背景にも義務教育の普及に伴い知的障がいのある児童を査定するという必要性に迫られた事情があったわけだが，それはアメリカの場合も同じであった。しかも，19世紀末頃からの移民の急増によって英語を母国語としない児童，生徒が大量に学校に入って来たという事情も加わり，アメリカでは児童，生徒の知的能力を適切に評価することが，急務となっていた。ターマンら知能の評価を専門とする心理学者たちはここに目を付けたのである。

彼らは，ビネーの知能検査以外にも，国家知能検査（National Intelligence Tests），ターマン集団検査（Terman Group Test）など集団で実施できるさまざまな知能検査を開発し，教育システムの中にそれらを浸透させた。1925年の

調査では，対象となったアメリカの約 10,000 校の小中高等学校のおよそ 3 分の 2 が知能検査を子どものクラス分けのために利用していたという（Chapman, 1988）。また，こうした流れに，当時，すでに教育心理学者としてよく知られた存在であったソーンダイク（E. L. Thorndike 第 3 章 6 節参照）なども加わり，学校教育における知能検査の実施は国家的なプロジェクトとさえいえるような様相も呈していた[注14]。しかし，このような状況はのちに知能検査の濫用として批判されることにもなった。

　知能テストは，当初，スタンフォード・ビネー検査をはじめターマンやヤーキスの周辺で開発された検査が用いられていたが，次第にさまざまな立場から検査がつくられるようになってきた。そうした検査の中でもっともよく知られているのが，ウェクスラーによる検査である。

　ウェクスラー（David Wechsler; 1896-1981）[注15]は，ルーマニア生まれで幼少期にアメリカに移住した。コロンビア大学のウッドワース（R. S. Woodworth）の許で心理学を学び，第一次世界大戦中には軍隊で知能検査の開発や実施に従事した。また，軍からの派遣でフランス，イギリスに駐在し，イギリスでは，スピアマン（C. E. Spearman）やピアソン（K. Pearson）に接する機会ももった。帰国後，博士号を取得し，1932 年にベルビュー精神病院の主任心理学者となり，その職に長くとどまった。

　よく知られているように，WAIS をはじめとした旧来のウェクスラーの知能検査は言語性検査と動作性検査からなっており，それぞれの IQ が算出されるようになっている。これは，ビネーの検査は言語を介した質問項目が中心となっているという問題点に対応したものである。ビネーの検査が言語的な側面に大きなウェイトを置いているためそこに含まれない側面が測定できていないこ

　注14）ダンジガー（Danziger, 1997）は，知能検査は，義務教育の普及などの教育制度が整備されたことによって新たに出現したさまざまな諸問題の原因を，教師や教育行政の側にではなく，生徒の能力の問題に転嫁するために便利な道具であり，そのために急速に教育現場に浸透していったのではないかと述べている。1930 年代から 1960 年代にかけてアメリカの心理学は行動主義の影響のもとに環境主義的な方向に傾くが，知能検査を利用し知能の生得性を主張する立場は比較的その影響を受けることが少なかったようにも思える。そうした背景にはこのような知能検査と教育システムとの結びつきがあったのではないかと考えられる。

　注15）ウェクスラーの伝記的な記述はあまりないようである。ここではマタラゾによる死亡記事（Mattarazzo, 1981）をもとにした。

とは，臨床現場ではかなり早くから知られており，ゴッダードがビネーの検査を導入したエリス島の入国管理局内でもその点に関して批判がでていたという（Boake, 2002）。ヤーキスらによる言語を介さない知能検査（Army Beta）もこうした流れの中で生まれてきたものである。臨床家であったウェクスラーはビネーの知能検査の問題点を経験的によく理解しており，そうした経験に基づいて動作性の検査を構成した。また，もともと教育場面を意図してつくられたビネーの知能検査では15歳以上の成人の場合，IQが必ずしも適切に測定できないという問題もあったが，成人の患者も多い病院の臨床家であったウェクスラーはこの欠点の改善も意図し，成人については各年齢層内でIQが算出できるように工夫した。ウェクスラーの知能検査ははじめに成人用（WAIS）が発表され（1939年），その後1960年代にかけて成人用の改訂のほか児童用，幼児用の開発が行われた。このように臨床的な経験に裏打ちされたウェクスラーの検査は，次第にビネーの検査に代わってもっとも使用頻度の高い知能検査となった[注16]。

(7) 知能研究のその後

1970年代頃から認知心理学の発展により，知能の研究は，それまでの因子分析などによって知能に関する因子を抽出するいわばボトムアップ的な手法から脱却し，何らかのモデルや基本的な前提をあらかじめ提起し，それらにデータをフィットさせるようなトップダウン的な手法によるものが増加している。これらの中ではスピアマンのg因子のように知能を単一の全体的なものとしてとらえるよりも，複数の因子やモジュールの組み合わせとして考えるものが目立つ。ガードナー（Howard Gardner），スターンバーグ（Robert Sternberg）のモデルなどが有名だが，ここでは詳しくは立ち入らない。

また，知能検査の領域でも，それぞれの目的に応じた知能検査が開発されるようになっている。カウフマン（Alan S. Kaufman）によって児童の学習困難などを個別に診断，指導するために1980年代に実用化された知能検査K-ABC（Kaufman Assessment Battery for Children）などは，わが国でもよく知られている。

注16）ウェクスラーの知能検査の開発の経緯，また，とくに個別の検査項目の来歴などについてはボーク（Boake, 2002）によってまとめられている。

4 パーソナリティ研究の歴史

(1) パーソナリティ心理学成立はいつ？ ★

　パーソナリティ研究がアメリカの心理学で独自の研究領域として確立されたのは，1930年代後半にオルポート（G. W. Allport）の『*Personality: A Psychological Interpretation*』（Allport, 1937）とマーレー（H. A. Murray）らによる『*Explorations in Personality*』（Murray, 1938）が出版された頃からだといわれる。これまでみてきたように，近代心理学は19世紀の最後の四半世紀に成立した。それにさらに半世紀遅れてパーソナリティの心理学が成立したというのは，ずいぶん，遅かったという印象をもつかもしれない。

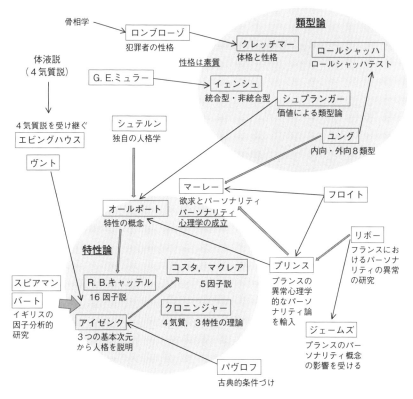

図 11-6　パーソナリティ心理学の歴史

(2) 19世紀末までのパーソナリティ研究★

　もちろん，それ以前も広い意味でのパーソナリティを扱う心理学はあった。
　その中で，まず，最初に取り上げられるべきものは気質（temperament）である。ガレノス（Galēnos）による体液説[注17]は4つの体液のいずれかが多いことによって（黄）胆汁質，黒胆汁質，粘液質，多血質の各気質に分けられるというものであったが，その後も長く影響力をもっていた。18世紀の哲学者カント（I. Kant）もこの4つの気質に言及しているという（高良，1953）。この気質の4分類は近代心理学の成立以降も影響をもち続けた。たとえば，ヴントは情緒反応には強い-弱い，早い-遅いという2つの次元があり，この2次元を組み合わせることで4つの気質が定義されると考えていた（藤井，1967）。また，エビングハウス（第2章4節参照）も，これに似た2次元の組み合わせから4つの気質を説明することを試みていた（Rohracher, 1956, 邦訳, p.215）。

　一方，こうした気質の理論とは別に，外部から観察可能な身体的な特徴を手がかりに人の個人差を記述してゆこうという流れがあった。その代表的なものがガル（F. J. Gall）にはじまる骨相学（第1章3節参照）で，骨相学は19世紀を通して研究者よりもむしろ一般大衆の間で人の能力や性格を理解するための有力な枠組みとして影響力をもち続けた（Sokal, 2001）。また，19世紀の後半になるとイタリアの精神科医で人類学者でもあったロンブローゾ（Cesare Lombroso; 1835-1909）は，モレル（B. A. Morel）の変質の理論（第7章5節参照）の影響を受けて犯罪傾向が遺伝すること，そして，犯罪傾向をもつ者は遺伝的で特異な身体的特徴があることなどを主張した。

(2) クレッチマー★

　このような個人の性格と身体的な特徴とを結びつけようとする流れに，ガレノスにはじまる伝統的な気質の分類研究の流れが加わり，さらに，科学的な方法論による裏づけを得て登場したのが，クレッチマーの『体格と性格（*Körperbau und Charakter*）』（Kretschmer, 1921）である。

　クレッチマー（Ernst Kretschmer; 1888-1964）[注18]は，ドイツ北部の生ま

　注17）第7章（注4）を参照。

れの精神科医でチュービンゲン大学の教授を務めた。クレッチマーは，遺伝的な要素の強い体格によって性格が決定されているという理論から，一般には，性格の遺伝性を強調する立場に属すると思われがちである。しかし，その出世作とされる『敏感関係妄想（*Der sensitive Beziehungswahn: Ein Beitrag zur Paranoiafrage und zur psychiatrischen Charakterlehre*)』（Kretschmer, 1918）では，妄想を

図 11-7　クレッチマー

中心とする心の病が，当時考えられたように遺伝的に自然に発症するのではなく，敏感な性格を下地にして環境からのさまざまな作用が加わり起こることを指摘するなど，環境主義者としての一面ももっていた。

　クレッチマーの理論は類型論（type theory）の代表といわれている。よく知られているように彼の理論は分裂気質，躁うつ気質，てんかん気質という3つの気質を基本形として置いている。もちろん，個人の性格はさまざまなのだが，細部の違いをあえて無視し3つの気質を定めた基本的な原理に従えば，大部分の人はこの3つの気質のどこかに分けることができるというのである。

　ところで，クレッチマーの著書は性格（キャラクター（Charakter（独語）: character（英語）））という語をタイトルに用いているが，実際は，分裂気質，躁うつ気質といった用語が使われることからもわかるように，生理的な体格と密接な関係をもつ気質が性格の基礎になっていると考えていた。そうした意味でクレッチマーは古くからの気質研究の流れを汲む研究者の一人と考えられる。

　今日では大部分が忘れ去られているが，クレッチマーの理論をめぐっては多くの実験的な研究が行われた。たとえば，硬筆のような棒を持たせて金属板を自分のテンポで自由に叩いてよいと教示し，一定時間内に叩いた数を測定する実験は精神運動性の研究などと称されよく行われていた。それらの実験結果によれば，一定時間に叩く回数は躁うつ気質とされる肥満型の体型の被検者は分裂気質とされる細長型の体型の被検者より少なく，てんかん気質とされる闘士

注18）クレッチマーの著作は自伝を含め多くが邦訳されたが，現在では入手しにくくなっている。クレッチマーの生涯，研究などについて簡単にまとめたものとしては切替（1979）によるものがわかりやすい。

型の体型の者はその中間くらいになるという。また，同調性が高いとされる肥満型の被検者は，メトロノームのリズムなどを聞かせながら叩かせるとそのテンポに合わせる傾向があることなども報告されている。このような実験は，ほかに，筆圧，筆跡，あるいは，色や図形の知覚，いわゆるクレペリン検査によく似た数字を加算するテストなども用いて行われていた。このほか，決定傾向の研究で知られるビュルツブルグ学派のアッハ（N. K. Ach 第2章5節参照）らのグループも，クレッチマーの理論を補足するような実験的研究を行っていたという（Rohracher, 1956）。

(3) イェンシュ

1920年代のドイツでは，こうした実験を基礎にした性格研究はクレッチマーの理論に関連したもの以外でも行われていた。その中で比較的よく知られているのがマールブルク大学教授であったイェンシュ（Erich Rudolf Jaensch; 1883-1940）による理論である。この時代の性格の理論はクレッチマーに限らず多くが類型論の形をとっていたが，イェンシュの理論もやはり類型論であった。

イェンシュはG. E. ミュラー（G. E. Müller 第2章4節参照）の門下生であることからもわかるように，実験心理学者である。ふつう明るい光を見つめたのちに壁に目を移すと，光の残像が壁に映っているように見えるが，イェンシュによれば，この残像が非常に鮮明な直観像（eidetic imagery）として見え，かつ，それが自由にコントロールできる人もいれば，その一方で，ぼやけた残像として見え，そのコントロールも難しい人もいるという。彼は，これを手がかりに統合型と非統合型という性格の類型を考え，さらにいくつかのサブタイプを導き独自の性格の類型論をつくり上げた。イェンシュは，この類型論を裏づけるためにさまざまな実験を行ったという。たとえば，有名なミュラー・リヤーの錯視では，統合型は非統合型に比べ錯視量が多くなるという（以上の記述は主としてRohracher, 1956による）。

イェンシュは，後に，この理論をもとにナチスの人種差別政策などを正当化する発言を行った。そのためか彼の理論も今日ではほとんど取り上げられなくなってしまった。

(4) 実験的な類型論が着目していたもの

　クレッチマーやイェンシュに代表されるドイツの心理学者たちの理論は，性格や気質という用語を用いて類型を記述していった。そこで記述された性格や気質の基礎をなすものは実験的，生理的なアプローチによって基礎づけを与えられてはいるものの，すべてが生理的な現象には還元されず，一方で，内省などによる意識的な制御も困難な，半ば無意識的な意思（volition）の働きや感情の流れ，テンポなどの差異に着目したものであった[注19]。こうした意思の働きや，感情の流れ，テンポなどはそれをとらえて変化させることが難しい。そのため，これらドイツの理論家たちは性格や気質というものを多分に生得的なものと考える傾向があった。しかし，後に紹介する英米の心理学のパーソナリティ研究は，意思や感情の流れやテンポといった働きに代わりより生物学的な動機づけや欲求の概念を重視し，その一方で，性格をとらえるに際しては理論的な発想の強い類型に当てはめてゆくよりも，それぞれの人の行動特徴を日常語を用いて評定する方法をとっていった。また，その行動特徴は条件づけによりある程度変化するものと考えられていた。これまでもみてきたように心理学の中心は1930年頃を境にドイツからアメリカに移ってゆくが，それに伴いクレッチマーやイェンシュが着目していたような，意思の働きや感情の流れ，テンポといった側面から性格やパーソナリティをとらえる視点は次第に忘れられていった[注20]。

(5) シュプランガーとユングの類型論★

　当時のドイツでは，クレッチマーやイェンシュの類型論以外にもさまざまな

　注19）ここで取り上げたような意思などの側面に注目した性格研究は，必ずしも，実験的，生理学的な側面からのみ研究されていたわけではない。たとえば，ドイツで生まれのちにスイスで活躍したクラーゲス（Ludwig Klages; 1872-1956）は哲学的な立場から意思を取り上げ独自の性格理解の理論を展開しているが，難解な哲学的な議論が災いして今日ではあまり取り上げられることもなくなっている。

　注20）ローラッヘル（Rohracher, 1956）は，この時代にドイツを中心に出された類型論を概観すると，基礎となる理論的な枠組みの違いにもかかわらずクレッチマーの"躁うつ気質"対"分裂気質"，イェンシュの"統合的"対"非統合的"，ユングの"外向"対"内向"というように，その多くが共通する2つの類型を対立させているという。ローラッヘルは，これは結局のところ精神内の緊張を緩める能力が前者は高く，後者は低いことを表していたにほかならないと指摘している。

類型論が提案されていた。その多くは今日では取り上げられることもほとんどないが[注21]，哲学者，教育学者でもあったシュプランガー（Eduard Spranger; 1882-1963）の類型論は比較的知られている。シュプランガーは人の性格はその価値観を基準に理論，審美，経済，宗教，社会，政治の6類型に分類できるとした。この類型論は，シュプランガーの師でヴントの要素主義的な心理学を批判し人間の全体的な理解の必要性を主張したディルタイ（Wilhelm Christian Ludwig Dilthey; 1833-1911）の哲学を背景につくられたものだった。しかし，その後心理学と哲学との距離が大きくなるに伴い，ディルタイの哲学が心理学の中で取り上げられことが稀になり，シュプランガーの類型論も必ずしもその意義が正当に評価されていない面もある。

　ユング（第8章4節参照）の類型論は1921年に出された『心理学的類型（*Psychologische Typen*）』の中で示された。心的なエネルギーは人によって内側に向かう場合と外側に向かう場合があるという。そして，前者を内向性，後者を外向性と呼び，それに基づく基本的な2類型，すなわち，外向型と内向型を考えた。さらに，ユングは，ふつう人は思考，感情，感覚，直観の4つの心理的機能のいずれかが優位であるとし，それら4つの心理的機能を外向型，内向型と組み合わせ，合計8つの性格類型を提案した。そして，その例として歴史上のさまざまな人物を取り上げ論じたことはよく知られている。ユングの理論は，英米ではフロイトとともに一般に受け入れられていったこともあり，現在でも代表的な類型論としてよく紹介される。おそらく，ユングがドイツの類型論に特有の意思の概念などを用いず，動機づけや欲求概念などとも親和性の強い心的エネルギーの概念を中心にその類型論をつくり上げたことも，英米中心の現在の心理学界で受容されやすかった理由であろう。

(6) パーソナリティとキャラクター★

　前述のようにアメリカでパーソナリティの心理学が確立するのは1930年代後半に出されたオルポート（G. W. Allport）とマーレー（H. A. Murray）の著書によるところが大きい。それらの中で彼らは，それまでドイツの心理学で使

注21）高良（1953）の著書にはそうした今日ではほとんど顧みられることのなくなった類型論が紹介されている。

われていた性格（キャラクター（Charakter（独語）：character（英語）））という用語は用いず，パーソナリティ（personality）という用語を使用していた。

　実は，パーソナリティと性格（キャラクター）という2つの用語をどのように使うべきかについての議論は，1920年代以前にも多く行われていたようで，それらはオルポート，マックドゥーガル，ローバックの論文や著書からもうかがい知ることができる（Allport, 1921, 1937; McDougall, 1932; Roback, 1931）。それらによれば，性格（キャラクター）という用語にはさまざまな意味があるそうだが，その中には英米の心理学者によって受け入れにくい意味が含まれていた。その受け入れ難い意味とは，論者によって微妙な表現の違いはあるものの，キャラクターという用語が意思（volition）の働きとかかわるということであった。すなわち，性格の違いが意思の機能の違いとして理解されるという意味を含んでいたのだ。英米の研究者にとって意思（volition）は個人の意志（will）とも通じ，道徳的，倫理的な意味での性格の強さにもかかわると考えられていた。したがって，科学的な心理学を標榜していた20世紀初頭の心理学者にとって，道徳的，倫理的意味も含むドイツ由来のキャラクター（性格）という用語をそのまま用いることはあまり気乗りのしないことであった。彼らが，そこで代わりに用いたのがパーソナリティであった。

(7) パーソナリティ概念の確立

　パーソナリティという用語は神学や法律学の用語としては中世までさかのぼれるようだが（Danziger, 1997），心理学の用語となったのは19世紀の後半のフランスにおいてであった。リボー（Théodule-Armand Ribot; 1839-1916）は，フランスの哲学者，心理学者でフランスの近代心理学の生みの親の一人に位置づけられる。彼の名前は，一般には，記憶の障がいにおいてより新しい記憶から失われやすいというリボーの法則で知られるが，そうしたことからもわかるように，心理学をとくに精神病理学などと結びつけることにも関心をもっていた。その彼が，1885年に『*Les Maladies de la Personnalité*（パーソナリティの疾患）』という著書を出している。そこでは，多重人格について大きく取り上げられていた。フランスでは1870年代から多重人格について関心がもたれていた。当時，多重人格を意識の交代や乖離として論じる者もいれば，パーソナリ

ティという個人の総体の分離としてとらえる者もいたが，いずれが正しいかについては必ずしも明確にはされていなかったようだ。このリボーの著書は，多重人格を，パーソナリティの病理としてとらえたことで，それが心理学的な概念として受け入れられるもとをつくった。そして，この異常心理学的なパーソナリティ心理学の伝統は，ジャネ（P. Janet 第8章2節参照）などに引き継がれフランスの心理学の1つの柱になった。

　これをアメリカにもち込んだのはウィリアム・ジェームズ（第3章3節参照）である。彼は，『心理学原理（*The Principles of Psychology*）』の第10章で自己（self）について論じるなかでフランスのパーソナリティ研究を多く引用している。ジェームズは，心霊主義にも関心をもっていたことで知られるが，心霊研究とも一脈通じるところをもつ多重人格にも興味をもっていたのである。このような異常心理学の一分野としてのパーソナリティ研究は，精神科医でハーヴァード大学の異常心理学の教授，そして，ハーヴァード大学の心理クリニックを創設し，今日まで続く専門誌『*Journal of Abnormal Psychology*（一時 *Journal of Abnormal and Social Psychology* と名称変更していた）』を創刊したプリンス（Morton Prince; 1854-1929）によって受け継がれた。

　1920年代になると，アメリカではマイヤー（A. Meyer）の精神衛生運動やその流れを汲み非行少年を対象にした相談施設をつくり，さらに児童相談所を全米各地に設置するきっかけを作ったヒーリー（W. Healy）やブロンナー（A. F. Bronner 第9章2節参照）の活動の影響を受けて，不適応状態にある児童や青年のパーソナリティのアセスメントを行うことが次第に一般的になってきた。また，そうした流れの中で何らかの異常を伴うことが前提となっていた医学的なパーソナリティ概念は，誰にでも関係する心理学上の概念へと次第に変化していった[注22]。

(8) オルポート，マーレー★

　こうした流れの中で登場するのがオルポートとマーレーである。

注22) 以上，フランスにおいてパーソナリティ心理学が誕生し，それがアメリカに取り入れられるまでの経緯については主としてロンバードとフォッシ（Lombardo & Foschi, 2003）の記述によった。

ゴードン・オルポート（Gordon Willard Allport; 1897-1967）[注23]はインディアナ州の生まれで，父は仕事熱心な町医者，母は敬虔なプロテスタント信者で教師であった。のちにオハイオ州，クリーブランドに転居し，高校卒業までそこで過ごしたが，当時すでにハーヴァード大学の学生であった社会心理学者の兄のフロイド・オルポート（第5章6節参照）の勧めでハーヴァード大学に進んだ。ハーヴァードでは心理学を主に学んだが，社会倫理学にも関心をもっていた。卒業後短期間トルコで英語を教えるなどしたが，間もなく，ハーヴァード大学に戻り大学院に進んだ。

図11-8　オルポート

彼は，トルコからの帰国の途上ウィーンに立ち寄りフロイト（S. Freud）に面会する機会を得ているが，そのときのエピソードはよく知られている。このとき，フロイトを前に話題の糸口を見つけられなかった彼は電車の中で見かけた不潔恐怖症の少年の話をしたが，それを聞いたフロイトは「そして，その少年があなただったのですか」とコメントしたという。このとき，オルポートは，フロイトが神経症的な防衛という視点から人間を解釈することに慣れ過ぎていることに気づき，心理学は，人が過去や防衛にとらわれない目的や動機をもっていることをもっと重視すべきだと気づいたという。

帰国後，彼は，人格を測定する方法に関心をもち研究をはじめた。彼によれば，当時，アメリカで入手できた人格の測定に関する研究成果は，ウッドワース（R. S. Woodworth　第3章6節参照）が戦時中に神経症傾向などを測定するために開発した簡単な質問紙を用いたものくらいしかなかったという。そして，1921年には，パーソナリティを特性（trait）という単位で測定することを提案した論文（Allport & Allport, 1921）を兄フロイドと共著で発表している。

その後，博士号を取得し，さらに2年間ヨーロッパに留学する機会を得た。ここで，前述のディルタイ（W. C. L. Dilthey），シュプランガー（E. Spranger），

注23）オルポートの伝記的記述は，主として自伝（Allport, 1866）によった。ペッチグルー（Pettigrew, 1969）による死亡記事なども役に立った。

独自の人格学を提唱したことで知られるシュテルン（L. W. Stern）[注24]，さらには，ゲシュタルト心理学の影響などを受けた。帰国後，ハーヴァード大学に着任してからはパーソナリティの研究を１つの研究領域として確立することに尽力した。そして，その成果をまとめたのが1937年の『*Personality: A Psychological Interpretation*』である。

オルポートは，ここに至るまでにパーソナリティについて多くの論文を執筆しているが，フランスの異常心理学的な研究の引用をほとんどしていないという（Lombardo & Foschi, 2003）。それは，オルポート自身が自伝でも述べているように，彼の関心が異常者の心理よりも健常者にあったからである。彼は，人が環境との相互作用の中で主体的に独自性を発揮し，価値を実現してゆくことに関心があったのである。よく知られている機能的自律（functional autonomy）の概念もこうした環境との相互作用や主体性を重視する彼の視点から生まれてきたものと考えることができる。こうして，オルポートによって，異常心理学とは一線を画した，健常者のためのパーソナリティ研究という１つの枠組みがつくられた。

また，彼は実証的な研究でも１つの方向性をつくった。彼は，辞書から性格を記述していると思われる日常的な語を１万７千語あまり収集し，それらを分類しまとめてゆくことで，基本的な性格特性を列挙した（Allport & Odbert, 1936）。この研究で用いられた特性語のリストや彼が列挙した性格特性は，その後キャッテル（R. B. Cattell 後述）などによって行われた性格の因子分析的な研究に引き継がれていった。

つぎにマーレーについてみてゆこう。マーレー（Henry Alexander Murray; 1893-1988）[注25]は，ニューヨーク生まれで，はじめハーヴァード大学で歴史学

注24）シュテルン（Louis William Stern; 1871-1938）は，ベルリン生まれでエビングハウスなどから学びハンブルク大学などで教授職を歴任したが，ユダヤ系であったためナチスの台頭によりアメリカに渡りデューク大学の教授などを務めた。シュテルンは，哲学的な思索と発達心理学的な研究を融合させ全体的な人間像をとらえようとする独自の人格学を提唱していたが，いずれの学派に属することもなかったため，必ずしも，多くの理解者を得ることはできなかった。シュテルンは今日では知能指数の概念の提唱者として知られるくらいで，日本語でも英語でもその学説を簡単にまとめた記述はあまりない。シュテルンの著書の翻訳を別とすれば，日本語で簡単に読めるシュテルンの紹介は今田（1962）と矢野（1994）のものくらいしか見つけることができなかった。

を学ぶが，のちにコロンビア大学の医学部に入学し医師となった。また，イギリスに留学し生化学の研究に従事し博士号を取得した。その後，ユングの著書を読み深く感銘を受け，1925年にユングの許に短期間滞在し大きな影響を受けた。帰国後，マーレーの関心は心理学に傾き，彼自身も心理療法家をめざすようになった。そして，間もなくハーヴァード大学の心理クリニックの所長，プリンス（M. Prince 前述）の助手となった。すでに，高齢だったプリンスは数年を経ずして死去し，クリニックは実質的にマーレーが後継者になった。マーレーは，こうしてハーヴァードのクリニックを拠点に研究を進め，独自のパーソナリティ理論を構築してゆく。そして，その成果が1938年の『*Explorations in Personality*』としてまとめられた。

　ふつう，マーレーのパーソナリティの理論は，欲求の理論として知られる。彼は生物学的な一次的欲求と，社会的なものも含めた二次欲求を考え，欲求のリストを作成した。この欲求の概念は，いうまでもなくフロイトなどに由来している。精神分析の概念をそのままもち込んだ理論は，マーレーが正式な心理学教育を受けていなかったからこそつくることができたともいえる。ただ，マーレーはフロイトともユングとも異なり，多くの欲求を列挙した。これは，彼が学んだ生化学のシステムや数学者であり哲学者でもあるホワイトヘッド（Alfred North Whitehead; 1861-1947）の影響だという（Triplet, 1992）。しかし，彼は，こうして欲求を列挙することでパーソナリティを特性のような概念に分解してとらえようとした訳ではない。彼はパーソナリティはあくまで全体から理解するものという立場をとり続けた。彼は，ハーヴァードのクリニックに関係していた多くの若手心理学者（その中には若き日のエリクソン（第8章5節参照）なども含まれていた）たちと共同で数十人の大学生に面接や簡単な実験などを行い，自らのパーソナリティ理論を検討した。絵画統覚検査（Thematic Apperception Test：TAT）は，この中で開発されたものである。

　今日では，マーレーの理論は，歴史的なものとして紹介されるだけになりつつある。しかし，行動主義全盛の時代に，そうした時代の流れとは無関係に，

　注25）マーレーに関する伝記的な記述としては，アンダーソン（Anderson, 1988）やトリプレット（Triplet, 1992）などの小論や，スミスとアンダーソン（Smith & Anderson, 1988）による死亡記事などが役に立った。

ハーヴァード大学を拠点に精神分析を背景にもつ独自の欲求理論やパーソナリティ理論を唱えた彼の力量は当時も無視できないものであった。また，伝統的なドイツの性格理論の1つの柱をなしていた意思の概念がアメリカにおいて葬られるにあたって最後のとどめを刺したのも，この欲求を前面に出したマーレーの理論だった。

こうして，オルポートとマーレーの努力によって，パーソナリティは心理学の1つの研究領域としてはっきりと認識されるようになった。

(9) キャッテルとアイゼンク★

オルポートとマーレーがパーソナリティ心理学の創始者と位置づけられるのに対し，つぎに紹介するキャッテルとアイゼンクはパーソナリティ研究を実証的な研究として確立する役目を負うことになった。

キャッテル（Raymond Bernard Cattell; 1905-1998，第3章に登場したキャッテル（J. M. Cattell）とは別人）[注26]は，イギリス，バーミンガムの郊外に生まれた。はじめ化学を学んだが，知能の因子分析的研究で有名なバート（C. L. Burt 前述）の講義を聞いたことがきっかけとなり心理学に転向し，やはり同じく知能の因子分析研究で知られるスピアマン（C. Spearman）の研究室で学んだ。博士号を取得後しばらくイギリスの大学で教鞭をとった時期もあるが，1930年代に渡米し，コロンビア大学，ハーヴァード大学などで研究生活を送った。とくにハーヴァードではオルポートやマーレーから多くの影響を受け，後にパーソナリティ研究を行う基盤がつくられた。1946年にイリノイ大学の教授となりそこに留まった。

キャッテルは，まず，オルポートが作成した性格を表す日常語のリストに手を加えたリストを用いてパーソナリティを測定し，その結果を因子分析することからはじめた（Cattell, 1943）。その後，日常語だけでなく，今日一般的な性格検査で用いられているような質問項目を作成し，それらを用いた因子分析研究も行った。彼は，パーソナリティを構成する基本的な因子は16あるとし，そ

注26）キャッテルに関する伝記的な情報はホーン（Horn, 2001）による死亡記事と，彼が1997年にアメリカ心理学会から表彰されたときの記事（American Psychological Association, 1997）によっている。

れを測定する性格検査 16PF を作成したことでも知られている。

キャッテルの研究は，質問項目を作成し，データを収集し，因子分析を行い，その結果から因子を抽出してゆくという，いわば，探索的な因子分析を中心とした方法をとっていた。この方法は，主観をはさまずデータを客観的に検討できるという利点ももっていたが，理論的な立場が明確でない場合単なる記述に終わってしまうという弱点ももっていた。実際，キャッテルも独自のパーソナリティの理論とでもいうべきものをもっているとはいえなかった。コンピュータもなく誰もが自由に因子分析を行うことができなかった時代，彼の研究はその方法面で高い評価を与えられていたが，その後次第に忘れ去られていった。

一方，同じように因子分析的手法を用いながら，強烈な個性と独自の理論でパーソナリティの研究に現在でも影響力を及ぼし続けているのがアイゼンクである。

アイゼンク（Hans Jürgen Eysenck; 1916-1997）[注27]はベルリン生まれのドイツ人で，両親は俳優だった。その後，母親が再婚した相手がユダヤ人であったためナチス政権が成立すると母親に従いフランスに移り，さらに，イギリスに渡りロンドン大学のバートやスピアマン（本章3節参照）の許で学んだ。博士号を取得後もロンドンに留まり，ロンドン大学教授および，モーズレイ病院の心理学部門の責任者として長く在職した。彼は，行動療法の推進者として知られ，モーズレイ病院の心理学部門はその拠点となった。また，同時に，パーソナリティの理論家としても名を残すことになった。

行動療法の支持者であり，精神分析を徹底して批判したアイゼンクは，いうまでもなく実証的な研究を重視した。しかし，彼のパーソナリティ研究は因子分析的な手法を使いつつもキャッテルのようにデータを探索的に分析する方法に頼りがちにならず，むしろ，研究史に裏づけられたモデルを提示し，それを実験によって実証してゆくことを重視した。

図11-9　アイゼンク

注27）アイゼンクの伝記的な情報は自伝（Eysenck, 1997）やジェンセン（Jensen, 2000b）の書いた短い伝記によった。

彼は，前述のようにヴント（W. M. Wundt）が情緒反応の2次元を組み合わせることでガレノス（Galēnos 第7章2節参照）の4つの気質を位置づけたことに着目し，それを手がかりにモデルを構成した。ヴントのモデルはとくに実証されたものではなかったが，アイゼンクは，このうち，情動性‐非情動性の軸を神経症傾向，可変性‐非可変性の軸を外向性（つまり，外向的‐内向的）とそれぞれ呼び換えた。この2次元は，単なる特性というよりパーソナリティを基本的な類型に分類するための基本的な次元で，2次元のそれぞれの下にキャッテルなどが因子分析で抽出したような一般的な意味でのパーソナリティ特性が位置づけられ，その下に習慣的な行動，さらに，個々の場面でみられる行動が来るような段階的なモデルを構成した。

　また，彼は，この神経症傾向と外向性の2次元を測定するための質問紙を作成した。そして，その質問紙によって測定されたパーソナリティが生理心理学的な知見に基づく実験結果によっても裏づけられるとした。たとえば，古典的条件づけの形成のされやすさは大脳皮質の興奮性の強さに由来するというパヴロフの説を根拠に，興奮性の高い内向性の者は外向性の者より古典的条件づけを形成しやすい，と主張しそれを実証する研究を行った。こうした実験は，知覚や学習に関する課題や自律系の反応などを用いて数多く行われた。そして，アイゼンクはそれらの結果が自分のパーソナリティ理論の妥当性を示すものと主張した。のちにアイゼンクは，この神経症傾向と外向性に加え，第3の軸として精神病傾向を考えその実証も試みたが，この軸については先の2つの軸ほど明確にその存在を裏づける実験結果は得られていないとされる。

　このようにパーソナリティの基本的な軸に生理学的な基礎を求めたことからも容易に想像されるが，アイゼンクは性格の基本的な特性を遺伝的な気質に近いものと考えていた。また，基本的なパーソナリティ特性を固定的，安定的なものと位置づけたアイゼンクの考え方は，次に紹介する5因子説のようなパーソナリティ特性を基本的な少数の特性に還元してゆく理論の成立に影響を与えることになった。

(10) パーソナリティ研究のその後

　キャッテルは因子分析を用いたパーソナリティの研究法を確立した。それは

この領域の標準的な手法となって定着したが，彼が抽出した16の因子については，必ずしも，多くの研究者間で同意は得られなかった。16因子に対する批判は早くも1950年前後からあったようだが，1980年代に入ると基本的なパーソナリティ特性は5つ程度の因子に絞られるという主張がなされるようになり（たとえば，Goldberg, 1981）次第に広く知られるようになった。1990年代になるとコスタ（Paul T. Costa Jr.）とマックレア（Robert R. McCrae）などによって開発されたNEO-PIと呼ばれる質問紙が普及し5因子説は定着した。5因子はふつう神経症傾向（neuroticism），外向性（extraversion），開放性（openness to experience），調和性（agreeableness），誠実性（conscientiousness）からなるとされるが，このうち，最初の2因子がアイゼンクの2次元を引き継いでいることは明らかであろう。

また，アイゼンクの門下生でもあったグレイ（Jeffrey Alan Gray; 1934-2004）は，パーソナリティの基礎となる生理学的なシステムとして罰によって行動を抑制する行動抑制系（Behavioural Inhibition System: BIS），正の報酬によって行動を活性化する行動賦活系（Behavioural Activation System: BAS）の2つを考え，独自のパーソナリティ理論を構築した。このうち，BISが基本的なパーソナリティの軸としての不安にBASが衝動性にそれぞれ対応するとされたが，この2つの軸はアイゼンクの神経症傾向と外向性の次元を改変させたものである。

なお，こうした心理学における流れからやや離れたところから提案されたのがクロニンジャー（Claude Robert Cloninger）のパーソナリティ理論である。クロニンジャーははじめ心理学や人類学などを学んだが後に精神科医となり，1980年代から90年代にかけて4つの気質と3つのパーソナリティ特性からなる独自のパーソナリティ理論を発表し注目されることになった。このうち，4つの気質はそれぞれドーパミン，セロトニンなどの神経伝達物質の働きを基礎にもつとされている。このように，生理学的な志向をもちながらパーソナリティの包括的な理論を提起しようとするクロニンジャーの方向性は，直接的な関係はないものの，アイゼンクのアプローチとの親和性が感じられるものになっている。

(11) その他のパーソナリティ心理学

　実は，パーソナリティ心理学は非常に幅が広い。ここまで取り上げた研究者は，パーソナリティ研究の歴史を語るうえで欠かせない存在ではあるが，これらの研究者の業績を紹介しただけでは幅広い研究の一部しかカバーできていない。たとえば，臨床家の間では現在でも投影法検査，なかでも，ロールシャッハテストが重視されているが，本書ではロールシャッハテストやその作成者ロールシャッハ（Hermann Rorschach; 1884-1922）についてはとくに言及してこなかった。しかし，ロールシャッハテストに関する膨大な研究は，テスト研究の域を越え，深層心理学的な理論を背景にもった1つのパーソナリティ研究としての体系をつくり上げている。

　また，実験心理学との境界上にあるロッター（J. B. Rotter）やバンデューラ（A. Bandura）の社会的学習理論（第4章6節参照）も，それぞれ，行動主義を背景にもったパーソナリティの理論としての側面をもっており，このうちロッターは自らパーソナリティ心理学に関する概説書（Rotter & Hochreich, 1975）を残している。

　こうした幅の広さは，今後も，この領域の研究を特徴づけるものとなってゆくと思われる。

5　発達心理学の歴史[注28)]

(1) 近代以前の発達心理学 ★

　一般に，発達心理学と呼ばれている領域が成立したのはおおよそ1880年代頃とされている。ヴント（W. M. Wundt）の実験心理学の成立期とほぼ同じ頃である。ただ，一方で，発達心理学の起源は近世までさかのぼることができるともいわれている。

　注28) 本節は主として村田（1987, 1992）の著書に拠るところが大きい。発達心理学の歴史をまとめた著書は海外で出版されたものも意外に少なく，とくに近代心理学成立以前からの発達心理学の歴史を包括的に扱った著作は村田（1992）のもの以外にほとんどない。なお，本書の執筆にあたっては，英語圏で出版された数多くの心理学史の概論書を参考にしたが，それらにおいても発達心理学の歴史をそのための章や節を立てて扱うことはほとんどなく，もしあってもそれは大きなものではなかった。

5 発達心理学の歴史 315

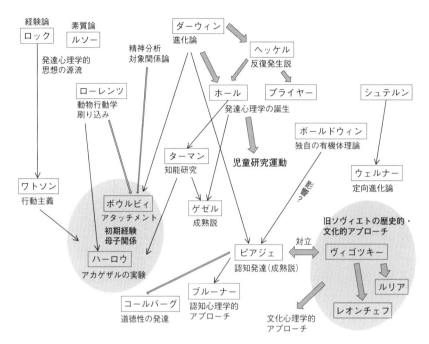

図 11-10　発達心理学の歴史

　ふつう，発達心理学の歴史を語る時，最初に取り上げられるのは，17世紀に活躍したロック（John Locke; 1632-1704 第1章3節参照）である。ロックは人の心は生まれた時は白紙（タブラ-ラサ：*tabula rasa*）で外からの刺激を経験することで観念が生み出され，観念同士がさらに組み合わさりながら心が発達してゆくと考えた。彼は実証的な研究を残している訳ではないが，発達が1つの研究課題として成り立つことを認識した最初の人だったといわれる。18世紀になるとルソー（Jean-Jacques Rousseau; 1712-1778）が登場する。彼が『エミール』の中で唱えた5つの発達段階は今日ではあまり妥当性はないとされるが，発達に関する考え方を広める役割を果たした。ルソーは，また，子どもが生まれながらにしてもつ個性や素質を重視したことでも知られる。このルソーの考え方は，経験を重視するロックの考え方と対立するもので，発達心理学の大きなテーマとなる"素質（遺伝）説 対 経験（環境）説"の図式の起源はロックとルソーに求められるとされる。

しかし，フランスの歴史家，アリエス（Philippe Ariès）の著書『〈子供〉の誕生（L'Enfant et la Vie familiale sous l'Ancien Regime）』（Ariès, 1960）で描かれているように，18世紀以前のヨーロッパでは子どもは小さな大人と考えられており，子どもの独自性を考えるどころか，子どもという概念さえ今日ほど明確には成立していなかった。そうした状況下で発達（とくに幼児，児童の発達）に関する研究があまり行われていなかったのも無理はない。この時代に行われた実証的な研究として知られているのは，ドイツの哲学者ティーディマン（Dietrich Tiedemann; 1748-1803）が自分の息子の出生から2歳半までの記録を日誌にまとめたものくらいで，それもあまり注目されることはなかった。

(2) 進化論の影響 ★

発達心理学の前史を語る中で次に取り上げなくてはならないのは進化論である。ダーウィン（C. R. Darwin）の進化論が心理学に与えた影響は非常に大きなものがある（第4章2節参照）が，なかでも発達心理学は，行動主義心理学と並んでもっとも強い影響下にあった。ダーウィンの発達心理学に対する直接的な貢献としては，彼が，自らの息子の出生から生後2歳までの成長の記録を記した日誌（Darwin, 1877）が知られている。しかし，ダーウィンと発達心理学との結びつきは，そうした直接的な貢献よりも，むしろ，ヘッケルの発生反復説を介した進化論的な思想にあった。

ヘッケル（Ernst Heinrich Philipp August Haeckel; 1834-1919）はドイツのイエナ大学の医師，生物学者で進化論の推進者でもあった。彼は発生反復説（recapitulation theory）の提唱者とされている[注29]。これはふつう "個体発生は系統発生を繰り返す（ontogeny recapitulates phylogeny）" という言葉で知られるもので，人間の受胎から成人に至るまでの発達過程に人の系統発生の過程がみられることを主張するものである。もちろん，今日，発生反復説には多くの誤りがあるとされる。たとえば，哺乳類の個体発生では舌は歯より早く発達するが，系統発生においては歯のほうが先に進化したものであり，必ずしも，

注29）一般には発生反復説はヘッケルが唱えたものとされるが，実際は，それ以前にも同様の思想はあったという（村田, 1987, p.100）。また，ダーウィンも『種の起源』の中で発生反復説に近い考えをとっていたと指摘する意見もある（Gottlib, 2002）。

個体発生が系統発生を繰り返している訳ではない（村田, 1987, p.101）。しかしながら，個体の発生をつぶさに観察することで過去何億年にも及ぶ生物の進化のプロセスを短期間に知ることができると考える発生反復説は，当時としてはなかなか魅力的なものだったのだ。

　発生反復説は，成立して間もない発達心理学の強力な理論的な支柱になった。今日，心理学にかかわる者で発達という現象を研究する必要性に異論を唱える者はいない。しかし，当時の心理学の世界では，そもそも，成人以前の子どもの心理を研究することの必要性さえ必ずしも明確ではなかった。たとえば，実験心理学の創始者であり極めて広い領域で業績を残したヴント（W. M. Wundt）は，発達心理学にはとくにこれといった貢献をしていない。そうしたなかで，多くの心理学者が自らをその影響下にあると認めていた進化論の枠組みの中で発達のプロセスを取り上げた発生反復説は，心理学者が発達研究の意義を見出す論拠となったのである。もちろん，ヘッケルは生物学者であり，発生反復説も身体の構造上の類似などが主たる根拠とされていた。ところが，反復発生説は心理学に取り入れられると，本能や素質的な能力などの心理学的な特性についても同様の原理があてはまるものとされるようになった。ホール（G. S. Hall），プライヤー（W. T. Preyer 後述），フロイト（S. Freud），ボールドウィン（J. M. Baldwin 後述），ビネー（A. Binet）といった発達心理学の初期に貢献した研究者の多くは，みな発生反復説の影響下にあったという（村田, 1987, pp.101-102）。

(3) 発達心理学の誕生 *

　ふつう発達心理学は1882年に出版されたプライヤーの『子どもの精神（*Die Seele des Kindes*）』（Preyer, 1882）と，翌年に発表されたホールの『子どもの心の内容（*The Contents of Children's Minds*）』（Hall, 1883）にはじまるとされる（たとえば，Dennis, 1949）。

　このうちプライヤー（William Thierry Preyer; 1841-1897）であるが，現在ではあまりその名は知られていない。彼は，イギリスに生まれドイツやフランスで学び生理学者となり，イエナ，ベルリンなどの大学に在職した。彼は，自分の息子の生後およそ3年にわたる詳細な観察記録をとり出版した。それが『子

どもの心の精神（*Die Seele des Kindes*）』である．子どもの観察記録を残したのは彼がはじめてではなく，すでに紹介したティーデマンやダーウィンなどの例があったが，プライヤーのものはそれらと比べ詳細で，規則的な時間間隔を設定し，一定の条件を設け観察するなど客観的で，組織的なものだった．また，その著書も，感覚，意志，知性（言語を含む）の3部から構成されていることからもわかるように，極めて心理学的な方向性を志向していた．この著書は，短期間にさまざまな言語に翻訳され，観察を用いた発達研究を代表するものとして知られるようになった[注30]．

一方，ホールであるが，すでに紹介したように（第3章4節を参照），今日でもアメリカの心理学の黎明期を代表する人物としてウィリアム・ジェームズと並び称されている．

前述のように1883年の彼の論文は，発達心理学の幕開けを告げるものとされるが，彼がここで用いた方法は，プライヤーの観察法とは対照的な質問紙法であった．彼は，ボストンの小学校の児童を対象として，動物，植物，身体の部位，日常的な生活用品などについて，教師が質問する形式で回答を求めた．その結果，たとえば，6歳児の80パーセントがミルクが牛の乳であることを理解しているが，革製品が動物に由来することは6パーセントの児童しか理解できていないというような結果を得ている（Hall, 1883）．彼は，このような質問紙調査を多数行った．それらの中には面白い着眼点をもつものもあったが，全体を通した統一的な心理学的モデルもなく，結果の解釈は哲学，宗教，歴史学から生物学に至るまで博識を誇ったホールの知識を恣意的，断片的につなぎ合わせたような記述も多く，後世の批判に耐えられるようなものではなかった．しかし，この時代，義務教育も徐々に普及しつつあったにもかかわらず，子どもに関する知識は全般的に乏しく，教育関係者の間でも子どもに関する知識への渇仰は非常に強くなっていた．そのため，ホールのこうした研究はとくに教育関係者の支持も得て，1890年代には児童研究運動（Child Study Movement）として発展していった．児童研究運動は，研究者だけでなく，現場の教育関係者も含めた運動になり，1893年には全国児童研究協会（National Association for

---

注30）プライヤーについては村田（1987, 1992）の著書に詳しい記述がある．

Child Study）がつくられ，その流れは全米に広がっていた（村田，1987, pp.110-111）。

　ところで，すでに述べたように，彼は，進化論の強い影響下にあったが，とくに，反復発生説に傾倒していたという。それは，1900年代に入り，反復発生説が次第に支持されなくなってからも続いたという。彼は，反復発生説を立証するためにさまざまな調査を試みたが，それはやはり彼一流の恣意的なものだったという。たとえば，1904年に発表した論文では，猫をペットにもつ子どもの行動を質問紙で調査したが，その結果，猫に対する子どもの反応は人類の歴史における古い時代に大人が猫に対して示していた反応と同じである，という結論を得ている。これは，系統発生的により古い時代の大人の反応が今日の子どもの個体発生の中で観察された，と主張したかったものと思われる（以上は村田，1987, pp.102-103. による）。

　第3章でも述べたようにホールは，また，1904年には代表作『青年期（*Adolescence: Its Psychology and its Relations to Physiology, Anthropology, Sociology, Sex, Crime, Religion and Education*）』を，晩年（1922年）には『老年期（*Senescence: The Last Half of Life*）』を出版しており，こうしてみると，ホールは，その理論的な寄与はともかく，発達心理学のほぼ全領域に何らかの先駆的な著作を残しており，発達心理学の生みの親として位置づけられるだけのものを十分もっていたといえるだろう。

(4) ボールドウィン

　ホールやプライヤーが発達心理学の開拓者として位置づけられながら，今日の発達心理学への理論的な寄与がほとんどないのに対し，次に紹介するボールドウィンは，今では取り上げられることは多くはないものの，その影響はピアジェ（J. Piaget）を通して今日に及んでいるともいわれている。

　ボールドウィン（James Mark Baldwin; 1861-1934）[注31]は，ホールより16歳

　注31）ボールドウィンには自伝（Baldwin, 1930）があるが，詳しい経歴等についてはあまり語られていない。ジョンズ・ホプキンス大学を退職後の晩年の生活については，ホーレイ（Horley, 2001）の詳しい研究がある。研究の変遷はブルグトン（Broughton, 1981）がまとめたものなどがある。なお，本書のボールドウィンに関する記述は村田（1987, 1992）の著書によるところが大きい。

図 11-11　ボールドウィン

年下でキャッテル（J. M. Cattell 第 3 章 6 節参照）とほぼ同世代である。はじめ哲学を学び，プリンストン大学から哲学の博士号を取得している。その後，ヨーロッパ留学などを経てカナダのトロント大学の哲学教授となるが，心理学に対して関心が高まり心理学実験室を創設している。その後，プリンストン大学の心理学教授，さらに，ホールの後任としてジョンズ・ホプキンス大学の心理学研究室の発展に努力するが，買春をめぐるスキャンダルにより辞任に追い込まれた（後任になったのがワトソン（J. B. Watson）である）。1913 年にはアメリカを離れメキシコでしばらく教鞭をとったのち，イギリスなどで過ごしパリで亡くなった。

　ボールドウィンは前述のように哲学から出発したが，そこで学んだのは主にスコットランド学派（第 3 章 1 節を参照）の流れを汲む旧心理学であった。さらに 1890 年代に入ると進化論に触れ，傾倒することになった。しかし，ボールドウィンは一貫して理論的な思索を好み，機能主義から行動主義へと実証的な度合いを深めてゆくアメリカの心理学の流れとは一線を画す立場を貫いた。その彼が一番関心をもっていたのが発達で，とくにその認知発達の理論はのちのピアジェの出現を予見させるものがあった。彼は，有機体としての人が思考と現実との間の関係を統合しながら発達してゆくプロセスに関心をもっていた。それは，また，進化論に通じていたボールドウィンにとって有機体が環境に適応するプロセスでもあったが，もちろん行動主義者が考えるような受動的な適応ではなかった。ボールドウィンは，有機体は自分のもっている認識の枠組み，つまり，知識をつかって対象に働きかけるものと考えていた。そうして，対象を自らのうちに取り込む認識の働きが同化であった。ただ，その一方で，有機体としての人は自らの思考をより対象に適合させるために認識の枠組みを変更させる。これが調節である（この同化と調節がのちのピアジェの認知発達理論の中心的な概念になっていることはいうまでもないだろう）。ボールドウィンはこうした理論を著書や論文の中で発展させているが，自らの子どもの観察データなどを加えてはいるものの，実証性に乏しくあまり理解されることはなか

った。その後，アメリカの心理学が行動主義に大きく傾くなかで，ボールドウィンの存在は次第に忘れ去られていった。

なお，ボールドウィンの理論とピアジェの理論との間に類似性が見られることは明らかだが，その直接的な影響については，ピアジェ自身は認めたり否定したりしていて，はっきりと断定することは難しいようだ（村田, 1987, pp.133-135)。

(5) 行動主義と発達心理学★

第4章でも述べたように，1920年代以降，アメリカの心理学は行動主義一色に染まってゆく。

ワトソン（J. B. Watson）は当初必ずしも発達に関心をもっていた訳ではなかったが，心の病も含む不適応もすべて環境から獲得されたものという立場から，幼児の情動の条件づけに関する研究に取り組むようになった。いわゆるアルバートの実験（Watson & Rayner, 1920）はそうした観点から行われたものである。さらに，1925年には，すでに第4章4節で紹介したように「わたしに，体格のよい健康な1ダースの赤ん坊と，彼らが育つためにわたし自身が自由にできる環境を与えて欲しい。そうすれば，そのうちの1人を訓練して，その子の祖先の才能，能力，趣味，職業，人種がどうだろうと，わたしが選んだどんな専門家にでもしてみせよう―医師，法律家，芸術家，大商人，そして，乞食や泥棒さえも」（Watson, 1925）と述べたことはよく知られている。これによって，発達心理学にも徹底した環境主義を導入することが宣言されたのである。

行動主義者の考える発達とは，外からの刺激を受け，それを連合の原理に基づく条件づけによって他の刺激や行動と関連づけてゆくことであった。つまり，人は受動的な学習をする存在であり，発達も学習の概念の中の一部となってしまった。そこにはボールドウィンの考えたような，主体的な有機体と環境の相互作用の中での変化としての発達，という概念は存在しなかった。また，認知という概念を除外した行動主義は，子どもを対象とした研究の幅を著しく狭めることにもなった。

(6) ゲゼル★

このような行動主義全盛の時代に，環境主義に真っ向から対峙し成熟説の立場をとり続けたのがゲゼルである。

ゲゼル（Arnold Lucius Gesell; 1880-1961）[注32]は，ウィスコンシン州の生まれで父は写真家，母は教師だったという。はじめウィスコンシン大学で歴史学などを学び一時教師などをした後，クラーク大学の大学院に入学し，ホール（G. S. Hall）の許で博士号を取得した。その後，同じホールの門下の教えをうけたターマン（L. M. Terman）などともかかわり知能検査に関する仕事などに短期間従事するが，さらにウィスコンシン大学，エール大学などで医学を学び1915年に医師となった。そして，エール大学の教授となりエール大学の児童発達クリニックを中心に活躍した。

成熟説で知られるゲゼルは，発達における遺伝の役割を重視し，環境要因が強調された行動主義全盛の時代にあって孤立した存在であった。彼は，子どもの心身両面での発達は，遺伝的に規定されたものが年齢に応じて展開されてくるのであり，そこに学習や環境からの影響はあまり介在する余地はないと考えていた。そのため，標準的な子どもの発達的な変化は決まった年齢（月齢）を基準に列挙することができるとし，発達スケジュール（development schedule）を作成した。これは，107人の子どもを新生児から6歳に至るまで，①運動，②言語，③適応，④社会的行動の4つの観点から観察，記述したデータから作成されたもので（Ball, 1977），その後も，さまざまな形でデータは補強されていった。こうしてつくられた発達の基準は，行動主義者たちが発達段階に対して具体的なデータをほとんど提供できなかったなかで，彼の理論的立場の是非は別として，当時としては貴重なものでもあった。小児科の臨床医でもあったゲゼルは，この発達スケジュールを発達病理の診断のために積極的に利用した。そして，それは，その後開発されたさまざまな発達検査の原型となった。

ゲゼルの成熟説は，遺伝を重視する立場をとっていた師ホールの影響下にあると考えられる。その点は，やはりホールに学んだターマンなどと通じるところがあった。しかし，彼は遺伝説をとるとはいえ，発達は神経 – 運動系や他

注32）ゲゼルの伝記は，マイルズ（Miles, 1964）によるものがある。また，ドールトン（Dalton, 2005）の論文の中にも概略がある。

の身体構造の成熟に伴い組織化され質的に変化するものととらえており（Ball, 1977），単純に遺伝的な形質が発現することだけを考えてはいなかったようだ。そうした意味で，近年，彼の発達観を見直そうという動きも少しずつではあるがみられるようになった（Dalton, 2005）。

(7) ウェルナー

つぎに，行動主義全盛のアメリカで，その影響を受けず独自の立場を貫き発達心理学に貢献したもう一人の人物，ウェルナーについて触れてみたい。

ウェルナー（Heinz Werner; 1890-1964）注33)は，ウィーン生まれで，はじめ音楽史や美学などを志したこともあったが，心理学を専攻し博士号を取得した。その後，ハンブルク大学に勤務するが，ナチス政権成立後渡米した。アメリカではいくつかの大学を渡り歩いたのちクラーク大学教授となり，晩年までそこで活躍した。

行動主義全盛の時代，人間は行動という最小単位に分解され理解される還元主義的なアプローチが主流であったが，ウェルナーは，人間を統一された有機体として考え，有機体としての人間の発達の基本的な原理を追究した。彼の視野は広く，動物の系統発生，文明の発達史なども視野に入れながら個体の発生のあり方を考察した。こうした傾向は彼がハンブルク時代にシュテルン（L. W. Stern 本章注24を参照）や比較心理学者のユクスキュール（Jakob Johan Baron von Uexküll; 1864-1944）や哲学者のカッシーラー（Ernst Cassirer; 1874-1945）などから受けた影響によるものと思われる。

彼の理論は定向進化の原理（orthogenetic principle）で知られる。それによれば，発達とは全体的な性格のものであり，未分化な状態から分化し，さらに，それらが階層的な統合として発展してゆくことだった。ただ，もちろん，この原理は特定の行動を説明し予測するような作業モデルはなく，発達の理念的な原理としての意味合いが強かった。また，彼は発達における連続性と不連続性（continuity versus discontinuity）の問題についても独自の考察を進めた。

今日，ウェルナーの理論は，その思弁的な性格のせいかあまり取り上げられ

注33）ウェルナーについては，ウィトキンによる死亡記事（Witkin, 1965）が伝記的な記述を含めある程度詳しくかつまとまった内容となっている。

ることはない。しかし，ウェルナーや前述のボールドウィンといった独自の理論家の存在が，発達心理学の歴史をこの時代の実験心理学の主流派の歴史とは一味違ったものにしているようにも思われる。

(8) 初期経験，母子関係の研究★

　フロイト（S. Freud）のリビドーの発達理論は，生後数年間を重視していた。そして，その流れを汲むアンナ・フロイト（A. Freud）やクライン（M. Klein）の研究でも，初期の母子関係の問題がのちの発達に影響を与えることが主張されていたが，必ずしも，それを実証する客観的な証拠がある訳ではなかった。しかし，1940年代入ると施設で養育された子どものさまざまな不適応や発育不全が報告されるようになり，いわゆる施設病（ホスピタリズム）の問題やその原因と思われる初期経験の重要さが改めて認識されるようになった。

　こうした事情を背景に，初期経験や母子関係に関する研究は1950年代から70年代にかけて主流派の発達心理学とは別の流れを形成し，数多く行われることになった。とくに1950年代は発達心理学が全般に停滞気味であったが，そうしたなかにあって，初期経験に関する研究は数少ない活発な領域として多くの関心を惹いた。

　初期経験の研究は大別すると精神分析や臨床心理学の流れに属するものと，実験を中心とした実証を中心に置くものがあるが，前者を代表するのがボウルビィ，後者を代表するのがハーロウである。

　ボウルビィ（Edward John Mostyn Bowlby; 1907-1990）[注34]は，ロンドンの生まれで父は王室の侍医も務めた外科医だった。はじめは，海軍兵学校に入学するが，やがて，医学に転じた。その後，精神分析や進化論といった当時の進歩的な思想を受けて設立された学校で教師として務めたり，クライン（第8章5節参照）に近い分析家の許で精神分析のトレーニングを受けたりした。医師になってからは，児童精神医学を専攻し，ロンドンのモーズレイ病院や児童相談所などに勤務するかたわら，ロンドン大学のバート（C. Burt 本章3節参照）

注34）ボウルビィについては，ファンデアホルスト（van der Horst, 2011）とファンディーケン（van Dijken, 1998）による詳細な伝記があるが，大まかな概略をつかむだけならばホームズの著書（Holmes, 1993）の第2章くらいが手ごろであろう。

の許で心理学を学び博士号も取得している。戦時中には軍にも所属したが，戦後は，イギリスの精神医学の拠点の1つとしても知られるタヴィストック・クリニックを拠点に活躍した。

ボウルビィは，すでに1940年代から乳幼児期における母親との離別が後の不適応に関連することなどを発表していたが，1951年にWHO（世界保健機関）の委嘱を受け，当時，問題となっていたホスピタリズムなどに関する研究を行った。そして，乳幼児期における母性的な養育の欠如（マターナル・デプリベーション）が与える影響についてまとめた報告書によって，その名が世界的にも知られるようになった。やがて，こうした研究成果をもとにいわゆるアタッチメント（愛着）の理論がつくられてゆくことになる。

フロイトは，そのリビドーの発達理論で知られるように，初期経験の重要性を認識していた。新生児と母親を結びつけるものはリビドーである。リビドーが母親の乳房に向けられるのは，それによって栄養を得ることができ，また，リビドーが原因となって生じた緊張を解消できるからである。つまり，乳幼児が母親に接近するようになるのは，リビドーに由来する生理的な欲求を満たすことができるからだというのである。（少々強引な言い方になるかもしれないが）こうしたプロセスにおける乳幼児の側の内的表象を詳細に描いたのがクライン（M. Klein）であり，一連の対象関係論である。

当初，精神分析家として出発したボウルビィだが，このような精神分析の考える母子関係の成立のプロセスには疑問をもっていた。精神分析の理論は，性欲（リビドー）や食欲のような生理的欲求があり，これが満たされる対象に対して二次的にアタッチメントが形成されると考えていた。しかし，ボウルビィはアタッチメントの形成は，そうした二次的なものではなく，一次的な動機によるものと考えたのである。

ボウルビィが，このように考えるようになった背景には，1930年半ば頃からローレンツ（Konrad Zacharias Lorenz; 1903-1989）ら比較行動学者によって報告されていた刷り込み（刻印づけ imprinting）の現象があった。鳥類などのヒナは生後数十時間の限られた時間内に視界内にあった動くものを親と認め後追い行動をすることが知られているが，親と認識するものは時間内に視界内にいた動くものなら何でもよく，餌を運んでくる対象に対して後追いをする訳で

はない。つまり，アタッチメントによく似た後追い行動は，生理的な欲求を満たすために二次的に学習されたものではないことがわかる。さらにボウルビィは，比較行動学の知見をもとに，この後追い行動のようなそれまで本能によるものとされてきた行動を1つの行動のシステムであると考えた。これは，刺激とそれに反応する行動，そして，それによってもたらされる結果からなるもので，より複雑なシステムにおいては，行動の結果のフィードバックを受けて再度行動をコントロールする制御系をもっている。こうしたシステムは進化の途上ででき上がったもので，それが適応的なものであれば，その個体，さらには種の生存に有利に働く。おそらく，刷り込みによる後追いも，そうすることでヒナが成鳥によって外敵から防御してもらうために有利に働いたのであろう。

ボウルビィは，乳幼児が生後数か月の段階で形成する特定の養育者に対するアタッチメントやいわゆる人見知りを，こうした機能をもつ一次的な行動システムと考え，また，そうした行動システムを適切に機能させることが，次の段階の行動システムの発現につながり，適応的な行動の発達を促すと考えた。

当然のことながら，このようなボウルビィの理論は，彼の古巣である精神分析から批判を受けることとなった。しかし，精神分析の枠から飛び出し動物行動学やシステム論などを取り込んだボウルビィのアプローチは，この領域の研究が実証的な発達心理学の一領域として成立するきっかけになった。そして，この流れは，アメリカ人の心理学者で，イギリス滞在中にボウルビィの研究グループに加わり，帰国後も共同研究者として活躍したエインスワース（Mary Dinsmore Salter Ainthworth; 1913-1999）によって引き継がれた。エインスワースは，ストレンジシチュエーション法によるアタッチメントの評価方法を確立したことで知られている。

さて，ボウルビィとは異なるところから出発し，結果的に似たところにたどり着き，その後の初期経験，母子関係の研究に決定的な影響を残したのがつぎに紹介するハーロウである。

ハーロウ（Harry Frederick Harlow; 1905-1981）[注35]は，アイオワ州の生ま

注35) ハーロウの伝記はブラム（Blum, 2002）によるものがある。なお，ブラムによれば，ハーロウは元の姓をイスラエル（Israel）といったが，ユダヤ人を連想させる姓が研究者としてのキャリアに不利に働くと考えた師ターマンの助言を受けて，改姓したという。

れで，スタンフォード大学で心理学を学んだ。学生時代から動物実験を主な研究分野としていたが，学生時代にもっとも影響を受けたのは知能検査の開発者，ターマン（L. M. Terman 本章3節参照）だった。博士号取得後，ウィスコンシン大学に勤務し，そこでサルを使った実験を行い，その存在が知られることとなった。

　ハーロウは，はじめ，学習を主たる研究領域として学習の構え（learning set）などの概念を提唱し，伝統的な行動主義の理論に一石を投じた。その後，サルがパズルを解くなどの学習をするに際し，飢えや苦痛を回避するような動因は必ずしも必要でなく，それよりも，好奇心のような内的な動機がかかわっていることを指摘し，やはり，行動主義的な動因論に対立する見解をとった。そして，この路線をサルの初期経験にも広げていった。生まれたばかりの仔ザルを母ザルから引き離して飼育するに際し，哺乳瓶のついた針金製の代理母と哺乳瓶のない布製の代理母を与えると仔ザルは空腹時のみ針金のついた代理母のところに行き，多くの時間を布製の代理母の許で過ごすことを確認した実験はよく知られている。この実験は，仔ザルが母親に接近しようとする動機が飢えのような一次的な動因を低減することに由来する二次的なものではなく，むしろ，仔ザルがもともともっている身体接触から快感を得ようとする一次的な動機によるものであることを明らかにした。

　ハーロウの一連の実験は理論的にはハル（C. L. Hull 第4章参照）の動因の概念を否定するものと位置づけることができるが，これは，結果的に，ボウルビィが精神分析のリビドーの概念を否定したことと軌を一にしていた。実際にハーロウとボウルビィは互いの研究に関心をもち，交流も行っていた。

　ハーロウの一連の研究は，初期経験，そして，母子関係の研究が実験心理学的な枠組みで扱えることを示したが，それによって精神分析に由来するボウルビィらの研究が実証的な実験に重きを置くアカデミックな心理学に受け入れられるにあたって一役買うことになった。

(9) ピアジェ★

　前述のように1950年代は，初期経験や母子関係などの領域で進展があったとはいえ，発達心理学の本流はやや停滞気味であったが，1960年代になると

再び活況を呈するようになった。そこにはピアジェの再発見があった。アメリカではピアジェはすでに1920年代にその存在が知られていたようだが，当時のアメリカ心理学は発達を量的変化と考える見方が強く，質的な変化に焦点を当てるピアジェの理論は理解されにくかったのだという（村田, 1987, pp.192-193）。しかし，1960年代になると再びピアジェの説が注目されるようになってきた。

　ピアジェ（Jean Piaget; 1896-1980）[注36]は，スイスのフランス語圏ヌーシャテルの生まれで，父は中世文学の研究者だった。幼少期から生物学に深い関心を示し，博物館に出入りし貝類や軟体動物の分類作業の手伝いをしていた。10歳のときには，この領域で論文を発表するまでになっていたという。彼の生物や進化に対する深い理解はこうした幼少期に由来しているのである。やがて，ヌーシャテル大学の理学部に入学し軟体動物に関する研究で博士号を得るが，この頃から，心理学や哲学などにも広い関心をもつようになった。チューリッヒ大学（ここで，ブロイラー（E. Bleuler 第7章5節参照）やユング（C. G. Jung）の講義を聞くこともあった），ソルボンヌ大学などで学ぶ中で次第に研究の中心を心理学に移していった。その後，ジュネーヴ大学教授として長く在職し心理学，科学史などを担当したほか，ジャン・ジャック・ルソー研究所の所長，ソルボンヌ大学，ローザンヌ大学などでも教授職に就いた。

図11-12　ピアジェ

　膨大なピアジェの業績をこの場で簡単に紹介することは到底不可能なことであり，ここでは心理学史を語るうえで必要最低限のことを述べるにとどめる。

　ピアジェが見直された1960年代は，すでに述べたように認知心理学の勃興期にあたっていた。それまであまり真剣には取り上げられていなかった人の認識のプロセスに対する関心が，かつてなく高まり始めていた時期でもあった。しかし，認知心理学の情報処理的なアプローチは，心的過程を計算機のア

注36）ピアジェのまとまった伝記は意外に少ない。著者が主に参照したのは自伝（Piaget, 1952）である。また，Jean Piaget Society のウェブサイトにも簡単な略年譜などがある。

ルゴリズムになぞらえるものであり，一般的な成人の情報処理過程のシミュレーションに過ぎなかった。生物学的な存在としての人は，機械のように設計され組み立てられたものではなく，発達という質的な変化を経て情報処理を行うための認識の枠組みをつくり上げるものである。しかも，その発達のプロセスは加算的なものではなく，成人の認識の枠組みとは質的に異なる構造をなしたいくつかの段階を経る必要があった。しかし，当時の認知心理学にはそうした視点が欠けていたし，そうした視点から認知の発達の問題に取り組むための下地もなかった。生物学者として出発したピアジェには，認識の枠組みが生物としての人間が遺伝的な能力を基盤に環境と相互作用をする中で質的に変化しながら発達するものであることがわかっていた。また，数学や論理学に通じていたピアジェは，そうした生物学的な認識の枠組みが発達するプロセスが数学的な論理構造をモデルとして説明できることも理解していたし，さらに，実際に，それをたくみな実験によって実証することができた。こうした幅の広い発想をもとに人の認識の仕組みを，とくに発達という時間的な変化も込みにして語ることができたのはピアジェ以外誰もいなかった。そのため，認知心理学の登場とともに発達心理学者たちが認識の発達に関心をもちはじめたとき，ピアジェの役割が再認識され，多くの発達研究者たちが，ピアジェのつくった枠組みに沿って研究をすることになったのである。

(10) 1970年代以降の発達心理学 ★

1970年代頃から発達心理学は次第に停滞期を脱し，活発な領域としてその存在感を見せつけるようになってきた。

また，その研究を扱う幅，方法などもより多様化していった。ピアジェの行った実験は，必ずしも，十分に統制されたものではなかった。しかし，認知発達の領域では，ピアジェに触発され多くの実験的な研究が行われるようになった。そうした研究を積極的にすすめた中には，認知心理学の創始者の一人，ブルーナー（J. S. Bruner 第6章4節参照）などもいた。ブルーナーは，ピアジェの発達段階にほぼ対応する動作的表象（enactive representation），映像的表象（iconic representation），象徴的表象（symbolic representation）という3つの表象の様式を考え，積極的に実験結果を発表し，それぞれの様式に応じた教育

の在り方などを提案した。また、ピアジェの影響を受けた実験的研究は、認知発達の分野に限らず、コールバーグ（Lawrence Kohlberg; 1927-1987）による道徳性の発達研究のような社会性や情緒などに関連したものにも及んだ。

一方で、ピアジェの理論は、生物学者として出発したピアジェ自身の背景もあったせいか、発達をやや成熟説よりの立場から考える傾向があったが、これに対してもさまざまな批判的な研究が行われた。そのなかで、改めて評価されよく取り上げられるようになったのが、ロシアの心理学者ヴィゴツキーの理論である。

ヴィゴツキー（Lev Semenovich Vygotsky; 1896-1934）注37) はベラルーシ生まれで、大学では法律を学んだが、同時に歴史学、心理学などにも関心をもち、やがて心理学の道に進んだ。モスクワの心理学研究所の所員になり若くして頭角を現したが、38歳で没した。ヴィゴツキーの理論は旧ソヴィエトのスターリン体制下での政治的な事情も加わり一度は忘れ去られた存在になるが、1956年に再評価が行われ、その後、共同研究者であったルリア（Aleksandr Romanovich Luria; 1902-1977）やレオンチェフ（Alexei Nikolaevich Leontiev; 1903-1979）などの尽力もあり、アメリカをはじめ西欧諸国でも広く知られるようになった。

ヴィゴツキーの理論は、ピアジェの理論とは対照的に精神的な存在としての人の発達の要因に占める社会的、歴史的な要因の役割を大きくみることで知られる。発達の最近接領域（zone of proximal development）はヴィゴツキーの出した概念の中でももっともよく知られているが、これは、子どもの知的活動に自力でできる水準とは別に、他者からの援助、協力などがあれば達成可能な水準があることを指摘したものである。また、彼は、子どもに「発達の最近接領域」をつくり出すこと、そして、子どもをその水準に引き上げることが教育の役割と考えていたようだが、ここでも社会的な働きかけが発

図11-13　ヴィゴツキー

注37) ヴィゴツキーの伝記的な記述は、レオンチェフ（Leontiev, 1990）によるものなどがある。

達に及ぼす影響の大きさを重視する視点がうかがえる。さらに，ヴィゴツキーは子どもの発達における"道具"の役割を強調していた。道具は単に人が目標を遂行するために使用するものではなく，むしろ，その道具があり，それを使ってみることが人の心的な機能を豊かにつくり上げる働きをしていると考えた。そして，その道具はその文化における歴史的な所産でもあり，道具を介することで歴史的，文化的な所産が心の形成に寄与していることを指摘した。なお，彼の理論では，言語はそうした道具の中でももっとも重要なものであるとされ，そういう意味では，ヴィゴツキーの理論は言語を介した心的機能の発達，形成を重視した理論といってもよかった。これは，言語の役割をとりあえず除外し，生物学的な存在としての人間の認識の構造の発達プロセスを成熟優位の立場から考えたピアジェ理論を批判するときの理論的な支柱になった。

　また，歴史的な所産が心的な発達に与える影響に注目したヴィゴツキーの理論は他にはない視点をもっているが，そうした視点は1970年代以降発達心理学において大きな流れを形成することになる文化的な要因を重視した研究の理論的な背景にもなった。

(11) 生涯発達，発達科学

　このほか，1970年代になると，それまで幼児，児童期，青年期が中心であった研究対象が，乳児期にも広がりをもつようになっていった。1969年にアメリカ心理学会の発行する学術誌『*Developmental Psychology*』が創刊されると，発達心理学 (developmental psychology) という領域名は，それまで一般的だった児童心理学 (child psychology) という名称に取って代わるようになった。乳幼児研究はさまざまな実験機器や研究方法が開発されるに伴いその後も発展を続けるが，1980年代に入ると，旧来の主に青年期までを対象としてきた発達心理学の枠組みを越えて，成人期，老年期なども発達心理学を構成する領域と考えられるようになった。その背景には，もちろん，先進諸国で次第に高齢化が進むことが予見されるようになったことがあると思われるが，心理学の内部的な事情もあった。すなわち，1920年代，30年代に開始されたいくつかの縦断的研究の対象者が中高年期を迎え，それらの研究成果が発表されるようになっていたのである。また，理論的な背景として，たとえば，R. B. キャッテル (R.

B. Cattelle 本章 4 節参照）などによって結晶性知能（crystallized intelligence），流動性知能（fluid intelligence）の概念が提唱され，その後，結晶性知能が高齢になっても衰えないという説が出されたことや，エリクソン（E. H. Erikson 第 8 章 4 節）の生涯発達の理論が知られるようになったことなども大きかった。

一方，乳幼児，児童期などを中心とした発達心理学も大きく変わりつつある。とくに，近年では心理学者のみならず言語学者，比較行動学者，神経科学者なども加わった学際的な研究も増えており，心理学の枠組みを越えた発達科学（developmental science）という分野が形成されつつある。

発達心理学は，本書の大部分を割いて紹介してきた実験系心理学，臨床系心理学のいずれとも異なる独自の軌跡を描いて発展してきた。したがって，発達心理学の歴史は旧来の心理学史の枠組みからはとらえにくい多くの側面を持っている。そのためか，たいていの心理学史の概論書でも発達心理学の歴史には必ずしも多くのスペースをあててはいない。同様に，本書でも，発達心理学の歴史のごく一部の内容を簡単にさらう程度のことしかできなかった。不十分な点については，いずれ，機会を改めて，取り上げたいと思う。

付録　本書で登場するヨーロッパの主な地名の所在地

(CraftMAP (http://www.craftmap.box-i.net/) の白地図に筆者が国名，都市名を記入した。)

こうしてみると心理学の黎明期に活躍したヨーロッパの研究者たちが比較的狭い範囲にいたことがわかる。

おわりに

　さて，本書を最後まで読んでくださいまして，ありがとうございました。いかがだったでしょうか。

　「はじめに」で述べたように，筆者は心理学史を専門とする研究者ではありませんし，もちろん，歴史家としてのトレーニングも受けておりません。ですので，心理学史をある程度詳しく勉強しようと思うと，それは，とても容易なことではありませんでした。なぜなら，「はじめに」でも述べましたが，わが国には入門書レベルの心理学史の概論書はいくつか良書が出版されているのですが，中級以上のものはほとんどないからです。一方，洋書を検索してみると，とくにアメリカでは，中級レベル以上のある程度詳細な心理学史の概論書が多数出版されていました。その数は，筆者が少し集めてみただけでも 20 種ほどありました。それらは心理学史の専門家が書いたものもあれば，他の領域の研究者として著名な心理学者によるものもありました。いずれも個性的で読んでいておもしろいものでした。筆者は，それらを読みながら，その内容を比較検討し，自分なりに心理学史を理解していったのですが，そうしていくうちに，このような心理学史の概論書を自分でも書くことはできないものかと思うようになりました。それが本書を執筆することになった最大の理由です。

　心理学者はふつう実験対象の人や動物から直接データを得ることによって研究を進めてゆきます。それに対して，歴史研究では，主として文献史料に依存することが多くなります。また，その史料は，取り上げようとしている時代の人々が直接記した一次史料であることが望ましいとされています。その一次史料は極端に入手が難しく，また，入手できても容易に読解できない場合がしばしばです。歴史家とそれ以外の者を分けるのは，そうしたした一次史料を直接扱うことができるかどうかにあるといっても過言ではありません。しかし，繰り返しますように，筆者は，歴史家としてのトレーニングは受けたことがありません。また，近年，わが国でも心理学史を専門とする研究者が徐々に増えつつあることも承知していますが，何かと出不精な筆者はこれまで心理学史の研

究者が集まる学会，研究会などにも一切参加してきませんでした。したがって，筆者は，そうした一次史料にはアクセスできる立場にもありません。ですから，本書を執筆するにあたっても，歴史の専門家にしか触れることの出来ない史料などは使っていません。

　本書の執筆に際して，筆者は，おそらく1000近い文献にあたりました。そのすべては，わが国の大学図書館，あるいは，電子ジャーナル，あるいは，（通信販売を含む）内外の古書店などを利用して入手したものです。このうち，一次史料は必ずしも多くはありませんが，近年，アメリカを中心に著作権の切れた古書をインターネット上で閲覧できるようにすることが盛んになっており，それらによって19世紀から1930年頃までのかなりの著作物に直接あたることができました。ただ，筆者の乏しい語学力の問題もあり，本書の執筆に使用した史料はほとんど英語の文献に限られてしまい，膨大なドイツ語，フランス語，ロシア語の文献はごく一部を除いて参照していません。しかし，正直のところ，筆者は今回集めた文献でさえ，その多くは要所を拾って読んでいったに過ぎません。おそらく，筆者の読書力でこれらのすべてを熟読することは，永久に不可能なことのように思えました。そうしたこともあり，本書を執筆しながら結果的に多くを頼らざるを得なかったのは，アメリカで出版された心理学史の概説書です。それらの記述を比較検討し，記述の根拠となった一次史料の質などを考慮しながら，ある程度信憑性があると思われた内容を拾い集めてゆくというやり方が，内容の信頼性を担保する一番現実的な方法でした。

　さて，筆者は，本書の執筆するにあたって，いくつかのことを考え検討しました。それらは，結果的に本書の特徴ともなっていると思いますので，次に少しだけそれらについて述べます。

　まず，本書は，日本はもちろん，たいていのアメリカの心理学史の概説書より臨床心理学の歴史に比較的大きなスペースを割いています。これは，近年の日本の心理学者の専門領域の分布を考えると，本書の読者の多くは臨床心理学を専門にされている方になるのではないかと思ったからです。なかでも臨床心理学の歴史の前史に位置づけられる精神医学史は心理学史に含めないことがふつうでしたが，本書では読者層を考えてこれについても含めることにしました。

　一方，臨床心理学と並んで日本の心理学者人口の多くを占める教育心理学に

ついてですが，本書では，部分的には触れているものの，その歴史をまとめた章も節も設けませんでした。筆者は教育学部に在職し，教育心理学の授業を担当する立場にもあるのですが，にもかかわらず，教育心理学の歴史をどのように描いてよいか皆目見当がつかなかったからです。もっとも，これについては，アメリカの心理学史の概説書においても事情は同じで，それらでも教育心理学の歴史を専門的に扱った章や節はほとんど見当たりません。このことは，教育心理学という領域がかかえる構造的な問題と通じる面もあり，今後も考えてゆかなくてはならない問題のように思えます。

また，わが国で出版された心理学史の入門書のほとんどは日本の心理学史について1章を割いていますが，本書では，日本の心理学史について一切触れませんでした。前述のように近年，わが国でも心理学史を専門とする研究者が増えるなか，日本の心理学史を専門的に研究する研究者も数多く活躍するようになってきています。佐藤達哉・溝口元（編著） 1997 『通史 日本の心理学』（北大路書房）などは，そうした研究の成果を示す大作といえるでしょう。こうした状況を考えると，日本の心理学史は専門家に任せるべきで，そもそも心理学史の研究者でもない筆者が，そうした領域にあえて踏み込むべきではないと考えたからです。

次に，歴史観の問題について少しだけ述べてみたいと思います。近年，心理学史の研究の進展に伴い，旧来の心理学史の歴史観はしばしば批判を受けています。なかでも勝者史観であるとか，英雄史観であるという批判はよく聞かれるものだと思います。これは，既存の心理学史の概論書の多くが，現在，心理学に身を置く者が自分たちの状況の正統性を裏打ちするために過去の心理学者たちの業績を位置づけてつくられたものだという批判です。実際は今日われわれが当然のように取り上げている心理学的な概念や心理学史上の登場人物も，その時々の時代背景やときには偶発的な出来事の中でたまたま論じられるようになったものであり，必ずしもそれらが正統性を持っているわけではないことが近年の研究で明らかにされつつあります。だから，心理学史を描くとき，それぞれの時代の学問全体，あるいは，社会状況の中でそれらをできるだけ中立的に評価しなおしてみる必要があるにもかかわらず，旧来の心理学史の概説書ではそれがなされていない，というのがその批判の大略です。そして，その心

理学史における勝者史観をつくってきた原因の1つが本書でもしばしば引用した ボーリングの『実験心理学史』(1929/1950)にあるといわれています。たとえば，本書の第2章でも述べたように，心理学（とくに実験心理学）の成立史の要にヴントを置くことや，ヴントを英国流の要素主義，連合主義者とすることなどは，現在では，ボーリングによってつくられた偏った見方（いわゆるボーリング史観）であるという指摘がなされ，しばしば批判に晒されています。そうしたせいもあるのか，アメリカで近年刊行された心理学史の概論書の多くはボーリングの『実験心理学史』からの引用を巧みに避けているような感じさえ受けます。ただ，本書では，そうした状況に反し，近年のこの種の書物のなかではボーリングから比較的多くの引用をしました。それには訳があります。

「はじめに」でも述べたように，本書は，心理学史の専門家でない筆者の手によるものですので，専門家ならば当然示さなくてはならないような独自の歴史観のようなものはとくに提示していません。そうした歴史観を示すことはもちろん必要なのですが，そもそもわが国では，旧来の歴史観を批判したり新しい歴史観を提示するかどうか以前に，心理学史に関する多少なりとも詳しい情報に触れることができる機会がまだまだ不足しています。ボーリングの歴史観に批判が向けられているといっても，ボーリングの『実験心理学史』は原書も必ずしも容易に入手できるとはいえないのが現状です。だから，おそらく，多くの心理学関係者は，こうした心理学史の専門家の間で行なわれている議論に関心をもちつつも，それ以上深くは触れてみることなく終わってしまうことが多いのではないでしょうか。そうした現状を考えると，現在でも，圧倒的な情報量をもつボーリングの著書の情報を（引用を断ったうえで）利用することが，多くの心理学史を専門としない読者にとって有益ではないかと考えたからです。

このボーリングの『実験心理学史』の扱い方をはじめ，本書は明確な歴史観を欠いたまま心理学史に関する雑多な情報をやや無秩序に詰め込んでいるようなところがあります。それは，今述べたような筆者の考えによるものです。もちろん，そうした方針がうまくいっている面もあれば，逆に本書のマイナス要因になっている面もあると思います。しかし，最初にも述べたように，わが国では心理学史に関する類書が少ない現状を考えると，そのようなスタンスをとる書物も，少なからず読者の役に立てるのではないかと筆者は信じています。

さて，本書の執筆の直接のきっかけになったのは，筆者が2008年度より非常勤講師として早稲田大学教育学部で心理学史の授業を担当することになったことにあります。この授業は今日では数少なくなってきた通年4単位の授業でした。心理学史に多少関心をもっているといった程度の筆者にとって年間30回の授業を構成してゆくことは至難の業のように思えました。そして，そのためにたくさんの書籍を集め，それらを片端から読むことになり，それが本書の執筆につながりました。このような機会を筆者に与えてくださった麻柄啓一先生，椎名乾平先生をはじめ関係者に御礼申し上げたいと思います。また，本書執筆の過程ではさまざまな方に助けていただきました。なかでも，筆者にとってあまり自信のなかった第7章から第9章にかけては，故霜山徳爾教授の薫陶を受け精神医学史，臨床心理学史に詳しい山崎久美子先生に原稿をチェックしていただこうと考えお願いしましたが，結局，山崎先生にはすべて章の原稿を読んでいただき，有益な助言をいただくことになりました。

　最後になりましたが，筆者のような専門外の者が，しかも，単著でこのような書物を出版することを引き受けてくださったナカニシヤ出版の中西健夫社長，いつもながらに万端に渡ってサポートしてくださった宍倉由高編集主幹にこの場を借りて謝意を申し上げさせていただきます。

平成28年6月
大芦　治

文　献

Acherknecht, E. H.　1968　*A short history of medicine* (revised ed.). Johns Hopkins University Press. 井上清恒・田中満智子（訳）1983　世界医療史—魔法医学から科学的医学へ　内田老鶴圃

Adler, H. E.　2000　Herman Ludwig Ferdinand von Hermholtz. Physicist as psychologist. In G. A. Kimble & M. Wertheimer (Eds.), *Portraits of pioneers in psychology*. Vol.Ⅳ. Lawrence Erlbaum Associates. pp.15-31.

Alexander, F. G. & Selesnick, S. T.　1966　*History of psychiatry: An evaluation of psychiatric thought and practice from prehistoric times to the present*. Aronson.

Allport, F. H.　1934　The J-curve hypothesis of conforming behavior. *Journal of Social Psychology, 5*, 141-183.

Allport, F. H. & Allport, G. W.　1921　Personality traits: Their classification and measurement. *Journal of Abnormal Psychology and Social Psychology, 16*, 6-40.

Allport, G. W.　1921　Personality and character. *Psychological Bulletin, 18*, 441-455.

Allport, G. W.　1937　*Personality: A psychological interpretation*. Constable. 詫摩武俊・青木孝悦・近藤由紀子・堀　正（訳）1982　パーソナリティ：心理学的解釈　新曜社

Allport, G. W.　1966　Autobiography. In E. G. Boring & G. Lindzey (Eds.), *A history of psychology in autobiography*. Vol.5. Appleton Century Crofts. 井上知子（訳）1975　オールポート　現代心理学の系譜—その人と学説と　第1巻　岩崎学術出版社　pp.1-42.

Allport, G. W. & Odbert, H. S.　1936　Trait-names: A psycho-lexical study. *Psychological Monographs, 47*(1), i-171.

American Psychological Association　1997　Gold Medal Award for life achievement in psychological science: Raymond B. Cattell. *American Psychologist, 52*, 797-799.

Anderson, J. R.　1980　*Cognitive psychology and its implication*. Freeman and Company. 富田達彦・増井透・川崎恵理子・岸　学（訳）1982　認知心理学概論　誠信書房

Anderson, J. W.　1988　Henry A. Murray's early career: A psychobiographical exploration. *Journal of Personality, 56*, 139-171.

Angell, J. R.　1907　The province of functional psychology. *Psychological Review, 14*, 61-91.

Angell, J. R.　1909　The influence of Darwin on psychology. *Psychological Review, 16*, 152-169.

Angell, J. R.　1913　Behavior as a category of psychology. *Psychological Review, 20*, 255-

270.

Angell, J. R., Moore, A. W., & Jegi, J. J. 1896 Studies from the psychological laboratory of the University of Chicago: I. Reaction-time: A study in attention and habit. *Psychological Review, 3*, 245-258.

Ariès, P. 1960 *L'enfant et la vie familiale sous l'Ancien Régime.* Plon. 杉山光信・杉山恵美子（訳）1980 〈子供〉の誕生：アンシャン・レジーム期の子供と家族生活　みすず書房

Ash, M. G. 1995 *Gestalt psychology in German culture 1890-1967: Holism and the quest for objectivity.* Cambridge University Press.

Asch, S. E. 1956 Studies of independence and conformity: I. A minority of one against a unanimous majority. *Psychological Monographs, 70*, 1-70.

Asch, S. E. 1968 Wolfgang Köhler: 1887-1967. *American Journal of Psychology, 81*, 110-119.

Ayllon, T. & Azrin, N. H. 1965 The measurement and reinforcement of behavior of psychotics. *Journal of the Experimental Analysis of Behavior, 8*, 357-383.

Baars, B. J. 1986 *The cognitive revolution in psychology.* Guilford Press.

Babkin, B. P. 1949 *Pavlov : A biography.* University of Chicago Press.

Backe, A. 2001 John Dewey and early Chicago functionalism. *History of Psychology, 4*, 323-340.

Baker, D. B. 1988 The psychology of Lightner Witmer. *Professional School Psychology, 3*, 109-121.

Baldwin, J. M. 1930 Autobiography. In C. Murchison (Ed.), *History of psychology in Autobiography.* Vol.1. Clark University Press. pp.1-30.

Ball, R. S. 1977 The Gesell developmental schedules: Arnold Gesell (1880-1961). *Journal of Abnormal Child Psychology, 5*(3), 233-239.

Bandura A. 1977 *Social learning theory.* General Learning Press.

Bandura A. 1986 *Social foundations of thought and action.* Prentice-Hall.

Bandura, A. 2007 Autobiography. In G. Lindzey & W. M. Runyan (Eds.), *A history of psychology in autobiography.* Vol.9. American Psychological Association. pp.43-75.

Bandura, A. & Walters, R. H. 1963 *Social learning and personality development.* Holt, Rinehart and Winston.

Barrett-Lennard, G. T. 2012 The Roosevelt years: Crucial milieu for Carl Rogers' innovation. *History of Psychology, 15*, 19-32.

Bartlett, F. C. 1932 *Remembering: A study in experimental and social psychology.* Cambridge University Press. 宇津木保・辻　正三（訳）1983 想起の心理学：実験的社会的心理学における一研究　誠信書房

Beck, A. T. 1976 *Cognitive therapy and the emotional disorders.* International

Universities Press. 大野 裕（訳）1990 認知療法：精神療法の新しい発展 岩崎学術出版社

Beck, H. P., Levinson, S., & Irons, G. 2009 Finding Little Albert: A journey to John B. Watson's infant laboratory. *American Psychologist, 64,* 605-614.

Behrens, P. J. 1997 G. E. Müller: The third pillar of experimental psychology. In W. G. Bringmann, H. E. Lück, R. Miller, & C. E. Early (Eds.), *Pictorial history of psychology.* Quintessence Publications. pp.171-176.

Benjafield, J. G. 2010 *History of psychology* (3rd ed.). Oxford University Press.

Blass, T. 2004 *The man who shocked the world: The life and legacy of Stanley Milgram.* Basic Books. 野島久雄・藍澤美紀（訳）2008 服従実験とは何だったのか：スタンレー・ミルグラムの生涯と遺産 誠信書房

Bleuler, E. 1908 *Die Prognose der Dementia Praecox.* Franz Deuticke. 人見一彦（監訳）1998 早発性痴呆（精神分裂病群）の予後 精神分裂病の概念：精神医学論集 学樹書院 pp.49-81.

Bleuler, E. 1911 *Dementia Praecox oder Gruppe der Schizophrenien.* Franz Deuticke.

Bleuler, E. 1912 Das autistische Denken. In *Jahrbuch für psychoanalitische und psychopathologische Forschungen.* Vol.4. pp.1-39. 人見一彦（監訳）1998 自閉的思考 精神分裂病の概念：精神医学論集 学樹書院 pp.107-132.

Blum, D. 2002 *Love at Goon Park: Harry Harlow and the science of affection.* Berkley Books.

Blum, D. 2006 *Ghost hunters: William James and the search for scientific proof after death.* 鈴木 恵（訳）2007 幽霊を捕まえようとした科学者たち 文藝春秋

Blumenthal, A. L. 1975 A reappraisal of Wilhelm Wundt. *American Psychologist, 30,* 1081-1088.

Blumenthal, A. L. 1997 Wilhelm Wundt. In W. G. Bringmann, H. E. Luck, R. Miller, & C. E. Early (Eds.), *Pictorial history of psychology.* Quintessence Publications. pp.117-125.

Blumenthal, A. L. 2001 A Wundt primer: The operating characteristics of consciousness. In R. W. Rieber & D. K. Robinson (Eds.), *Wilhelm Wundt in history: The making of a scientific psychology.* Springer. pp.121-144.

Boake, C. 2002 From the Binet-Simon to the Wechsler-Bellevue: Tracing the history of intelligence testing. *Journal of Experimental and Clinical Neuropsychology, 24,* 383-405.

Boakes, R. 1984 *From Darwin to behaviourism: Psychology and the minds of animals.* Cambridge University Press. 宇津木保・宇津木成介（訳）1990 動物心理学史：ダーウィンから行動主義まで 誠信書房

Bolles, R. C. 1970 Species-specific defense reactions and avoidance learning.

Psychological Review, 77, 32-48.

Bolles, R. C. 1979 *Learning theory* (2nd ed.). Holt, Rinehart and Winston. 今田 寛（訳）1982 学習の心理学　培風館

Bolles, R. C. 1993 *The story of psychology: A thematic history.* Wadsworth. 富田達彦（訳）2004 心理学物語：テーマの歴史　北大路書房

Boring, E. G. 1923 Intelligence as the tests test it. *New Republic, 36*, 35-37.

Boring, E. G. 1927 Edward Bradford Titchener. *American Journal of Psychology, 38*, 489-506.

Boring, E. G. 1929 *History of experimental psychology.* Cosmo.

Boring, E. G. 1950 *History of experimental psychology* (2nd ed.). Appleton-Century-Crofts.

Boring, E. G. 1961 Fechner: Inadvertent founder of psychophysics. *Psychometrika, 26*, 3-8.

Bower, G. H. & Hilgard, E. R. 1981 *Theories of learning* (5th ed.). Prentice-Hall. 梅本堯夫（監訳）1988 学習の理論（第5版）　培風館

Bowler, P. J. 1983 *Evolution, the history of an idea.* University of California Press. 鈴木善次ほか（訳）1990 進化思想の歴史（上・下）　朝日新聞社

Brehm, J. W. 1998 Leon Festinger: Beyond the obvious. In G. A. Kimble & M. Wertheimer (Eds.), *Portaits of pioneers in psychology.* Vol.Ⅲ. Lawrence Erlbaum Associates. pp.329-344.

Brentano, F. 1874 *Psychologie vom emprischen Standpunkte.* Felix Meiner. Translated by Rancurello, A. C., Terrell, D. B., & McAlister, L. L. 1973 *Psychology from empirical standpoint.* Routledge.

Bringmann, W. G., Bringmann, M. W., & Early, C. E. 1992 G. Stanley Hall and the history of psychology. *American Psychologist, 47*, 281-289.

Broadbent, D. E. 1958 *Perception and communication.* Pergamon Press.

Broughton, J. M. 1981 The genetic psychology of James Mark Baldwin. *American Psychologist, 36*, 396-407.

Bruner, J. 1983 *In search of mind.* Harper & Row. 田中一彦（訳）1993 心を探して：ブルーナー自伝　みすず書房

Bruner, J. S. & Goodman, C. C. 1947 Value and need as organizing factors in perception. *Journal of Abnormal and Social Psychology, 42*, 33-44.

Bruner, J. S., Goodnow, J. J., & Austin. G. A. 1956 *A study of thinking.* Wiley. 岸本 弘・岸本紀子・杉崎恵義・北山 亮（訳）1969 思考の研究　明治図書

Buckley, K. W. 1989 *Mechanical man: John Broadus Watson and the beginnings of behaviorism.* Guilford Press.

Bühler, C. 1962 *Value in psychotherapy.* Free Press of Glencoe. 井上 厚ら（訳）1966 心

理療法：治療における価値の問題　誠信書房
Bühler, K. 1913 *Die Gestaltwahrnehmungen.* W. Spemann.
Bugental, J. F. T. 1996 Rollo May. *American Psychologist, 51,* 418-419.
Buranelli, V. 1975 *The wizard from Vienna: Franz Anton Mesmer and the origins of hypnotism.* Peter Owen. 井村宏次・中村薫子（訳）1992　ウィーンから来た魔術師：精神医学の先駆者メスマーの生涯　春秋社
Carmichael, L. 1957 Robert Mearns Yerkes. *Psychological Review, 64,* 1-7.
Cates, J. 1970 Psychology's manpower: Report on the 1968 National Register of scientific and technical personnel. *American Psychologist, 25,* 254-263.
Cattell, R. B. 1943 The description of personality: Basic traits resolved into clusters. *Journal of Abnormal and Social Psychology, 38,* 476-506.
Chapman, P. D. 1988 *Schools as sorters: Lewis M. Terman, applied psychology, and the intelligence testing movement, 1890-1930.* New York University Press.
Chomsky, N. 1957 *Syntactic structures.* Mouton. 勇　康雄（訳）1963　文法の構造　研究社出版
Chomsky, N. 1959 A review of Skinner's verbal behavior. *Language, 35,* 26-58.
Cianciolo, A. T. & Sternberg, R. J. 2004 *Intelligence: A brief history.* Blackwell.
Cohen, D. 1979 *J. B. Watson: The founder of behaviourism.* Routledge Kegan & Paul.
Coles, R. 1992 *Anna Freud: The dream of psychoanalysis.* Perseus Publishing.
Committee on Scientific and Professional Aims of Psychology 1967 The scientific and professional aims of psychology. *American Psychologists, 22,* 49-76.
Committee on Training in Clinical Psychology 1947 Recommended graduate training program in clinical psychology. *American Psychologist, 2,* 539-558.
Conway, F. & Siegeleman, J. 2005 *Dark hero of information age: In search of Norbert Wiener, the father of cybernetic.* Basic Books.　松浦俊輔（訳）2006　情報時代の見えないヒーロー：ノーバート・ウィーナー伝　日経BP社
Cotton, J. W. 1955 On making predictions from Hull's theory. *Psychological Review, 62,* 303-314.
Craik, F. & Baddeley, A. 1995 Donald E. Broadbent: 1926-1993. *American Psychologist, 50,* 302-303.
Cranston, A. 1986 Psychology in the veteran administration: A storied history, a vital future. *American Psychologists, 41,* 990-995.
Crosby, J. R. & Hastorf, A. H. 2000 Lewis Terman: Scientist of mental measurement and product of his time. In G. A. Kimble & M. Wertheimer（Eds.）, *Portraits of pioneers in psychology.* Vol.Ⅳ. Lawrence Eelbaum Associates. pp.131-147.
Cutting, J. E. 2012 Ulrich Neisser (1928-2012). *American Psychologist, 67,* 492.
Dalton, T. C. 2005 Arnold Gesell and the maturation controversy. *Integrative*

Physiological & Behavioral Science, 40(4), 182-204.

Danziger, K. 1997 *Naming the mind : How psychology found its language.* Sage. 河野哲也（監訳）2005 心を名づけること：心理学の社会的構成（上・下）勁草書房

Danziger, K. 2001 The unknown Wundt: Drive, apperception, and volition. In R. W. Rieber & D. K. Robinson（Eds.）, *Wilhelm Wundt in history: The making of a scientific psychology.* Springer. pp.95-120.

Darwin, C. R. 1871 *The descent of man, and selection in relation to sex.* John Murray. 長谷川真理子（訳）1999/2000 人間の進化と性淘汰（Ⅰ・Ⅱ）文一総合出版

Darwin, C. R. 1872 *Expression of the emotions in man and animals.* John Murray. 浜中浜太郎（訳）1991 人及び動物の表情について 岩波書店

Darwin, C. R. 1877 A biographical sketch of an infant. *Mind, 2,* 285-294.

deCarvalho, R. J. 1996 Rollo, R. May（1909-1994）: A biographical sketch. *Journal of Humanistic Psychology, 36*(2), 8-16.

deCarvalho, R. J. 1999 Otto Rank, the Rankian circle in Philadelphia, and the origins of Carl Rogers' person-centered psychotherapy. *History of Psychology, 2,* 132-148.

Dennis, W. 1949 Historical beginnings of child psychology. *Psychological Bulletin, 46,* 224-235.

Dennis, W. & Boring, E. G. 1952 The founding of the American Psychological Association. *American Psychologist, 7,* 95-97.

Dewey, J. 1887 *Psychology.* Harper & Brothers.

Dewey, J. 1896 The reflex arc concept in psychology. *Psychological Review, 3,* 357-370.

Dollard, J. & Miller, N. E. 1950 *Personality and psychotherapy: An analysis in terms of learning, thinking, and culture.* McGraw-Hill. 河合伊六・稲田準子（訳）1972 人格と心理療法：学習・思考・文化の視点 誠信書房

Duke-Elder, S. 1959 Franciscus Cornelis Donders. *British Journal of Ophthalmology, 43,* 65-68.

Dumont, F. 2010 *A history of personality psychology: Theory, science, and research from Hellenism to the twenty-first century.* Cambridge University Press.

Dwesburay, D. A. 1996 Robert M. Yerkes: A psychobiologist with a plan. In G. A. Kimble, C. A. Boneau, & M. Wertheimer（Eds.）, *Portraits of pioneers in psychology.* Vol.Ⅱ. Lawrence Erlbaum Associates. pp.87-105.

Ebbinghaus, H. 1885 *Über das Gedächtnis: Untersuchungen zur experimentellen Psychologie.* Duncker & Humblot. 宇津木保（訳）1978 記憶について：実験心理学への貢献 誠信書房

江口重幸 2007 シャルコー：力動精神医学と神経病学の歴史を遡る 勉誠出版

Ellenberger, H. F. 1970 *The discovery of the unconscious: The history and evolution of dynamic psychiatry.* Basic Books. 木村敏・中井久夫（監訳）1980 無意識の発見

力動精神医学発達史（上・下）　弘文堂

Ellis, A. 2001 The rise of cognitive behavior therapy. In W. T. O'Donohue, D. A. Henderson, S. C. Hayes, J. E. Fisher, & L. J. Hayes (Eds.), *A history of the behavioral therapies: Founders' personal histories*. Context Press. pp.183-194.

Ellis, A. 1994 *Reason and emotion in psychotherapy*. Carol Publishing Group.　野口京子（訳）1999　理性感情行動療法　金子書房

Engle, J. 2008 *American therapy: The rise of psychotherapy in the United States*. Gotham Books.

Eysenck, H. J. 1952 The effects of psychotherapy: An evaluation. *Journal of Consulting Psychology, 16*, 319-324.

Eysenck, H. J. 1997 *Repel with a cause: The autobiography of Hans Eysenck*. Transaction Publisher.

Fagan, T. K. 1996 Witmer's contributions to school psychological service. *American Psychologist, 51*, 241-243.

Fagan, T. K. & Wise, P. S. 1994 *School psychology: Past present, and future*. Longman.

Fancher, R. & Rutherford, A. 2012 *Pioneers of psychology* (4th ed.).　Norton.

Farley, F. 2009 Albert Ellis (1913-2007). *American Psychologist, 64*, 215-216.

Fechner, G. T. 1860 *Elemente der Psychophysik*. Breitkopf und Härtel.

Fernberger, S. W. 1932 The American Psychological Association: A historical summary, 1892-1930. *Psychological Bulletin, 29*, 1-89.

Fernberger, S. W. 1943 The American Psychological Association, 1892-1942. *Psychological Review, 50*, 33-60.

Festinger, L. 1957 *A theory of cognitive dissonance*. Row Peterson.　末永俊郎（監訳）1965　認知的不協和の理論：社会心理学序説　誠信書房

Foucault, M. 1961 *Histoire de la folie à l'âge classique*. Plon.　田村俶（訳）1975　狂気の歴史：古典主義時代における　新潮社

Frankl, V. E. 1946a *Ein Psycholog erlebt das Konzentrationslager*. Verlag für Jugend und Volk.　霜山徳爾（訳）1956　夜と霧：ドイツ強制収容所の体験記録　みすず書房（なお，現在は，2002年にみすず書房より池田香代子の訳によって出版されたものも入手可能）

Frankl, V. E. 1946b *Ärztliche Seelsorge*. Franz Deuticke.　霜山徳爾（訳）1957　死と愛：実存分析入門　みすず書房

Frankl, V. E. 1995 *Was nicht in meinen Büchern steht, Lebenserinnerungen* (2. Aufl.) Quintessenz MMV Medizin Verlag.　山田邦男（訳）1998　フランクル回想録：20世紀を生きて　春秋社

Freud, S. (Breuer, J.) 1895 *Studien über Hysterie*. 芝伸太郎（訳）2008　ヒステリー研究　フロイト全集　第2巻　岩波書店　pp.163-310.（邦訳は他に金関猛訳『ヒステリー

研究（上・下）』ちくま学芸文庫などもある）
Freud, S. 1900 *Die Traumdeutung.* 新宮一成（訳）2007 夢解釈 I, II フロイト全集 第4巻, 第5巻 岩波書店（邦訳は他に高橋義孝訳『夢判断（上・下）』新潮文庫などもある）
Freud, S. 1905 *Drei Abhandlungen zur Sexualtheorie.* 渡邉俊之（訳）2009 性理論のための三篇 渡邉俊之（編）フロイト全集 第6巻 岩波書店（邦訳は他に中山元訳『性理論三篇』(S. フロイト自我論集 pp.15-200.) ちくま学芸文庫などもある）
Freud, S. 1911 *Formulierungen über die zwei Prinzipien des psychischen Geschehens.* 高田珠樹（訳）2009 心的生起の二原理に関する定式 高田珠樹（編）フロイト全集 第11巻 岩波書店 pp.259-267.
Freud, S. 1920 *Jenseits des Lustprinzips.* 須藤訓任（訳）2006 快原理の彼岸 須藤訓任（編）フロイト全集 第17巻 岩波書店 pp.53-125.
Freud, S. 1923 *Das Ich und das Es.* 道籏泰三（訳）2007 自我とエス 本間直樹（編）フロイト全集 第18巻 岩波書店 pp.1-62.
Freud, S. 1926 *Die Frage der Laienanalyse.* 石田雄一・加藤敏（訳）2010 素人分析の問題 加藤敏（編）フロイト全集 第19巻 岩波書店 pp.103-199.
Friedman, L. J. 1999 *Identity's architect: A biography of Erik H. Erikson.* Scribner. やまだようこ・西平直（監訳）2003 エリクソンの人生：アイデンティティの探求者 新曜社
Fromm, E. 1941 *Escape from freedom.* Rinehart. 日高六郎（訳）1965 自由からの逃走 新版 東京創元社
藤井忠義 1967 西洋の性格学：古典的体液気質論 大手前女子大学論集, 1, 6-22.
藤波尚美 2009 ウィリアム・ジェームズと心理学：現代心理学の源流 勁草書房
藤原正彦 2008 天才の栄光と挫折：数学者列伝 文春文庫
Galton, F. 1969 *Hereditary genius: An inquiry into its laws and consequences.* Macmillan.
Garcia, J., Ervin, F. R. & Koelling, R. A. 1966 Learning with prolonged delay of reinforcement. *Psychonomic Science, 5,* 121-122.
Gardner, H. 1985 *The mind's new science: A history of cognitive revolution.* Basic Books. 佐伯胖・海保博之（監訳）1987 認知革命：知の科学の誕生と展開 産業図書
Garfield, S. L. 1982 The 75th anniversary of the first issue of the psychological clinic. *Journal of Consulting and Clinical Psychology, 50,* 167-170.
Garfield, S. L. & Kurtz, R. 1976 Clinical psychologists in the 1970s. *American Psychologist, 31,* 1-9.
Gauld, A. 1992 *A history of hypnotism.* Cambridge University Press.
Gay, P. 1988 *Freud, A life for our times.* Norton & Company. 鈴木晶（訳）1997/2004 フロイト（1・2）みすず書房
Geuter, U. 1984 *Die Professionalisierung der deutschen Psychologie im Nationalsozialismus.*

Suhrkamp. Translated by R. Holmes 1993 *The professionalization of Psychology in Nazi Germany.* Cambridge University Press.

Gilman, S. L. 2008 Constructing schizophrenia as a category of mental illness. In E. R. Wallace, Ⅳ & J. Gach (Eds.), *History of psychiatry and medical psychology.* Springer. pp.461-483.

Gleitman, H., Rozin, P., & Sabini, J. 1997 Solomon E. Asch:1907-1996. *American Psychologist, 52,* 984-985.

Goddard, H. H. 1912 *The Kallikak Family: A study of the heredity of feeble-mindedness.* Macmillan Company.

Goddard, H. H. 1917 Mental tests and immigrant. *The Journal of Delinquency, 2*(5), 243-277.

Goldberg, L. R. 1981 Language and individual differences: The search for universals in personality lexicons. In L. Wheeler (Ed.), *Review of Personality and Social Psychology.* Vol.2. Sage. pp.141-165.

Goodwin, C. J. 2008 *A history of modern psychology* (3rd ed.). Wiley.

Gottlib, G. 2002 *Individual development and evolution.* Lawrence Erlbaum Associates.

Greenberg, J. R. & Mitchell, S. A. 1983 *Object relations in psychoanalytic theory.* Harvard University Press. 横井公一(監訳) 2001 精神分析理論の展開:〈欲動〉から〈関係〉へ ミネルヴァ書房

Greenwood, J. D. 2009 *Conceptual history of psychology.* McGraw-Hill.

Griesinger, W. 1867 *Die Pathologie und Therapie der psychischen Krankheiten.* Krabbe. 小俣和一郎・市野川容孝(訳) 2008 精神病の病理と治療 東京大学出版会

Guilford, J. P. 1959 Three faces of intellect. *American Psychologist, 14,* 469-479.

Guthrie, E. R. 1930 Conditioning as a principles of learning. *Psychological Review, 37,* 412-428.

Hall, G. S. 1883 The contents of children's minds. *Princeton Review, 11,* 249-272.

Hall, G. S. 1904 *Adolescence: Its psychology and its relations to physiology, anthropology, sociology, sex, crime, religion and education.* D. Appleton and Company.

Hall, G. S. 1922 *Senescence: The last half of life.* D. Appleton and Company.

Hannah, B. 1976 *Jung, his life and work: A biographical memoir.* Putnam. 後藤佳珠・鳥山平三(訳) 1987 評伝ユング:その生涯と業績(1・2・3) 人文書院

Hebb, D. O. 1949 *The organization of behavior.* Wiley. 鹿取廣人・金城辰夫・鈴木光太郎・鳥居修晃・渡邊正孝(訳) 2011 行動の機構:脳メカニズムから心理学へ(上・下) 岩波書店

Heider, F. 1958 *Psychology of interpersonal relations.* Wiley. 大橋正夫(訳) 1978 対人関係の心理学 誠信書房

Heider, F. 1983 *The life of a psychologist: An autobiography.* University Press of Kansas.

堀端孝治（訳）1988 ある心理学者の生涯：現代心理学の一側面を歩んだハイダーの自叙伝　協同出版

Heims, S. J. 1991 *Constructing a social science for postwar America: The cybernetics group, 1946-1953*. MIT Press. 忠平美幸（訳）2001 サイバネティクス学者たち：アメリカ戦後科学の出発　朝日新聞社

Henderson, N. B. & Hildreth, J. D. 1965 Certification, licensing, and the movement of psychologists from state to state. *American Psychologist, 20*, 418-421.

Hilgard, E. R. 1965 Robert Mearns Yerkes. *Biographical memoirs. National Academy of Sciences, 38*, 385-425.

ヒポクラテス（著）小川政恭（訳）1963「神聖病について」（ヒポクラテス「古い医術について他八篇」　岩波書店　pp.38-58.）

Hochmann, J. 2004 *Histoire de la psychiatrie*. Presses universtaires de France. 阿部恵一郎（訳）2007 精神医学の歴史（新版）　白水社

Hoffman, E. 1988 *The right to be human: A biography of Abraham Maslow*. Tarcher. 上田吉一（訳）1995 真実の人間：アブラハム・マスローの生涯　誠信書房

Hoffman, E. 1994 *The drive for self: Alfred Adler and the hounding of individual psychology*. Addison Wesley. 岸見一郎（訳）2005 アドラーの生涯　金子書房

Hofstadter, R. 1963 *Anti-intellectualism in American life*. Knopf. 田村哲夫（訳）2003 アメリカの反知性主義　みすず書房

Holmes, J. 1993 *John Bowlby and attachment theory*. Routledge. 黒田実郎・黒田聖一（訳）1996 アタッチメント理論　岩崎学術出版社

Horley, J. 2001 After "The Baltimore Affair": James Mark Baldwin's life and work, 1908-1934. *History of Psychology, 4*(1), 24-33.

Horn, J. 2001 Raymond Bernard Cattell (1905-1998). *American Psychologist, 56*, 71-72.

星野 力 2002 甦るチューリング：コンピュータ科学に残された夢　NTT出版

Hothersall, D. 2004 *History of psychology* (4th ed.). McGraw-Hill.

Hull, C. L. 1943 *Principles of behavior：An introduction to behavior theory*. Appleton-Century-Crofts. 能見義博・岡本栄一（訳）1965 行動の原理（改訂版）　誠信書房

Hull, C. L. 1952a Autobiography. In H. S. Langfeld (Ed.), *A history of psychology in autobiography*. Vol.4. Clark University Press.　三谷恵一（訳）佐藤幸治・安宅孝治（編）1975 現代心理学の系譜：その人と学説とⅢ　岩崎学術出版社　pp33-66.

Hull, C. L. 1952b *A behavior system: An introduction to behavior theory concerning the individual organism*. Yale University Press.　能見義博・岡本栄一（訳）1971 行動の体系　誠信書房

Humphreys, K. 1996 Clinical psychologists as psychotherapists: History, future and alternatives. *American Psychologist, 51*, 190-197.

今田 寛 1975 恐怖と不安　誠信書房

今田 寛 1996 心理学専門家の養成について：基礎心理学の立場から 心理学評論, 39, 5-20.

今田 恵 1957 ジェームズ心理学：その生成と根本思想 弘文堂

今田 恵 1962 心理学史 岩波書店

Irsigler, F. & Lassotta, A. 1984 *Bettler und Gaukler, Dirnen und Henker*. Greven Verlag. 藤代幸一（訳） 1992 中世のアウトサイダーたち 白水社

石原岩太郎 1965 デューイ「心理学における反射弧の概念」：この古い論文の再評価 関西学院大学人文論究, 15(4), 12-25.

伊藤和行 2008 フォン・ノイマンとマカロック・ピッツモデル：オートマン理論の誕生 科学哲学科学史研究, 2, 117-132.

Jahoda, G. 2007 *A history of social psychology: From the eighteenth-century enlightenment to the Second World War*. Cambridge University Press.

James, W. 1885 On the function of cognition. *Mind, 10*, 27-44.

James, W. 1890 *Principles of psychology*. Henry Holt and Company.

James, W. 1982 *Psychology: Briefer course*. Henry Holt and Company. 今田 寛（訳） 1992-1993 心理学（上）（下） 岩波書店

James, W. 1907 *Pragmatism: A new name for some old ways of thinking by William James*. Columbia University Press. 舛田啓三郎（訳） 1957 プラグマティズム 岩波書店

Janzarik, W. 1974 *Themen und Tendenzen der Deutschsparchigen Psychiatrie*. Springer Verlag. 大橋正和（訳） 1996 ドイツ精神医学史 創造出版

Jeffress, L. A. 1951 *Cerebral mechanisms in behavior: The Hixon Symposium*. Wiley.

Jensen, A. R. 2000a Charles E. Spearman: The discovery of g. In G. A. Kimble & M. Wertheimer（Eds.）, *Portrait of pioneers in psychology*. Vol.Ⅳ. Lawrence Erlbaum Associates. pp.93-111.

Jensen, A. R. 2000b Hans Eysenck: Apostle of the London School. In G. A. Kimble & M. Wertheimer（Eds.）, *Portrait of pioneers in psychology*. Vol.Ⅳ. Lawrence Erlbaum Associates. pp.339-357.

Joncich, G. 1968 *The sane positivist: A biography of Edward L. Thorndike*. Wesleyan University Press.

Jones, D. & Elcock, J. 2001 *History and theories of psychology: A critical perspective*. Arnold.

Jones, E. 1953-1957 *The life and work of Sigmund Freud*. Vol.1-3. Basic Books. 竹友安彦・藤井治彦（訳） 1964 フロイトの生涯 紀伊國屋書店（邦訳は短縮版の翻訳）

Jones, K. W. 1999 *Taming the troublesome child: American families, child guidance, and the limits of psychiatric authority*. Harvard University Press. 小野善郎（訳） 2005 アメリカの児童相談の歴史：児童福祉から児童精神医学への展開 明石書店

Jones, L. V. 1998 L. L. Thurstone's vision of psychology as a quantitative rational science. In G. A. Kimble & M. Wertheimer (Eds.), *Portrait of pioneers in psychology.* Vol.Ⅲ. Lawrence Erlbaum Associates. pp.85-102.

Jones, M. C. 1924a A laboratory study of fear: The case of Peter. *Pedagogical Seminary, 31,* 308-315.

Jones, M. C. 1924b Conditioning and reconditioning: An experimental study in child behavior. *Proceedings and Addresses of the National Educational Association.* (PsycINFO 1925-10195-005 より)

Jung, C. G. 1921 *Psychologische Typen.* Rascher Verlag. 林 道義（訳）1987 タイプ論　みすず書房

Jung, C. G. (A. Jaffé Ed.) 1962 *Erinnerungen, Träume, Gedanken.* Rascher Verlag. 河合隼雄・藤縄 昭・出井淑子（訳）1972/1973 ユング自伝：思い出・夢・思想（1・2）みすず書房

Jung, C. G. 1964 *Man and his symbols.* Doubleday. 河合隼雄監（訳）1975 人間と象徴：無意識の世界（上・下）河出書房新社

Katz, D. 1944 *Gestaltpsychologie.* Benno Schwabe Verlag.　武政太郎・浅見千鶴子（訳）1962 ゲシタルト心理学　新書館（邦訳はドイツ語版第2版（1948）と英語版を総合して意訳したもの）

Katz, D., Johnson, B. T., & Nichols, D. R. 1998 Floyd Henry Allport: Founder of social psychology as a behavioral science.　In G. A. Kimble & M. Wertheimer (Eds.), *Portraits of pioneers in psychology.* Vol.Ⅲ. Lawrence Erlbaum Associates. pp.121-142.

川喜田愛郎　1977　近代医学の史的基盤（上・下）　岩波書店

Keller, F. S. & Schoenfeld, W. N. 1950 *Principles of psychology: A systematic text in the science of behavior.* Appleton Century Crofts.

Kendall, P. C. & Hollon, S. D 1979 *Cognitive-behavioral interventions: Theory, research, and procedures.* Academic Press.

木田 元　2011　マッハとニーチェ：世紀転換期思想史　講談社

城戸幡太郎　1968　心理学問題史　岩波書店

Kimble, G. A. 1961 *Hilgard and Marquis's conditioning and learning.* Appleton Century Crofts.

King, D. B. & Wertheimer, M. 2005 *Max Wertheimer and Gestalt theory.* Transaction Publisher.

King, D. B., Viney, W., & Woody, W. D. 2009 *A history of psychology: Ideas and context* (4th ed.). Pearson Education.

切替辰哉　1979　エルンスト・クレッチマー　荻野恒一・相場 均（監修）現代精神病理学のエッセンス：フロイト以降の代表的精神病理学者の人と業績　ペリカン社

pp.199-218.

Kirschenbaum, H. 2007 *The life and work of Carl Rogers*. PCCS Books.

Köhler, W. 1921 *Intelligenzprüfungen an Menschenaffen*. Springer Verlag. 宮 孝一（訳）1962 類人猿の知恵試験 岩波書店

Köhler, W. 1929 *Gestalt psychology*. Liveright. 佐久間鼎（訳）1930 ゲシタルト心理学 内田老鶴圃

Köhler, W. 1940 *Dynamics in psychology*. Liveright. 相良守次（訳）1951 心理学における力学説 岩波書店

Königsberger, L. 1902/1903 *Hermann von Helmholtz*. Vieweg Verlag. Translated by Frances A. Welby 1906 Hermann von Helmholtz. Clarendon Press.

Koffka, K. 1922 Perception: An introduction to the Gestalt-Theorie. *Psychological Bulletin, 19*, 531-585.

Koffka, K. 1924/1928 *Grundlagen der psychischen Entwicklung*. Osterwiek am Harz. Translated by R. M. Odgden 1952 *The growth of the mind: An introduction to child-psychology* (2nd ed. revised.). Routledge & Kegan Paul.

Koffka, K. 1935 *Principles of gestalt psychology*. Kegan Paul. 鈴木正彌（監訳）1988 ゲシュタルト心理学の原理 福村出版

Kolle, K. 1956 Emil Kraepelin. K. Kolle (Ed.), *Gross Nervenaerzte*. Georg Thieme Verlag. 岡不二郎・山鼻康弘（編訳）1977 クレペリン評伝 エミール・クレペリン 精神医学百年史：人文学への寄与 金剛出版 pp.153-174.

高良武久 1953 性格学 白揚社

Kraepelin, E. 1917 *Hundert Jahre Psychiatrie: Ein Beitrag zur Geschichte menschlicher Gesittung*. Julius Springer. 岡不二郎・山鼻康弘（編訳）1977 エミール・クレペリン 精神医学百年史：人文学への寄与 金剛出版

Kretschmer, E. 1918 *Der sensitive Beziehungswahn: Ein Beitrag zur Paranoiafrage und zur psychiatrischen Charakterlehre*. Springer. 切替辰哉（訳）1979 新敏感関係妄想：パラノイア問題と精神医学的性格研究への寄与 星和書店

Kretschmer, E. 1921 *Körperbau und Charakter; Untersuchungen zum Konstitutionsproblem und zur Lehre von den Temperamenten*. Springer. 相場 均（訳）1960 体格と性格：体質の問題および気質の学説に寄せる研究 文光堂

Kristic, K. 1964 Marko Marulic; The auther of the term "Psychology". *Acta Instituti Psychologici Universitatis Zagrabiensis, 36*, 7-13.

久能 徹・末武康弘・保坂 亨・諸富祥彦 2006 改訂 ロジャーズを読む 岩崎学術出版社

Ladd, G. T. 1888 *Elements of Physiological Psychology*. Charles Scribner's Sons.

Längle, A, & Sykes, B. 2006 Viktor Frankl-Advocate for humanity: On his 100th Birthday. *Journal of Humanistic Psychology, 46*, 36-47.

Lakin, M. 1998 Carl Rogers and the culture of pychotherapy. In G. A Kimble &

M. Wertheimer (Eds.), *Portrait of pioneers in psychology*. Lawrence Erlbaum Associates. Vol.Ⅲ. pp.244-258.

Landy, F. J. 1992 Hugo Munsterberg: Victim or visionary? *Journal of Applied Psychology, 77*, 787-802.

Lashley, K. S., Chow, K. L., & Semmes, J. 1951 An examination of the electrical field theory of cerebral integration. *Psychological Review, 58*, 123-136.

Lawson, R. B., Graham, J. E., & Baker, K. M. 2007 *History of psychology: Globalization, ideas & applications*. Pearson.

Lazarus, A. A. 2001 A brief personal account of CT (conditioning therapy), BT (behavior therapy) and CBT (cognitive-behavior therapy): Spanning three continents. In W. T. O'Donohue, D. A. Henderson, S. C. Hayes, J. E. Fisher, & L. J. Hayes (Eds.), *A history of the behavioral therapies: Founders' personal histories*. Context Press. pp.155-182.

Le Bon, G. 1895 *Psychologie des foules*. Félix Alcan. 櫻井成夫（訳）1993 群集心理　講談社

Leahey, T. H. 1980 *A history of psychology: Main currents in psychological thought*. Prentice-Hall. 宇津木保（訳）1986 心理学史：心理学的思想の主要な潮流　誠信書房

Leary, D. 2009 Between Peirce (1878) and James (1898): G. Stanley Hall. The origins of pragmatism, and the history of psychology. *Journal of History of Behavioral Science, 45*, 5-20.

Leitner, T. 1991 *Fürstin, Dame, Armes Weib*. Verlag Carl Ueberreuter. 小岡礼子・竹之内悦子（訳）2000 公爵夫人，才女，世話女房　新書館

Leontiev, A. A. 1990 Л. С. Выготский. 広瀬信雄（訳）2003 ヴィゴツキーの生涯　新読書社

Lewin, K. 1935 *A dynamic theory of personality*. McGraw-Hill. 相良守次・小川 隆（訳）1957 パーソナリティの力学説　岩波書店

Lewin, K. 1946 Action research and minority problem. *Journal of Social Issue, 2* (4), 34-46.

Lewin, K. 1947 Frontiers in group dynamics, Ⅱ. In D. Cartwright (Ed.), 1952 *Field theory in social science: Selected theoretical papers*. Tavistock. 猪股佐登留（訳）1979 社会科学における場の理論（増補版）　誠信書房　pp.188-229.

Lindsley, O. R. 2001 Studies in behavior therapy and behavior research laboratory: June 1953-1965. In W. T. O'Donohue, D. A. Henderson, S. C. Hayes, J. E. Fisher, & L. J. Hayes (Eds.), *A history of the behavioral therapies: Founders' personal histories*. Context Press. pp.125-153.

Lippitt, R. 1939 An experimental study of authoritarian and democratic group atomosphere. *University of Iowa Studies in Child Welfare, 16*, 43-195.

Loeb, J. 1918 *Forced movements, tropism, and animal conduct.* J. B. Lippincott.

Lombardo, G. P. & Foschi, R. 2003 The concept of personality in 19th-century French and 20th-century American psychology. *History of Psychology, 6*, 123-142.

Lotze, L. H. 1852 *Medicinische Psychologie oder Physiologie der Seele.* Weidmannsche Buchhandlung.

McClearn, G. E. 1991 A trans-time visit with Francis Galton. In G. A. Kimble, M. Wertheimer, & C. L. White (Eds.), *Portrait of pioneers in psychology.* Lawrence Erlbaum Associates. pp.1-11.

McClelland, J. L. & Rumelhart, D. E. 1981 An interactive activation model of context effects in letter perception: I. An account of basic findings. *Psychological Review, 88*, 375-407.

McCulloch, W. S. & Pitts, W. H. 1943 A logical calculus of the ideas immanent in nervous activity. *Bulletin of Mathematical Biophysics, 5*, 115-133.

McDougall, W. 1908 *An introduction to social psychology.* Methuen.

McDougall, W. 1932 On the words character and personality. *Character & Personality; A Quarterly for Psychodiagnostic & Allied Studies, 1*, 3-16.

MacLeod, R. B., 1954 David Katz 1884-1953. Psychological Review, *61*, 1-4.

Macrae, N. 1992 *John von Neumann: The scientific genius who pioneered the modern computer, game theory nuclear deterrence and much more.* Pantheon Books. 渡辺正・芦田みどり（訳）1998 フォン・ノイマンの生涯　朝日新聞社

McReynolds, P. 1987 Lightner Witmer: Little-known founder of clinical psychology. *American Psychologist, 42*, 849-858.

McReynolds, P. 1997 *Lightner Witmer: His life and times.* American Psychological Association.

McShane, M. D. & Williams, F. P. 2003 *Encyclopedia of juvenile justice.* Sage.

牧野達郎　1981　空間知覚　平凡社　新版　心理学事典　平凡社　p.178.

Marrow, A. L. 1969 *The practical theorist: The life and work of Kurt Lewin.* Basic Books. 望月 衛・宇津木保（訳）1972　クルト・レヴィン：その生涯と業績　誠信書房

Marx, O. M. 2008a German romantic psychiatry: Part 1 Earlier, including more-psychological orientations. In E. R. Wallace Ⅳ & J. Gach (Eds.), *History of psychiatry and medical psychology.* Springer. pp.313-333.

Marx, O. M. 2008b German romantic psychiatry: Part 2 Later, including more-somatic orientations. In E. R. Wallace Ⅳ & J. Gach (Eds.), *History of psychiatry and medical psychology.* Springer. pp.335-351.

松木邦裕（編）2004　オールアバウト「メラニー・クライン」　現代のエスプリ別冊　至文堂

Mattarazzo, J. D. 1981 David Wechsler (1896-1981). *American Psychologist, 36*, 1542-

1543.

May, R. 1950 *The meaning of anxiety.* Ronald Press. 小野泰博（訳）1963 不安の人間学　誠信書房

Meichenbaum, D. H. 1977 *Cognitive-behavior modification: An integrative approach.* Plenum Press. 根建金男（監訳）1992 認知行動療法：心理療法の新しい展開　同朋舎出版

Merrell, K. W., Ervin, R. A., & Gimpel, G. A. 2006 *School psychology for the 21st century: Foundations and practices.* Guilford Press.

Metzger, W. 1936 *Gesetze des Sehens.* Kramer. 盛永四郎（訳）1968 視覚の法則　岩波書店

Miles, W. R. 1964 *Arnold Lucius Gesell: Biographical memoir.* National Academy of Science.

Miller, G. A. 1953 What is information measurement? *American Psychologist, 8,* 3-11.

Miller, G. A. 1956 The magical number seven, plus or minus two: Some limits on our capacity for processing information. *Psychological Review, 63,* 81-97.

Miller, G. A. 1962 Some psychological studies of grammar. *American Psychologist, 17,* 748-762.

Miller, G. A. 1979 *A very personal history: Talk to cognitive science workshop.* Massachusetts Institute of Technology.（Gardner, 1983, Brunner, 1983, Simon, 1996 などによる）

Miller, G. A. 2003 The cognitive revolution: A historical perspective. *Trends in Cognitive Science, 7,* 141-144.

Miller, G. A., Galanter, E. & Pribram, K. H. 1960 *Plans and the structure of behavior.* Holt, Rinehart and Winston. 十島雍蔵ら（訳）1980 プランと行動の構造：心理サイバネティクス序説　誠信書房

Miller, J. G. 1946 Clinical psychology in the veterans administration. *American Psychologist, 1,* 181-189.

Miller, N. E. 1948 Studies of fear as an acquirable drive: I. Fear as motivation and fear-reduction as reinforcement in the learning of new responses. *Journal of Experimental Psychology, 38,* 89-101.

Miller, N. E. & Dollard, J. 1941 *Social learning and imitation.* Yale University Press.

Mills, J. A. 1998 *Control: A history of behavioral psychology.* New York University Press.

Milton, J., Polmear, C., & Fabricius, J. 2004 *A short introduction to psychoanalysis.* Sage. 松木邦裕（監訳）2006 精神分析入門講座：英国学派を中心に　岩崎学術出版社

南博　1976　行動理論史　岩波書店

三浦清宏　2008　近代スピリチュアリズムの歴史：心霊研究から超心理学へ　講談社

三宅俊治　1991　Max Wertheimer, 1880-1912：その生活と思想　順正短期大学研究紀要, *20,* 99-112.

三宅俊治 1993 それからのMax Wertheimer: 1913-1943における生活と研究 順正短期大学研究紀要, *22*, 101-121.

Mora, G. 2008a Mental disturbance, unusual mental stats, and their interpretation during the middle ages. In E. R. Wallace Ⅳ & J. Gach (Eds.), *History of psychiatry and medical psychology*. Springer. pp.199-226.

Mora, G. 2008b Renaissance conceptions and treatment of madness. In E. R. Wallace Ⅳ & J. Gach (Eds.), *History of psychiatry and medical psychology*. Springer. pp.227-254.

Moray, N. 1995 Donald E. Broadbent: 1926-1993. *American Journal of Psychology, 108* (1), 116-121.

Morgan, C. L. 1903 *An introduction to comparative psychology*. Walter Scott.

森島恒雄 1970 魔女狩り 岩波書店

Moskowitz, M. J. 1977 Hugo Münsterberg: A study in the history of applied psychology. *American Psychologist, 32*, 824-842.

Mowrer, O. H. 1939 A stimulus-response analysis of anxiety and its role as a reinforcing agent. *Psychological Review, 46*, 553-564.

Mowrer, O. H. & Mowrer, W. M. 1938 Enuresis: A method for its study and treatment. *American Journal of Orthopsychiatry, 8*, 436-459.

Moxon, C. 1932 A new theory and therapy of the will. *Journal of Abnormal and Social Psychology, 27*, 48-51.

村田孝次 1987 発達心理学史入門 培風館

村田孝次 1992 発達心理学史 培風館

Murray, H. A. (the workers at the Harvard Psychological Clinic) 1938 *Explorations in personality: A clinical and experimental study of fifty men of college age*. Oxford University Press. 外林大作（訳編）1961/1962 パーソナリティ（1・2） 誠信書房

妙木浩之 2000 フロイト入門 筑摩書房

妙木浩之 2003 ウィニコットの世界 現代のエスプリ別冊 至文堂

中井久夫 1999 西欧精神医学背景史 みすず書房

中谷陽二 1999 変質学説から見たヨーロッパの精神医学・医療 松下正明・昼田源四郎（編）精神医療の歴史 中山書店 pp.163-173.

Neisser, U. 1967 *Cognitive psychology*. Prentice-Hall. 大羽蓁（訳）1981 認知心理学 誠信書房

Neisser, U. 2007 Autobiography. In G. Lindzey & W. M. Runyan (Eds.), *A history of psychology in autobiography*. Vol.9. American Psychological Association. pp.269-301.

Noll, R. 1994 *The Jung cult: Origins of a charismatic movement*. Princeton University Press. 月森左知・高田有現（訳）2011 ユング・カルト：カリスマ的運動の起源（新装版）創土社

Noll, R. 1997 *The Aryan Christ: The secret life of Carl Jung*. Random House. 老松克博

（訳）1999　ユングという神：秘められた生と教義　新曜社
大芦 治　2015　学校心理学の創始者Lightner Witmerの生涯についてのノート　千葉大学教育学部研究紀要, 63, 13-21.
Oberndorf, C. P. 1953 *A history of psychoanalysis in America*. Grune & Stratton.
O'Donnell, J. M. 1985 *The origins of behaviorism: American psychology, 1870-1920*. New York University Press.
O'Donohue, W. & Ferguson, K. E. 2001 *The psychology of B. F. Skinner*. Sage. 佐久間徹（監訳）2005　スキナーの心理学：応用行動分析学（ABA）の誕生　二瓶社
岡本春一（著）大羽蓁・笹野完二・澤司（編）1987　フランシス・ゴールトンの研究　ナカニシヤ出版
小此木啓吾　1989　フロイト　講談社
大倉正暉　1999　局所徴験　中島義明・安藤清志・子安増生・坂野雄二・繁桝算男・立花政夫・箱田裕司（編）心理学辞典　有斐閣　p.193.
小俣和一郎　2000　精神病院の起源　近代篇　太田出版
小俣和一郎　2002　近代精神医学の成立：「鎖解放」からナチズムへ　人文書院
大村敏輔（訳・注・解説）1996　ヘルムホルツの思想：認知心理学の源流　ブレーン出版
Palermo, D. S. 1971 Is a scientific revolution taking place in psychology? *Science Studies*, 1, 135-155.
Pavlov, I. P. 1906 The scientific investigation of the psychical faculties or processes in the higher animals. *Lancet*, 84, 911-915.
Pavlov, I. P. 1927 Лекции о работе больших полушарий головного мозга. 川村 浩（訳）1975　大脳半球の働きについて：条件反射学（上・下）　岩波書店
Pearson, K. (1914-1930) *The life, letters and labors of Francis Galton*. Vol.1-3. Cambridge University Press.
Peters, R. S. 1953 *Brett's history of psychology*. M.I.T. Press.
Pettigrew, T. H. 1969 Gordon Willard Allport. *Journal of Personality and Social Psychology*, 12, 1-5.
Piaget, J. 1952 Autobiography. In E. G. Boring, H. S. Langfeld, H. Wermer, & R. M. Yerkes (Eds.), *A history of psychology in autobiography*. Vol.4. Clark University Press. 波多野完治（訳）1975　ピアジェ　佐藤幸治・安宅孝治（編）現代心理学の系譜：その人と学説とⅡ　岩崎学術出版社　pp.96-139.
Pichot, P. 1996 *Un siecle de psychiatrie*. Institut D'edition Sanofi, Synthelabo. 帚木蓬生・大西 守（訳）1999　精神医学の二十世紀　新潮社
Pickren, W. E. & Rutherford, A. 2010 *A history of modern psychology in context*. Wiley.
Pillsbury, W. B. 1911 *The essentials of psychology*. Macmillan.
Pinel, P. 1801 *Traité médico-philosophique sur l'aliénation mentale, ou la manie*. Caille et Ravier. 影山任佐（訳）1990　精神病に関する医学・哲学論　中央洋書出版部

Poppen, R. 2001 Joseph Wolpe: Challenger and champion for behavior therapy. In W. T. O'Donohue, D. A. Henderson, S. C. Hayes, J. E. Fisher, & L. J. Hayes (Eds.), *A history of the behavioral therapies: Founders' personal histories*. Context Press. pp.39-57.

Preyer, W. T. 1882 *Die Seele des Kindes: Beobachtungen über die geistige Entwicklung des Menschen in den ersten Lebensjahren*. Grieben.

Raskin, N. J. 1948 The development of nondirective therapy. *Journal of Counseling Psychology, 12*, 92-110.

Reed, E. S. 1997 *From soul to mind: The emergence of psychology, from Erasmus Darwin to William James*. Yale University Press. 村田純一・染谷昌義・鈴木貴之（訳）2000 魂（ソウル）から心（マインド）へ：心理学の誕生　青土社

Reisman, J. M. 1991 *A history of clinical psychology* (2nd ed.). Brunner-Routledge.

Rescorla, R. A. 1968 Probability in the presence of absence of CS in fear conditioning. *Journal of Comparative and Physiological Psychology, 66*, 1-5.

Restle, F. 1957 Discrimination of cues in maze: A resolution of the "place-vs.-response" question. *Psychological Review, 64*, 217-228.

Richards, R. J. 1987 *Darwin and the emergence of evolutionary theories of mind and behavior*. University of Chicago Press.

Richardson, R. D. 2007 *William James: In the maelstrom of American modernism*. Mariner Books.

Ritvo, L. B. 1990 *Darwin's influence on Freud: A tale of two sciences*. Yale University Press. 安田一郎（訳）1999 ダーウィンを読むフロイト：二つの科学の物語　青土社

Roback, A. A. 1931 *The psychology of character*. Harcout Brace and Company.

Rogers, C. R. 1939 *The clinical treatment of the problem child*. Houghton Mifflin. 小野 修（訳）1966 問題児の治療（ロージァズ全集1）　岩崎学術出版社

Rogers, C. R. 1942 *Counseling and psychotherapy*. Houghton Mifflin. 友田不二男（訳）1966 カウンセリング改訂版（ロージァズ全集2）　岩崎学術出版社（ただし，完訳ではない）

Rogers, C. R. 1951 *Client-centered therapy: Its practice, implication, and theory*. Houghton Mifflin. 友田不二男（訳）1966 サイコセラピィ（ロージァズ全集3）（ただし，完訳ではない）

Rogers, C. R. 1961 *On becoming a person: A therapist's view of psychotherapy*. Houghton Mifflin.（邦訳は岩崎学術出版社刊行のロージァズ全集の6巻，12巻などに部分的にある）

Rogers, C. R. 1967 Autobiography. In E. G. Boring & G. Lindzey (Eds.), *A history of psychology in autobiography*. Vol.5. Appleton Century Crofts.　村山正治（訳）ロージァズ　佐藤幸治・安宅孝治（編）1975 現代心理学の系譜：その人と学説とⅠ　岩崎学術出版社　pp.191-260.

Rohracher, H. 1956 *Kleine Charakterkunde* (7th ed.). Urbana & Schwarzenberg. 宮本忠雄（訳）1966 性格学入門　みすず書房

Romanes, G. J. 1882 *Animal intelligence*. Kegan Paul.

Romanes, G. J.（E. D. Romanes Ed.）1896/2011 *The life and letters of George John Romanes*. Cambridge University Press.

Rosen, P. 1976 *Freud and his followers*. Allen Lane. 岸田 秀・高橋健次・富田達彦（訳）1987/1988 フロイトと後継者たち（上・下）誠信書房

Rosenblueth, A., Wiener, N., & Bigelow, J. 1943 Behavior, purpose and teleology. *Philosophy of Science, 10*, 18-24.

Ross, B. 1991 William James: Spoiled child of American psychology. In G. A. Kimble, M. Wertheimer, & C. L. White (Eds.), *Portaits of pioneers in psychology*. Lawrence Erlbaum Associates. pp.13-25.

Rotter, J. B. 1954 *Social learning and clinical psychology*. Prentice-Hall.

Rotter, J. B. 1966 Generalized expectancies for internal versus external control of reinforcement. *Psychological Monographs, 80* (Whole No.609).

Rotter, J. B. & Hochreich, D. J. 1975 *Personality*. Scott, Foresman. 詫摩武俊・次良丸睦子・佐山菫子（訳）1980 パーソナリティの心理学　新曜社

Routh, D. K. 1994 *Clinical psychology since 1917: Science, practice, and organization*. Plenum Press.

Routh, D. K. 2000 Clinical psychology training: A history of ideas and practices prior to 1946. *American Psychologist, 55*, 236-241.

Rutherford, A. 2003 Skinner boxes for psychotics: Operant conditioning at Metropolitan State Hospital. *Behavior Analyst, 26*, 267-279.

齋藤 眞　1976 アメリカ現代史　山川出版社

酒井明夫　1999 中世ヨーロッパにおける精神医療：処遇と治療の諸相とそれをもたらした要因について　松下正明・昼田源四郎（編）精神医療の歴史　中山書店　pp.79-89.

Sarason, S. B. 1981 An asocial and a misdirected clinical psychology. *American Psychologist, 36*, 827-836.

Schultz, D. P. & Schultz, S. E. 2008 *A history of modern psychology* (9th ed.). Thomson Wadsworth.

Schultz, D. P. & Schultz, S. E. 2012 *Modern psychology: A history* (10th ed.). Wadworth.

Seligman, M. E. P. & Maier, S. F. 1967 Failure to escape from traumatic shock. *Journal of Experimental Psychology, 74*, 1-9.

Semelaige, R. 1888 *Philippe Pinel et son oeuvr: Au point de vie de la medicine mentale*. Imprimeries Réunites. 影山任佐（訳）1988 フィリップ・ピネルの生涯と思想　中央洋書出版部

Shamdasani, S. 2005 *Jung stripped bare: By his biographers, Even*. Karnac Books. 田中康

裕・竹中菜苗・小木曽由佳（訳）2011 ユング伝記のフィクションと真相　創元社

Shannon, C. E. & Weaver, W. 1949 *The mathematical theory of communication.* University of Illinois Press. 植松友彦（訳）2009 通信の数学的理論　筑摩書房

Shiraev, E. 2011 *A history of psychology: A global perspective.* Sage.

Shorter, E. 1997 *A history of psychiatry: From the era of the asylum to the age of Prozac.* Wiley & Sons. 木村 定（訳）1999 精神医学の歴史：隔離の時代から薬物療法の時代まで　青土社

Simon, H. A. 1996 *Models of my life.* MIT Press. 安西裕一郎・安西徳子（訳）1998 学者人生のモデル　岩波書店

Skinner, B. F. 1935 Two types of conditioned reflex and pseudo type. *Journal of General Psychology, 12,* 66-77.

Skinner, B. F. 1938 *The behavior of organisms: An experimental analysis.* Appleton Century Crofts.

Skinner, B. F. 1957 *Verbal behavior.* Appleton-Century-Crofts.

Skinner, B. F. 1966 Autobiography. In E. G. Boring & G. Lindzey (Eds.), *A history of psychology in autobiography.* Vol.5. Appleton Century Crofts. 梅本堯夫（訳）B. F. スキンナー　佐藤幸治・安宅孝治（編）1975 現代心理学の系譜：その人と学説と I　岩崎学術出版社　pp.261-312.

Skues, R. A. 2006 *Sigmund Freud and the history of Anna O.: Reopening a closed case.* Palgrave Macillan.

Small, W. S. 1901 Experimental study of the mental processes of the rat. II. *American Journal of Psychology, 12,* 206-239.

Smith, D. 1982 Trends in counseling and psychotherapy. *American Psychologist, 37,* 802-809.

Smith, M. B. & Anderson, J. W. 1988 Henry A. Murray. *American Psychologist, 44,* 1153-1154.

Smith, S. & Guthrie, E. R. 1921 *General psychology in terms of behavior.* Appleton and Company.

Sokal, M. M. 2001 Practical phrenology as psychological counseling in the 19th-century United States. In C. D. Green & M. Shore (Eds.), *The transformation of psychology: Influences of 19th-century philosophy, technology, and natural science.* American Psychological Association. pp.21-44.

Sollod, R. 1978 Carl Rogers and the origins of client-centered therapy. *Professional Psychology, 9,* 93-104.

Spencer, H. 1855 *Principles of Psychology.* Longman, Brown, Green and Longmans.

Spillman, J. & Spillman, L. 1993 The rise and fall of Hugo Münsterberg. *Journal of the History of the Behavioral Science, 29,* 322-338.

Sprung, L. & Sprung, H. 2000a Carl Stumpf: Experimenter, theoretician, musicologist, and promoter. In G. A. Kimble & M. Wertheimer (Eds.), *Portraits of pioneers in psychology*. Vol.Ⅳ. Lawrence Erlbaum Associates. pp.51-69.

Sprung, L. & Sprung, H. 2000b Georg Elias Müller and the beginnings of modern psychology. In G. A. Kimble & M. Wertheimer (Eds.), *Portraits of pioneers in psychology*. Vol.Ⅳ. Lawrence Erlbaum Associates. pp.71-91.

Squire, L. R. & Kandel, E. R. 1999 *Memory: From mind to molecules*. Scientific American Library.

Stevens, S. S. 1935 The operational definition of psychological concepts. *Psychological Review, 42*, 517-527.

Stevens, S. S. 1939 Psychology and the science of sciences. *Psychological Bulletin, 36*, 221-263.

杉本 舞 2008 ウィーナーの「サイバネティクス」構想の変遷：1942年から1945年の状況 科学哲学科学史研究, *2*, 17-28.

鈴木正弥 1983 ゲシュタルト心理学者評伝（1） Kurt Koffka: 1886-1941. 名古屋大学教養部紀要B, *27*, 103-113.

鈴木正弥 1992 ゲシュタルト心理学者評伝（2） Max Wertheimer: 1880-1943. 名古屋大学教養部紀要B, *36*, 21-29.

鈴木正弥 1993 ゲシュタルト心理学者評伝（3） Wolfgang Köhler: 1887-1967. 名古屋大学教養部紀要B, *37*, 81-91.

高橋澪子 1975 心理学における方法論の史的展開 八木 冕（編）心理学研究法1 方法論 東京大学出版会 pp.19-77.

高橋澪子 1999 心の科学史：西洋心理学の源流と実験心理学の誕生 東北大学出版会

田村雲供 2004 フロイトのアンナO嬢とナチズム：フェミニスト・パッペンハイムの軌跡 ミネルヴァ書房

田中潜次郎 2005 ドイツの社会とゲシタルト心理学：問題提起 佐藤達哉（編）心理学史の新しいかたち 誠信書房 pp.84-103.

Terman, L. M. 1916 *The measurement of intelligence: An explanation of and a complete guide for the use of the Stanford Revision and Extension of the Binet-Simon Intelligence Scale*. Houghton Mifflin Company.

Terman, L. M. 1932 Autobiography. In C. Murchinson (Ed.), *A history of psychology in autobiography*. Vol.2. Clark University Press. 住田幸次郎（訳）ターマン 佐藤幸治・安宅孝治（編）1975 現代心理学の系譜：その人と学説とⅡ 岩崎学術出版社 pp.141-188.

Thorndike, E. L. 1911 *Animal intelligence: Experimental studies*. Macmillan.

Thorndike, E. L. 1936 Autobiography. In C. Murchinson (Ed.), *A history of psychology in autobiography*. Vol.3. Clark University Press. 坂野 登（訳）E. L. ソーンダイク

佐藤幸治・安宅孝治（編）1975　現代心理学の系譜：その人と学説とⅢ　岩崎学術出版社　pp.19-32.

Thorndike, E. L. & Woodworth, R. S. 1901 The influence of improvement in one mental function upon the efficiency of other functions, Ⅰ. *Psychological Review, 8,* 247-261.

Titchener, E. B. 1896 *An outline of psychology.* The Macmillan Company.

Titchener, E. B. 1898 The postulates of structural psychology. *Philosophical Review, 7,* 449-465.

Titchener, E. B. 1899 Structural and functional psychology. *Philosophical Review, 8,* 290-299.

Tolman, E. C. 1920 Instinct and purpose. *Psychological Review, 27,* 217-233.

Tolman, E. C. 1932 *Purposive behavior in animals and men.* Century/Random House. 富田達彦（訳）1977　新行動主義心理学：動物と人間における目的的行動　清水弘文堂

Tolman, E. C. 1952 Autobiography. In E. G. Boring, H. S. Langfeld, H. Wermer, & R. M. Yerkes（Eds.）, *A history of psychology in autobiography.* Vol.4. Clark University Press. 大羽蓁（訳）1975　トールマン　佐藤幸治・安宅孝治（編）現代心理学の系譜：その人と学説とⅢ　岩崎学術出版社　pp.67-98.

Tolman, E. C. & Honzik, C. H. 1930 Introduction and removal of reward and maze performance in rats. *University of California Publications in Psychology, 4,* 257-275.

Tolman, E. C., Ritchie, B. F. & Kalish, D. 1946 Studies in spatial learning. II. Place learning versus response learning. *Journal of Experimental Psychology, 36,* 221-229.

Tomes, N. 2008 The development of clinical psychology, social work, and psychiatric nursing: 1900-1980s. In E. R. Wallace Ⅳ & J. Gach（Eds.）, *History of psychiatry and medical psychology.* Springer. pp.657-682.

Trillat, E. T. 1986 *L'historie de l'hysétrie.* Editions Seghers. 安田一郎・横倉れい（訳）1998　ヒステリーの歴史　青土社

Triplet, R. G. 1992 Henry A. Murray: The making of a psychologist? *American Psychologist, 47,* 299-307.

Triplett, N. 1898 The dynamogenic factors in pacemaking and competition. *American Journal of Psychology, 9,* 507-533.

Turner, R. S. 1977 Hermann von Helmholtz and empiricist vision. *Journal of History of Behavioral Science, 13,* 48-58.

内沼幸雄　1979　エミール・クレペリン　荻野恒一・相場均（監修）現代精神病理学のエッセンス：フロイト以降の代表的心の病理学者の人と業績　ペリカン社　pp.37-52.

上山安敏　1989　フロイトとユング：精神分析運動とヨーロッパ知識社会　岩波書店

梅本堯夫　1984　認知心理学の系譜　大山正・東洋（編）認知心理学講座：1　認知と心理学　東京大学出版会　pp.33-72.

梅本堯夫 1994 記憶研究の源流：エビングハウス 梅本堯夫・大山 正（編著） 心理学史への招待：現代心理学の背景 サイエンス社 pp.111-128.

魚津郁夫 2006 プラグマティズムの思想 筑摩書房

宇津木成介 2007 ジェームズの感情理論：教科書にあらわれるその根拠と論理 神戸大学国際文化学部紀要「国際文化研究」, 27, 1-27.

van der Horst, F. C. P. 2011 *John Bowlby - From psychoanalysis to ethology: Unraveling the roots of attachment theory.* Wiley.

van Dijken 1998 *John Bowlby, his early life: A biographical journey into the roots of attachment theory.* Free Association Books.

Vargas, J. S. 2001 B. F. Skinner's contribution to therapeutic change: An agency-less, contingency analysis. In W. T. O'Donohue, D. A. Henderson, S. C. Hayes, J. E. Fisher, & L. J. Hayes（Eds.）, *A history of the behavioral therapies: Founders' personal histories.* Context Press. pp.59-74.

Wallin, J. E. W. 1911 The new clinical psychology and the psycho-clinicist. *Journal of Educational Psychology, 2,* 121-132.

Warren, H. C. 1921 *A history of the association psychology.* Constable. 矢田部達郎（訳）1951 心理學史 創元社

Washburn, M. F. 1917 *Animal mind: A text-book of comparative psychology*（2nd ed.）: MacMillan.（初版は1908年に出版されている）

Watson, J. B. 1913 Psychology as the behaviorist views it. *Psychological Review, 20,* 158-177.

Watson, J. B. 1914 *Behavior: An introduction to comparative psychology.* Henry Holt.

Watson, J. B. 1916a The place of the conditioned-reflex in psychology. *Psychological Review, 23,* 89-116.

Watson, J. B. 1916b Behavior and the concept of mental disease. *Journal of Philosophy, Psychology and Scientific Methods, 13,* 589-597.

Watson, J. B. 1925/1970 *Behaviorism.* W. W. Norton.

Watson, J. B. 1936 Autobiography. In C. Murchinson（Ed.）, *A history of psychology in autobiography.* Vol.3. Clark University Press. 今田 恵（訳）ワトソン 佐藤幸治・安宅孝治（編） 1975 現代心理学の系譜：その人と学説と Ⅲ 岩崎学術出版社 pp.1-17.

Watson, J. B. & Rayner, R. 1920 Conditioned emotional reactions. *Journal of Experimental Psychology, 3,* 1-14.

Watson, R. I. 1953 A brief history of clinical psychology. *Psychological Bulletin, 50,* 321-346.

Watson, R. I. Jr. & Evans, R. B. 1991 *The great psychologists: A history of psychological thought*（5th ed.）. Harper Collins.

Weidman, N. M. 1999 *Constructing scientific psychology: Karl Lashley's mind-brain debates.* Cambridge University Press.

Weiner, D. B. 2008a The madman in the light of reason: Enlightenment psychiatry: Part 1. Custody, therapy, theory and the need for reform. In E. R. Wallace, Ⅳ & J. Gach (Eds.), *History of psychiatry and medical psychology.* Springer. pp.255-277.

Weiner, D. B. 2008b Phillipe Pinel in the twenty-first century: The myth and the message. In E. R. Wallace Ⅳ & J. Gach (Eds.), *History of psychiatry and medical psychology.* Springer. pp.305-312.

Wertheimer, M. 1912 Experimentelle Stuidien uber das Sehen von Bewegung. *Zeitschrift für Psychologie und Physiologie der Sinnesorgane, 61,* 161-265. 三宅俊治（訳） 2004 運動視に関する実験的研究 吉備国際大学大学院社会学研究科論叢, 6, 137-247

Wertheimer, M. 1922 Untersuchungen zur Lehre von der Gestalt: I. Prinzipielle Bemerkungen. In *Psycologische Forschung, 1,* 47-58. Translated by Ellis, W. 1938 The General theoretical situation. *A source book of Gestalt psychology.* Gestalt Journal Press. pp.12-16.

Wertheimer, M. 1923 Untersuchungen zur Lehre von der Gestalt Ⅱ. In Psycologische Forschung, *4,* 301-350. Translated by Ellis, W. 1938 Laws of organization in perceptual forms. *A source book of Gestalt psychology.* Gestalt Journal Press. pp.71-88.

Wertheimer, M. 1945 *Productive thinking.* Harper and Brothers Publishers. 矢田部達郎（訳） 1952 生産的思考 岩波書店

Wertheimer, M. 2012 *A brief history of psychology* (5th ed.). Psychology Press.

Wertz, F. J. 1998 The role of the humanistic movement in the history of psychology, *Journal of Humanistic Psycology, 38*(1), 42-70.

White, S. H. 1992 G. Stanley Hall: From philosophy to developmental psychology. *Developmental Psychology, 28,* 25-34.

Wiener, N. 1948 *Cybernetics, or, control and communication in the animal and the machine.* Wiley, Hermann. 池原止戈夫・彌永昌吉・室賀三郎・戸田 巌（訳） 1962 サイバネティックス（第2版）：動物と機械における制御と通信 岩波書店

Wilson, C. 1984 *Lord of the underworld: Jung and the twentieth century.* Aquarian Press. 安田一郎（訳） 1985 ユング：地下の大王 河出書房新社

Witkin, H. A. 1965 Heinz Werner: 1890-1964. *Child Development, 36*(2), 307-328.

Witmer, L. 1897 The organization of. Practical work in psychology. *Psychological Review, 4,* 116-117.

Witmer, L. 1907 Clinical Psychology. *Psychological Clinic, 1,* 1-9. (*American Psychologist, 51,* 248-251. に全文が掲載されている)

Wolf, T. H. 1973 *Alfred Binet*. University of Chicago Press. 宇津木保（訳）1979 ビネの生涯：知能検査のはじまり 誠信書房
Wolpe, J. 1973 *The practice of behavior therapy* (2nd ed.). Pergamon.
Woodworth, R. S. 1918 *Dynamic psychology*. Columbia University Press.
Wundt, W. M. 1862 Beiträge zur Theorie der Sinneswahrnehmung. C. F. Winter.
Wundt, W. M. 1874 *Grundzüge der physiologischen Psychologie*. Wilhelm Engelmann. (復刻版 1998 Thommes Press and Maruzen)
Wundt, W. M. 1912 *Elemente der Völkerpsychologie: Grundlinien einer psychologischen Entwicklungsgeschichte der Menschheit*. Kröner. Translated by Schaub, E. L. 1916 *Elements of folk psychology. Outlines of a psychological history of the development of mankaind*. Blakiston Press.
Wundt, W. 1921 *Erlebtes und Erkanntes*. A. Kröner. 川村宣元・石田幸平（訳）2002 体験と認識：ヴィルヘルム・ヴント自伝 東北大学出版会
山内友三郎 1970 プラトン『国家』における魂の本性：ハルモニアとプロネーシス 大阪教育大学紀要 第一部門, *19*, 39-53.
矢野喜夫 1994 個人差と個性の研究 梅本堯夫・大山 正（編著） 心理学史への招待：現代心理学の背景 サイエンス社 pp.161-182.
Yerkes, R. M. & Dodson, J. D. 1908 The relation of strength of stimulus to rapidity of habit-formation. *Journal of Comparative Neurology and Psychology*, *18*, 459-482.
吉田正昭 1983 フランス実験心理学の創設者：A. ビネー 心理学史から（第1集）サイエンス社 pp.113-132.
Young-Bruehl, E. 2008 *Anna Freud: A biography* (2nd ed.). Yale University Press.
Zeigarnik, B. 1927 Über das Behalten von erledigten und unerledigten Handlungen. *Psycologische Forschung*, *9*, 1-85. Translated by Ellis, W. 1938 On finished and unfinishes task. *A source book of Gestalt psychology*. Gestalt Journal Press. pp.300-314.
Zenderland, L. 1998 *Measuring mind: Henry Herbert Goddard and the origins of American intelligence testing*. Cambridge University Press.
Zilboorg, G. 1941 *A history of medical psychology*. W. W. Norton. 神谷美恵子（訳）1958 医学的心理学史 みすず書房
Zusne, I. 1975 *Names in the history of psychology: A biographical sourcebook*. Halsted Press Book.

図・写真・画像について

　本書では多くの写真（とくに心理学者の肖像）を掲載した。写真の掲載にあたって最大の問題点はやはり著作権についてであった。著作権上の問題のない写真をさまざまな方法で探したが，結果的にライセンスについて明記されているウィキペディアコモンズか，画像がパブリックドメインであることを確認したうえで掲載しているウェブサイトから引用したものが多くなった。また，そうしたウェブサイト以外の書籍から引用する場合でも日本の著作権法上問題がないと判断できるものに限って利用した。そのため，多くの写真は1950年代以前のものになってしまい，比較的新しい歴史を扱った第6章や第10章などではほとんど写真が掲載されていないが，そうした事情をご理解いただければと思う。
　以下に図，写真，画像の出所および著作権等に関する情報を示す。

序章
図 序-1　筆者作成
図 序-2　実験室でのヴント　http://en.wikipedia.org/wiki/File:Wundt-research-group.jpg より（Public Domain）「Description: Wundt research group, ca. 1880. Source: http://psy.uniklinikum-leipzig.de/eng/geschi-e.htm This image is in the public domain.」（2016.1.23 確認）
図 序-3　筆者作成
図 序-4　フロイト　http://en.wikipedia.org/wiki/File:Sigmund_Freud_LIFE.jpg より（Public Domain）「This work is in the public domain in the United States because it was published (or registered with the U.S. Copyright Office) before January 1, 1923.」（2016.6.20 確認）

第1章
図 1-1　筆者作成
図 1-2　デカルト『情念論』にある図　http://commons.wikimedia.org/wiki/File:Descartes_diagram.png?uselang=ja より（Public Domain）「許可: Artist has been dead for more than 70 years」（2016.1.23 確認）
図 1-3　J. S. ミル　http://ja.wikipedia.org/wiki/%E3%83%95%E3%82%A1%E3%82%A4%E3%83%AB:JohnStuartMill.jpg より（Public Domain）（2016.1.24 確認）
図 1-4　ベイン　http://en.wikipedia.org/wiki/File:AlexanderBain001.jpg より（Public Domain）「Date: Unknown Source: en: [1], NIH libraries, (http://ihm.nlm.nih.gov/luna/servlet/view/search?q=B01347) This image is in the public domain because its copyright has expired in those countries with a copyright term of no more than the life of the author plus 100 years. Author: Unknown」（2016.1.24 確認）
図 1-5　ガル　http://ja.wikipedia.org/wiki/%E3%83%95%E3%82%A1%E3%82%A4%E3%83%AB:Franz_Joseph_Gall.jpg より（Public Domain）「日付: early 19th century」（2016.1.24 確認）
図 1-6　骨相学で用いた脳の図　http://ja.wikipedia.org/wiki/%E3%83%95%E3%82%A1%E3%82%A4%E3%83%AB:1895-Dictionary-Phrenolog.png より（Public Domain）「This is an illustration and defenition of "phrenology" from Webster's Dictionary circa 1900.」（2016.1.24 確認）
図 1-7　ミュラー　http://ja.wikipedia.org/wiki/%E3%83%95%E3%82%A1%E3%82%A4%E3%83%AB:Johannes_Peter_M%C3%BCller.jpg より（Public Domain）「原典: http://ihm.nlm.nih.gov/images/B19893　作者: G. Berger (lithography)」（2016.1.24 確認）

図・写真・画像について

第 2 章
図 2-1　筆者作成
図 2-2　ヘルムホルツ　http://ja.wikipedia.org/wiki/%E3%83%95%E3%82%A1%E3%82%A4%E3%83%AB:Hermann_von_Helmholtz.jpg より（Public Domain）「Hermann von Helmholtz　Practical Physics published 1914　Macmillan and Company」（2016.1.24 確認）
図 2-3　ドンデルス　http://en.wikipedia.org/wiki/File:Donders,_Franciscus_Cornelis_（1818_-_1889）.jpg より（Public Domain）「Source: SIL14-D4-14a.jpg from the Scientific Identity: Portraits from the Dibner Library of the History of Science and Technology (reworked)　Author: Alexander Seitz（Photographic company）」（2016.1.24 確認）
図 2-4　ヘルバルト　http://ja.wikipedia.org/wiki/File:Johann_Friedrich_Herbart.jpg より（Public Domain）「Public domain by age（Herbart died in 1841）」（2016.1.24 確認）
図 2-5　フェヒナー　http://ja.wikipedia.org/wiki/%E3%83%95%E3%82%A1%E3%82%A4%E3%83%AB:Gustav_Fechner.jpg より（Public Domain）（2016.1.24 確認）
図 2-6　ヴント　http://commons.wikimedia.org/wiki/File:W._Wundt.jpg?uselang=ja より（Public Domain）「原典: reprinted in Koenig E: W. Wundt, seine Psychologie und Psychologie（1901）」（2016.1.25 確認）
図 2-7　ヴントの活躍した時代の心理学実験装置　ツィンメルマン（Zimmermann, E）の装置のカタログ（1903）にある画像。画像はMontclair 州立大学のT. Perera，および，E. J. Haupt 教授から提供されたもの（1999.2.3.）。なお，教授らはインターネット上に「心理学装置の歴史博物館」を設けておりなお，他の実験装置も見ることができる。URL は，http://tomperera.com/psychology_museum/museum.html
図 2-8　エビングハウス　http://ja.wikipedia.org/wiki/%E3%83%95%E3%82%A1%E3%82%A4%E3%83%AB:Ebbinghaus2.jpg より（Public Domain）「日付: vor 1909　原典: http://www.unipublic.unizh.ch/magazin/gesellschaft/2005/1440/ebbinghaus2.jpg　Transferred from en.wikipedia」（2016.1.24 確認）
図 2-9　ブレンターノ　http://ja.wikipedia.org/wiki/%E3%83%95%E3%82%A1%E3%82%A4%E3%83%AB:Franz_Brentano.jpeg より（Public Domain）（2016.1.25 確認）
図 2-10　シュトゥンプ　http://ja.wikipedia.org/wiki/%E3%83%95%E3%82%A1%E3%82%A4%E3%83%AB:Carlstumpf.jpg より（Public Domain）「日付: 1900 年頃　原典: http://www.sammlungen.hu-berlin.de/dokumente/234/　作者: Julius Cornelius Schaarwächter」（2016.1.25 確認）

第 3 章
図 3-1　図 3-2　筆者作成
図 3-3　ジェームズ　http://ja.wikipedia.org/wiki/%E3%83%95%E3%82%A1%E3%82%A4%E3%83%AB:William_James_b1842c.jpg より（Public Domain）
「日付: 1890s　原典: http://blogs.law.harvard.edu/houghton/2010/10/19/%E2%80%9Cthe-universe%E2%80%99s-hash%E2%80%9D-settled-the-william-james-lecture/」（2016.1.25 確認）
図 3-4　ホール　http://commons.wikimedia.org/wiki/File:G._Stanley_Hall.jpg?uselang=ja より（Public Domain）「日付: 1910 年頃　原典: http://ihm.nlm.nih.gov/luna/servlet/view/search?q=B013583　作者: Frederick Gutekunst　This image is in the public domain because it contains materials that originally came from the National Institutes of Health.」（2016.1.25 確認）
図 3-5　ミュンスターバーグ　http://ja.wikipedia.org/wiki/%E3%83%95%E3%82%A1%E3%82%A4%E3%83%83%AB:Hugo_Munsterberg.jpg より（Public Domain）（2016.1.25 確認）
図 3-6　デューイ　http://ja.wikipedia.org/wiki/%E3%83%95%E3%82%A1%E3%82%A4%E3%83%AB:John_Dewey_in_1902.jpg より（Public Domain）「日付: 1902 年　原典: English: Scanned by uploader from Menand, Louis（2001），The Metaphysical Club, New York: Farrar, Straus and Giroux, p. 317, ISBN 0-374-52849-7. Original photograph from the John Dewey Photograph Collection（N3-1104, N3-1109），Special Collections, Morris Library, Southern Illinois University at Carbondale.　作者: Eva Watson-Schütze（1867-1935）」（2016.1.25 確認）
図 3-7　エンジェル　http://en.wikipedia.org/wiki/File:James_Rowland_Angell.png より（Public Domain）「Date: 1922 Source: 1922 Michiganensian（University of Michigan yearbook），p. 182」（2016.1.25 確認）
図 3-8　キャッテル　http://ja.wikipedia.org/wiki/%E3%83%95%E3%82%A1%E3%82%A4%E3%83%AB:James_McKeen_Cattell.jpg より「原典: This image is available from the United States Library of Congress's Prints and Photographs division under the digital ID ggbain.36662　http://www.loc.gov/

pictures/resource/ggbain.36662／ 作者: Bain News Service　This is a press photograph from the George Grantham Bain collection, which was purchased by the Library of Congress in 1948. According to the library, there are no known restrictions on the use of these photos.」（2016.1.25 確認）
図 3-9　ウッドワース　http://commons.wikimedia.org/wiki/File:PSM_V74_D211_Robert_Sessions_Woodworth.png より（Public Domain）
「Date:1909 Source: Popular Science Monthly Volume 74」（2016.1.25 確認）
図 3-10　ソーンダイク　http://commons.wikimedia.org/wiki/File:PSM_V80_D211_Edward_Lee_Thorndike.png?uselang=ja より（Public Domain）「日付: 1912 年　原典: Popular Science Monthly Volume 80」（2016.1.25 確認）
図 3-11　ティチェナー　http://commons.wikimedia.org/wiki/File:Edward_Bradford_Titchener.jpg?uselang=ja より（Public Domain）「日付: c. 1890　原典: retrieved from http://vlp.mpiwg-berlin.mpg.de/people/data?id=per317」（2016.1.25 確認）

第 4 章
図 4-1　筆者作成
図 4-2　ダーウィン　http://commons.wikimedia.org/wiki/File:Charles_Darwin_seated.jpg より（Public Domain）「Date: circa 1854 Source: University College London Digital Collection (18869) This photo has been published in Karl Pearson, The Life, Letters, and Labours of Francis Galton (1914). Author: Henry Maull (1829-1914) and John Fox (1832-1907) (Maull & Fox)」（2016.1.25 確認）
図 4-3　ロマーニズ　http://commons.wikimedia.org/wiki/File:Romanes.jpg?uselang=ja より（Public Domain）「原典: A history of farm animal embryo transfer and some associated techniques: http://www.sciencedirect.com/science/article/pii/S0378432003001660　作者: Elliot & Fry」（2016.1.25 確認）
図 4-4　ロエブ　http://ja.wikipedia.org/wiki/%E3%83%95%E3%82%A1%E3%82%A4%E3%83%AB:Jacques_Loeb.jpg より（Public Domain）「日付: 1915 年頃　原典: http://ihm.nlm.nih.gov/luna/servlet/view/search?q=182725&search=Search　作者: unknown/pseudonymous　許可: The National Library of Medicine believes this item to be in the public domain.」（2016.1.25 確認）
図 4-5　セーチェノフ　https://commons.wikimedia.org/wiki/File:Sechenov.jpg より（Public Domain）「Photograph of 1900s」（2016.1.25 確認）
図 4-6　パブロフ　http://ja.wikipedia.org/wiki/%E3%83%95%E3%82%A1%E3%82%A4%E3%83%AB:Ivan_Pavlov_LIFE.jpg より（Public Domain）「日付: 1920 年　原典: This image comes from the Google-hosted LIFE Photo Archive where it is available under the filename 6bfe762c14ea3e8d」（2016.1.25 確認）
図 4-7　ベヒテレフ　http://commons.wikimedia.org/wiki/File:Bulla_bekhterev_v.jpg?uselang=ja より（Public Domain）「作者: Karl Bulla (1855-1929)」（2016.1.25 確認）
図 4-8　ワトソン　http://en.wikipedia.org/wiki/File:John_Broadus_Watson.JPG より（Public Domain）「Source: http://www.jhu.edu/gazette/2001/jan2201/22watson.html The Johns Hopkins Gazette (Johns Hopkins University) Author: Unknown (pre-1923 photo)」（2016.1.25 確認）
図 4-9　筆者作成
図 4-10　トールマン　http://en.wikipedia.org/wiki/File:Tolman,_E.C._portrait.jpg よりFree Art License に従い引用　「Description: English: head and shoulders portrait of EC Tolman, behavioural psychologist Date:21 July 2011 Source & Author: http://faculty.frostburg.edu/mbradley/psyography/edwardtolman.html Copyleft: This work of art is free; you can redistribute it and/or modify it according to terms of the Free Art License You will find a specimen of this license on the Copyleft Attitude site as well as on other sites.」（2016.1.25 確認）
図 4-11　トールマンの実験で用いられた迷路　*Journal of Experimental Psychology, 36*, p.223 にある図
図 4-12　ハル　http://en.wikipedia.org/wiki/File:ClarkHull2.jpg よりFree Art License に従い引用　「Description:English: Photograph of Clark Hull　Date: 25 July 2011　Source & Author: http://www1.appstate.edu/~kms/classes/psy3202/images/ClarkHull2.jpg Copyleft: This work of art is free; you can redistribute it and/or modify it according to terms of the Free Art License.」（2016.1.25 確認）
図 4-13　スキナー　http://ja.wikipedia.org/wiki/%E3%83%95%E3%82%A1%E3%82%A4%E3%83%AB:B.F._Skinner_at_Harvard_circa_1950.jpg よりクリエイティブ・コモンズ 3.0 非移植に従い引用。「解説: English: B.F. Skinner at the Harvard Psychology Department, circa 1950　日付: 1950c　原典: self-made

（by User:Silly rabbit）．Updated in the Gimp by User:Michaelrayw2． 作者: Silly rabbit　このファイルはクリエイティブ・コモンズ 表示 3.0 非移植ライセンスのもとに利用を許諾されています．（CC BY 3.0）」（2016.1.25 確認）

第 5 章
図 5-1　筆者作成
図 5-2　ウェルトハイマー　Ash, M. G.（1998）　*Gestalt Psychology in German Culture: 1890-1967*. CambrdgeUniversity Press. p.128. Historisches Museum Frankfurt 所蔵の画像。1913 年頃のものといわれている。
図 5-3　ゾエトロープ　http://commons.wikimedia.org/wiki/File:Murey.jpg より　（Public Domain）「Description: English: Zoetrope arranged to show a cycle of a seagull's flight in ten successive frames, 1887 Source: http://www.parisphoto.fr/press.html?c=&of=120 Author: Étienne-Jules MareyThis image (or other media file) is in the public domain because its copyright has expired.」（2016.1.25 確認）上記の Source は現在リンク切れの模様。なお，この写真がフランスの医師で連続写真技術の開発者でもあるÉtienne-Jules Marey's（1830-1904）によるものであることは，多くのインターネット上のサイト（たとえば，http://thepoetryofsight.blogspot.jp/2012/03/etienne-jules-mareys-3-d-motion-picture.html）などからもわかる。
図 5-4　コフカ　*Psychological Review*, 49（2），1942. より。コフカの没年（1941.11.22）以前に撮影されたものとみなされる。
図 5-5　ケーラー　http://ihm.nlm.nih.gov/luna/servlet/detail/NLMNLM~1~1~101420741~182052:-Wolfgang-Koehler-?sort=Title%2CTitle%2CSubject_MeSH_Term%2CSubject_MeSH_Term&qvq=q:koehler;sort:Title, Title, Subject_MeSH_Term, Subject_MeSH_Term;lc:NLMNLM~1~1&mi=2&trs=3　（Images from the History of Medicine（NLM）Collection）より引用。「Contributor（Organization）: University of Berlin」と記載があることなどから考えてケーラーがドイツを離れる 1935 年以前に撮られた写真と考えられる。（2016.1.25 確認）。
図 5-6　ウェルトハイマーが行った仮現運動の実験　筆者作成
図 5-7　ケーラーが例に挙げている図形　Köhler, W. 1940 *Dynamics in Psychology*. Liveright. 相良守次（訳）1951 心理学における力学説　岩波書店　p.96 の記述をもとに筆者が作成。
図 5-8　レヴィン　*Psychological Review*, 55（1），1948. より。レヴィンの没年（1947.2.12）以前に撮影されたものと思われる。
図 5-9　夫と妻の生活空間及び両者を含む社会的場　Lewin, K. 1947 Frontiers in group dynamics, Ⅱ. In Dorwin Cartwright. 1952 *Field theory in social science: selected theoretical papers*. Tavistock. 猪股佐登留（訳）1979　社会科学における場の理論（増補版）　誠信書房　p.195 より

第 6 章
図 6-1　筆者作成
図 6-2　フォン・ノイマン　http://ja.wikipedia.org/wiki/%E3%83%95%E3%82%A1%E3%82%A4%E3%83%AB:JohnvonNeumann-LosAlamos.gif より。「日付: 01/20/08　原典: http://www.lanl.gov/history/atomicbomb/images/NeumannL..GIF（Archive copy at the Internet Archive）　作者: LANL　This image is a work of a United States Department of Energy (or predecessor organization) employee, taken or made as part of that person's official duties. As a work of the U.S. federal government, the image is in the public domain.」（2016.1.25 確認）
図 6-3　ピッツ　http://ja.wikipedia.org/wiki/%E3%83%95%E3%82%A1%E3%82%A4%E3%83%AB:Lettvin_Pitts.jpg より「Description: en:Walter Pitts and en:Jerome Lettvin Date: 28 April 2006 (original upload) Source: http://en.wikipedia.org/wiki/Image:Lettvin_Pitts.jpg and Family album Author: Iapx86　このファイルはクリエイティブ・コモンズ 表示-継承 3.0 非移植 ライセンスのもとに利用を許諾されています。帰属: Iapx86 from en.wikipedia.org（CC BY-SA 3.0）」（2016.1.25 確認）
図 6-4　ウィーナー　http://ja.wikipedia.org/wiki/%E3%83%95%E3%82%A1%E3%82%A4%E3%83%AB:Norbert_wiener.jpg より。「原典: http://owpdb.mfo.de/detail?photo_id=4520 作者: Konrad Jacobs　許可: このファイルはクリエイティブ・コモンズ 表示-継承 2.0 ドイツライセンスのもとに利用を許諾されています。（CC BY-SA 2.0 DE）」（2016.1.25 確認）

図 6-5 「思考の研究」で取り上げられた概念形成課題　Bruner, J. S., Goodnow, J. J., & Austin, G. A. 1956 *A study of thinking*. Wiley. 岸本 弘・岸本紀子・杉崎恵義・北山 亮（訳）1969 思考の研究　明治図書（邦訳のp.64 の図）

図 6-6　ブロードベントのフィルターモデル　Broadbent, D. E. 1958 *Perception and Communication*. Pergamon Press. p.299 より

第 7 章
図 7-1　筆者作成

図 7-2　魔女狩り　Guiley, R. 1989 *The encyclopedia of witches and witchcraft*. Facts on File　荒木正純・松田 英（監訳）1996 魔女と魔術の事典　原書房　p.9 より。Guiley はこの画像の来歴について述べていないが、http://www.brh.org.uk/site/articles/witch-hunting/ のウェブサイトには同じ図について「Hanging of a farm woman declared by the inquisition to be possessed by demons. From Rappresentatione della passione. Florence, 1520.」とある（2016.1.25 確認）ことから、16 世紀のものと見られる。

図 7-3　ワイヤー　http://en.wikipedia.org/wiki/File:Johannes_Weyer.JPG より（Public Domain）「Artist: Pieter Holsteyn (II)（circa 1614-1673）Description: Portrait of Johannes Wier (Weyer). Used in Melchior Adam（red.; 1660）Ioannis Wieri Opera […] Omnia [2nd ed.], Amsterdam: s.n., 1660. After a woodcut from the 1576 Basel edition. Date: between 1619 and 1660 Source and Photographer: Heinrich Janssen and Udo Grote（1998）Zwei Jahrtausende Geschichte der Kirche am Niederrhein, Münster: dialogverlag, ISBN 9783933144027, p. 269. This is a faithful photographic reproduction of a two-dimensional, public domain work of art. Such reproductions are in the public domain in the United States.」（2016.1.25 確認）

図 7-4　ピネル　http://ja.wikipedia.org/wiki/%E3%83%95%E3%82%A1%E3%82%A4%E3%83%AB:Philippe_Pinel.jpg より（Public Domain）「原典: http://www.ship.edu/~cgboeree/psychoanalysis.html　作者: Julien-Leopold Boilly（1796-1874）」（2016.1.25 確認）

図 7-5　サルペトリエール病院　筆者撮影

図 7-6　筆者作成

図 7-7　エスキロール　http://en.wikipedia.org/wiki/File:Jean-%C3%89tienne_Dominique_Esquirol.jpg より（Public Domain）「Date: 1838　Sorce: http://ihm.nlm.nih.gov/images/B06933　Author: Painted by Ch. Bazin, lithography by de Delpech.　This is a faithful photographic reproduction of a two-dimensional, public domain work of art.」（2016.1.25 確認）

図 7-8　グリージンガー　http://en.wikipedia.org/wiki/File:Griesinger.jpg より（Public Domain）「Date: circa 1865（in Griesingers Berliner Zeit）.Source: http://www.sammlungen.hu-berlin.de/dokumente/14027/　Author: Lithographie 36 x 27, 5 cm von Georg Engelbach（* 1817, Sterbejahr nicht bekannt; Berliner Bildniszeichner und Lithograph, Thieme-Becker X, S. 532）.」（2016.1.25 確認）

図 7-9　クレペリン　http://en.wikipedia.org/wiki/File:Emil_Kraepelin_1926.jpg より（Public Domain）「Date: circa 1920 Source: Munchener Medizinische Wochenschrift（1926）」（2016.6.20 確認）

図 7-10　ブロイラー　http://en.wikipedia.org/wiki/File:Eugen_bleuler.jpg より（Public Domain）「Date: circa 1900 Source: http://ihm.nlm.nih.gov/luna/servlet/detail/NLMNLM~1~1~101434737~172861:-Eugen-Bleuler-?qvq=q:bleuler;lc:NLMNLM~1~1&mi=1&trs=3　Author: author of photograph unknown Permission: "The National Library of Medicine believes this item to be in the public domain"」（2016.1.25 確認）

図 7-11　ブローカ　http://commons.wikimedia.org/wiki/File:Paul_Broca_2.jpg より（Public Domain）「Date: Unknown　Source: http://ihm.nlm.nih.gov/luna/servlet/view/search?q=B03579」（2016.1.25 確認）

図 7-12　アルツハイマー　http://ja.wikipedia.org/wiki/%E3%83%95%E3%82%A1%E3%82%A4%E3%83%AB:Alois_Alzheimer_003.jpg より（Public Domain）「日付: 1915 or earlier 原典: http://neurophilosophy.wordpress.com/2006/11/03/100-years-of-alzheimers-disease/」（2016.1.25 確認）

図 7-13　ウェルニケ　http://en.wikipedia.org/wiki/File:C._Wernicke.jpg より（Public Domain）「Date: before 1905 Source: http://ihm.nlm.nih.gov/luna/servlet/view/search?q=190911&search=Search Author: J.F. Lehmann, Muenchen Permission: The National Library of Medicine believes this item to be in the public domain」（2016.1.25 確認）

図 7-14　チューリッヒ大学の附属病院でもあるブルクヘルツリ病院　https://commons.wikimedia.org/wiki/

File:Burgh%C3%B6lzli_Stich.jpg より（Public Domain）（2016.1.21 確認.）

第 8 章
図 8-1　筆者作成
図 8-2　メスメル　ウィーン医学史博物館にて入手。この画像は Hermann Ullrich: Maria Theresia Paradis und Dr. Franz Anton Mesmer. In: *Jahrbuch des Vereines für Geschichte der Stadt Wien.* XVII-XVIII. 1961-1962. pp.149-188. にあるものだが，肖像画自体はフランスのClaude-Louis Desrais（1746-1818）によるもの。
図 8-3　磁気桶　ウィーン医学誌博物館にて入手　元画像は Mousson-Lanauze 1915/1920 *Die Entwicklung der Heilkunde vom Empirismus zur Wissenschaft* にあるものと思われる。
図 8-4　ピュイゼギュール　http://en.wikipedia.org/wiki/File:De_Puysegur.JPG より（Public Domain）「Date: 1936 Source: In : Vinchon J. Mesmer et son secret. Paris : Amédée Legrand éditeur ; 1936.p.83. Author: Ouicoude」（2016.6.20 確認）
図 8-5　ブレイド　http://en.wikipedia.org/wiki/File:James_Braid,_portrait.jpg より（Public Domain）「Description: Photograph of Portrait of James Braid. Before 1860, artist unknown. From an engraved portrait in the possession of the Manchester Medical School. In the public domain. This is a faithful photographic reproduction of a two-dimensional, public domain work of art. The work of art itself is in the public domain for the following reason: This work is in the public domain in its country of origin and other countries and areas where the copyright term is the author's life plus 70 years or less. Original upload log　2006-04-02 10:51 Cactus.man 509 × 674 × 8 (45211 bytes) Photograph of "Portrait of James Braid". Before 1860, artist unknown. In the public domain. Source [http://scottishdisasters.tripod.com/id8.html] ||PD-art-life-50||」（2016.1.25 確認）
図 8-6　リエボー　http://commons.wikimedia.org/wiki/File:Liebeault1873.jpg?uselang=jab より（Public Domain）「日付: 1873 年　原典: Conservatoire Régional de l'Image 作者: Collection D. Morque」（2016.1.25 確認）
図 8-7　ベルネイム　http://commons.wikimedia.org/wiki/File:Bernheim.jpg?uselang=ja より（Public Domain）「日付: 1900 年頃　原典: http://www.bium.univ-paris5.fr/images/banque/zoom/CIPB0160.jpg」（2016.1.25 確認）
図 8-8　シャルコー　http://commons.wikimedia.org/wiki/File:Jean-Martin_Charcot.jpg?uselang=ja より（Public Domain）「日付: 19 世紀（published by Deschiens）原典: http://ihm.nlm.nih.gov/luna/servlet/view/search?q=B04522」（2016.1.25 確認）
図 8-9　催眠を実演するシャルコー　https://commons.wikimedia.org/wiki/File:Une_le%C3%A7on_clinique_%C3%A0_la_Salp%C3%AAtri%C3%A8re.jpg より（Public Domain）「Date:1887 Author:André Brouille source Photo prise dans un couloir de l'université Paris VL'auteur est mort en 1914, son oeuvre est dans le domaine public」（2016.01.25 確認）
図 8-10　フロイト（1926 年）　https://commons.wikimedia.org/wiki/File:Sigmund_Freud_1926.jpg より（Public Domain）「date 1926 author Ferdinand Schmutzer (1870-1928)」（2016.1.21 確認）
図 8-11　フロイトの診療所のあった建物　筆者撮影
図 8-12　ブロイアー　http://en.wikipedia.org/wiki/File:Jozef_Breuer,_1877.jpg より（Public Domain）「Description: Josef Breuer 1877 (35 years old). Published in his Curriculum vitae. Reproduction from the archive of Institute for the History of Medicine, Vienna, Austria. Source: Albrecht Hirschmüller: Physiologie und Psychoanalyse im Leben und Werk Josef Breuers. Jahrbuch der Psychoanalyse, Beiheft Nr. 4. Verlag Hans Huber, Bern 1978. ISBN 3456806094」（2016.1.25 確認）
図 8-13　アメリカを訪問したフロイトとその一行　http://en.wikipedia.org/wiki/File:Hall_Freud_Jung_in_front_of_Clark_1909.jpg より（Public Domain）
「Date: September 1909 Source: Jung's First Visit to America http://myloc.gov/Exhibitions/redbook/beforeredbook/ExhibitObjects/FirstVisitToAmerica.aspx?Enlarge=true&ImageId=69cfe23f-dd04-4ac9-9b92-3f315e17c986%3ae4bdc8b9-5f7e-40a4-a621-34f8781bc020%3a35&PersistentId=1%3a69cfe23f-dd04-4ac9-9b92-3f315e17c986%3a6&ReturnUrl=%2fExhibitions%2fredbook%2fbeforeredbook%2fExhibitObjects%2fFirstVisitToAmerica.aspx」（2016.1.25 確認）
図 8-14　ベルタ・パッペンハイム　http://en.wikipedia.org/wiki/File:Pappenheim_1882.jpg より（Public

Domain)「Descriptions: Bertha Pappenheim 1882 (22 years old). Photography from the archive of Sanatorium Bellevue, Kreuzlingen, Germany. Source: Albrecht Hirschmüller: Physiologie und Psychoanalyse im Leben und Werk Josef Breuers. Jahrbuch der Psychoanalyse, Beiheft Nr. 4. Verlag Hans Huber, Bern 1978. ISBN 3456806094.」(2016.1.25 確認)

図 8-15　フロイトとその門弟たち　http://commons.wikimedia.org/wiki/File:Freud_and_other_psychoanalysts_1922.jpg?uselang=ja より「日付: 1922 年　原典: [Sigmund Freud Collection http://www.loc.gov/rr/print/res/118_freu.html], Library of Congress Prints and Photographs Division, Call number PR 13 CN 1978:209.39 [item] [P&P]. Retrieved from LOC exhibits　作者: Becker & Maass, Berlin　The copyright of this image has expired in the European Union because it was published more than 70 years ago without a public claim of authorship (anonymous or pseudonymous), and no subsequent claim of authorship was made in the 70 years following its first publication.」(2016.1.25 確認)

図 8-16　ルー・サロメ　http://commons.wikimedia.org/wiki/File:Nietzsche_paul-ree_lou-von-salome188.jpg より (Public Domain)「Description: Deutsch: Lou von Salomé spannt Paul Rée und Friedrich Nietzsche vor ihren Karren. Fotographie im Atelier Jules Bonnet in Luzern zwischen dem 13. und 16. Mai 1882. Das Foto wurde von Nietzsche in allen Einzelheiten arrangiert, nachdem Salomé Heiratsanträge beider Männer abgelehnt hatte.Date: 1882 Source: Scan processed by Anton (2005)」(2016.1.25 確認)

図 8-17　アンナ・フロイトとフロイト　https://commons.wikimedia.org/wiki/File:Sigmund_en_Anna.jpg より (Public Domain)「English: Sigmund and his daughter Anna Freud Deutsch: Sigmund Freud: 11. Aug. - 4. Sept. 1913: San Martino di Castrozza (Urlaub mit Familie und Ferenczi z.T. auch Abraham) Chronologisches Verzeichnis der Reisen Sigmund Freuds　Source:This image is available from the United States Library of Congress's Prints and Photographs division under the digital ID cph.3c17972.」(2016.1.25 確認)

図 8-18　アドラー　https://commons.wikimedia.org/wiki/File:Alfred_Adler_ (1870-1937)_Austrian_psychiatrist.jpg より (Public Domain)「Source: Ann Ronan Picture Library　Author: unknown　This work is in the public domain in its country of origin and other countries and areas where the copyright term is the author's life plus 70 years or less.」(2016.4.9 確認)

図 8-19　ブルクヘルツリ病院でのユング (1910 年) https://commons.wikimedia.org/wiki/File:Jung_1910-crop.jpg より (Public Domain)「description: English: Hand-colored photograph of Carl Jung in USA, published in 1910　Author: Prints & Photographs Division Library of Congress」(2016.1.22 確認)

図 8-20　ユング　http://www.wpclipart.com/famous/psychology/Carl_Gustav_Jung.png.html より (「a public domain PNG image」との記載あり)「Terms of use These images are public domain (PD), and that means they can be used and edited for whatever purpose you wish, personal or commercial. No attribution or linking is required. (http://www.wpclipart.com/terms.html)」(2016.1.22 確認)

図 8-21　クライン　https://commons.wikimedia.org/wiki/File:Melanie_Klein_1952.jpg より Attribution 4.0 International (CC BY 4.0) に従い引用。「Date:1952 Source: http://wellcomeimages.org/indexplus/image/L0018518.html Author: Douglas Glass Permission: This file is licensed under the Creative Commons Attribution 4.0 International license」(2016.1.22 確認)

図 8-22　ブリル　http://en.wikipedia.org/wiki/File:Abraham_Brill_2.jpg より (Public Domain)「Date: Unknown date Source: http://ihm.nlm.nih.gov/luna/servlet/view/search?q=B03153.」(2016.1.25 確認)

図 8-23　ホーナイ　http://ja.wikipedia.org/wiki/%E3%83%95%E3%82%A1%E3%82%A4%E3%83%AB:Karen_Horney_1938.jpg よりクリエイティブ・コモンズ 3.0 非移植に従い引用。「Photograph of psychiatrist Karen Horney, taken in October 1938. Collection of Renate Horney Patterson, daughter of Karen Horney. Photograph taken by Fredy Crevanna, husband of Renate Horney Patterson.Courtesy of Renate Horney Patterson, who holds the copyright.Permission granted by Mrs. Patterson on 5th June 2006 under GDFL license (OTRS ticket number 2006060610001761).Image provided by courtesy of Culver Pictures, New York, NY. このファイルはクリエイティブ・コモンズ 表示-継承 3.0 非移植ライセンスのもとに利用を許諾されています。(CC BY-SA 3.0)」(2016.1.22 確認)

図 8-24　エリクソン　http://www.wpclipart.com/famous/psychology/Erik_Erikson_2.png.html より (「a public domain PNG image」との記載あり)「Terms of use These images are public domain (PD), and that means they can be used and edited for whatever purpose you wish, personal or commercial. No attribution or linking is required. (http://www.wpclipart.com/terms.html)」(2016.1.25 確認)

374　図・写真・画像について

第 9 章
図 9-1　筆者作成
図 9-2　ウィットマー　McReynolds, P. 1997 *Lightner Witmer: His life and times*. American Psychological Association. より

第 10 章
図 10-1　筆者作成
図 10-2　ロジャーズ　http://ihm.nlm.nih.gov/luna/servlet/detail/NLMNLM~1~1~101436428~167163:Carl-R--Rogers?qvq=q:B010543;lc:NLMNLM~1~1&mi=0&trs=1# より　元画像は，*American Psychologist, 2*(9), Sep, 1947. pp. 357 にあるもの。
図 10-3　フランクル　http://ja.wikipedia.org/wiki/%E3%83%95%E3%82%A1%E3%82%A4%E3%83%AB:Viktor_Frankl2.jpg より クリエイティブ・コモンズ 表示-継承 3.0 ドイツに従い引用。「日付: 1965 年　原典: Deutsch: Prof. Dr. Franz Vesely　Viktor-Frankl-Archiv　作者: Prof. Dr. Franz Vesely　このファイルはクリエイティブ・コモンズ 表示-継承 3.0 ドイツライセンスのもとに利用を許諾されています。帰属: Prof. Dr. Franz Vesely (CC BY-SA 3.0 DE)」(2016.1.25 確認)

第 11 章
図 11-1　筆者作成
図 11-2　ゴールトン　http://en.wikipedia.org/wiki/File:Francis_Galton_1850s.jpg より（Public Domain）「Sir Francis Galton, probably taken in the 1850s or early 1860s (labeled as "middle life" in source).Scanned from Karl Pearson's The Life, Letters, and Labors of Francis Galton.」(2016.1.25 確認)
図 11-3　ビネー　http://ja.wikipedia.org/wiki/%E3%83%95%E3%82%A1%E3%82%A4%E3%83%AB:Alfred_Binet.jpg より（Public Domain）「日付: 不明な日付　原典: http://ihm.nlm.nih.gov/images/B03049, http://rcswww.urz.tu-dresden.de/~dornhoef/binet.jpg via en:Image:Alfbinet.jpg」(2016.1.25 確認)
図 11-4　ゴッダード　http://en.wikipedia.org/wiki/File:Henry_H._Goddard.jpg より（Public Domain）「Date: c. 1910s　This media file is in the public domain in the United States.」(2016.1.25 確認)
図 11-5　ターマン　http://en.wikipedia.org/wiki/File:Lewis_Madison_Terman.jpg より（Public Domain）「Source: http://www.adformacion.com/udsimg/intemo/2/lewis.jpg Date: 1923　This media file is in the public domain in the United States. This applies to U.S. works where the copyright has expired, often because its first publication occurred prior to January 1, 1923.」(2016.1.25 確認)　Date が 1923 年となっている一方で，1923 年 1 月 1 日以前に発行されたものでパブリックドメインであるとの標記があるなど，年代については不明な点もある。ただ，いずれにせよ 1930 年代以前の写真とみて間違いないだろう。
図 11-6　筆者作成
図 11-7　クレッチマー　https://commons.wikimedia.org/wiki/File:Ernst_Kretschmer.jpg より（パブリックドメイン）「Descrption: Deutsch: Ernst Kretschmer, deutscher Psychiater Date: 12 November 2005 Source: Transferred from de.wikipedia to Commons., Foto aus Privatbesitz fotografiert von meiner Mutter martha conrad. Kretschmer was a member of de:Verbindung Normannia Tübingen Author: Martha Conrad - mother of the original uploader Bascon at de.wikipedia This file is in the public domain, because Was released into the public domain by it's author; her son is uploader.」(2016.1.25 確認)
図 11-8　オールポート　http://en.wikipedia.org/wiki/File:Allport.gif よりFree Art License. に従い引用。「Date: 19 June 1988 Source: http://webspace.ship.edu/cgboer/allport.html　Author: Dr. C. George Boerer Permission: DON'T WORRY Copyleft: This work of art is free; you can redistribute it and/or modify it according to terms of the Free Art License.」(2016.1.25 確認)
図 11-9　アイゼンク　http://ja.wikipedia.org/wiki/%E3%83%95%E3%82%A1%E3%82%A4%E3%83%AB:Hans.Eysenck.jpg よりクリエイティブ・コモンズ 表示-継承 3.0 非移植, 2.5 一般, 2.0 一般または 1.0 一般ライセンスに従い引用。「解説: English: This photograph is being given to Wikipedia for placing on the article: Hans Eysenck (by his wife Sybil Eysenck).　日付: 2008 年 10 月 13 日（当初のアップロード日）　原典: Transferred from en.wikipedia; transferred to Commons by User:ShinePhantom using CommonsHelper　作者: 英語版ウィキペディアのSirswindon さん　許可: CC-BY-SA-3.0, 2.5, 2.0, 1.0; Released under the GNU Free Documentation License. このファイルはクリエイティブ・コモンズ 表示-継承 3.0 非移植, 2.5 一般, 2.0 一般または 1.0 一般ライセンスのもとに利用を許諾されています。帰属:

Sirswindon at en.wikipedia(CC BY-SA 3.0)」(2016.1.25 確認)
図 11-10　筆者作成
図 11-11　ボールドウィン　http://en.wikipedia.org/wiki/File:James_Mark_Baldwin_1917.jpg より（Public Domain）「Date: 1917 Source: Bibliothèque nationale de France　Author: Agence de presse Meurisse. This image (or other media file) is in the public domain because its copyright has expired and its author is anonymous. This work is in the public domain in the United States because it was published (or registered with the U.S. Copyright Office) before January 1, 1923.」(2016.1.25 確認)
図 11-12　ピアジェ　https://commons.wikimedia.org/wiki/File:Jean_Piaget_in_Ann_Arbor.png より（パブリックドメイン）「Description: English: Photograph Jean Piaget at the University of Michigan campus in Ann Arbor.Date: 1967 or 1968 Source: 1968 Michiganensian, p.91　http://en.wikipedia.org/wiki/File:Jean_Piaget_in_Ann_Arbor.png#filelinks Author: Unidentified (Ensian published by University of Michigan) Permissin: This image is in the public domain, as it was originally published before 1978 without a copyright notice in the 1968 University of Michigan yearbook, Michiganensian. No copyright notice appears within this publication. See also: Wikipedia:Public domain#Published works. This work is in the public domain in its country of origin and other countries and areas where the copyright term is the author's life plus 70 years or less (PD-US-no notice)」(2016.1.25 確認)
図 11-13　ヴィゴツキーhttp://commons.wikimedia.org/wiki/File:Lev_Vygotsky_1896-1934.jpg より　Creative Commons Attribution-Share Alike 3.0 に従い引用　「Date: before 1934　Source: http://webpages.charter.net/schmolze1/vygotsky/　Author: The Vigotsky Project This file is licensed under the Creative Commons Attribution-Share Alike 3.0 Unported license.（CC BY-SA 3.0)」(2016.1.25 確認)

（図，写真，画像の著作権等について何らかの問題がある場合は，増刷等の機会に対応したいと思いますので，お知らせください。）

人名索引

ア

アイゼンク (Eysenck, H. J.) 269, 271, 311-313
アインシュタイン (Einstein, A.) 129
アヴィセンナ (Avicenna) 15
アウグスティヌス (Augustinus, A.) 3, 14, 178
アガシ (Agassiz, J. L. R.) 55-56
アクィナス，トーマス (Aquinas, T.) 15
アグリッパ (Agrippa von N., H. C.) 181
アスクレピアデス (Asclepiades) 177
アズリン (Azrin, N.) 270
アッシュ (Asch, S.) 145, 147
アッハ (Ach, N. K.) 47-48
アドラー (Adler, A.) 212, 221-222, 277-278
アナクサゴラス (Anaxagoras) 11
アナクシメネス (Anaximenes) 11
アブラハム (Abraham, K.) 219, 229
アリエス (Ariès, P.) 316
アリストテレス (Aristotelēs) 2, 11-15, 17, 44, 46, 178
アルツハイマー (Alzheimer, A.) 195
アレタイオス (Aretaios) 177
イェンシュ (Jaensch, E. R.) 302-303
ウィーヴァー (Weaver, W.) 155, 163, 172
ウィーナー (Wiener, N.) 153-154
ヴィゴツキー (Vygotsky, L. S.) 330
ウィットマー (Witmer, L.) 7, 42, 237-243, 247
ウィニコット (Winnicott, D. W.) 230
ウェーバー (Weber, E. H.) 36, 90
ウェクスラー (Wechsler, D.) 297-298
ヴェサリウス (Vesalius, A.) 16

ウェルトハイマー (Wertheimer, M.) 8, 122-123, 125-127, 129-134, 136-137, 145, 165, 276
ウェルナー (Werner, H.) 323-324
ウェルニッケ (Wernicke, C.) 196, 244
ウォッシュバーン (Washburn, M. F.) 88-89
ウォリン (Wallin, J. E. W.) 243, 245
ウォルピ (Wolpe, J.) 267-269, 271
ヴォルフ (Wolff, C.) 285
ウッドワース (Woodworth, R. S.) 71, 73-74, 246, 297, 307
ヴント (Wund, W. X.) 1, 4, 7-8, 24, 32, 34, 37, 47-49, 55, 62, 65, 77, 92, 149, 193, 238, 300, 312, 314
エイヨン (Allyon, T.) 270
エインスワース (Ainthworth, M. D. S.) 326
エーレンフェルス (von Ehrenfels, C.) 122, 132
エスキロール (Esquirol, J.-É. D.) 186, 188-189, 197
エビングハウス (Ebbinghaus, H.) 43-44, 156, 300
エリオットソン (Elliotson, J.) 206
エリクソン (Erikson, E. H.) 229, 233-234, 309, 332
エリス (Ellis, A.) 273
エンジェル (Angell, J. R.) 60, 67, 69-70, 94-95
オッペンハイマー (Oppenheimer, J. R.) 162
オルポート (Allport, G. W.) 143, 276, 299, 304, 306-308, 310
オルポート，フロイド (Allport, F.) 307

カ

カー（Carr, H. A.） 71
ガードナー（Gardner, H.） 298
カールバウム（Kahlbaum, K. L.） 192
カウフマン（Kaufman, A. S.） 298
ガスリー（Guthrie, E. R.） 105
カッシーラー（Cassirer, E.） 323
カッタネオ（Cattaneo, C.） 141
カッツ（Katz, D.） 134-135
カリカック，デボラ（Kallikak, D.） 291
ガリレオ（Galileo, Galilei） 16
ガル（Gall, F. J.） 24, 27, 80, 195, 284, 300
ガルシア（Garcia, J.） 118
ガレノス（Galēnos） 16, 178-179, 203, 284, 300, 312
カント（Kant, I.） 3, 22-24, 30, 45-46, 133, 300
キアルージ（Chiarugi, V.） 185-186, 188
キャッテル（Cattell, J. M.） 42, 63, 71-73, 238, 289
キャッテル（Cattell, R. B.） 308, 310-311, 331
キャノン（Cannon, W. B.） 61, 73, 154
キュルペ（Külpe, O.） 47-48, 77-78, 121-122, 156
ギヨタン（Guillotin, J. I.） 205
キルケゴール（Kierkegaard, S. A.） 275
キルパトリック（Kilpatrick, W. H.） 264
ギルフォード（Guilford, J. P.） 283, 296
クーン（Kuhn, T. S.） 173
グッデン（von Gudden, B. A.） 193, 197
クラーク（Clark, K.） 251
クラーゲス（Klages, L.） 303
クライン（Klein, M. R.） 229, 324-325
グリージンガー（Griesinger, W.） 188, 191-192, 197
クリューガー（Krüger, F.） 135
グレイ（Gray, A.） 56
グレイ（Gray, J. A.） 313
クレッチマー（Kretschmer, E.） 224, 300-303
クレペリン（Kraepelin, E.） 190, 193-195, 244
クロニンジャー（Cloninger, C. R.） 313
ゲーテ（von Goethe, J. W.） 131
ゲーデル（Gödel, K.） 151
ケーラー（Köhler, W.） 46, 124-125, 129- 134, 136-137, 149, 154, 157, 159, 172
ゲゼル（Gesell, A.） 63, 322
ケプラー（Kepler, J.） 16
ケラー（Keller, F. S.） 104
ケンドール（Kendall, P. C.） 274
ゴールドシュタイン（Goldstein, K.） 276
ゴールトン（Galton, F.） 72, 286-289
コールバーグ（Kohlberg, L.） 330
コスタ（Costa Jr., P. T.） 313
ゴッダード（Goddard, H. H.） 242, 244-245, 291-294, 298
ゴットチャルト（Gottschaldt, K.） 135
コフート（Kohut, H.） 234
コフカ（Koffka, K.） 47, 106, 108, 124, 128, 132, 134, 149, 158
コペルニクス（Copernicus, N.） 16

サ

サーストン（Thurstone, L . L.） 144, 295-296
サイモン（Simon, H. A.） 164-166
ザックス（Sachs, H.） 217, 220
サリヴァン（Sullivan, H. S.） 233
ザロメ，ルー・アンドレアス＝（Lou Andreas-Salomé） 220
サンフォード（Sanford, E. C.） 293
シアーズ（Sears, R. R.） 116
ジェームズ，ウィリアム（James, W.） 54-62, 79, 156, 230, 240, 306
ジェームズ，ヘンリー（James, H.） 54
ジェニングス（Jennings, H. S.） 87, 95
シェリントン（Sherrington, C. S.） 73, 268

シモン（Simon, T.）　289
ジャネ（Janet, P. M. F.）　209-210, 217, 289, 306
シャノン（Shannon, C. E.）　155, 163, 172
シャルコー（Charcot, J.-M.）　92, 207-209, 211, 289
シューマン（Schumann, F.）　123
シュテルン（Stern, L. W.）　146, 290, 308, 323
シュトゥンプ（Stumpf, C.）　44, 46-47, 105, 132, 136
シュプランガー（Spranger, E.）　304, 307
ショウ（Shaw, J. C.）　165
ジョーンズ（Jones, E.）　213, 220
ジョーンズ（Jones, M. C.）　100, 104, 266
ジルマン，チャールズ（Gilman, C.）　238
ジンバルドー（Zimbardo, P. G.）　148
スキナー（Skinner, B. F.）　104, 110-114, 170, 266, 269-271
スタンバーグ（Sternberg, R.）　298
スチュワート（Stewart, D.）　20, 52
スティーヴンス（Stevens, S. S.）　102
ズナニエツキ（Znaniecki, F. W.）　144
スピアマン（Spearman, C. E.）　294-295, 297, 310
スペンサー（Spencer, H.）　56-57, 80, 83, 286
スペンス（Spence, K. W.）　116
スモール（Small, W. S.）　88
セーチェノフ（Sechenov, I. M.）　89-90, 93
セリグマン（Seligman, M. E. P.）　118
ソーンダイク（Thorndike, E. L.）　8, 71, 73, 75-76, 88, 99, 242, 286, 297
ソラノス（Soranos）　177
ソロモン（Solomon, R. L.）　117-118

タ

ダーウィン（Darwin, C. R.）　58, 80, 82-85, 286, 316

ダーウィン，エラスムス（Darwin, E.）　287
ターマン（Terman, L. M.）　63, 243, 245, 291, 293-294, 322, 326-327
ダヴェンポート（Davenport, C. B.）　291
タフト（Taft, J.）　263
チューリング（Turing, A. M.）　151
チョムスキー（Chomsky, A. N.）　113, 164, 169-171
ツァイガルニク（Zeigarnik, B. W.）　138
ツィトマイヤー（Twitmyer, E. B.）　93
ティーディマン（Tiedemann, D.）　316
ティチェナー（Titchener, E. B.）　39, 42, 46, 66-67, 69-70, 76-79, 276
ディルタイ（Dilthey, W. C. L.）　304, 307
デカルト（Descartes, R.）　3, 16-18
デモクリトス（Democritus）　11
デュ・ボア=レイモン（Du Bois-Reymond, E.）　25, 31, 90, 92
デューイ（Dewey, J.）　60, 63, 67-69, 264
テューク（Tuke, W.）　185-186
デュルケーム（Durkheim, É.）　141
ドゥンカー（Duncker, K.）　136, 165
トールマン（Tolman, E. C.）　105-108, 116, 118, 130, 149, 158
ドナルドソン（Donaldson, H. H.）　88, 95
トリプレット（Triplett, N.）　142-143
トレンデレンブルグ（Trendelenburg, F. A.）　44
トロツキー（Trotsky, L. D.）　221
ドンデルス（Donders, F. C.）　32-33, 284

ナ

ナイサー（Neisser, U. G.）　171-174
西周　53
ニューウェル（Newell, A.）　164-166
野口英世　196

ハ

ハーヴェイ（Harvey, W.）　16
バークリー（Berkeley, G.）　19
パース（Peirce, C. S.）　59
バート（Burt, C. L.）　295, 311
ハートリー（Hartley, D.）　18-20
バートレット（Bartlett, F. C.）　156-157
パールズ（Perls, F. S.）　280
ハーロウ（Harlow, H. F.）　130, 276, 326-327
バーン（Berne, E.）　280
ハイダー（Heider, F.）　145-147
ハイデッガー（Heidegger, M.）　275
ハインロート（Heinroth, J. C. A.）　191
パヴロフ（Pavlov, I. P.）　8, 28, 89-93, 103, 109, 266
パッペンハイム（アンナ, O.）（Pappenheim, B.）　212, 214
パトナム（Putnam, J. J.）　231
バビンスキー（Babinski, J. K. F. F.）　208
ハル（Hull, C. L.）　105, 108-110, 114, 158, 267, 327
ハルトマン（Hartmann, H.）　229, 233
バンデューラ（Bandura, A.）　116, 272, 314
ピアジェ（Piaget, J.）　320-321, 327-329
ピアソン（Pearson, K.）　288, 294, 297
ピーニッツ（Pienitz, E. G.）　197
ヒーリー（Healy, W.）　241-245, 247-248, 306
ピタゴラス（Pythagoras）　12
ピッツ（Pitts, W. H.）　152, 154
ビネー（Binet, A.）　243, 289-291, 317
ピネル（Pinel, P.）　5, 182, 184-186, 188-189, 197
ヒポクラテス（Hippocrates）　5, 176-177, 179
ピュイゼギュール侯爵（de Puységur, A.-M.-J. de C. M.）　206
ヒューム（Hume, D.）　19-20
ビューラー（Bühler, K.）　47, 134, 278
ビューラー，シャーロッテ（Bühler, C.）　278
ピュッサン（Pussin, J.-B.）　186
ヒルガード（Hilgard, E. R.）　104
ピルスバリー（Pillsbury, W. B.）　94
フェアーベーン（Fairbairn, W. R. D.）　230
フェスティンガー（Festinger, L.）　146-147, 154
フェヒナー（Fechner, G. T.）　34-36, 218
フェレンツィ（Ferenczi, S.）　213, 220
フォン・ノイマン（von Neumann, J.）　151, 154, 159
フッサール（Husserl, E. G. A.）　47
プライヤー（Preyer, W. T.）　317-318
ブラウン（Brown, T.）　20, 52
ブラディ（Brady, J.）　266
プラトン（Platon）　2, 12-13, 178
プランク（Planck, M. K. E. L.）　133
フランクリン（Franklin, B.）　205
フランクル（Frankl, V. E.）　278-279
フリース（Fließ, W.）　212
ブリッジマン（Bridgman, P.）　102-103
フリュガー（Pflüger, E. F. W.）　90
ブリュッケ（von Brücke, E. W. R.）　25, 31, 211, 218
ブリル（Brill, A. A.）　231
プリンス（Prince, M.）　306
ブルーナー（Bruner, J.）　158, 160-162, 167, 170, 329
フルーラン（Flourens, M-J-P.）　27
ブレイド（Braid, J.）　206
ブレンターノ（Brentano, F. C. H. H.）　30, 42, 44-49, 121, 132
ブロイアー（Breuer, J.）　211, 214
フロイト（Freud, S.）　1, 6, 9, 34, 64, 66, 74, 117, 191, 194-195, 199, 201, 210-226, 228-234, 237, 239, 241, 244, 255, 257, 263-265, 267, 273, 275, 278-279, 299, 304, 307, 309, 317, 324-325

フロイト，アンナ（Freud, A.）　217, 220, 229-230, 233, 324
ブロイラー（Bleuler, E.）　194, 197, 223, 328
ブローカ（Broca, P. P.）　195
ブロードベンド（Broadbent, D. E.）　168-169
フロム（Fromm, E. S.）　233, 276
フロム゠ライヒマン（Fromm-Reichmann, F.）　233
ブロンナー（Bronner, A. F.）　242, 247, 306
ベイトソン（Bateson, G.）　154
ベイン（Bein, A.）　22
ヘーヴン（Haven, J.）　53
ヘーゲル（Hegel, G. W. F.）　42
ペスタロッチ（Pestalozzi, J. H.）　33
ヘッカー（Hecker, E.）　192
ベック（Beck, A. T.）　273
ヘッケル（Haeckel, E. H. P. A.）　63, 316
ベッセル（Bessel, F. W.）　284
ヘッブ（Hebb, D. O.）　119, 131
ベネディクト（Benedict, R. F.）　276
ベヒテレフ（Bekhterev, V. M.）　89, 92-94, 100
ヘリング（Hering, E.）　23
ベル（Bell, C.）　28
ベルネイム（Bernheim, H.）　207, 211
ヘルバルト（Herbart, J. F.）　33-34, 44, 217, 285
ヘルムホルツ（von Helmholtz, H. L. F.）　23, 25, 31-32, 39, 55, 126, 211, 284
ホイット（Whytt, R.）　27
ボウルズ（Bolles, R. C.）　118
ボウルビィ（Bowlby, E. J. M.）　230, 324-326
ホーナイ（Horney, K.）　232, 276
ボーリング（Boring, E. G.）　22, 24, 35, 39, 44, 46-47, 49, 70-71, 74-75, 103, 133, 135
ホール（Hall, G. S.）　42, 62-64, 88, 213, 230, 241, 293, 317-319, 322
ボールドウィン（Baldwin, J. M.）　69, 72, 95, 317, 319-321
ボナパルト，マリー（Bonaparte, M.）　213, 220
ボトキン（Botkin, S. P.）　90
ホルト（Holt, E. B.）　143
ホロン（Hollon, S. D.）　274
ホワイトヘッド（Whitehead, A. N.）　166, 309

マ

マーレー（Murray, H. A.）　299, 304, 308
マイケンバウム（Meichenbaum, D. H.）　274
マイネルト（Meynert, T. H.）　195, 211
マイノング（von Meinong, A.）　46, 132, 145
マイヤー（Meyer, A.）　88, 95, 100, 241, 244
マウラー（Mowrer, O. H.）　108, 117, 267
マカロック（McCulloch, W. S.）　152, 154, 159
マズロー（Maslow, A. H.）　9, 172, 276-277
マッカシー（McCarthy, J.）　166
マックドゥーガル（McDougall, W.）　94, 142, 305
マックレア（McCrae, R. R.）　313
マッハ（Mach, E. W. J. W.）　23, 132
マルサス（Malthus, T. R.）　84
マルリッチ（Marulić, M）　11
ミード（Mead, G. H.）　143-144
ミュラー（Müller, G. E.）　42-44, 47, 134, 156, 302
ミュラー（Müller, J. P.）　23, 25, 27, 31, 89-90, 211
ミュンスターバーグ（Münsterberg, H.）　55, 65-67, 143
ミラー（Miller, N. E.）　108, 117, 267
ミラー，ジョージ（Miller, G. A.）　160,

162-164, 166-167, 170-172
ミル，ジェームズ（Mill, J.）　　18, 21
ミル，ジョン‐スチュアート（Mill, J. S.）
　18, 21
ミルグラム（Milgram, S.）　　147-148
ミルナー（Milner, B.）　　119
ミルナー（Milner, P.）　　119
ミンスキー（Minsky, M.）　　166
メイ，ロロ（Rollo May）　　277-278
メスメル（Mesmer, F. A.）　　6, 203-206
メッツガー（Metzger, W.）　　135
メルザック（Melzack, R.）　　119
モエデ（Moede, W.）　　142-143
モーガン（Morgan, C. L.）　　86-87
モレル（Morel, B. A.）　　189, 300

ヤ
ヤーキス（Yerkes, R. M.）　　88, 98, 245-246, 296, 298
ユクスキュール（von Uexküll, J. J.）　　323
ユング（Jung, C. G.）　　64, 194, 197, 213, 218, 222-228, 231, 304, 309, 328

ラ
ラ・メトリー（de La Mettrie, J. O.）　　27
ライプニッツ（Leibniz, G. W.）　　34
ライル（Reil, J. C.）　　190, 195
ラヴォワジェ（de Lavoisier, A.-L.）　　205
ラカン（Lacan, J.-M. É.）　　234
ラザラス（Lazarus, A.）　　272
ラッシュレイ（Lashley, K. S.）　　94, 118, 131, 158-159
ラッセル（Russell, B. A. W.）　　166
ラッド（Ladd, G. T.）　　54
ラマルク（de Lamarck, J-B, P, A, de M, C.）　　82-83, 286
ランガーマン（Langermann, J. G.）　　197
ランク（Rank, O.）　　217-219, 257, 263
ラングフェルト（Langfeld, H. S.）　　105
ランゲ（Lange, C.）　　61
リード（Reid, T.）　　20, 52

リエボー（Liébeault, A.-A.）　　207, 211
リピット（Lippitt, R.）　　140
リボー（Ribot, T.-A.）　　305
リンズレイ（Lindsley, O. R.）　　270
ル・ボン（Le Bon, G.）　　141
ルイ16世（Louis XIV）　　184
ルードウィッヒ（Ludwig, C. F. W.）　　26, 31, 90
ルードウィッヒⅡ世（LudwigⅡ）　　193
ルソー（Rousseau, J.-J.）　　315
ルヌヴィーエ（Renouvier, C. B.）　　57
ルビン（Rubin, E. J.）　　134
ルリア（Luria, A. R.）　　330
レイナー（Rayner, R.）　　95, 100, 266
レヴィン（Lewin, K.）　　74, 115, 125, 132-133, 136-141, 144, 146-147, 154, 260
レオンチェフ（Leontiev, A. N.）　　330
レスコーラ（Rescola, R.）　　118
ロエブ（Loeb, J.）　　87, 95, 97
ローゼンブリュート（Rosenblueth, A.）　　154, 164
ロールシャッハ（Rorschach, H.）　　314
ローレンツ（Lorenz, K. Z.）　　87, 325
ロジャーズ（Rogers, C. R.）　　9, 219, 250, 256-265, 276-278
ロック（Locke, J.）　　3, 18-19, 315
ロッター（Rotter, J. B.）　　115-116, 116, 272, 314
ロッツェ（Lotze, R. H.）　　29, 43
ロマーニズ（Romanes, G. J.）　　85-87, 286
ロンブローゾ（Lombroso, C.）　　300

ワ
ワーグナー（Wagner, W. R.）　　193
ワーグナー＝ヤウレック（Wagner-Jauregg, J.）　　196
ワイマン（Wyman, J.）　　56
ワイヤー（Weyer, J.）　　5, 181-182
ワトソン（Watson, J. B.）　　8, 71, 88, 94-103, 118-119, 158, 266, 276, 320-321

事項索引

A-Z
「American Journal of Psychology」 63
「De Anima」(アリストテレス) 2, 12
「Journal of Abnormal Psychology」 306
「Psychologocal Review」 72
TOTE 167

ア
アクションリサーチ 140-141
アタッチメント(愛着) 325-326
「悪鬼の策略について」(ワイヤー) 181
後追い行動 325-326
アメリカ応用心理学会 247, 257
アメリカ心理学会 63, 245, 247, 249, 257
アメリカ臨床心理学者協会 243, 245
アルバートの実験(ワトソン) 100, 266, 321
意思(volition) 40, 47, 305, 310
意識下 210
意識の流れ 60-61
意志療法 263
逸話法 86
イデア説 12
遺伝説 322
「遺伝と天才」(ゴールトン) 287
意図 45
意味 279
因果論的心理学 66
ヴィネランド訓練学校 243-244, 293
ウェーバー・フェヒナーの法則 36
ウェクスラーの知能検査 297-298
うつ病 192-193
ヴュルツブルグ学派 47, 78, 121, 134
運動性失語(ブローカ失語) 195
映像的表象 329
エディプス・コンプレックス 215

「エミール」(ルソー) 315
エンカウンター・グループ 260
応用行動分析 114, 271
オーストリア学派 132
オペラント行動 113

カ
回避行動 117-118
快楽原則 216
「カウンセリングと心理療法」(ロジャーズ) 257, 259
科学者-実践家・モデル(scientist-practitoner model) 250-251
学習性無力感 118
学習理論 104-110
カクテルパーティ効果 168
仮現運動 125-127
カタルシス 215
学校心理学 241
感覚 19-20, 39, 78
——生理学 24, 42-43
「感覚新論」(バークリー) 19
感覚性失語(ウェルニッケ失語) 196
環境主義 ⇒ 経験説 321
関係療法 263
観察学習 116
感情の3次元説 41
ガンツハイト心理学 135
観念 19-21, 34
器官劣等性の理論 222
気質 178, 300-302, 312
機能主義 60, 67-76, 78
機能的自律 308
機能的心理学 ⇒ 機能主義
キャラクター(性格) 301, 304-305
「教育心理学」(ソーンダイク) 76

教育分析　217, 231
共時性　227
共同体感情　222
局所徴験　26, 29-30, 32
緊張病（Katatonie）　192
クライエント　259-260
　──中心療法　9
「クライエント中心療法」（ロジャーズ）　259
グループダイナミクス　137-140, 260
経験（環境）説（発達）　315
経験説（知覚）　29, 32, 45, 133
経験論（主義）　18-19, 22, 24, 39, 45-46, 315
「経験論的立場から見た心理学」（ブレンターノ）　44
系統的脱感作　267-268
ゲシュタルト　122
　──心理学　8-9, 23, 30, 46, 52, 74, 101-102, 107-108, 121-141, 145, 147-150, 157-158, 165, 172, 255, 276, 308
　──性質　132
「ゲシュタルト知覚」（ビューラー）　134
ゲシュタルト療法　280
結合主義　75, 92
ゲッチンゲン学派　134-135
決定傾向　48
原因帰属　146
原型（アーキタイプ）　225
言語学　169-171
言語習得装置　113, 170
現実原則　216
効果の法則　75, 99
恒常仮説　127
向性　87
構成主義　66-67, 69-70, 76-79
構成的心理学 ⇒ 構成主義
行動主義　7-10, 27, 51-52, 69, 71, 74, 76-77, 80-82, 84, 87-89, 94-100, 120, 143, 149, 321, 327
　──宣言　94-96, 97

　──批判　158-159
「行動主義」（ワトソン）　96
「行動主義者が見た心理学」（ワトソン）　95
「行動の原理」（ハル）　109
「行動の体系」（ハル）　110
行動変容　269-271
行動療法　100, 114, 265-272
交流分析　280
心の哲学　21, 52
個人差　284-285, 287-288
個人心理学　221
個人的無意識　225
個人方程式　284
個性化　226
骨相学　24-25, 80, 207, 300
コネクショニズム　174
コロンビア学派　60, 67, 71-73
コンサルティング心理学者　246
コンピュータ　151-153
　──・シミュレーション　165-166

サ
「サイエンス」（雑誌）　72
再公式化　172
サイバネティクス　153-154
再符号化　172
細胞集成体　119
催眠　6, 206-209, 212, 214, 216
　──術　207
作用　48
作用心理学　44-45
サルペトリエール学派　207-209
サルペトリエール病院　5, 184-185, 198
Jカーブ仮説　143
ジェームズ・ランゲ説　61, 65
資格（臨床家の）　252
シカゴ学派　52, 60, 67, 69, 71
自我心理学　202, 229, 233
自我同一性　234
磁気桶　204, 205

「思考の研究」（ブルーナー）　160-162
自己心理学　234
施設病（ホスピタリズム）　324
自然選択　83-84
実験現象学　135
実験社会心理学　142, 144-148
実験神経症　92, 266
実験的行動分析　113
失語　195-196
実存分析　279
児童研究運動　64, 241, 318
児童相談所　242, 247, 306
児童分析　229
死の本能　216
社会進化論　56, 83
社会心理学　141-144
「社会心理学入門」（マックドゥーガル）　142
社会的学習理論　114-115, 314
社会的行動主義　143-144
社会的認知理論　116
主意主義（voluntarism）　40, 78
自由意志　40, 56-60
「自由からの逃走」（フロム）　233
習慣強度　109-110
自由連想法　217
主張性訓練　269
出産（出生）外傷　219
種特異防御反応　118
「種の起源」（ダーウィン）　83
生涯発達　234, 332
松果体　18
条件づけ　8, 93-94, 103-105
条件反射　92, 103, 109
象徴的表象　329
情報処理　9, 153, 155, 163, 165-166, 173-174, 328-329
情報理論　155, 164
初期経験　324-327
職業訓練モデル　252
進化論　56-58, 63-64, 69-70, 79-83, 85, 87, 98, 105, 149, 190, 217-218, 283, 286-289, 291, 296, 315-317, 319-320, 324
神経症　209
神経伝達速度　31
人工知能　165-166
新行動主義　100-105, 108, 110, 113-114, 118, 120, 149, 157-158, 173
進行麻痺　196
人口論　84
心象　47
心身二元論　12, 17-18, 25-28, 89
"新"心理学（new psychology）　53, 79
神聖病　5, 176
心的化学　22
新フロイト派　232-233
「心理学原理」（ジェームズ）　55-56, 60, 75, 306
「心理学原理」（スペンサー）　57, 286
「心理学の類型」（ユング）　224, 304
「心理学における反射弧概念」（デューイ）　68
心理学の語源　11
心理物理同型説　125, 130, 133, 157
心理療法　66, 249-250
心霊主義　218, 222, 227
スキーマ　156-157
図形残効　130
スコットランド学派　20-21, 52-53, 79
スコラ哲学　15
ストレンジシチュエーション法　326
刷り込み（刻印づけ：imprinting）　325-326
生活空間　137-140, 146
生気論　26, 31
制止　90
成熟説　322
精神医学の語源　186
精神衛生運動　241
精神的反射　91-92
精神物理学　34-36
「精神物理学原論」（フェヒナー）　35, 44

精神分析　7, 64, 66, 74, 210-220, 222-224, 228-235, 237, 239, 248, 250, 255-258, 264, 267, 271, 273-275, 278-281, 309-311, 315, 324-327
生態学的知覚論　172
生得説　18, 23, 26, 46, 133
「青年期」（ホール）　319
生の本能　216
生物学的精神医学　195
生命精気（プネウマ）　178
生理学的心理学　39
「生理学的心理学綱要」（ヴント）　24, 34, 37, 62
「生理学的心理学綱要」（ラッド）　54
生理心理学　118-119
前額法　216
先験的　22
躁うつ病　193
相関係数　288
「想起：実験および社会心理学における研究」（バートレット）　156
操作主義　102-103
創造的総合（creative synthesis）　40
早発性痴呆 ⇒ 統合失調症
ゾエトロープ　123
素質（遺伝）説　315
ゾンネンシュタイン治療院　197

タ

ダートマス会議　166
第三勢力（third force）⇒ 人間性心理学
退役軍人　248-249
体液説　177, 300
「体格と性格」（クレッチマー）　300
対象関係論　230
「対人関係の心理学」（ハイダー）　146
大脳の機能局在論　25
タブラ-ラサ（白紙）　18, 315
単一精神病（unitary psychosis）論　188, 191-192
知覚（ゲシュタルト心理学における）　123, 126-128
――研究　127-128
知的能力の遺伝　292
知能　285-289, 294
――検査　242-244, 289-294, 296-298
――と進化論　285-287
――の遺伝説　291-294
――の因子　294-296
――の測定　72, 283, 286, 288
　結晶性――　332
　流動性――　332
チューリング・マシン　151
直観像　302
直接記憶　163
治療的ニヒリズム　196-197
ツァイガルニク効果　138
定向進化の原理（orthogenetic principle）　323
徹底的行動主義　110-114
動因　109-110, 115, 327
統覚（apperception）　34, 40
同化と調節　320
統合失調症（schizophrenia）　5, 185, 187-196, 199, 201-202, 223, 233, 225, 257, 261-262, 265, 270
洞察　129
動作的表象　329
統制の位置（ローカス・オブ・コントロール）　116
同調性　145
道徳哲学　21
動物磁気 ⇒ メスメリズム
動物精気　17, 178, 203
「動物の知能」（ロマーニズ）　286
「動物の心」（ウォシュバーン）　89
特殊神経エネルギー説　26, 32
特性　307-308, 312
トランスパーソナル心理学　262

ナ

内観　15, 38-39, 47, 77-78

内容　47
ナンシー学派　207-209
二元論 ⇒ 心身二元論
二大精神病論　192-194
ニュールック心理学　160
人間性心理学　9, 274-280
人間知　222
人間中心のアプローチ　261
「人間と象徴」（ユング）　224
「人間の進化と性淘汰」（ダーウィン）　84
認知　107, 149, 155-156, 158-159, 162
　　――科学　149, 155, 159, 162, 174
　　――革命　173
　　――神経科学　174
　　――心理学　6, 9, 52, 74, 101, 107-108, 112, 116, 120, 122, 149-174, 272, 298, 315, 328-329
　　　　――の背景要因　151-154
　　　　――の誕生　159-164
　　　　――の発展　171-172
　　――発達　320, 327-329
認知行動療法　10, 272-274
「認知心理学」（ナイサー）　171-172
認知的不協和（cognitive dissonance）　147-148
「認知の機能について」（ジェームズ）　156
認知療法　273
能力心理学　285

ハ
パーソナリティ　285, 299
　　――概念の成立　305-306
　　――とキャラクター　304-305
　　――と欲求　309
　　――の因子　310-313
　　――心理学　299-300, 314
破瓜病（Hebephrenie）　192
発生的心理学　63
発生反復説　63, 316-317, 319

発達科学　332
発達スケジュール（発達検査）　322
発達の最近接領域　330
場の理論　137-140
バランス理論　146-147
反射　28, 93
反射弧　68, 70
反知性主義　80, 97
反応時間　32-33, 284
比較行動学　87, 325-326
比較心理学　85-89
非指示的カウンセリング（非指示的療法）　250, 259
非指示的療法　259
ヒステリー　202-203, 208-209, 211-212, 214-215
「ヒステリー研究」（フロイト，ブロイアー）　212
ビセトール病院　184
「人及び動物の表情について」（ダーウィン）　84-85
表象　167, 230, 325, 329
敏感関係妄想　301
ファイ現象 ⇒ 仮現運動
「不安の人間学」（メイ）　277
フィルターモデル　168-169
プシュケー　11-12, 17, 178
普遍的無意識　225, 227
普遍文法　170
プラグマティズム　59-60, 80
「プランと行動の構造」（G. A. ミラー）　166
ブルクヘルツリ病院　194, 197-198, 223
プレグナンツの法則　127-128, 130
分析心理学　224-227
「文法の構造」（チョムスキー）　170
ベル＝マジャンディの法則　28
ベルリン学派　134-135
変異　83-84
変質（dégénération）　189-190
法心理学　66

「方法序説」(デカルト)　16
飽和理論　130
母子関係　324-327

マ
「マインド」(雑誌)　22
マカロック・ピッツ・モデル　152, 154
マジカル・ナンバー7　162-163
魔女狩り　5, 180-183
マターナル・デプリベーション(母性的な養育の欠如)　325
味覚嫌悪学習　118
「民族心理学」(ヴント)　41
無意識　34, 201, 214-215, 223-225
　　普遍的——　225, 227
無意識的推論　23, 26, 32
無心象思考　48
メイシー会議　154-155, 157-158
メスメリズム　6, 203-206
モーガンの公準　86
目的的行動主義　105-106
目的論的心理学　66
モノマニー　188-189
模倣　115
モラル療法　184
問題箱　75

ヤ
ヤーキス・ドッドソンの法則　88
唯物論　25, 27-28, 89

優生学　288, 294
「夢判断」(フロイト)　212
要素　7-8, 47, 78, 127
要素主義　8, 39-40, 44, 47, 137, 149
ヨーク隠退所　185
「夜と霧」(フランクル)　279

ラ
ライプチヒ大学　1, 35, 37, 135
ラット　88
力動的心理学　74
理性　286
リビドー　215-216, 325
類型　312
類型論　301-304
ルネサンス　15, 175, 180, 203
レスポンデント行動　113
連合　13, 18-20, 34, 45, 47-48, 76-78, 126, 194, 321
連合弛緩　194
連合主義　13, 18-24, 31-32, 34, 39, 44, 46-47, 60, 75, 125-127, 129-130, 133, 137, 338
　　——批判　125-127
連合的記憶　87, 97
連合反射　93
ロジック・セオリスト　164-165
ロマン派精神医学　190-191
論理実証主義　102-103
論理療法　273-274

著者紹介
大芦　治（おおあし　おさむ）
東京都生まれ
1989 年　早稲田大学第一文学部心理学専修卒業
1996 年　上智大学大学院文学研究科博士後期課程単位取得退学
現在　千葉大学教育学部教授　博士（心理学）
専門領域は心理学，教育心理学（とくに動機づけ，無力感などに関する理論的研究）。
主な著書に「心理学：理論か臨床か（改訂版）」（単著）八千代出版 2011 年，「無気力な青少年の心：無力感の心理」（編著）北大路書房 2005 年，「無気力なのにはワケがある：心理学が導く克服のヒント」（単著）NHK 出版 2013 年，「教育相談・学校精神保健の基礎知識（第 3 版）」（単著）ナカニシヤ出版 2016 年などがある。

心理学史
2016 年 10 月 20 日　初版第 1 刷発行
2021 年 9 月 10 日　初版第 2 刷発行
（定価はカヴァーに表示してあります）

著　者　大芦　治
発行者　中西　良
発行所　株式会社ナカニシヤ出版
〒606-8161　京都市左京区一乗寺木ノ本町 15 番地
　　　　　　Telephone　075-723-0111
　　　　　　Facsimile　075-723-0095
　　Website　http://www.nakanishiya.co.jp/
　　Email　iihon-ippai@nakanishiya.co.jp
　　　　　　郵便振替　01030-0-13128

装幀＝白沢　正／印刷・製本＝創栄図書印刷
Copyright © 2016 by O. Oashi.
Printed in Japan.
ISBN978-4-7795-1102-8 C3011

本書のコピー，スキャン，デジタル化等の無断複製は著作権法上での例外を除き禁じられています。本書を代行業者等の第三者に依頼してスキャンやデジタル化することはたとえ個人や家庭内の利用であっても著作権法上認められておりません。